Como esta obra pode auxiliar o seu aprendizado?

Você tem em suas mãos um livro que trata de todos os temas pertinentes à Teoria Geral do Processo. Apresentamos uma obra clássica, porém contemporânea, sim isso é possível! Os autores abordam todos os temas clássicos da Teoria Geral do Processo, como jurisdição, ação e condições, pressupostos, nulidades, sentença, coisa julgada, bem como temas ligados ao neoprocessualismo, com uma visão crítica dos princípios que norteiam o processo.

O que este livro oferece?

Além do conteúdo teórico, esta obra possibilita maior proximidade com seu autor. O leitor vai encontrar dois vídeos por capítulo. O primeiro voltado a um tema específico do tópico e o segundo com um precedente judicial relevante relacionado ao assunto. Dessa forma, poderá aprofundar o seu estudo de maneira mais dinâmica!

Este livro oferece materiais digitais exclusivos para você!
Para isso:

- Acesse o *link*: https://somos.in/TGP06 ou use seu celular para ler o *QR Code*.

- Faça o seu *login*.
    - Clique em: "Não tem conta? Cadastre-se."
    - Preencha as informações – insira um *e-mail* que você costuma usar, ok?
    - Crie uma senha e finalize seu cadastro.

Pronto! Agora é só aproveitar o conteúdo digital desta obra.

Obs.: Se você já tem uma conta conosco, basta entrar com seu *login* e sua senha já criados.

Qualquer dúvida, entre em contato pelo *e-mail*: suportedigital@saraivaconecta.com.br

José Maria Rosa Tesheiner
Rennan Faria Krüger Thamay

TEORIA GERAL DO PROCESSO

6ª edição
2021

Av. Paulista, 901, Edifício CYK, 3º andar
Bela Vista – SP – CEP 01310-100

SAC | sac.sets@somoseducacao.com.br

Diretoria executiva	Flávia Alves Bravin
Diretoria editorial	Renata Pascual Müller
Gerência de projetos e produção editorial	Fernando Penteado
Planejamento	Josiane de Araujo Rodrigues
Novos projetos	Sérgio Lopes de Carvalho
	Dalila Costa de Oliveira
Edição	Clarissa Boraschi Maria (coord.)
	Aline Darcy Flôr de Souza
Produção editorial	Daniele Debora de Souza (coord.)
	Daniela Nogueira Secondo
	Estela Janiski Zumbano
Arte e digital	Mônica Landi (coord.)
	Camilla Felix Cianelli Chaves
	Claudirene de Moura Santos Silva
	Deborah Mattos
	Guilherme H. M. Salvador
	Tiago Dela Rosa
Projetos e serviços editoriais	Daniela Maria Chaves Carvalho
	Kelli Priscila Pinto
	Laura Paraíso Buldrini Filogônio
	Marília Cordeiro
	Nicoly Wasconcelos Razuk
Diagramação	Laís Soriano
Revisão	Carolina Massanhi
Capa	Bruno Ortega
Produção gráfica	Marli Rampim
	Sergio Luiz Pereira Lopes
Impressão e acabamento	Gráfica Paym

DADOS INTERNACIONAIS DE CATALOGAÇÃO NA PUBLICAÇÃO (CIP)
ANGÉLICA ILACQUA CRB-8/7057

Tesheiner, José Maria Rosa; Thamay, Rennan Faria Krüger
  Teoria geral do processo / José Maria Rosa Tesheiner e Rennan Faria Krüger Thamay. – 6. ed. – São Paulo: Saraiva Educação, 2021.
  536 p.

Bibliografia
ISBN 978-65-5559-473-7 (impresso)

1. Processo civil – Brasil. I. Título.

CDD 344.6
20-0767   CDU 347.9(81)(094)

Índice para catálogo sistemático:
  1. Brasil : Leis : Processo civil

Data de fechamento da edição: 24-11-2020

Dúvidas? Acesse www.editorasaraiva.com.br/direito

Nenhuma parte desta publicação poderá ser reproduzida por qualquer meio ou forma sem a prévia autorização da Saraiva Educação. A violação dos direitos autorais é crime estabelecido na Lei n. 9.610/98 e punido pelo art. 184 do Código Penal.

CL 606857   CAE 750976

À minha esposa, Vera; aos meus filhos e noras, Paulo e Ana Lúcia, Luís Felipe e Ana Rosa, André e Daisy; aos meus netos, Marcelo, Bruno e Júlio.

José Maria Rosa Tesheiner

Ao meu Deus (pai amável e fiel); à minha amada esposa, Priscila Krüger Padrão Thamay (meu eterno amor); ao meu pai, Ramiro Thamay Yamane (meu incentivador); e à minha mãe, Nívea Maria Faria (minha educadora amável). A todos vocês, meus amores, dedico esta obra!

Rennan Thamay

Agradecimentos

Além das dedicatórias já feitas, resta agora, de nossa parte, agradecer a amigos e professores de primeira grandeza que conosco debateram o tema deste livro.

Portanto, o nosso muito obrigado a Arruda Alvim, Thereza Alvim, Eduardo Arruda Alvim, Teresa Arruda Alvim, Paulo Henrique dos Santos Lucon, Araken de Assis e Sérgio Gilberto Porto, com quem dialogamos sobre esta obra e muitos dos temas nela tratados.

Agradecemos, ainda, a Vanderlei Garcia Junior, Vinícius Andrade, Maurício Tamer, Daniel Marinho e Carlos Ferri, que, depois de ler a obra, enviaram-nos algumas considerações, as quais, após analisadas, foram incorporadas a esta edição do livro.

Por fim, agradecemos às universidades que adotaram a obra para a disciplina de Teoria Geral do Processo, pois recebemos notícias, por e-mail, de professores, alunos e profissionais que a adotaram, o que, para nós, é motivo de alegria e gratidão.

Os Autores

Prefácio

Foi com muita honra que havia recebido a distinção de prefaciar esta obra de José Maria Rosa Tesheiner e Rennan Thamay, denominada *Teoria Geral do Processo*; e, agora, recebo a mesma distinção para a 3ª edição da obra, que, mantendo sua estrutura originária, excelente, engrandeceu muito, sob todos os aspectos.

O livro parte da premissa de que análise da Teoria Geral do Processo não prescinde de uma incursão na Teoria do Direito, o que é demonstrado pelos autores sob todos os aspectos: desde a abordagem do conceito de ônus, passando pela função do juiz e da jurisprudência, pelas relações entre a atividade jurisdicional e o exercício dos demais poderes do Estado (Legislativo e Executivo), pelas concepções de princípios e regras, e chegando, finalmente, ao próprio conceito de jurisdição. Sobre este último, merece realce a passagem em que os autores advertem: "A busca obsessiva da 'essência' da jurisdição vincula-se ao conceptualismo que, no campo do direito, conduz a indesejável distanciamento da realidade".

Esse tom crítico é a tônica de toda a obra de José Maria Rosa Tesheiner e Rennan Thamay. Após a exposição didática de cada tema, sempre respaldada nas mais relevantes obras doutrinárias e referências jurisprudenciais, segue-se sempre uma visão crítica e, ao final, uma conclusão. Tal esquema permite a compreensão dos mais jovens estudiosos, ao mesmo passo em que instiga a reflexão daqueles que já se dedicam há tempos aos estudos do processo civil.

Os conceitos fundamentais e principais institutos da Teoria Geral do Processo são revisitados pelo neoconstitucionalismo, o que contribui para uma perspectiva extremamente atual da matéria. Outro aspecto que mereceu a consideração dos autores diz respeito ao leque de temas abordados. Ao lado das questões tradicionais, como a jurisdição, a competência, a ação e o processo, a obra trata com *maior profundidade* alguns assuntos de extrema importância, como as nulidades no processo, os vícios rescisórios e transrescisórios, a preclusão, a coisa julgada e a tutela coletiva de direitos.

O primeiro autor, José Maria Rosa Tesheiner, dispensa apresentações. É conhecido – e renomado – por suas consagradas obras e pela atuação notável no âmbito jurídico, seja como advogado – foi Consultor-Geral do Estado do Rio Grande do Sul –, como desembargador – cargo que exerceu no Tribunal de Justiça do Rio Grande do Sul – ou, principalmente, como professor – carreira que segue há mais de trinta anos: primeiro, na UFRGS, e, atualmente, na PUC-RS, onde é professor titular.

Rennan Thamay pertence à safra de novos e talentosos juristas e já possui vasta produção bibliográfica. Pós-Doutor pela Universidade de Lisboa e Doutor pela PUC-RS e pela Università degli Studi di Pavia, trata-se de profissional extremamente competente, com quem tenho a satisfação de conviver no ambiente do escritório que integro como sócio. Além de professor da FADISP e professor visitante da USP, é membro atuante de diversos institutos de direito processual (entre eles o IBDP e o Instituto Iberoamericano de Derecho Procesal), advogado e parecerista.

Não poderia ter havido melhor combinação para a autoria desta obra, cuja leitura foi e continua sendo recomendadíssima aos estudantes e profissionais do Direito e, também, a todas as gerações de processualistas.

Congratulamos os autores e a Editora Saraiva pela valiosa contribuição que esta obra prestará ao cenário jurídico contemporâneo.

São Paulo, junho de 2017.

Arruda Alvim
Livre-docente e Doutor em Direito pela PUC-SP. Professor Titular da PUC-SP. Fundador da *Revista de Processo – RePro* – e orientador da Coleção Estudos de Direito de Processo Enrico Tullio Liebman. Advogado.

Apresentação

Nesta obra, estão unidas duas gerações do Processo Civil. De um lado, o Professor José Maria Rosa Tesheiner, Livre-docente e Doutor pela UFRGS, Desembargador aposentado do Tribunal de Justiça do Rio Grande do Sul e Professor Titular da PUC-RS, autor de Direito Processual Civil há décadas e referência de todos há muitos anos. De outro, o jovem e promissor Professor Rennan Thamay, Pós-Doutor pela Universidade de Lisboa e Doutor pela PUC-RS e pela Università degli Studi di Pavia, Professor Titular da FADISP (Doutorado, Mestrado, Especialização e Graduação), do UNASP e Advogado e Parecerista.

É o clássico encontrando-se com o contemporâneo em uma combinação que resulta na edição de uma obra magnífica e totalmente atualizada, que, desta vez, em uma 3ª edição, trata de todos os temas pertinentes à Teoria Geral do Processo.

Trata-se de obra escrita por dois autores que estão comprometidos com o Direito Processual, pois evidencia-se, observando a obra, que se trata de uma nova Teoria do Processo. Todo esse estudo vem efetivado já em plena congruência com o Novo Código de Processo Civil, preservando pela profundidade e, acima de tudo, pela segura indicação bibliográfica de obras indispensáveis, quer de autores nacionais ou estrangeiros, quer clássicos ou contemporâneos, sendo segura fonte de estudo e pesquisa.

A Teoria do Processo é, concretamente, um dos marcos teóricos do Direito Processual, capaz de estruturar regras que podem dotar o processo de efetividade e respeitabilidade das garantias processuais da Constituição.

Os autores, no primeiro capítulo, estudam as noções basilares da Teoria Geral do Processo, compreendendo o Poder Judiciário, a jurisdição, o processo, a relação jurídica processual e os estados jurídicos fundamentais, bem como os ônus e o direito formativo.

No segundo capítulo, preocupados com as importantes ponderações sobre o Poder Judiciário, que concretiza a tutela jurisdicional, os autores investigam de forma profunda a relação entre o Judiciário e a produção normativa, bem como a independência e a subordinação à Lei. Ainda estudam a possível função política do Poder Judiciário, investigando, na pós-modernidade, as suas imbricações.

Os autores estruturam, no terceiro capítulo, a organização judiciária nacional, partindo das mais destacadas cortes para os tribunais inferiores e os seus julgadores, recordando, por sua relevância, dos membros do Ministério Público e da Advocacia.

No quarto capítulo, fazem os autores um estudo detalhado dos princípios, a partir de uma visão crítica, buscando suas raízes para então chegar ao estudo dos princípios processuais constitucionais e infraconstitucionais.

Vencido esse estudo, já no quinto capítulo, os autores, de forma pontual, estudam a jurisdição, relevante elemento da Teoria do Processo. Estruturam sua conceituação e sua função como substituição, assim como se pode observar na doutrina clássica. Observam como característica da jurisdição a formação da coisa julgada. Finalizam o estudo da jurisdição a partir da compreensão de sua relação com a lide, a imparcialidade, o direito objetivo e os seus novos contornos, pois percebem que a jurisdição já não mais se desenvolve como séculos atrás, visto que a arbitragem, por exemplo, fez com que se alargasse aquilo que hoje se tem por jurisdição. Nesse sentido, do estudo dos novos contornos da jurisdição, os autores inovam ao demonstrar que a jurisdição já não mais se pode caracterizar univocamente como um monopólio estatal. Também abrem, por fim, espaço ao estudo do ativismo judicial como fundamento para a descoberta de uma "nova" jurisdição que não mais se alinha a um juiz passivo, mas, sim, a um juiz ativo, desde que não atue com discricionariedade e arbitrariedade.

No sexto capítulo, de seu turno, investigam os autores, de forma didática, as teorias da ação, desde o clássico até o contemporâneo, fazendo-se compreender as razões teóricas e práticas da adoção sistemática do Brasil em relação à ação.

Aliado a isso, já no sétimo capítulo, os autores partem para a análise das condições da ação, tendo como premissa o Novo Código de Processo Civil. No oitavo capítulo, de seu lado, os autores estudam todos os requisitos e a estrutura dos pressupostos relacionados ao processo, tanto os relativos ao autor quanto ao réu e ao juiz, além de outras vertentes importantíssimas relacionadas aos temas.

Seguindo a profunda análise pensada para a obra, no nono capítulo são estudados os planos da existência, validade e eficácia, relevante compreensão para, posteriormente, averiguar o tema das nulidades processuais, que vem estudado, de modo genérico e geral, no capítulo décimo, finalizando-se esse precioso estudo com o décimo primeiro capítulo, que investiga, uma a uma, as situações de nulidades processuais ocorrentes no Código de Processo Civil.

No décimo segundo capítulo, investiga-se a sentença como ato processual do juiz, que tem destacada relevância para o processo. Faz-se levantamento teórico sólido da sentença processual e de mérito, bem como das sentenças declaratórias, constitutivas, condenatórias, executivas e mandamentais, seguindo a postura doutrinária de Pontes de Miranda, adotando particular posição, fruto da profunda reflexão dos autores.

Com efeito, os autores, depois de estudar a sentença, agora no capítulo décimo terceiro, acabam por deterem-se na compreensão da preclusão e coisa julgada como mecanismos de estabilidade das decisões judiciais, diferenciando os institutos. Ainda estudam os elementos da preclusão, assim como da coisa julgada, passando por um estudo histórico e conceitual desta última. Finalizam o estudo da coisa julgada, nesse capítulo, a partir dos seus limites, da eficácia preclusiva da coisa julgada e demais questões que se relacionam com o instituto da *res iudicata*. Em complemento a essa compreensão, importante estudo sobre os efeitos do trânsito em julgado sobre os vícios processuais vem estudado no décimo quarto capítulo.

No décimo quinto capítulo da obra, em relação à estruturação do Processo, a partir de uma Teoria do Processo, os autores inovam e promovem adequação da tutela coletiva à Teoria Geral do Processo, compreendendo que a jurisdição nos Processos Coletivos se realiza, com particularidades apontadas por eles, da mesma forma que anteriormente em relação ao Processo Individual, pois ambos fazem parte de uma mesma estrutura processual que, desde a antiguidade, sempre foi individual ou coletiva. Particularizando, passam a investigar algumas das principais demandas coletivas e seus aspectos, acomodando-as na estrutura da Teoria do Processo por eles estruturada.

No décimo sexto capítulo, os autores novamente inovam na seara processual, pois fazem estudo dos Processos Objetivos, acomodando-os na Teoria do Processo a ponto de demonstrar que, muito embora sejam distintos dos Processos Subjetivos, acabam estruturados, basicamente, pela mesma Teoria do Processo, que, para os autores, parte da estrutura Constitucional do Processo. Fazem, ainda, nesse capítulo, extenso estudo das ações que implementam os Processos Objetivos, sendo elas ADI, ADC e ADPF.

Por fim, no décimo sétimo capítulo – o último de um livro realmente denso –, os autores estruturam e investigam os "novos caminhos do processo contemporâneo", partindo do ativismo judicial e seus efeitos para a tutela jurisdicional, a judicialização da política para os que discordam da possibilidade de realizar-se o ativismo, encerrando o estudo com a participação, em geral, do Judiciário nas políticas públicas, fechando-se o estudo com a atuação do Supremo Tribunal Federal nesse contexto de uma nova jurisdição e processo, a partir de uma Teoria do Processo que merece ser, em tempos atuais, reorganizada e estruturada, assim como feito pelos autores de forma corajosa, inovadora e profícua.

São Paulo, 25 de junho de 2017.

Eduardo Arruda Alvim
Doutor e Mestre em Direito Processual Civil pela PUC-SP.
Professor dos cursos de doutorado, mestrado, especialização
e bacharelado da PUC-SP e da FADISP. Advogado.

Posfácio

Com honra recebi a distinção de posfaciar a terceira edição da obra de José Maria Rosa Tesheiner e Rennan Thamay, *Teoria Geral do Processo*.

Sem deixar de lado temas clássicos para a Teoria Geral do Processo, como jurisdição, ação e suas teorias e condições, pressupostos e nulidades processuais, sentença e coisa julgada, a presente obra traz temas ligados ao neoprocessualismo, como uma visão crítica dos princípios que norteiam o processo, a tutela coletiva, os processos objetivos e a judicialização da política.

O direito processual constitucional, método particular de análise dos institutos de direito processual a partir dos princípios, garantias e regramentos da Constituição Federal, perpassa por toda a obra, o que lhe confere atualidade e importância.

O Código de Processo Civil de 2015 e a importância da jurisprudência que vem a ele umbilicalmente ligada não foram deixados de lado pelos autores.

Esse é o livro.

Necessário e indispensável fazer referência aos autores, consagrados processualistas.

José Maria Rosa Tesheiner é professor consagrado da UFRGS, e, atualmente, da PUC-RS, advogado exitoso – atuou como Consultor--Geral do Estado do Rio Grande do Sul – e desembargador – cargo que exerceu no Tribunal de Justiça do Rio Grande do Sul.

Rennan Thamay integra a nova geração de processualistas. É Pós--Doutor pela Universidade de Lisboa e Doutor pela PUC-RS e pela Università degli Studi di Pavia. Advogado competente, professor da FADISP e membro do Instituto Brasileiro de Direito Processual e do Instituto Iberoamericano de Derecho Procesal.

O livro que ora vem à lume é resultado da sinergia havida entre os autores e constitui obra de indispensável presença na biblioteca de estudantes, profissionais e estudiosos do Direito Processual.

São Paulo, junho de 2017.

Paulo Henrique dos Santos Lucon
Presidente do Instituto Brasileiro de Direito Processual.
Professor, Livre-Docente, Doutor e Mestre na Faculdade
de Direito da Universidade de São Paulo.

Sumário

Agradecimentos 7

Prefácio 9

Apresentação 11

Posfácio 17

CAPÍTULO I

Noções Introdutórias 29

1. Relação jurídica processual 30
2. Estados jurídicos fundamentais 32
3. Ônus e direito formativo 40

   Aprofundando 50

CAPÍTULO II

Poder Judiciário 51

1. O Poder Judiciário como subsistema de produção de normas jurídicas . 51
2. Independência e subordinação à lei 52
3. Função política? 53
4. O Poder Judiciário como legislador 55
5. A jurisprudência, fonte do direito 59
6. Caráter nacional do Poder Judiciário 60
7. Organização hierárquica do Poder Judiciário 61

TEORIA GERAL DO PROCESSO

8.	Jurisdição e obediência	63
	Aprofundando	64

CAPÍTULO III

Organização Judiciária ... 65

1.	Aspectos gerais	65
2.	Órgãos do Poder Judiciário	66
	2.1 O Supremo Tribunal Federal	66
	2.2 O Conselho Nacional de Justiça	68
	2.3 O Superior Tribunal de Justiça	69
	2.4 Tribunais Regionais Federais e Juízes Federais	70
	2.5 Tribunais e Juízes do Trabalho	70
	2.6 Tribunais e Juízes Eleitorais	71
	2.7 Os Tribunais e Juízes Militares	71
	2.8 Tribunais e Juízes dos Estados e do Distrito Federal e Territórios	72
	2.9 Funções essenciais à Justiça: Advocacia e Ministério Público ...	72
	Aprofundando	73

CAPÍTULO IV

Uma Visão Crítica dos Princípios Processuais ... 75

1.	Aspectos introdutórios: uma visão dos princípios	76
2.	Princípio do acesso à justiça	78
3.	Princípio da inafastabilidade do Poder Judiciário	86
4.	Princípio do juiz natural	91
5.	Princípio da imparcialidade	93
6.	Princípio da ação	94
7.	Princípio do contraditório	99
8.	Princípio da publicidade	104
9.	Princípio da licitude das provas	108
10.	Princípio da persuasão racional	112
11.	Princípio do devido processo legal	115
12.	Princípio da representação por advogado	118
13.	Princípio do controle hierárquico	119
14.	Princípio da universalidade da jurisdição	123
15.	Princípio da participação	124
16.	Princípio da cooperação	126

SUMÁRIO

17. Princípio da motivação. 129

Aprofundando 133

CAPÍTULO V

Jurisdição. 135

1. O conceito de jurisdição. 135
2. A jurisdição como atividade de substituição. 137
3. A coisa julgada como característica da jurisdição. 138
4. Jurisdição e lide 141
5. Jurisdição e imparcialidade. 143
6. Jurisdição voluntária. 146
7. Jurisdição e direito objetivo 156
8. Jurisdição e competência 166

    8.1 Critérios de fixação 173

    8.2 Modificação da competência 174

9. Novos contornos da jurisdição 176
10. Conclusão 179

Aprofundando 180

CAPÍTULO VI

As Teorias da Ação 181

1. Teoria civilista. 181
2. Teoria do direito abstrato. 185
3. Teoria do direito concreto 187
4. A teoria de Botelho de Mesquita 195
5. Teoria de Liebman 197
6. Teoria de Marinoni. 199
7. A relatividade do conceito de ação (ação e ideologia) 201
8. Resumo e conclusão. 203

Aprofundando 206

CAPÍTULO VII

Condições da Ação. 207

1. Condições da ação no Código de Processo Civil 207
2. Condições da ação e mérito. 210

    2.1 Interesse de agir 211

21

TEORIA GERAL DO PROCESSO

2.2	Legitimação para a causa	214
	Aprofundando	219

CAPÍTULO VIII
Pressupostos Processuais ... 221

1.	A formação do processo e os pressupostos processuais	224
2.	A demanda	224
3.	O autor	227
4.	O réu	229
5.	O juiz	230
6.	Os pressupostos processuais relativos ao juiz	230
	6.1 Jurisdição	231
	6.2 Competência	232
	6.3 Imparcialidade	235
7.	Os pressupostos processuais relativos às partes	237
	7.1 Personalidade judiciária	237
	7.2 Capacidade processual	239
	7.2.1 Ação do absolutamente incapaz	240
	7.2.2 Ação do relativamente incapaz	240
	7.2.3 Ação contra o absolutamente incapaz	241
	7.2.4 Ação contra o relativamente incapaz	241
	7.2.5 Pessoas casadas	242
	7.3 Capacidade postulatória	243
8.	Os pressupostos processuais objetivos	247
	8.1 Pedido	248
	8.1.1 Pedido imediato	248
	8.1.2 Pedido mediato	248
	8.1.3 Falta de pedido	249
	8.2 Sentença e pedido	249
	8.3 Causa de pedir	250
	8.4 Compatibilidade dos pedidos, havendo mais de um	253
9.	Os pressupostos formais	254
10.	O cancelamento da distribuição por falta de preparo	256
11.	Emenda e indeferimento da inicial	257
	Aprofundando	258

CAPÍTULO IX

Os Planos da Existência, Validade e Eficácia.................... 259

1. Inexistência 261

    1.1   Inexistência material e inexistência jurídica 261

    1.2   Regime jurídico do ato inexistente 262

2. Nulidade 263

3. Ineficácia 268

4. Sentença inexistente, nula e ineficaz; rescindível e anulável 270

    Aprofundando 272

CAPÍTULO X

Das Nulidades em Geral 273

1. A doutrina de Galeno Lacerda............................... 274

2. A doutrina de Aroldo Plínio Gonçalves 277

3. Doutrina de José Joaquim Calmon de Passos.................... 279

4. A doutrina de Teresa Arruda Alvim 286

5. A doutrina de Antonio do Passo Cabral 288

6. A escala da inexistência às meras irregularidades.................. 290

7. Nulidades de fundo e de forma 291

8. Nulidades cominadas e não cominadas......................... 291

9. Sanação do vício e sanação da nulidade 292

10. Síntese conclusiva... 294

    Aprofundando 297

CAPÍTULO XI

Das Nulidades em Espécie.................................... 299

1. Citação 299

    1.1   Citação de pessoa física pelo correio....................... 300

    1.2   Citação de pessoa jurídica pelo correio..................... 302

    1.3   Citação por oficial de justiça 304

          1.3.1   Citação com hora certa.......................... 304

    1.4   Citação por edital 305

    1.5   Citação por meio eletrônico 306

    1.6   Citação pelo escrivão ou chefe de secretaria, se o citando comparecer em cartório 306

2. Intimações... 307

TEORIA GERAL DO PROCESSO

3. Defesa por curador especial 313
4. Ministério Público como fiscal da ordem jurídica 314
5. Impedimentos e exceções processuais 321
6. Morte de uma das partes 324
7. Procurador da parte 326
8. Perito sem habilitação legal 327
9. Fundamentação das decisões 329
10. Denunciação da lide 332
11. Cerceamento de defesa 333
12. Violação do princípio da publicidade 334
13. Errada indicação do nome da parte na sentença 336
14. Decisão *citra petita* 337
15. Sentença *ultra petita* 337
16. Sentença *extra petita* 338
17. Execução 338
    17.1 Título executivo inexistente ou deficiente 338
    17.2 Penhora 339
    17.3 Avaliação 341
    17.4 Excesso de execução 341
    17.5 Falta de assinaturas no auto de arrematação 341
    17.6 Arrematação por preço vil 342
    17.7 Prescrição 342
    17.8 Obrigação de fazer 342
    Aprofundando 343

CAPÍTULO XII
Sentença 345

1. Introdução 345
2. Sentença processual e de mérito 345
3. Conceito de mérito 346
4. Sentença declaratória 348
5. Sentença constitutiva 348
6. Sentença condenatória 352
7. Sentença executiva 354
8. Sentença mandamental 355
9. Execução e mandamento conforme Araken de Assis 358
   Aprofundando 360

CAPÍTULO XIII

Preclusão e Coisa Julgada 361

1. Preclusão 361
2. Coisa julgada 364
   2.1 Histórico 364
   2.2 Definição de coisa julgada 368
3. Limites subjetivos da coisa julgada 377
4. Limites objetivos da coisa julgada 378
5. Limites temporais da coisa julgada 379
6. Eficácia preclusiva da coisa julgada material 380
7. Coisa julgada nas relações jurídicas continuativas 382
8. Execução e preclusão *pro judicato* 383
   Aprofundando 384

CAPÍTULO XIV

Efeitos do Trânsito em Julgado sobre os Vícios Processuais 385

1. Vícios preclusivos, rescisórios e transrescisórios 388
   1.1 Meras irregularidades e vícios preclusivos 388
   1.2 Vícios rescisórios 390
   1.3 Vícios transrescisórios 391
   Aprofundando 394

CAPÍTULO XV

Jurisdição e Tutela Coletiva 395

1. Introdução 395
2. Tutela coletiva 396
3. Interesses difusos e aplicação do direito objetivo 398
4. Direitos subjetivos de grupos, categorias ou classes de pessoas 400
5. Ações relativas a direitos individuais homogêneos 402
6. Ações individuais com eficácia reflexa coletiva 404
7. Relevância do pedido para a qualificação 405
8. Função pública e presentação 406
9. Substituição processual 406
10. Ações transindividuais e teoria geral do processo 409
11. Ação popular 411
12. Ação civil pública 415

TEORIA GERAL DO PROCESSO

13. Jurisdição e tutela do meio ambiente 419
14. Jurisdição – a revolução operada pela tutela de interesses difusos 422
15. Legitimação para a causa................................... 423
16. Coisa julgada... 426
   Aprofundando 427

CAPÍTULO XVI

Processos Objetivos 429
1. Introdução 429
2. Ação direta de inconstitucionalidade e ação declaratória de constitucionalidade 431
   2.1   Objeto do controle abstrato............................ 432
   2.2   Parâmetro de controle 436
   2.3   Legitimação ativa 437
   2.4   Procedimento 439
   2.5   Medida cautelar..................................... 442
   2.6   Decisão 442
   2.7   Efeitos da decisão 444
3. Arguição de descumprimento do preceito fundamental 448
   Aprofundando 450

CAPÍTULO XVII

Novos Caminhos do Processo Contemporâneo 451
1. Ativismo judicial 451
2. Judicialização da política 455
3. Judiciário e políticas públicas.............................. 463
4. O Supremo Tribunal Federal e o ativismo judicial.............. 465
5. Temas da atualidade processual............................. 468
   5.1   Negócios jurídicos processuais......................... 468
   5.2   O impacto do Regime Jurídico Emergencial nas relações pro-
         cessuais (Caso: Covid-19) 477
   Aprofundando 486

CAPÍTULO XVIII

Do Sistema Brasileiro de Precedentes 487
1. Precedentes... 487

Sumário

1.1 Conceito de precedentes 489

1.2 O Código de Processo Civil e o sistema dos precedentes à brasileira ... 494

    1.2.1 A fundamentação e estrutura dos precedentes 496

    1.2.2 A força dos precedentes e o fortalecimento institucional do Judiciário 500

        1.2.2.1 Os precedentes e a inconstitucionalidade 502

    1.2.3 Os precedentes à brasileira e os formadores de precedentes ... 505

    1.2.4 Influência, efeitos e superação dos precedentes 508

    1.2.5 Conflito entre precedentes 511

Aprofundando 512

Bibliografia 513

CAPÍTULO I

Noções Introdutórias

A experiência inglesa, recolhida e sistematizada por Montesquieu, e as revoluções americana (1776) e francesa (1789) romperam o núcleo do poder político implantando o princípio da separação dos Poderes[1]. Em vez de um centro único, rei, os três Poderes: o Legislativo, o Executivo e o Judiciário. Ao Poder Legislativo atribuiu-se a função de elaboração das leis, normas gerais e abstratas; ao Executivo, a administração do Estado; ao Judiciário, a jurisdição.

Nessa linha de pensamento, o art. 2º da Constituição de 1988: "São Poderes da União, independentes e harmônicos entre si, o Legislativo, o Executivo e o Judiciário".

A Constituição[2] refere-se também a três tipos de processo: o legislativo (art. 5º e s.), o administrativo (arts. 5º, LV, e 41, § 1º) e o judicial (arts. 5º, LV, e 184, § 3º).

---

1 Sobre a separação dos poderes e sua estrutura, deve-se conferir GIRONS, A. Saint. *Manuel de droit constitutionnel*. Paris: L. Larose et Forgel Libraires-Editeurs, 1885. p. 80 e s; CORONADO, Mariano. *Elementos de derecho constitucional mexicano*. 2. ed. Guadalajara: Escuela de artes e ofícios del Estado, 1899. p. 106.

2 Jorge Miranda observa a Constituição a partir da ideia de que "na Constituição se plasma um determinado sistema de valores da vida pública, dos quais é depois indissociável. Um conjunto de princípios filosófico-jurídicos e filosófico-políticos vêm-na justificar e vêm-na criar". MIRANDA, Jorge. *Contributo para uma teoria da inconstitucionalidade*. 1. ed., reimpressão. Coimbra: Coimbra Editora, 2007. p. 30. Pode-se compreender a Constituição a partir da

É comum restringir-se a ideia de "processo" ao judicial ou jurisdicional, com exclusão dos processos legislativo e administrativo. É nesse sentido restrito que o art. 22 da Constituição estabelece competir privativamente à União legislar sobre direito processual.

Objeto do presente estudo é o processo judicial, motivo por que podemos caracterizá-lo como método do Poder Judiciário para o exercício da jurisdição.

Do número incomensurável das normas[3] e relações jurídicas referidas à convivência humana, destacam-se, assim, as processuais. E porque processo é, aqui, método para o exercício da jurisdição, podemos, desde logo, afirmar a presença, na relação jurídica processual, de um sujeito necessário: um juiz ou tribunal, detentor do poder jurisdicional.

Assim, ao direito processual-jurisdicional[4] corresponde a relação jurídica processual, caracterizada pelo juiz como presença e pela jurisdição como finalidade.

1. RELAÇÃO JURÍDICA PROCESSUAL

O Direito não existe senão para regular o convívio, isto é, para regular relações intersubjetivas ou interpessoais. Têm-se, pois, duas ideias correlatas: a de Direito, como conjunto de normas jurídicas[5], e a de relação jurídica, como relação interpessoal por ele regulada.

---

economia, sociologia, filosofia, ciência política, história e ciência da linguagem, mas para este estudo, reconhecendo a importância das demais formas de observação, deve ser compreendida desde uma perspectiva jurídica. CLÈVE, Clèmerson Merlin. *A fiscalização abstrata da constitucionalidade no Direito brasileiro*. 2. ed. São Paulo: Revista dos Tribunais, 2000. p. 22. Sobre a firmeza da Carta Política, vale observar PÉREZ ROYO, Javier. *Corso de derecho constitucional*. Madrid – Barcelona: Marcial Pons, 1998. p. 92.

3   Sobre a temática da norma, importante observar DUGUIT, Léon. *Traité de droit constitutionnel*. Paris: Ancienne Librairie Fontemoing & Gie, Editeurs, 1921, t. I. p. 26 e 63.

4   Sobre o estudo do processo, compreendendo sua relevância e distinção do procedimento, importante conferir FAZZALARI, Elio. *Istituzioni di diritto processuale*. Padova: CEDAM, 1975. p. 23-28; ARIETA, Giovanni; SANTIS, Francesco de; MONTESANO, Luigi. *Corso base di diritto processuale civile*. 5. ed. Padova: CEDAM, 2013. p. 67-69.

5   Para a compreensão da ideia de ordenamento jurídico, interessante conferir BOBBIO, Norberto. *Teoria da norma jurídica*. Trad. Fernando Pavan Batista e Ariani Bueno Sudatti.

CAPÍTULO I – NOÇÕES INTRODUTÓRIAS

Em geral, reserva-se a expressão "relação jurídica" para aquelas relações interpessoais que o direito regula mediante a atribuição, ao sujeito ativo, de um crédito (direito a uma prestação do devedor) ou de um poder a que se submete o sujeito passivo (caso dos direitos formativos). Contudo, não deixa de ser regulada pelo direito a simples relação interpessoal, em que dois sujeitos se defrontam, tendo apenas o mútuo dever de se respeitarem como seres humanos, em que não há propriamente nem crédito nem poder de um diante do outro. Respeitando a tradição, falaremos, nesses casos, de relações interpessoais, e não de relações jurídicas, ficando, no entanto, subentendido que também elas são reguladas pelo direito.

O processo[6] é uma relação jurídica[7]. Uma relação jurídica complexa: um autor, um juiz, um réu. O autor é credor da sentença, ou seja, tem direito à prestação jurisdicional. Nessa relação, o juiz se apresenta tanto em face do autor quanto do réu como titular de um poder: o poder jurisdicional, a que ambos se submetem, haja ou não "colaboração"[8].

Mas o processo é também fato. Melhor: um conjunto de fatos, isto é, de atos jurídicos praticados com vistas a um fim determinado. Para distinguir o processo visualizado como relação jurídica do processo visto como conjunto de atos tendentes a um fim usa-se, no último caso, a expressão "procedimento".

Como fato jurídico, o processo produz efeitos jurídicos, isto é, transformações jurídicas.

Bauru: Edipro, 2001. p. 71. Segundo Vezio Crisafulli, os atos normativos se situam num mesmo nível para que possam ser considerados como norma-parâmetro e norma-objeto. CRISAFULLI, Vezio. *Lezioni di Diritto Costituzionale*. Padova: CEDAM, 1993, v. 2, t. 2. p. 360-361.

6   O Processo Civil é observado como um jogo por Piero Calamandrei, em sua obra CALAMANDREI, Piero. *Estudios sobre el proceso civil*. Trad. Santiago Sentís Melendo. Buenos Aires: Ediciones jurídicas Europa-America, 1973. p. 259.

7   Observando o Processo Civil como relação jurídica, vem WACH, Adolf. *Manual de derecho procesal civil*. Trad. Tomáz A. Banzhaf. Buenos Aires: Ediciones jurídicas Europa-America, 1974, v. I. p. 64 e s.

8   Sobre a colaboração, confira-se MITIDIERO, Daniel. *Colaboração no processo civil*: pressupostos sociais, lógicos e éticos. São Paulo: Revista dos Tribunais, 2009. p. 63 e s.

2. ESTADOS JURÍDICOS FUNDAMENTAIS

Transformação é mudança, movimento, dinamismo. Para que haja transformações, é preciso que exista algo mutável, porque observar uma transformação implica comparar um antes com um depois, considerados estaticamente. Estática e dinâmica são dois contrários que se explicam mutuamente. Não se compreende um sem se compreender o outro. Por isso, a análise das transformações produzidas pelo processo deve partir do estudo dos estados jurídicos. Dada a impossibilidade de estudá-los todos, por sua imensa variedade, vamos contentar-nos com o exame dos estados jurídicos fundamentais.

Enfrentamos essa tarefa partindo de noções singelas para, afinal, compreender as mais complexas.

De cada ato humano é possível pensar o seu contrário:

matar, não matar;

comer, não comer;

derrubar a árvore x, não derrubar a árvore x;

pagar a dívida y, não pagar a dívida y;

dirigir com prudência, dirigir imprudentemente.

Assim, cada ato humano tem variedade igual a dois.

Por outro lado, um homem pode estar sujeito à norma (jurídica, religiosa, moral ou técnica) que lhe prescreva o que deve fazer ou não fazer. Tal norma lhe dirá que deve praticar determinado ato, ou que lhe é proibido fazê-lo, ou ainda, silenciando, permite praticá-lo ou não. A variedade, então, é igual a três: 1) dever fazer, ato devido positivo; 2) dever não fazer, ato devido negativo, proibição; 3) ato permitido (não ordenado).

Pode-se observar um ser em dois momentos distintos, que podemos chamar de "momento 1" e de "momento 2" ou, mais simplesmente, de "antes" e "depois".

Transformação é a passagem de um ser do momento 1 para o momento 2, como no caso do pobre que enriquece.

Transformação é diferença observada. Se a diferença é igual a zero, diz-se que a transformação é idêntica.

A ideia de transformação idêntica não implica absurdo algum, em primeiro lugar, porquanto a transformação importa em modificar-se pelo menos a dimensão temporal; em segundo lugar, porque apenas a deficiência do observador é que o faz ver a identidade absoluta. A árvore que ontem estava aqui e continua hoje no mesmo lugar, na verdade, não está no mesmo lugar, pois que, entrementes, a Terra movimentou-se em torno do Sol. Além disso, transformação é símbolo convencional de uma ideia, e nada nos impede de convencionar que a ideia simbolizada pelo sinal transformação seja suficientemente ampla para conter a espécie transformação idêntica.

"Uma transformação importante, capaz de ser rejeitada pelo principiante como uma nulidade", diz Ashby, "é a transformação idêntica na qual não ocorre mudança e cada transformado é igual ao seu operando"[9].

Essas mesmas ideias são expostas por Carnelutti, embora em uma linguagem diversa:

"(...) o fato resolve-se numa multiplicidade de situações, a primeira e a última das qualidades podem chamar-se (...) situação inicial e situação final. Entre uma e outra há um grupo mais ou menos numeroso de situações intermédias, que constituem o ciclo do fato. À situação inicial dá-se o nome de princípio do fato. Este é o ponto de partida do ciclo. À situação final dá-se o nome de evento (...). Evento é precisamente aquilo que veio de qualquer coisa, e, por tal razão, a última situação, vinda das precedentes.

Para que o grupo das situações, situação entre o princípio e o evento, constitua um fato, ou melhor, para que duas situações constituam respectivamente o princípio e o evento de um fato, é necessária, outrossim, uma ligação entre elas. Essa ligação é precisamente uma relação (...).

É assim que a noção de fato se resolve em dois elementos: situação e relação. E, visto que o primeiro destes dois elementos de nós já conhecido, convém que observemos o segundo. Trata-se (...) de uma relação entre situação e situação, isto é, de uma relação exterior à situação.

Pode suceder que as situações, ainda que múltiplas, formal e espacialmente sejam idênticas e invariáveis. A coincidência formal e espacial entre o princípio e o evento não exclui o fato. É esta uma reflexão de

---

9   ASHBY, W. Ross. *Uma introdução à cibernética*. São Paulo: Perspectiva, 1970. p. 17.

notável importância para a teoria da realidade e para a teoria do direito. Na verdade, tal coincidência não exclui a pluralidade das situações e a sua ligação, que é uma ligação puramente temporal.

Ao fato que consiste em uma sucessão de situações idênticas, proponho que se chame fato temporal. Esse é o primeiro tipo de fato e o mais simples. Se se atenta em que, em cada fato, do princípio ao evento há sempre necessariamente qualquer coisa que muda, ou, em outros termos, qualquer coisa que deve nesse tipo o que muda de situação para situação é apenas a dimensão temporal. Esse fato é, por tal motivo, um fato a uma (única) dimensão.

A expressão do fato puramente temporal é o que se chama duração. (...) Entendo que se pode atribuir certa importância, para a teoria do direito, ao reconhecimento de que a própria duração é um fato."[10]

É preciso distinguir, com rigor, o plano dos fatos (plano fático) do plano das normas (plano jurídico ou normativo). Uma coisa é dever fazer; outra coisa é fazer efetivamente. Uma coisa é dever matar, outra coisa é matar. Temos, portanto, necessidade de não apenas distinguir o antes do depois, como também de distinguir os planos fático e normativo.

Observe-se que todo fato do mundo fático produz efeitos fáticos. Até mesmo uma declaração de vontade. Se escrita, garatujas em um pedaço de papel são efeitos fáticos de declaração. Se oral, seus efeitos fáticos são ondas sonoras percebidas pelos que ouvem e que, de algum modo, ficam gravadas no cérebro dos ouvintes. São os efeitos fáticos dos fatos jurídicos que possibilitam a sua prova, o que é de capital importância para o Direito e, particularmente, para o processo.

Até aqui nos mantivemos no amplo campo das normas em geral (religiosas, morais, técnicas ou jurídicas). Para ingressarmos no campo especificamente jurídico, é preciso que passemos a considerar também um *alter*, isto é, outro homem. Não podemos mais nos contentar em observar um homem diante de uma norma, contudo é preciso que consideremos um homem em face de uma norma e de outro homem.

---

10 CARNELUTTI, Francesco. *Teoria geral do direito*. Trad. Rodrigues Queiro. São Paulo: Saraiva, 1942. p. 54-57.

CAPÍTULO I – NOÇÕES INTRODUTÓRIAS

Um homem, ainda que só, pode estar sujeito à norma religiosa, técnica ou moral que lhe prescreva o que deve e o que não deve fazer. O direito, porém, regula relações interpessoais. Portanto, para que exista norma jurídica (assim como para que exista norma de cortesia), é preciso que exista outro e, entre ambos, uma relação. Por isso, um homem só não pode estar sujeito à norma jurídica.

De que modo o direito regula as relações interpessoais? Já o sabemos: proibindo, mandando ou permitindo que se pratiquem atos. Trata-se, agora, de determinar os estados jurídicos fundamentais. Os elementos com que devemos jogar são: o ato, a qualificação do ato como devido, proibido ou permitido e, finalmente, o outro.

Na primeira tentativa de caracterizarem-se os estados jurídicos fundamentais, incidimos no mesmo erro de Carnelutti: considerar, ao mesmo tempo, dois atos: por exemplo, a faculdade de fazer, contraposta ao correlativo dever de não impedir; o poder de mandar contraposto ao correlativo dever de obedecer[11]. Verificamos, posteriormente, que é mais acertado considerar um único ato de cada vez. A análise ganha, assim, maior precisão e unidade.

Consideremos um ato determinado qualquer: o do carrasco, que tem o dever de matar outro homem, condenado a morrer na cadeira elétrica. Cassiano Ricardo consola o condenado: "Teu eletrocutor será gentil; mais que gentil. Exato. E te fará morrer tão amistosamente como quem – num jardim – colhe uma flor". Entretanto, por mais gentil que seja o ato, ninguém poderá obscurecer o fato de que o condenado é o sujeito passivo do ato, ainda que (dirá algum jurista) não exista relação jurídica entre o condenado e o eletrocutor.

Uma outra hipótese: o autor, na execução, pede que o juiz pratique o ato denominado *penhora*. Se presentes os pressupostos legais, o juiz tem o dever de praticar o ato. Quem o pratica é o juiz (por meio do oficial de justiça). Quem sofre os efeitos do ato é o executado. Mas existe ainda um terceiro, que é o exequente, cujo interesse é tutelado pela nor-

---

11 CARNELUTTI, Francesco. *Teoria geral do direito*. Trad. Rodrigues Queiro. São Paulo: Saraiva, 1942. p. 253 e s.

TEORIA GERAL DO PROCESSO

ma jurídica que impõe ao juiz o dever de praticar esse ato determinado que é a penhora. No caso antes considerado, de condenação à morte, o interesse tutelado pela norma é o do Estado[12] ou da sociedade. E isso nos mostra o caminho a seguir: não basta considerarem-se os dois sujeitos ativo e passivo do ato; é preciso ainda ponderar sobre a eventual existência de um sujeito cujo interesse é tutelado pela norma que ordena, proíbe ou permite a prática do ato.

A análise nos revela que, nos casos citados, nos encontramos diante de estados jurídicos complexos. Decompondo-os, encontramos os estados jurídicos fundamentais.

Ora, temos três sujeitos a considerar: a) o sujeito ativo do ato: aquele que deve ou que não deve praticar o ato ou a quem se permite a prática do ato; b) o sujeito passivo do ato: aquele que sofre os efeitos fáticos da ação ou omissão do sujeito ativo do ato; e, finalmente, c) o beneficiado: aquele cujo interesse é tutelado pela norma que ordena, proíbe ou permite a prática do ato. Em consequência, também temos três relações a considerar: 1) a relação entre o sujeito ativo do ato e o sujeito passivo do ato; 2) a relação entre o sujeito ativo do ato e o beneficiado; e, por último, 3) a relação entre o sujeito passivo do ato e o beneficiado.

Prosseguindo na análise, constatamos que apenas as duas primeiras dessas relações podem ser consideradas como correspondentes a estados jurídicos fundamentais: primeiro porque, na terceira relação, confrontamos o sujeito passivo do ato com o beneficiado, ficando fora o sujeito ativo do ato e, portanto, o próprio ato; e segundo, porquanto a relação entre o sujeito passivo do ato e o beneficiado não é senão um reflexo das outras duas: corresponde, portanto, a um estado jurídico derivado!

---

12 BERCOVICI, Gilberto. As possibilidades de uma teoria do Estado. *Revista de História das Ideias*, v. 26, p. 7-8, 2005; CHEVALLIER, Jacques. *O Estado pós-moderno*. Trad. Marçal Justen Filho. Belo Horizonte: Fórum, 2009. p. 25; THAMAY, Rennan Faria Krüger. *A relativização da coisa julgada pelo Supremo Tribunal Federal*: o caso das ações declaratórias de (in)constitucionalidade e arguição de descumprimento de preceito fundamental. Porto Alegre: Livraria do Advogado, 2013. p. 56; CORONADO, Mariano. *Elementos de derecho constitucional mexicano*. 2. ed. Guadalajara: Escuela de artes e ofícios del Estado, 1899. p. 5.

O estado jurídico do sujeito ativo do ato em face do sujeito passivo do ato ou (o que é o mesmo) do sujeito passivo do ato em face do autor do ato é o estado de poder e sujeição. Não importa que se trate de ato permitido ou devido.

Em suma: a referência ao estado de poder e sujeição apenas indica a relação entre o sujeito ativo do ato e o seu sujeito passivo. Exemplos: o eletrocutor em face do condenado à morte; o oficial de justiça perante o executado, cujos bens são penhorados; o devedor que paga a dívida diante do credor que sofre os efeitos do ato, porque seu crédito se extingue com o pagamento.

O estado jurídico do sujeito ativo do ato em face do beneficiado ou (o que é o mesmo) do beneficiado em face do autor do ato é o estado de *crédito* e *débito*. Não se pode, aqui, cogitar de ato meramente permitido. Necessariamente tem-se dever. E o elemento que serve para caracterizar esse estado jurídico é o interesse, tal como o conceitua Carnelutti:

"Existindo entre os entes relações de complementaridade, é uma manifestação da vida de que alguns são dotados tenderem a combinar-se com os entes complementares. A força vital consiste precisamente em os seres vivos possuírem estímulo para tal combinação.

O estímulo age por via de uma sensação penosa por todo o tempo em que se não efetue a combinação, e de uma sensação agradável logo que a combinação se produza. Esta tendência para a combinação de um ente vivo com um ente complementar é uma necessidade. A necessidade satisfaz-se pela combinação. O ente capaz de satisfazer a necessidade é um bem; *bonum quod beat*, porque faz bem. A capacidade de um bem para satisfazer uma necessidade é a sua utilidade. A relação entre o ente que experimenta a necessidade e o ente que é capaz de satisfazer é o interesse. O interesse é, pois, a utilidade específica de um ente para outro ente. O pão é sempre um bem, e por isso tem sempre utilidade, mas não tem interesse para quem não tem fome, nem pensa vir a tê-la. Um ente é objeto de interesse na medida em que uma pessoa pense que lhe possa servir; do contrário, é indiferente.

Daqui se deduz que pode haver interesse não apenas em ordem a uma necessidade presente, mas também em ordem a uma necessidade futura. E a existência da necessidade pode resultar não só de uma sen-

TEORIA GERAL DO PROCESSO

sação como de uma dedução. De uma série de sensações de fome o homem tira uma lei, com base na qual deduz que, se hoje não tem fome, tê-la-á amanhã. A existência do interesse, relativamente às necessidades futuras, determina aquela aquisição de bens, além do limite das necessidades presentes, que se chama poupança. Pode ajuntar-se ainda que a própria disponibilidade de bens para as necessidades futuras acaba por se tornar objeto de uma necessidade: nisso reside o fundamento da avareza.

É esta a noção de interesse que deve ser empregue na construção da teoria do direito."[13]

Credor ou beneficiado é aquele cujo interesse é tutelado pela norma jurídica que a outro imponha um dever, positivo ou negativo; sujeito ativo do ato é aquele que pratica ou não pratica o ato previsto em norma jurídica mandamental ou permissiva; sujeito passivo do ato é aquele que lhe sofre os efeitos.

No exemplo do carrasco, temos: o credor do ato (Estado ou sociedade), o eletrocutor e o condenado. Eis aí dois estados jurídicos fundamentais: do autor do ato em face do sujeito passivo do ato e do devedor do ato diante do credor, e, ainda, um estado jurídico reflexo ou derivado existente entre o credor do ato e o sujeito passivo do ato.

Na maior parte dos casos, o interesse tutelado pela norma jurídica é o do autor do ato ou o do sujeito passivo do ato, não havendo, pois, um terceiro a considerar.

Existe ainda um terceiro estado jurídico fundamental: a inexistência de relação jurídica. Assim como o zero é fundamental na matemática, assim a inexistência de relação jurídica deve, no direito, ser considerada estado jurídico fundamental.

São, pois, estados jurídicos fundamentais:

a) o estado de poder e sujeição;

b) o estado de crédito e débito;

c) o estado de inexistência de relação jurídica ou estado de liberdade.

---

13 CARNELUTTI, Francesco. *Teoria geral do direito*. Trad. Rodrigues Queiro. São Paulo: Saraiva, 1942. p. 79-80.

CAPÍTULO I – NOÇÕES INTRODUTÓRIAS

Se o estado é de crédito e débito, tem-se um ato *devido* do segundo sujeito. Exclui-se, portanto, a possibilidade de ser-lhe permitido praticá-lo ou não. Exclui-se também a possibilidade de ser o credor sujeito ativo do ato.

Se o estado é de poder e sujeição, ao primeiro sujeito tanto pode corresponder um dever como uma faculdade ou permissão. Exclui-se a possibilidade de ser o segundo sujeito autor do ato.

A ideia de relação jurídica implica algo que permanece através de sucessivas transformações. Em outras palavras, sucedem-se diferentes estados jurídicos.

Tomemos, para exemplificar, um simples caso de acidente de trânsito. João atropela e fere Pedro:

a) o estado inicial, anterior ao atropelamento, é o de liberdade ou de inexistência de relação jurídica entre João e Pedro;

b) ocorrido o atropelamento, Pedro torna-se credor de João, para quem surge o dever de indenizar;

c) como João não paga, tem-se inadimplemento. Surge para Pedro a pretensão, isto é, o poder de exigir o pagamento a que corresponde a sujeição de João;

d) Pedro exige o pagamento (exercício da pretensão). Voltamos ao estado de crédito e débito;

e) João não paga. Pedro adquire um novo poder: o de obter coercitivamente o pagamento (ação de direito material);

f) Pedro vai ao Judiciário e obtém a satisfação de seu crédito (exercício da ação de direito material). Voltamos ao estado de liberdade ou de inexistência de relação jurídica.

Tenha-se presente que um estado jurídico supõe sempre referência a um só e determinado ato.

Dos três estados jurídicos fundamentais, o de inexistência de relação jurídica não exige maiores explicações. O de crédito e débito tem sido largamente estudado pela doutrina. O de poder e sujeição, porém, não foi ainda suficientemente desenvolvido, razão por que lhe convém um item especial.

39

3. ÔNUS E DIREITO FORMATIVO

Aulo Gélio (125-175) era jovem quando, pela primeira vez, os pretores o colocaram no número dos juízes, encarregando-o dos julgamentos chamados privados. Consciente da nova responsabilidade, estudou (como ele mesmo nos conta) os deveres do juiz, quer em livros escritos em latim, quer em livros escritos em grego. "Jovem ainda, deixando as fábulas da poesia e os movimentos da eloquência para subir ao tribunal, eu queria aprender os deveres de meu cargo na escola dos mestres mudos." No que concerne às cerimônias legais, a *Lei Júlia* e os *Comentários de Sabino Masúrio e outros jurisconsultos* lhe esclareciam devidamente. Entretanto, esses livros de nada lhe serviram quanto aos conflitos de razões contrários com que se defrontou. Assim, por exemplo, encontrou-se em inextrincável apuro quando se deparou com o seguinte caso: um homem honrado, cuja boa-fé era pública e notória, cuja vida era inatacável, e sobre cuja sinceridade não havia dúvida, reclamava ante seu tribunal determinada quantia em dinheiro, proveniente de empréstimo que fizera ao réu, homem comprovadamente falso. Nem é preciso dizer que o réu negava a existência do débito... E não só: rodeado de numerosos partidários, não cessava de exclamar que era necessário, conforme a lei, que o autor provasse a existência da dívida com documentos ou testemunhas. E acrescentava que, não havendo sido produzida prova alguma, devia ser absolvido; que a boa ou má conduta das partes carecia de valor, já que se tratava de dinheiro, e as partes se encontravam diante de um juiz e não diante de censores de costumes. Não sabendo como julgar a causa, Aulo Gélio foi buscar conselho, inicialmente com seus amigos forenses. Ora, tais amigos lhe deram a mesma resposta que lhe dariam os advogados e juristas de hoje: se o autor não prova a existência da dívida, o réu deve ser absolvido. Todavia, Aulo Gélio não se conformou com a resposta. Considerando aqueles dois homens, honrado um e pérfido o outro, não conseguia se decidir a julgar improcedente a ação. Dirigiu-se, então, a um filósofo, Favorino, que lhe disse: "Não se podendo esclarecer o litígio nem por documentos, nem por testemunhas, deve o juiz procurar de que parte há maior probidade; e só se há igualdade no bem e no mal é que se deve dar fé a quem nega a dívida. Ora, no teu caso, não há testemunhas nem documentos, mas tu afirmas que o demandante é um homem honrado, ao passo que o réu é pérfido. Vai, pois, e dá razão ao demandante". Aulo Gélio considerou esse conselho digno de um filósofo, mas não o seguiu. Pareceu-lhe demasiadamente atrevida a conduta sugerida e não condizente nem com sua idade, nem com a debilidade de seus conhecimentos. Não tinha ânimo para contrariar os costumes estabelecidos. Parecia-lhe grave condenar sem provas; de outro lado, não podia decidir-se a absolver o réu. E assim, diz Aulo Gélio, "jurei que o assunto não estava claro, ficando, em consequência, livre daquele julgamento" (*iuravi mihi non liquere, atque ita iudicatu illo solutus sum*)[14].

Non liquet. Não está claro. Essa expressão é usual na ciência do processo para significar o que hoje não mais existe: o poder de o juiz não julgar, por não saber como decidir.

Atualmente o juiz não pode deixar de julgar. Ainda que nada tenha ficado provado; ainda que não saiba quem tem razão; ainda que não saiba qual das partes é a vítima e qual o algoz; ainda que ignore qual das partes o está enganando, o juiz tem o dever de julgar. Não sabe e, entretanto, deve julgar como se soubesse. *Il giudice decide non perche sa ma come se sapesse*[15].

Quando o juiz não sabe como julgar, por falta de provas, a lei julga por ele. Existe uma série de normas jurídicas que dizem ao juiz como deve julgar quando ele não consegue apurar quem tem razão. Tais normas são as regras do ônus da prova. Diz a lei, por exemplo:

Juiz!

– se o autor se afirma credor do réu e nada fica provado, absolve o réu!

– se o réu afirma que era devedor, mas que já pagou a dívida, nada ficando provado, condena o réu!

Tais regras que visam impedir o *non liquet* são regras do ônus da prova *em sentido objetivo*. Seu destinatário é o juiz. Existem, quer se trate

---

14 GÉLIO, Aulo. *Noches áticas*. Buenos Aires: Europa-América, 1959, Livro XIV.

15 CARNELUTTI, Francesco. *Direito e processo*. Napoli: Morano, 1958. p. 265.

de processo dispositivo, quer se trate de processo inquisitório. Nesse sentido é regra relativa ao ônus da prova a norma de processo penal *in dubio pro reo*.

As regras técnicas não impõem deveres: apenas dizem o que é necessário fazer para se atingir certo fim. Assim, por exemplo, se quero acender a luz, preciso acionar o comutador.

As regras do ônus da prova, embora tenham por destinatário o juiz, refletem-se sobre as partes. Refletem-se, contudo, não como regras jurídicas, mas como regras técnicas: o autor sabe que precisa provar a existência da dívida para que o juiz julgue procedentes os pedidos de sua ação; o réu sabe que deve provar o pagamento para que o juiz acolha essa defesa.

Tem-se, assim, o conceito de ônus da prova em sentido subjetivo: uma como que carga nas costas ora de uma, ora de outra das partes; cada uma das quais sabe do que necessita provar para vencer.

Se o juiz tem o dever de procurar a verdade (processo inquisitório), constitui iniquidade fazer-se recair sobre quaisquer das partes as consequências do fracasso do juiz. Daí afirmarem alguns que o ônus da prova (em sentido subjetivo) somente existe em processo dispositivo.

Se observarmos atentamente, veremos que o ônus da prova (em sentido subjetivo) constitui para cada uma das partes um poder a que corresponde a sujeição do juiz e da parte contrária: o poder de provar.

O autor, em processo civil, tem o poder jurídico de, querendo, provar a existência da dívida. O Ministério Público tem o poder (que em face do Estado é um dever) de provar a existência do crime. Se feita essa prova, surge para o juiz o dever de julgar procedente o pedido; não sendo feita, surge para o juiz o dever de praticar o ato contrário, isto é, o dever de julgar improcedente o pedido.

O transformado é diferente, conforme seja ou não produzida a prova.

O autor, quando é seu o ônus da prova, encontra-se na situação de poder exercer efeito imediato não somente sobre o juiz, mas também sobre o réu. Se prova, torna-se credor da sentença de procedência, devida pelo juiz e à qual ficará sujeito o réu. Se não prova, é o réu que se

CAPÍTULO I – NOÇÕES INTRODUTÓRIAS

torna credor da sentença de improcedência, devida pelo juiz e à qual ficará sujeito o autor.

Os estudos a que foi submetido o processo civil levaram à constatação de que não existe apenas o ônus de provar, mas também o de alegar. Assim, *verbi gratia*, é preciso que o réu alegue, no prazo legal, a exceção de incompetência relativa, se quiser que a causa seja processada no foro competente. Se o réu alega a exceção, torna-se credor do despacho devido pelo juiz, de remessa dos autos ao juiz competente, ao qual fica sujeito o autor; se não alega a exceção, é o autor que se torna credor de ato devido pelo juiz, consistente no dever de não remeter os autos a outro juiz, mas de processar e julgar ele mesmo a ação.

Fala-se de ônus, diz Carnelutti, para significar que as provas devem ser produzidas pelas partes, sem cuja iniciativa o juiz não pode buscá-las de ofício. Nesse sentido, o ônus da prova constitui um par com o ônus de alegar no conhecido aforismo: *iudex iudicare debet iuxta allegata et probata*. Na verdade, existe um nexo íntimo entre a alegação e a prova: porque as partes estão em condições de igualdade e, normalmente, no processo contencioso, as afirmações de uma contradizem as afirmações da outra, nenhuma pode pretender que se dê fé à sua palavra; por isso, a parte sabe que uma afirmação sem prova não vale nada; daí o seu ônus de narrar os fatos e produzir as provas; o juiz, como não pode ele mesmo procurar os fatos, assim não pode procurar as provas. Isso seria possível, mas não seria conveniente. Para que se possa alcançar o resultado do processo, é necessário que a ação das partes seja energicamente estimulada; quando a parte sabe que não pode contar senão consigo mesma para fornecer a prova, fica naturalmente interessada em fazer tudo quanto possa a fim de que suas afirmações sejam sustentadas pelas provas[16].

À medida que se foi prestando atenção aos fenômenos processuais, cresceu o número das hipóteses de ônus: não apenas ônus de provar, não apenas ônus de alegar, mas também ônus de impulsionar o processo, ônus de preparar o recurso (para impedir a deserção); ônus de

---

16 CARNELUTTI, Francesco. *Direito e processo*. Napoli: Morano, 1958. p. 264-265.

exibir documento (para impedir a aplicação da pena de confissão); ônus de comparecer à audiência (sob pena de revelia) etc., até que chegou Goldschmidt sustentando que, no processo, o par da expectativa e do ônus substitui o do direito subjetivo e da obrigação jurídica, par este que seria próprio somente do direito material[17].

Do processo, a ideia de ônus saltou para o direito material.

Toda inscrição no Registro Público constitui ônus, diz Pisani, apoiando-se em Pugliatti e Natoli[18].

Encontrando-se a ideia de ônus em diferentes setores do direito[19], deve ser considerada cidadã do mundo jurídico e não desta ou daquela disciplina. É, em suma, conceito a ser estudado na teoria geral do direito, tal como o fez Carnelutti[20].

Entretanto, é ainda pequena a penetração do conceito de ônus na doutrina do direito material. E por quê? A razão é esta: ao movimento do ônus em direção ao direito material contrapõe-se o movimento do direito formativo em direção ao processo. Os dois conceitos estão em guerra. E um deles deverá perecer. Os fenômenos jurídicos, assim como as batatas, são em número limitado. E não há batatas suficientes para que ambos possam sobreviver. Ao vencedor, as batatas!

O conceito de direito formativo, tal como o de ônus, é cidadão da teoria geral do direito, e não desta ou daquela disciplina. Daí a importância dos trabalhos que o examinam fora do seu hábitat costumeiro. É o que acontece com o artigo de Almiro do Couto e Silva, "Atos jurídicos de direito administrativo praticados por particulares e direitos formativos", publicado na *RJTJRS*, v. 9, p. 19-37, de 1968. Nele se contempla o conceito de direito formativo, não no direito privado, mas no âmbito do direito administrativo.

Existe estreito nexo entre a categoria dos direitos formativos e a das sentenças constitutivas. Deve-se principalmente a Emil Seckel a elabora-

---

17 CALAMANDREI, Piero. *Estudios sobre el proceso civil*. Buenos Aires: Ed. Bibliografica Argentina, 1961. p. 219.

18 PISANI, Andrea Proto. *La transcrizione delle domande giudiziali*. Napoli: Jovene, 1968. p. 396.

19 LUGO, Andrea. *Manuale di diritto processuale civile*. Giuffrè, 1967. p. 26.

20 CARNELUTTI, Francesco. *Teoria geral do direito*. São Paulo: Saraiva, 1942. p. 274-275.

ção do conceito de direito formativo, assim como a Hellwig a constru-ção da categoria das sentenças constitutivas. "O nome de direitos forma-tivos foi inspirado, confessadamente, pela designação sentenças formati-vas de direito, sugerida por Hellwig e aceita pela ciência alemã para as chamadas sentenças constitutivas."[21] E Hellwig liga a sentença constitu-tiva aos direitos de poder jurídico ou direitos formativos[22].

"Define Seckel o direito formativo, no direito privado, como o di-reito subjetivo cujo conteúdo é o poder de formar relações jurídicas concretas, através do negócio jurídico unilateral. O reparo que a essa definição caberia fazer-se é o de que nem só negócios jurídicos consti-tuem instrumento de exercício de direitos formativos, embora seja o que mais frequentemente ocorra; também atos jurídicos *stricto sensu* e, em raros casos, até atos-fatos jurídicos desempenham essa função."[23]

Note-se que, uma vez aceito (como deve ser aceito) o reparo de Almiro do Couto e Silva, amplia-se a categoria dos direitos formativos (ou potesta-tivos), pouco faltando para coincidir inteiramente com o atrás examinado estado de poder e sujeição.

"Diversamente do que ocorre com os outros direitos subjetivos, aos direitos formativos não correspondem deveres. Nem mesmo é de admitir--se a existência de dever de tolerar o exercício de direito formativo. Como adverte Von Thur, dever de tolerância se tem quem pode contrapor-se a ato de outrem, mas não está, juridicamente, autorizado a isso. Não há de-ver de tolerância com relação ao que de nenhum modo se pode evitar."[24]

Entenda-se: o sujeito passivo não tem dever algum diante do titular de direito formativo. Apenas sofre a ação do sujeito ativo. Nada impede, entretanto, que o titular do direito tenha o dever de praticar o ato. Nessa última hipótese existe, concomitantemente, uma outra relação, de cré-dito e débito. Assim, por exemplo, aquele a quem se propõe o contrato tem o direito formativo de, aceitando a proposta, constituir a relação

---

21 SILVA, Almiro do Couto e. Atos jurídicos..., *RJTJRS*, v. 9, p. 19-37, 1968.

22 ROCCO, Alfredo. *La sentenza civile*. Milano: Giuffrè, 1962. p. 126.

23 SILVA, Almiro do Couto e. Atos jurídicos..., *RJTJRS*, v. 9, p. 19-37, 1968.

24 SILVA, Almiro do Couto e. Atos jurídicos..., *RJTJRS*, v. 9, p. 19-37, 1968.

jurídica contratual. Pode ocorrer, porém, que ele tenha, em face de outrem, o dever de aceitar, porque a isso se obrigou.

Assim como as sentenças constitutivas criam, modificam ou extinguem relação jurídica, assim os direitos formativos que, por isso, dividem-se em direitos formativos geradores, modificativos e extintivos.

"Exemplos de direitos formativos geradores, no direito privado, são os direitos de apropriação, o direito de opção, o direito de preferência, o direito que tem o destinatário da oferta de, aceitando-a, estabelecer negócio jurídico bilateral; de direitos formativos modificativos, o direito de escolha nas obrigações alternativas, o direito de constituir em mora o devedor ou credor, mediante interpelação, notificação ou protesto, o direito de estabelecer prazo para a prestação); de direitos formativos extintivos, a denúncia do contrato, a alegação de compensação, o pedido de desquite, o direito à resolução, resilição, rescisão, anulação e decretação de nulidade". "O pedido de transcrição, no Registro de Imóveis, é, também, exercício de direito formativo gerador: de direito a formar direito real. Apenas com a transcrição, que é ato de direito público, efetiva-se a transmissão de domínio."[25]

"Do mesmo modo como os direitos formativos, no direito privado, os direitos formativos, no direito público, podem ser geradores, modificativos ou extintivos, conforme o resultado que o seu exercício produz, criando, modificando ou extinguindo relação jurídica ou constituindo para o Estado o dever de criar, modificar ou extinguir relação jurídica."[26]

"Constituem exemplos de direitos formativos geradores, no direito administrativo, o direito a inscrever-se em concurso público, o direito a apresentar proposta em concorrência pública, o direito a postular reintegração em cargo público, o direito a ser reenquadrado quando lei, ao reorganizar os serviços, possibilita alteração das posições funcionais, mediante requerimento dos interessados."[27]

"Os direitos formativos modificativos são mais facilmente verificáveis na relação de emprego público. A essa classe pertencem os direitos

---

25 SILVA, Almiro do Couto e. Atos jurídicos..., *RJTJRS*, v. 9, p. 19-37, 1968.

26 SILVA, Almiro do Couto e. Atos jurídicos..., *RJTJRS*, v. 9, p. 19-37, 1968

27 SILVA, Almiro do Couto e. Atos jurídicos..., *RJTJRS*, v. 9, p. 19-37, 1968.

CAPÍTULO I – NOÇÕES INTRODUTÓRIAS

a pedir licença para tratamento de saúde, licença à gestante, à funcionária casada, quando o marido for mandado servir, *ex officio*, em outro ponto do território nacional ou no estrangeiro, licença especial ou licença-prêmio, pois, em todos esses casos, observados os requisitos legais, o pedido do funcionário cria, para a administração, o dever de conceder a licença, ficando suspensos, de outra parte, os deveres de assiduidade e de comparecimento ao trabalho, que ordinariamente tem o funcionário. Tais licenças alteram, portanto, a relação de emprego público; sem que haja, durante o tempo de sua duração, prestação de trabalho, subsiste o dever do Estado à prestação patrimonial."[28]

"Direito formativo extintivo, por excelência, é o direito a pedir exoneração de cargo público."[29]

Em que se distingue o direito formativo do atrás examinado estado de poder e sujeição? A diferença está em que o estado de poder e sujeição é gênero de que é espécie o direito formativo. As meras faculdades estão contidas no estado de poder e sujeição, mas são excluídas do âmbito dos direitos formativos.

"Para que bem se compreenda o conceito de direitos formativos é necessário frisar serem eles, efetivamente, direitos e não simples faculdades. As faculdades cabem a todas ou a um número demasiadamente amplo de pessoas, enquanto o direito subjetivo é um *plus*, um poder especial e concreto que se insere na esfera jurídica de alguém e que não é partilhado por todos os demais. O poder de propor contrato é faculdade, o poder de aceitar a proposta é direito formativo gerador; a ocupação de coisa sem dono é faculdade, o poder que tem o arrendatário de formar direito real, pela caça dos animais existentes no campo, é direito formativo gerador."[30]

"O conceito de direito subjetivo serve enquanto explica a diferenciação de poderes jurídicos que têm as pessoas, em situações determinadas. Os direitos subjetivos são círculos menores trancados dentro do círculo das faculdades. O poder concreto que nasceu em favor de al-

---

28   SILVA, Almiro do Couto e. Atos jurídicos..., *RJTJRS*, v. 9, p. 19-37, 1968.

29   SILVA, Almiro do Couto e. Atos jurídicos..., *RJTJRS*, v. 9, p. 19-37, 1968.

30   SILVA, Almiro do Couto e. Atos jurídicos..., *RJTJRS*, v. 9, p. 19-37, 1968.

guém é sempre diverso dos poderes que os outros possuem. A noção de direito subjetivo surpreende essa diversidade de poderes concretos, atenta ao momento em que uma vantagem especial se acrescenta, se individualiza, no patrimônio jurídico do sujeito de direito. Afirma-se, por outro lado, que o direito subjetivo é um poder concreto e determinado, porque ele é efeito de fato jurídico. Não deriva o direito subjetivo exclusivamente da norma, nem só de fato do mundo natural, mas da união de norma e fato ou, melhor, da incidência da norma jurídica sobre o fato. Ora, os fatos são sempre concretos e, ao ingressarem no mundo jurídico, geram, também, relações jurídicas concretas."[31]

O signo linguístico une um conceito (significado) com a impressão psíquica de um som (significante). Portanto: signo é a combinação do significante com o significado; o significante não é um som, mas a impressão psíquica de um som (imagem acústica); significado é o conceito[32].

Quer se fale em ônus, quer se fale em direito formativo, há referência a um ato que um sujeito pode (ou deve) praticar e a que outro fica sujeito.

Quer se trate de ônus, quer se trate de direito formativo, o ato pode sobrevir ou não no mundo fático. Se sobrevém, diz-se que foi atendido o ônus ou que foi exercido o direito formativo. Tanto no caso de ônus como no de direito formativo, as consequências jurídicas são diversas, conforme seja ou não praticado o ato.

Quer se trate de ônus, quer se trate de direito formativo, o interesse tutelado é o do autor do ato, ou, eventualmente, de um terceiro; nunca daquele que sofre os efeitos do ato.

Qual, portanto, a diferença entre os dois conceitos? Apenas esta: quando se fala em ônus, afirma-se que, não sendo praticado o ato, um interesse do sujeito ativo (ou, eventualmente, de um terceiro) é desatendido; quando se fala em direito formativo, afirma-se que, sendo praticado o ato, um interesse do sujeito ativo (ou, eventualmente, de um terceiro) é atendido. Em suma: não há diferença senão na forma de expressão.

---

31   SILVA, Almiro do Couto e. Atos jurídicos..., *RJTJRS*, v. 9, p. 19-37, 1968.

32   SAUSSURE, Ferdinand de. *Curso de linguística geral*. Trad. Antonio Chelini. 4. ed. São Paulo: Cultrix, 1972. p. 80-81.

CAPÍTULO I – NOÇÕES INTRODUTÓRIAS

Quando se fala em ônus, pensa-se, de preferência, nas consequências jurídicas decorrentes da omissão do ato. Quando se fala em direito formativo, pensa-se, de preferência, nas consequências jurídicas da prática do ato.

Ônus e direito potestativo são redutíveis um ao outro. E é por isso que a transcrição no Registro de Imóveis tanto pode ser exemplo de ônus como de direito formativo. Quando se pensa no comprador que fica prejudicado, se não transcreve seu título de domínio, fala-se em ônus. Quando se pensa no adquirente que transcreveu regularmente seu título de domínio, o pensamento vai, de preferência, para o efeito da aquisição do domínio, decorrente da prática do ato da transcrição.

Quem alega a prescrição exerce o direito formativo extintivo. Quem deixa de alegar a prescrição no momento processual oportuno fica prejudicado, porquanto não atendeu ao ônus de alegar, no processo, na hora certa.

É claro, portanto, que os dois significantes podem ser reduzidos a um só, já que exprimem um único e idêntico significado. A duplicidade explica-se, pois se desenvolveram em províncias diferentes do direito. A palavra ônus surgiu no processo e invadiu o direito material. A expressão direito formativo desenvolveu-se no direito material e invadiu o processo.

Na verdade, a ideia expressa por ônus e por direito formativo é idêntica. Apenas a formulação é diferente.

Esta é a fórmula do ônus:

– não sendo praticado o ato A, não ocorre a consequência X.

A fórmula do direito formativo é:

– somente sendo praticado o ato A, ocorre a consequência X.

As duas proposições são logicamente idênticas.

A ideia última contida nos dois significantes (ônus e direito formativo) é simplesmente esta: se, para que se produzam certos efeitos jurídicos, é necessário que se pratique determinado ato; não se produzem tais efeitos, se o ato não é praticado.

Quem fala em direito formativo não precisa do conceito de ônus e vice-versa. Em uma só hipótese a ideia de ônus é irredutível à de direito formativo: é quando se fala em ônus da prova em sentido objetivo, isto é, como norma dirigida ao juiz, para evitar o *non liquet*. É desejável eliminar-se da ciência jurídica a expressão ônus da prova em sentido subjetivo, substituindo-a por direito formativo à produção de provas, tanto mais que a ciência processual nunca conseguiu explicar bem como é que ao autor incumbe não só provar os fatos constitutivos como também produzir a contraprova dos fatos impeditivos ou extintivos alegados pelo réu.

Uma dificuldade permanece para a prevalência da expressão direito formativo: é que não poucos juristas lhe negam a qualidade de direito subjetivo. Por isso tudo preferimos falar em estado de poder e sujeição, que abrange não só as ideias de ônus em sentido subjetivo ou direito formativo como, ainda, as meras faculdades, sempre que seu exercício se reflita sobre outro.

Saliente-se, apenas, que a palavra sujeição não tem necessariamente sentido desagradável, como bem sabem os enamorados. Quem propõe contrato sujeita o destinatário da oferta. Modifica-lhe a situação jurídica, outorgando-lhe um poder que antes não tinha: o poder de constituir relação jurídica, mediante a aceitação. O sujeito passivo do ato sofre a ação do sujeito ativo, o que, todavia, pode ser bom para ele, se a oferta é vantajosa.

▶ **APROFUNDANDO**

Destaque do capítulo
Acesse também pelo *link*: https://somos.in/TGP0602

Precedente relevante
Acesse também pelo *link*: https://somos.in/TGP0601

CAPÍTULO II

Poder Judiciário

1. O PODER JUDICIÁRIO COMO SUBSISTEMA DE PRODUÇÃO DE NORMAS JURÍDICAS

São fontes do direito a lei, a jurisprudência e o costume. Historicamente, o costume precedeu a jurisprudência, e esta, à lei, como hoje a entendemos, isto é, como normas gerais e abstratas editadas pelo Estado. Em uma ordenação de importância teórica decrescente, a lei, hoje, superpõe-se à jurisprudência, e esta, ao costume.

A sociedade constitui-se produzindo normas costumeiras. Daí a antiguidade do costume. Direito primitivo é direito costumeiro. O *jus*, contemporâneo da sociedade, de que se fala na assertiva *ubi societas ibi jus*, é, pois, Direito, *jus* costumeiro.

Ao se organizar em Estado, a sociedade passa a produzir normas jurisprudenciais e legais. Pode-se, então, dizer que as normas costumeiras são produzidas pela sociedade; a jurisprudência e a lei, pelo Estado.

O costume é de produção lenta, local e de difícil constatação. Ao organizar-se em Estado, a sociedade o constitui como um sistema de produção de normas jurídicas. Produzem-se, então, normas legais e jurisprudenciais, com maior rapidez, eficiência e racionalidade, que constituem emergências do sistema. A lei, sobretudo a lei, pode ser editada rapidamente, sua existência pode ser facilmente determinada e sua vigência pode estender-se por imensos territórios, regendo a conduta de

TEORIA GERAL DO PROCESSO

indivíduos que, distantes uns dos outros, jamais poderiam gerar costumes comuns a todos.

Modernamente, o Estado apresenta-se tripartido em três Poderes: o Legislativo, o Executivo e o Judiciário. Este se apresenta, assim, como subsistema do sistema de produção de normas jurídicas.

A sociedade continua a produzir normas costumeiras, mas estas perdem quase toda a sua importância. O que releva, quase sempre, são as normas produzidas pelo Estado, através de seus três Poderes. Todos eles produzem normas gerais e abstratas, sobretudo o Legislativo. Ao Executivo e ao Judiciário caberia, em princípio, a produção de normas concretas. Todavia, isso está longe de refletir a realidade. O Poder Executivo produz, em larga escala, também ele, normas gerais e abstratas. O Poder Judiciário produz especialmente normas concretas, mas com a virtualidade de se tornarem gerais, pelo fenômeno denominado jurisprudência.

2. INDEPENDÊNCIA E SUBORDINAÇÃO À LEI

De acordo com a Constituição (art. 2º), os três Poderes são independentes e harmônicos entre si.

Em nosso sistema jurídico, o Judiciário é relativamente autônomo. Apresenta-se, por um lado, como um superpoder, pois tem competência para julgar e tornar sem efeito atos da Administração e até para julgar e declarar inconstitucionais as próprias leis que é chamado a aplicar. Apresenta-se, por outro lado, como um subpoder, pois é organizado pelo Legislativo e deve obediência à lei. É sobretudo pelo poder de reformar a Constituição que se afirma a primazia do Congresso Nacional.

Subordinado à lei, exerce o Poder Judiciário uma atividade de segunda categoria, pois é a lei que fixa os fins que os juízes precisam afanosamente descobrir e buscar.

E se a lei é injusta? Põe-se, aqui, um problema que não admite resposta simplista. Há muito que se assentou que a lei não contém todo o direito e que o direito não se resume à lei. Há normas não escritas. A sociedade, ela própria, segrega diretamente normas jurídicas. O juiz é órgão do Estado, mas é também voz da sociedade. O Legislativo, que é representação do povo, pode falsear a sua vontade, fazendo prevalecer os interesses de uns poucos sobre os da imensa maioria da população. Não se pense em um Judiciário cego a tudo isso. A primeira qualidade que se exige de qualquer juiz é a inteligência, capacidade de ver e de pensar. Em um sistema complexo, há lugar para algumas rebeldias. Todavia, seria aberrante imaginar que o Judiciário pudesse contrapor-se à legislação como um todo, em nome de um princípio superior de justiça. Ao destruir os outros Poderes, estaria o Judiciário a destruir a si próprio. Há que se considerar, ainda, que, entre nós, os juízes não são eleitos, não sendo, pois, representantes diretos do povo, não podendo, assim, arrogar-se o direito de falar em seu nome. São, a maioria de nossos juízes, nomeados após concurso, porque se quer sentenças que tenham maior conteúdo de conhecimento que de vontade. O juiz que afasta a lei com um piparote trai a missão que lhe foi confiada e se arroga um poder que não tem. Frequentemente, contudo, o que se afirma lei injusta não passa de interpretação tola. Nosso sistema, fundado em leis gerais e abstratas, é, por isso mesmo, um sistema flexível. A hermenêutica abre amplo espaço para a adequação da norma geral ao caso concreto, afastando-se injustiças decorrentes da imprevisão do legislador relativamente às peculiaridades de cada caso. Para isso, aliás, existem os juízes: para que cada um possa ter examinado o seu caso, com as suas circunstâncias próprias.

3. FUNÇÃO POLÍTICA?

O Judiciário é um Poder tanto quanto o Legislativo e o Executivo. Indubitável, pois, que exerce atividade de governo.

Essa atividade é também política? Segundo Aliomar Baleeiro, ela o é sim quando se trata de declarar, mesmo em concreto, a constitucionalidade ou inconstitucionalidade de lei, regulamento ou atos das mais altas autoridades. Diz que "nem sempre isso foi bem compreendido pelos escritores europeus do continente", porque "educados em sistemas jurídicos diversos, de supremacia do Poder Legislativo, segundo as concepções políticas do parlamentarismo; além disso, nesses países, durante séculos, os tribunais não foram havidos como órgãos dum Poder independente, na mesma hierarquia do Parlamento e do titular do Executivo, mas como delegados deste último, fazendo justiça em nome do rei; julgar, afinal, pareceu, durante muito tempo, a gerações desses países, como simples modalidade de administração; em algumas dessas nações, grande parte das controvérsias mais relevantes cabe à competência de órgãos jurisdicionais administrativos, como o famoso Conselho d'Estado, na França, onde exerce papel comparável ao da Corte Suprema dos Estados Unidos, mas sempre sem poder declarar a inconstitucionalidade de leis"[1].

Pensamos que, para se negar ou afirmar a natureza política da atividade do Poder Judiciário, é preciso que se comece por conceituar o que seja política. Pode-se defini-la como sendo a determinação, por um ser, de seus próprios fins. Nesse sentido, todo homem exerce atividade política, porquanto determina seus próprios fins. Pode-se ir além e dizer que todo corpo social exerce atividade política, na medida em que se autodetermina, em busca, antes de tudo, de sua própria sobrevivência, pois não é difícil observar que também as organizações sociais têm instinto de conservação, dificilmente aceitando a sua própria morte ou dissolução.

Não é, no entanto, nesse sentido que se põe a pergunta a respeito da eventual natureza política da função judiciária. O que se indaga é se o Poder Judiciário, como órgão do Estado, exerce a função de fixar fins do Estado. Ora, a atividade do Judiciário é atividade de interpretação. Ainda que se trate de declarar a inconstitucionalidade de lei em tese, ainda aí se trata de interpretar, confrontando-se uma dada interpretação da Constituição com outra de uma lei acoimada de inconstitucional. Trata-se, pois, sempre e acima de tudo, de atividade de interpretação. Ora, a atividade do intérprete volta-se para a busca do pensamento de outrem, para a determinação da vontade de outrem. Assim, ao interpretar a Constituição, não está o Judiciário a fixar, ele próprio, os fins do Estado, mas sim a declarar fins de antemão fixados, pela Constituição.

---

1   BALEEIRO, Aliomar. *O Supremo Tribunal Federal, esse outro desconhecido.* Rio de Janeiro: Forense, 1968. p. 104-108.

Não é, comum, todavia, definição tão restrita e precisa de política (determinação, por um ser, de seus próprios fins). Pode-se entender por política também a escolha dos meios para o atingimento de fins e, com sentido assim ampliado, dificilmente pode negar-se que o Judiciário, sobretudo por seus tribunais superiores, exerce também função política.

4. O PODER JUDICIÁRIO COMO LEGISLADOR

Na atualidade, é certo que o Poder Judiciário edita não apenas normas concretas, mas, também, normas gerais e abstratas, exercendo, pois, também atividade normativa. Essa afirmação é feita com base no Direito brasileiro, mas o fenômeno não se limita ao Brasil. A importância dessa constatação é reduzida nos países do *Common Law*, que sempre conviveram com as *judge made laws*, por força da eficácia vinculativa dos precedentes, ainda que se trate de fenômenos distintos.

No Estado liberal, o Poder Judiciário tinha por função precípua a aplicação da lei ao caso concreto. Supunha-se lei anterior, norma geral e abstrata, editada pelo Parlamento: ocorrendo a hipótese nela prevista, a norma incidia automaticamente sobre o fato. Na sentença, o juiz declarava essa incidência ao aplicar a lei ao caso concreto.

O neoconstitucionalismo, ao afirmar a proeminência da Constituição, enfraqueceu o princípio da legalidade com seus princípios e valores, alguns apenas implícitos, com o que o juiz passou mais claramente a exercer atividade criativa, mesmo nas ações individuais em que aplica o Direito (não apenas a Lei) ao caso concreto. Mas o foco, aqui, não está nesta atividade criadora de direito no caso concreto, nem mesmo quando, por força de repetição, adquire a força de norma geral (a jurisprudência como fonte do Direito).

O que importa, aqui, são os casos em que o próprio Direito legislado autoriza o Judiciário a editar normas gerais e abstratas.

Esse fenômeno não é inteiramente novo. A Justiça do Trabalho teve poderes normativos desde sua instituição (Decreto-lei n. 1.237, de 2-5-1939). Tratava-se, no entanto, de atividade circunscrita àquela Justiça especializada.

Maior alcance teve a introdução, entre nós, ainda antes da Constituição de 1988, do controle abstrato de constitucionalidade. Havíamos importado do Direito norte-americano o sistema do controle difuso de constitucionalidade[2], mas sem a eficácia vinculativa dos precedentes. Qualquer juiz, ainda que de primeiro grau, foi autorizado a "declarar" a inconstitucionalidade de lei, em ação individual. Na verdade, não há propriamente declaração, porque a decisão, ainda que pronunciada em grau de recurso extraordinário pelo Supremo Tribunal Federal, não faz coisa julgada senão às partes e limitadamente ao pedido objeto da ação, uma vez que, em nosso sistema processual, a coisa julgada não se estende aos fundamentos da decisão. A inconstitucionalidade é apenas fundamento para negar-se aplicação à lei considerada inconstitucional, não produzindo, pois, coisa julgada nem para as partes. Para afastar a aplicação da lei inconstitucional, em outros casos, exige-se resolução do Senado. Há, hoje, uma corrente que sustenta a eficácia *erga omnes* das decisões do Supremo Tribunal Federal declaratórias de inconstitucionalidade em ações individuais, o que nos aproximaria do sistema norte-americano, o que, todavia, foge ao objeto do presente estudo, limitado aos casos de previsão legal de edição de normas gerais e abstratas pelos tribunais.

Não se discute que as decisões do Supremo Tribunal Federal, no controle concentrado de constitucionalidade, têm eficácia *erga omnes*. Significa isso que o ato normativo declarado inconstitucional permanece no sistema jurídico, mas sem eficácia. A decisão judicial tem até mais força do que a simples revogação do ato, porque dotada de possível eficácia retroativa. Ora, se a revogação de uma lei implica alteração do ordenamento jurídico, com igual ou maior razão deve-se reconhecer que o sistema jurídico é alterado quando o Supremo Tribunal Federal torna ineficaz uma norma geral que, de outro modo, continuaria a incidir e a produzir efeitos jurídicos. A natureza normativa do ato é ainda mais sa-

---

2   Sobre o controle difuso, pode-se conferir THAMAY, Rennan Faria Krüger. *A relativização da coisa julgada pelo Supremo Tribunal Federal*: o caso das ações declaratórias de (in)constitucionalidade e arguição de descumprimento de preceito fundamental. Porto Alegre: Livraria do Advogado, 2013. p. 145.

CAPÍTULO II – PODER JUDICIÁRIO

liente agora que se admite a modulação dos efeitos, podendo o Supremo Tribunal Federal determinar que sua decisão tenha eficácia *ex nunc* ou a partir de algum momento no futuro. Não se trata mais, como outrora se sustentou, de declaração de nulidade de norma havida como inconstitucional, com eficácia necessariamente *ex tunc*, mas de decisão constitutiva negativa, com eficácia *ex tunc, ex nunc* ou a partir de outro momento determinado por razões de conveniência prática. Isso é legislar (editar normas gerais e abstratas).

Por sua própria natureza, as ações coletivas tendem à produção de sentenças que não constituem aplicação da lei a caso concreto, necessariamente individual, mas à produção de normas gerais e abstratas. Definimos, aqui, como coletivas as ações que dizem respeito a pessoas indeterminadas ou a um grupo de pessoas, nem todas presentes no processo, diferentemente do que ocorre no litisconsórcio. Inclui-se, às vezes, entre as ações coletivas, a ação civil pública que, todavia, tem ocasionalmente caráter marcadamente individual, como, por exemplo, na proposta pelo Ministério Público em defesa de direito de menor ou idoso claramente identificado.

Normas gerais e abstratas são as que impõem deveres para pessoas indeterminadas e as constitutivas de direitos subjetivos de sujeitos indeterminados.

Nas ações relativas aos chamados direitos difusos, a sentença impõe obrigações ao réu, pessoa determinada, e não é constitutiva de direitos subjetivos das pessoas por ela beneficiadas. Assume, portanto, o caráter de norma geral e abstrata se, como efeito anexo, dela resulta título para execuções individuais. Não se trata de ações coletivas no sentido próprio da expressão, mas de ações, na verdade, individuais tendentes à declaração ou à criação de deveres absolutos, isto é, de deveres a que não correspondem direitos subjetivos. São ações tendentes à aplicação (eventualmente à criação) de direito objetivo.

Nas ações relativas a interesses coletivos *stricto sensu*, a sentença é declarativa de direito coletivo (*v.g.*, direito ao meio ambiente de trabalhado sadio) ou é constitutiva de direito coletivo (*v.g.*, fixação de um piso salarial mínimo para a categoria). Não são, rigorosamente, ações coleti-

TEORIA GERAL DO PROCESSO

vas. Coletivo é o interesse ou direito tutelado. A sentença assume o caráter de norma geral e abstrata se, como efeito anexo, dela resultarem deveres individuais, como no caso da decisão que, declarando a ilegalidade de uma greve (direito coletivo), obriga os trabalhadores a retornar ao trabalho. Se o Ministério Público ou outro legitimado pede sentença mandamental, com ordem de retorno ao trabalho, a ação é coletiva passiva, e a sentença tem a natureza de norma geral e abstrata.

Nas ações relativas a direitos individuais homogêneos, a sentença é declarativa de direitos ou de obrigações de pessoas indeterminadas. São ações coletivas no sentido próprio da expressão, pela existência, no lado ativo ou passivo, de um grupo de pessoas, que individualmente podem até não saber da existência do processo. Atua, por todas, um substituto processual, como tal havido o que atua em juízo, em nome próprio, em defesa de direito alheio. A regra, no Direito brasileiro, é que essas ações se finalizem com uma sentença condenatória genérica, que não precisa indicar nem os beneficiários nem o *quantum* devido a cada um, tendo, pois, a natureza de norma geral e abstrata. Procede-se à liquidação e à execução por ações individuais.

As súmulas vinculantes editadas pelo Supremo Tribunal têm manifestamente a natureza de normas gerais e abstratas.

Embora sem expresso efeito vinculante, têm também essa natureza as decisões do Superior Tribunal de Justiça, ao uniformizar a jurisprudência no julgamento de recursos repetitivos.

Constata-se, assim, que, na atualidade, o Poder Judiciário exerce, além da função tradicional de aplicar o Direito ao caso concreto, a de editar normas gerais e abstratas. Trata-se, por conseguinte, de uma consequência e de uma exigência da moderna sociedade de massas.

Esse é o caso de uma função[3] nova que exige métodos de trabalho diferenciados, ao que, em parte, já provê a Lei, ao admitir a realização de audiências públicas e a intervenção dos *amici curiae*.

---

3   PELICIOLI, Angela Cristina. *A sentença normativa na jurisdição constitucional*: o Supremo Tribunal Federal como legislador positivo. São Paulo: LTr, 2008. p. 164.

5. A JURISPRUDÊNCIA, FONTE DO DIREITO

Nenhuma dúvida há de que nosso sistema jurídico se funda na supremacia da lei. Há que se afastar, contudo, o dogma da onipotência do legislador, ainda que este se apresente como constituinte. A sociedade segrega normas jurídicas, sob a forma de costumes, fonte do direito que perdeu muito, mas não por completo, a sua importância. Hoje a produção de normas jurídicas, diretamente pela sociedade, independentemente e contra o aparelho estatal, apresenta-se sobretudo sob a forma de rejeição. Na verdade, as leis precisam ser aceitas pela sociedade. Não basta que as faça o legislador. Daí o interessantíssimo fenômeno, com que volta e meia se defrontam os tribunais, das leis que não são leis, das leis que o são nos livros, mas não na vida real. O dogma da onipotência do legislador é, primeiro de tudo, falso e serve, em segundo lugar, para justificar qualquer absurdo e toda injustiça provenientes dos detentores do poder político.

Entre o Legislativo, que produz as leis, e a sociedade, que as recebe ou rejeita, encontram-se os juízes, chamados a aplicar as leis que a sociedade aceitou e os costumes que com elas se conformam. Os juízes são governo e são povo. São tanto mais governo quanto mais alto o degrau em que se encontram na hierarquia do Poder Judiciário. Quanto mais povo quanto mais dele se aproximam, por suas origens, por suas ideias, por seus sentimentos e por seu comportamento. Ocupando posição intercalar, são chamados a atender e a fazer cumprir as determinações do alto, como também a ouvir e a atender as aspirações que vêm do corpo social.

Nesta posição ambígua, de órgãos de governo e voz do povo, os juízes e o Poder Judiciário segregam a jurisprudência que não se confunde com o mero precedente, isolado, que pode constituir apenas uma deturpação jurídica, produto da má compreensão ou de um mau momento de algum juiz ou tribunal.

Das leis, normas gerais e abstratas, deduzem-se as normas jurídicas concretas, que se aplicam a cada caso. Em sentido inverso, das normas concretas, produzidas pelos tribunais, induzem-se normas gerais e abstratas e eis, aí, o fenômeno da jurisprudência.

TEORIA GERAL DO PROCESSO

Do ponto de vista sociológico, é certo que a jurisprudência é fonte do direito. Seria fácil apontar normas gerais que dela emergiram, ainda que contra a lei. A negação à jurisprudência, do caráter de fonte do direito, tem cunho ideológico. Nega-se a produção de direito pelos tribunais, a fim de que não sejam tentados a produzi-lo.

Cabe perguntar, então, se, de um ponto de vista estritamente jurídico, mais ideal do que real, a jurisprudência deve ou não ser havida como fonte do direito. Essa pergunta pode ser posta de um modo mais brutal, indagando-se, enfim, se juízes e tribunais podem decidir contra a lei ou, em latim, para ser menos chocante, se eles podem decidir *contra legem*. Efetivamente, não há nenhuma dificuldade teórica em admitir-se a jurisprudência *secundum legem* ou *praeter legem*. O problema põe-se, de maneira viva e dolorida, em face da jurisprudência *contra legem*.

Não há dúvida quanto à primazia da lei, em nosso sistema jurídico. Primazia sim, mas não monopólio. As leis, editadas no passado, frequentemente vigem no presente em descompasso com as circunstâncias em que são chamadas a atuar. Há também as hipóteses de leis "monstruosas" e de leis "tolas", e seria monstruoso e constituiria tolice exigir-se que os tribunais as aplicassem tal como editadas. Há, ainda, o caso das leis que a sociedade rejeitou e que, por isso, não podem ser aplicadas. Há, sobretudo, a lição que os séculos nos legaram, no sentido de que o direito não se contém todo nas leis. Há, pois, que se admitir a jurisprudência como fonte do direito. Introduz-se, assim, uma certa desordem no sistema jurídico, que deixa de ser monolítico. Ressalte-se, contudo, que uma ordem perfeita e absoluta não passa de um sonho, ou melhor, de um pesadelo tecnocrático, tendo mais a ver com os delírios das ideias do que com as realidades da vida.

6. CARÁTER NACIONAL DO PODER JUDICIÁRIO

De acordo com a Constituição, o Brasil é uma República Federativa e, por isso mesmo, cada Estado tem o seu Poder Legislativo, o seu Poder Executivo e o seu Poder Judiciário.

Entretanto, não somos uma verdadeira Federação nem há verdadeiros Judiciários estaduais. As competências remanescentes, atribuídas aos

Estados (Constituição, art. 25, § 1º), reduziram-se a quase nada. A Justiça de cada Estado é organizada e mantida pelo Estado-Membro, mas as leis que aplica são quase todas federais. Se a parte invoca direito estadual, pode ter de provar-lhe o teor e a vigência, assim como quando alega direito estrangeiro. Há que se considerar, ainda, o controle hierárquico exercido pelos tribunais superiores da União sobre as decisões dos tribunais locais.

Tem-se dito, desde a lição de João Mendes, na vigência da Carta de 1891, que "o Poder Judiciário não é federal, nem estadual; é eminentemente nacional, quer se manifestando na jurisdição federal, quer se manifestando nas jurisdições estaduais, quer se aplicando no cível e quer se aplicando no crime, quer decidindo em superior, quer decidindo em inferior instância"[4]. Significa isso que o sistema judiciário desconsidera a distinção entre União e Estado, órgãos da soberania nacional, porque desconsidera a Federação. Isso importa em dizer que não há justiças verdadeiramente estaduais, mas um Poder Judiciário que se pode mais ou menos indiferentemente qualificar como nacional ou federal, embora seja mais própria a primeira denominação – nacional – exatamente em virtude do apagamento das linhas da Federação.

7. ORGANIZAÇÃO HIERÁRQUICA DO PODER JUDICIÁRIO

Aos juízes confere-se o poder de dizer o direito, nos casos submetidos à sua jurisdição. Daí decorre uma ampla autonomia, que exclui ou modera algumas formas de controle hierárquico. Assim, não cabe, no âmbito do Poder Judiciário, a demissão de juiz, ao nuto de órgão superior e, embora se admita que se oriente a atividade dos órgãos de 1º grau mediante circulares, portarias e ordens de serviço, certo é que por elas não se pode determinar o teor das decisões que devam proferir.

Nem por isso deixa de ser hierárquica a organização do Poder Judiciário. Ora, quem diz hierarquia diz subordinação do inferior ao supe-

---

4   ALMEIDA JÚNIOR, João Mendes de. *Direito judiciário brasileiro*. Rio de Janeiro: Freitas Bastos, 1954.

rior. Há, efetivamente, órgãos superiores, como o Supremo Tribunal Federal e o Superior Tribunal de Justiça; há órgãos inferiores, como os juízes de 1º grau e, entre uns e outros, os tribunais de 2ª instância.

Ao Conselho Nacional de Justiça e aos tribunais confere-se poder disciplinar. O art. 93, VIII, da Constituição estabelece que "o ato de remoção, disponibilidade e aposentadoria do magistrado, por interesse público, fundar-se-á em decisão por voto da maioria absoluta do respectivo tribunal ou do Conselho Nacional de Justiça, assegurada ampla defesa". Segundo o art. 93, VIII-A, da Constituição, "a remoção a pedido ou a permuta de magistrados de comarca de igual entrância atenderá, no que couber, ao disposto nas alíneas *a*, *b*, *c* e *e* do inciso II". Para as demais sanções disciplinares basta a maioria absoluta dos membros do respectivo tribunal (art. 93, X).

Todavia, é sobretudo pela devolução ao superior hierárquico do ato praticado pelo inferior que se exerce o controle hierárquico, no âmbito do Poder Judiciário. Excluída a avocação, considerada incompatível com o nosso sistema processual, o controle dos atos praticados pelos órgãos inferiores é exercido pelos recursos, bem como por ações de impugnação, como a ação rescisória, a revisão criminal e o mandado de segurança. Como observa Ruy Cirne Lima, a subordinação hierárquica se estabelece, aí, mais entre os atos do que entre os indivíduos[5].

No caso do Tribunal de Justiça do Mato Grosso, o Supremo Tribunal Federal firmou sua própria posição, como órgão máximo da hierarquia judiciária.

Ocorrera que, em 1949/1950, o Tribunal de Justiça daquele Estado se dividira em duas facções: uma elegera presidente do tribunal o desembargador Mário Corrêa da Costa; a outra, o desembargador Antônio Arruda. Ambos se consideraram eleitos, cada qual impugnando a eleição do outro.

Os eleitores de Antônio movimentaram-se: um deles impetrou mandado de segurança, e outro o despachou, concedendo liminar impeditiva da posse de Mário que a ela desatendeu.

---

5   LIMA, Ruy Cirne. *Princípios de direito administrativo*. Porto Alegre: Ed. Sulina, 1964. p. 154.

Também Mário impetrou mandado de segurança ao mesmo tribunal de que fazia parte, igualmente obtendo liminar.

O ex-presidente, bem como os eleitos, ofereceu representações ao Supremo Tribunal Federal, que delas conheceu, como reclamações.

Do ponto de vista jurídico-formal, várias eram as dificuldades que se antolhavam à Suprema Corte, a saber: a questão de sua competência para, como órgão federal, intervir em órgão da justiça estadual, em problema interno seu, de caráter político-administrativo; a inexistência, no sistema legal de então, da própria reclamação, como remédio jurídico; a pendência de mandado de segurança, que ficaria anulado, sem forma nem figura de juízo, pelo conhecimento da reclamação.

À primeira questão respondeu o Supremo Tribunal Federal com o caráter nacional do Poder Judiciário, afirmando-se "instância de superposição em relação a todas as jurisdições do país"; o cabimento da reclamarão foi afirmado como decorrência de sua competência implícita ou por força de compreensão, deduzida pelo método construtivo; a pendência de mandado de segurança foi desconsiderada, "tanto mais que os que agora pugnam por esse efeito suspensivo do seu mandado não se detiveram diante do outro, contra eles anteriormente concedido *in limine*; e, por acórdão de 20 de janeiro de 1950, deferiu a medida, anulando ambas as eleições e determinando a realização de uma terceira"[6].

8. JURISDIÇÃO E OBEDIÊNCIA

O Judiciário é um Poder. Exerce atividade de governo. Incumbe-lhe dizer, em cada caso, o que é direito. Cabe-lhe exercer uma atividade imunológica, rejeitando as leis inconstitucionais, bem como declarando a rejeição social de algumas normas. Produz a jurisprudência, que, como a lei, é fonte do direito. Tudo isso é verdade, contudo, deve obediência ao direito objetivo. O juiz deve fidelidade ao sistema jurídico que o constituiu como órgão seu. Não se pretenda libertar o juiz do dever de

---

6 COSTA, Edgar. *Os grandes julgamentos do Supremo Tribunal Federal*. Rio de Janeiro: Civilização Brasileira, 1964, v. 3 (1947-1955). p. 157-182.

obediência, ainda que em nome da justiça, porque sua liberdade submete os jurisdicionados ao arbítrio e aos caprichos de sua autoridade.

Pode o juiz, em especiais circunstâncias, pôr entre parênteses alguma norma aparentemente jurídica. Deve, porém, fidelidade ao sistema jurídico que o constituiu, sob pena de trair a missão que lhe foi confiada. Não se prega uma submissão tola, nem cega, mas uma obediência inteligente e voluntária, mais aceita como necessidade social que imposta por coerção autoritária.

Se desaparece o dever de obedecer, em consciência, tudo se reduz a um jogo de força. Mandam os mais fortes, submetem-se os vencidos e, ao termo de tudo, não se tem nem lei, nem direito, nem justiça, mas violência, arbítrio e arrogância.

▶ **APROFUNDANDO**

Destaque do capítulo

Acesse também pelo *link*: https://somos.in/TGP0604

Precedente relevante

Acesse também pelo *link*: https://somos.in/TGP0603

CAPÍTULO III

Organização Judiciária

1. ASPECTOS GERAIS

O Poder Judiciário necessita ser devidamente aparelhado para a prestação de tutela jurisdicional efetiva, célere e adequada.

No Brasil "a sistemática organizacional do Poder Judiciário é bem definida constitucionalmente, não deixando dúvida ou qualquer abertura para debates em relação às atribuições e competências de cada membro do Poder Judiciário"[1].

Observa Eduardo Arruda Alvim que "a Constituição instituiu as chamadas justiças especializadas (militar, trabalhista e eleitoral). O que não couber na esfera de atribuição de cada uma delas, competirá à justiça comum. A justiça comum, a seu turno, subdivide-se em justiça penal e justiça civil. A esfera de atribuições da justiça civil é determinada por exclusão. Vale dizer, dentro daquilo que cabe à justiça comum, o que não competir à justiça penal caberá à civil. De outra parte, os órgãos da justiça comum podem ser federais (justiça federal) ou estaduais (justiça estadual). A competência da justiça federal vem prevista no art. 109 da CF"[2].

---

1 THAMAY, Rennan Faria Krüger. *Los procesos colectivos*: Argentina y Brasil. Buenos Aires: Cathedra Jurídica, 2012. p. 4.

2 ALVIM, Eduardo Arruda. *Direito processual civil*. 5. ed. rev., atual. e ampl. São Paulo: Revista dos Tribunais, 2013. p. 69.

TEORIA GERAL DO PROCESSO

Além dos órgãos federais, há os Tribunais e Juízes dos Estados e do Distrito Federal e Territórios. Não há órgãos judiciários municipais.

2. ÓRGÃOS DO PODER JUDICIÁRIO

De acordo com o art. 92 da CF, são órgãos do Poder Judiciário:

* o Supremo Tribunal Federal;
* o Conselho Nacional de Justiça;
* o Superior Tribunal de Justiça;
* os Tribunais Regionais Federais e Juízes Federais;
* os Tribunais e Juízes do Trabalho;
* os Tribunais e Juízes Eleitorais;
* os Tribunais e Juízes Militares;
* os Tribunais e Juízes dos Estados e do Distrito Federal e Territórios.

2.1 O Supremo Tribunal Federal

O Supremo Tribunal Federal é o órgão de cúpula do Poder Judiciário brasileiro, no qual o "controle e processos julgados são de natureza constitucional, perpassando pelo controle da constitucionalidade"[3], tanto na esfera do controle difuso[4] como no abstrato[5].

O STF compõe-se de 11 juízes, intitulados de Ministros; podem tanto ser juízes de carreira como integrantes do Ministério Público ou da Advocacia, com mais de trinta e cinco e menos de sessenta e cinco anos de idade; são indicados e nomeados pelo Presidente da República, depois de aprovada a escolha pelo Senado Federal, por maioria absoluta.

---

3 THAMAY, Rennan Faria Krüger. *Los procesos colectivos*: Argentina y Brasil. Buenos Aires: Cathedra Jurídica, 2012. p. 6-7.

4 STRECK, Lenio Luiz. *Jurisdição constitucional e hermenêutica*: uma nova crítica do direito. Porto Alegre: Livraria do Advogado, 2002. p. 339 e s. Já observando a realidade pós 1988, observar o mesmo autor e obra, p. 361 e s.

5 MENDES, Gilmar Ferreira. *Jurisdição constitucional*. 3. ed. São Paulo: Saraiva, 1999. p. 80.

CAPÍTULO III – ORGANIZAÇÃO JUDICIÁRIA

Compete-lhes especialmente confrontar as leis e os atos normativos com a Constituição. O controle de constitucionalidade pode ser provocado por várias ações, a começar pela ação direta de inconstitucionalidade (ADI). De seu objeto exclui-se lei municipal, cuja constitucionalidade pode, todavia, ser objeto de arguição de descumprimento de preceito fundamental[6]. Tem eficácia *erga omnes*, *ex tunc* (eficácia retroativa) ou *ex nunc* (desde a decisão) ou mesmo a partir de momento posterior, conforme o caso.

A mesma sistemática é observada no caso de omissão inconstitucional, isto é, no caso de ação direta de inconstitucionalidade por omissão (ADO).

Outra ação é a declaratória de constitucionalidade (ADC), com objeto limitado à lei ou ao ato normativo federal, também ela com eficácia *erga omnes*.

A jurisprudência do Supremo Tribunal Federal integrou a arguição de descumprimento de preceito fundamental (ADPF).

Controle concentrado de constitucionalidade pode também ser exercido por arguição de descumprimento de preceito fundamental (ADPF), com objeto, por um lado, mais amplo, por compreender também ato normativo estadual e municipal e, por outro, mais restrito, por exigir alegação de ofensa a "preceito fundamental".

Legítimos a propor essas três ações (ADI, ADC, ADPF) são (Constituição Federal, art. 103; Lei n. 9.882/1999, art. 2º):

- o Presidente da República;
- a Mesa do Senado Federal;
- a Mesa da Câmara dos Deputados;
- a Mesa de Assembleia Legislativa ou da Câmara Legislativa do Distrito Federal;
- o Governador de Estado ou do Distrito Federal;
- o Procurador-Geral da República;

---

6   THAMAY, Rennan Faria Krüger. *Los procesos colectivos*: Argentina y Brasil. Buenos Aires: Cathedra Jurídica, 2012. p. 8-9.

TEORIA GERAL DO PROCESSO

- o Conselho Federal da Ordem dos Advogados do Brasil;
- partido político com representação no Congresso Nacional;
- confederação sindical ou entidade de classe de âmbito nacional.

No controle difuso, pronuncia-se o Supremo Tribunal Federal sobre a constitucionalidade de lei ou ato normativo em recurso extraordinário (Const., art. 102, III[7]).

Para ser admitido Recurso Extraordinário, exige-se hoje o implemento do requisito da repercussão geral da questão constitucional[8].

Outro requisito é o prequestionamento[9], implementado quando questionados e debatidos os dispositivos alegadamente violadores da Constituição.

Mediante recurso extraordinário, qualquer pessoa pode provocar pronunciamento do Supremo Tribunal Federal, excluídas questões apenas de fato (STF, Súmula 279).

O recurso extraordinário supõe, contudo, o esgotamento das vias recursais ordinárias (STF, Súmula 291).

2.2 O Conselho Nacional de Justiça

O Conselho Nacional de Justiça é composto de 15 membros com mandato de 2 (dois) anos, sendo admitida uma recondução. Sua composição é variada, pois envolve diferentes cargos e níveis hierárquicos do Poder Judiciário, Ministério Público, Advocacia e cidadãos (Constituição Federal, art. 103-B). Tudo em busca de uma composição democrática[10].

O Conselho Nacional de Justiça (CNJ) é presidido pelo Presidente do Supremo Tribunal Federal e, nas suas ausências e impedimentos,

---

7   THAMAY, Rennan Faria Krüger. *Los procesos colectivos*: Argentina y Brasil. Buenos Aires: Cathedra Jurídica, 2012. p. 12.

8   MARINONI, Luiz Guilherme; MITIDIERO, Daniel. *Repercussão geral do recurso extraordinário*. São Paulo: Revista dos Tribunais, 2007. p. 33.

9   BARROSO, Luís Roberto. *O controle de constitucionalidade no direito brasileiro*. 2. ed. São Paulo: Saraiva, 2006. p. 93-94.

10   THAMAY, Rennan Faria Krüger. *Los procesos colectivos*: Argentina y Brasil. Buenos Aires: Cathedra Jurídica, 2012. p. 16.

CAPÍTULO III – ORGANIZAÇÃO JUDICIÁRIA

pelo Vice-Presidente do Supremo Tribunal Federal. Os demais membros do Conselho são nomeados pelo Presidente da República, depois de aprovada a escolha pela maioria absoluta do Senado Federal (Constituição Federal, art. 103-B, § 2º, da CF).

Vencidas essas pontuações iniciais, resta explorar as competências do Conselho Nacional de Justiça, que estão positivadas na Constituição Federal, conforme o art. 103-B, § 4º.

Compete ao Conselho Nacional de Justiça o controle da atuação administrativa e financeira do Poder Judiciário e do cumprimento dos deveres funcionais dos juízes (Constituição Federal, art. 103-B, § 4º).

Ao Ministro-corregedor compete: a) receber as reclamações e denúncias, de qualquer interessado, relativas aos magistrados e aos serviços judiciários; b) exercer funções executivas do Conselho, de inspeção e de correição geral; e c) requisitar e designar magistrados, delegando-lhes atribuições, e requisitar servidores de juízos ou tribunais, inclusive nos Estados, Distrito Federal e Territórios (Constituição Federal, art. 103-B, § 5º).

Junto ao Conselho Nacional de Justiça oficiam o Procurador-Geral da República e o Presidente do Conselho Federal da Ordem dos Advogados do Brasil (Constituição Federal, art. 103-B, § 6º).

2.3 O Superior Tribunal de Justiça

Ao Superior Tribunal de Justiça compete essencialmente o controle da legalidade e a uniformização da jurisprudência.

Seus Ministros são nomeados pelo Presidente da República, sendo 1/3 dentre membros dos Tribunais Regionais Federais; 1/3 dentre membros dos Tribunais de Justiça dos Estados; 1/3 dentre integrantes da Advocacia e do Ministério Público (Constituição Federal, art. 104).

É ampla a competência do Superior Tribunal de Justiça, estabelecida pelo art. 105 da Constituição.

Especialmente importante é sua competência para julgar, em recurso especial, decisão final alegadamente contrária a tratado ou lei federal ou da que haja dado a lei federal interpretação divergente da que lhe atribuiu outro tribunal (Constituição Federal, art. 105, III).

TEORIA GERAL DO PROCESSO

Igualmente ao que ocorre no recurso extraordinário, exige-se o chamado "prequestionamento" e, em princípio, o tribunal não reexamina matéria apenas de fato (Súmula 7 do STJ).

2.4 Tribunais Regionais Federais e Juízes Federais

Conforme dispõe o art. 106 da Constituição Federal, são órgãos da Justiça Federal os Tribunais Regionais Federais (I) e os Juízes Federais (II).

"Os Tribunais Regionais Federais compõem-se de, no mínimo, sete juízes, recrutados, quando possível, na respectiva região e nomeados pelo Presidente da República dentre brasileiros com mais de trinta e menos de sessenta e cinco anos" (Constituição Federal, art. 107).

Aos juízes federais compete principalmente processar e julgar as causas em que a União, entidade autárquica, ou empresa pública federal forem partes (Constituição Federal, art. 109, I).

As causas em que a União for autora são aforadas na seção judiciária onde tiver domicílio a outra parte. As intentadas contra a União podem ser aforadas na seção judiciária em que for domiciliado o autor, naquela onde houver ocorrido o ato ou fato que deu origem à demanda ou onde esteja situada a coisa, ou, ainda, no Distrito Federal, buscando facilitar a todos os cidadãos o acesso ao Poder Judiciário (Constituição Federal, art. 109, §§ 1º e 2º).

Completa-se o quadro com uma referência aos Juizados Especiais Cíveis e Criminais da Justiça Federal, instituídos pela Lei n. 10.259/2001).

2.5 Tribunais e Juízes do Trabalho

A Justiça do Trabalho teve sua competência ampliada pela Emenda Constitucional 45/2004, para abranger relações de trabalho (e não apenas de emprego), inclusive com entes de direito público externo e da administração pública direta e indireta, da União, dos Estados, do Distrito Federal e dos Municípios, bem como as ações de indenização por dano moral ou patrimonial decorrente de relação de trabalho (Constituição Federal, art. 114).

São órgãos da Justiça do Trabalho (Constituição Federal, art. 111):

- o Tribunal Superior do Trabalho;
- os Tribunais Regionais do Trabalho;
- Juízes do Trabalho.

2.6 Tribunais e Juízes Eleitorais

São órgãos da Justiça Eleitoral (Constituição Federal, art. 118):

- o Tribunal Superior Eleitoral;
- os Tribunais Regionais Eleitorais;
- os Juízes Eleitorais;
- as Juntas Eleitorais.

A Constituição (art. 121) remete a uma lei complementar a organização e competência dos órgãos eleitorais, atualmente, a Lei n. 4.737, de 15 de julho de 1965 (Código Eleitoral brasileiro).

De regra, são irrecorríveis as decisões do Tribunal Superior Eleitoral, salvo as que contrariarem a Constituição e as denegatórias de *habeas corpus* ou mandado de segurança (Constituição Federal, art. 121, § 3º).

2.7 Os Tribunais e Juízes Militares

À Justiça Militar compete processar e julgar os crimes militares definidos em lei (Constituição Federal, art. 124).

São órgãos da Justiça Militar (Constituição Federal, art. 122):

- o Superior Tribunal Militar;
- os Tribunais e Juízes Militares instituídos por lei.

A Constituição permite a criação, pelos Estados, de sua própria Justiça Militar, competente para processar e julgar os militares do respectivo Estado, nos crimes militares e nas ações contra atos disciplinares militares (Constituição Federal, art. 125).

Assim restou instituída e organizada a Justiça Militar.

2.8 Tribunais e Juízes dos Estados e do Distrito Federal e Territórios

A Justiça Estadual tem competência residual, competindo-lhe, pois, o que não se contiver na competência da Justiça Federal, especial ou comum.

Há, em cada Estado, um Tribunal de Justiça, que pode funcionar em Câmaras Regionais.

Menção especial merecem os Juizados Especiais Cíveis e Penais, regidos pela Lei n. 9.099, de 26 de setembro de 1955.

2.9 Funções essenciais à Justiça: Advocacia e Ministério Público

Complementa-se o estudo do Poder Judiciário com a apresentação da Advocacia e do Ministério Público, funções essenciais para a Justiça.

A Advocacia (Privada – exercida pelos Advogados contratados – e Pública – exercida pelos Defensores Públicos Federais e Estaduais, Advogados da União, Procuradores Federais, Estaduais e Municipais) e o Ministério Público (da União e dos Estados) exercem papel *sui generis* na mobilização e preservação dos direitos humano-fundamentais.

O art. 133 da Constituição estabelece que "o advogado é indispensável à administração da justiça, sendo inviolável por seus atos e manifestações no exercício da profissão, nos limites da lei".

O art. 131 dispõe sobre a Advocacia-Geral da União, instituição que, diretamente ou através de órgão vinculado, representa a União, judicial e extrajudicialmente, cabendo-lhe, nos termos da lei complementar que dispuser sobre sua organização e funcionamento, as atividades de consultoria e assessoramento jurídico do Poder Executivo.

A Defensoria Pública, diz o art. 134 da Constituição Federal, é instituição essencial à função jurisdicional do Estado, incumbindo-lhe a orientação jurídica e a defesa, em todos os graus, dos necessitados, na forma do art. 5º, LXXIV. Ela vem ganhando campo de atuação cada vez maior e ainda mais por seu papel de "auxílio e proteção dos direitos dos menos favorecidos economicamente, permitindo-lhes o acesso ao Poder Judiciário e à Ordem Jurídica Justa"[11] no Estado Democrático de Direito.

---

11 THAMAY, Rennan Faria Krüger. *Los procesos colectivos*: Argentina y Brasil. Buenos Aires: Cathedra Jurídica, 2012. p. 40.

CAPÍTULO III – ORGANIZAÇÃO JUDICIÁRIA

Nos termos da Constituição (art. 127), o Ministério Público é instituição permanente, essencial à função jurisdicional do Estado, incumbindo-lhe a defesa da ordem jurídica, do regime democrático e dos interesses sociais e individuais indisponíveis.

O Ministério Público tem tido seu desempenho destacado pela propositura de ações visando à proteção de interesses difusos.

▶ **APROFUNDANDO**

Destaque do capítulo
Acesse também pelo *link*: https://somos.in/TGP0606

Precedente relevante
Acesse também pelo *link*: https://somos.in/TGP0605

CAPÍTULO IV

Uma Visão Crítica dos Princípios Processuais

Os princípios processuais constituem um conjunto de ideias, inter-relacionadas e interdependentes, que expressam a visão que um povo, como comunidade jurídica, tem do processo.

A Constituição brasileira refere, como princípios fundamentais do processo, os da inafastabilidade do Poder Judiciário, do juiz natural, da imparcialidade, da ação, do contraditório, da publicidade, da licitude das provas, da persuasão racional, do devido processo legal, da representação por advogado, do controle hierárquico, da fundamentação, dentre outros.

Deixamos, assim, de lado, princípios como o da oralidade, da economia e da instrumentalidade das formas, de valor meramente técnico e, por isso mesmo, secundários.

Esses princípios são verdadeiramente fundamentais, motivo por que nós os absorvemos da mesma forma que respiramos o ar que nos circunda. Daí a dificuldade de qualquer crítica. Apresentam-se como postulados, não necessariamente evidentes, nem demonstráveis, mas que precisam ser aceitos, como condição para se operar no sistema. Atacá-los implica atrair, sobre si, os raios da ira da comunidade jurídica.

Por fim, devemos afirmar o valor da Constituição para a teoria do processo, sendo que, realmente, a partir da construção do Processo Constitucional se estrutura a teoria do processo. Portanto, todas as re-

TEORIA GERAL DO PROCESSO

gras de direito processual devem estar em conformidade com a estrutura do Direito Processual Constitucional[1]. Essa ligação é afirmada categoricamente, por exemplo, pelo art. 1º do CPC/2015, ao dizer que "o processo civil será ordenado, disciplinado e interpretado conforme os valores e as normas fundamentais estabelecidos na Constituição da República Federativa do Brasil, observando-se as disposições deste Código".

Evidencia-se, aí, a constitucionalização do processo civil, movimento que repetiu o da constitucionalização do direito civil, exigindo uma releitura das respectivas normas, à luz da Constituição.

1. ASPECTOS INTRODUTÓRIOS: UMA VISÃO DOS PRINCÍPIOS

É necessário tratar dos princípios de um sistema[2] jurídico, visto que são a base ou a espinha dorsal do sistema.

Em uma sociedade de modernidade tardia[3], ou "pós-moderna"[4], percebemos e vivenciamos as mais diversas ocorrências em ritmo acelerado, característico de uma sociedade consumista e calcada em valores capitalistas. Essa sociedade, "liquefeita", é fruto de complexas relações sociais que às vezes se transmutam de forma abrupta, exemplificada, no processo, pela introdução das ações coletivas.

Com o giro ocorrido a partir da re(valorização) da Constituição Federal, que se deu com o advento do constitucionalismo[5], a Carta Mag-

---

1 Sobre o Processo Constitucional, pode-se conferir ALVIM, Eduardo Arruda; THAMAY, Rennan Faria Krüger; GRANADO, Daniel Willian. *Processo constitucional.* São Paulo: Revista dos Tribunais, 2014.

2 LUHMANN, Niklas. *Sitemi sociali*: fondamenti di una teoria generale. Bolonha: Il Mulino, 1990. p. 64.

3 STRECK, Lenio Luiz. *Hermenêutica jurídica e(em) crise*: uma exploração hermenêutica da construção do direito. 5. ed. rev. e atual. Porto Alegre: Livraria do Advogado, 2004. p. 25.

4 Sabe-se que o Estado brasileiro sequer passou pelo estado social, assim como outros países. Nesse sentido, ver GARCÍA-PELAYO, Manuel. *As transformações do estado contemporâneo.* Trad. Agassiz Almeida Filho. Rio de Janeiro: Forense, 2009.

5 Sobre a ideia de Constitucionalismo, vale observar SAGUÉS, Nestor P. *Elementos de derecho constitucional.* Buenos Aires: Artraz, 1997, t. I. p. 1. Por fim, vale observar as palavras sempre atentas de CANOTILHO, José Joaquim Gomes. *Direito constitucional e teoria da Constituição.* 7. ed. Coimbra: Almedina, 2003. p. 52.

CAPÍTULO **IV** – UMA VISÃO CRÍTICA DOS PRINCÍPIOS PROCESSUAIS

na, antes desprestigiada, passou a ter maior importância, assim como os princípios nela consagrados.

Percebe-se a passagem de uma teoria geral do direito e do processo fundadas no Direito Civil para uma teoria geral do direito e do processo de matriz constitucional.

A atividade criativa do juiz é revalorizada e transita-se do positivismo para o pós-positivismo[6].

Com a maior colocação em evidência dos princípios e do direito constitucional, temática mais compacta do que os demais ramos como direito civil e penal, os princípios ganharam destaque, e o direito constitucional tornou-se o centro da teoria geral do direito.

Tornou-se comum nas Constituições modernas a positivação dos princípios, do que resultou que eles deixaram de ser induzidos das regras, assumindo posição apriorística. Em vez de induzidos por sucessivas generalizações de normas particulares do sistema, passaram a constituir normas de superior hierarquia, afeiçoados, na visão de alguns autores, a uma concepção jusnaturalista.

Compreender a diferença entre normas-princípio e normas-regra[7] é relevante para a melhor compreensão do tema. Princípios e regras são normas, por exprimirem dever ser, podendo conter mandado, proibição ou permissão[8]. Os princípios são mandados de otimização, normas que ordenam algo em maior ou menor medida, considerando as possibilidades fáticas e jurídicas existentes, podendo restar cumpridos ou não em diferentes graus. Já as regras são normas que somente podem ser ou não, não comportando nem mais nem menos[9].

---

6   Sobre a superação do positivismo jurídico, deve ser examinado Dworkin e Hart. No Brasil, vale conferir BARROSO, Luís Roberto. *Fundamentos teóricos do novo direito constitucional brasileiro*. A nova interpretação constitucional. Rio de Janeiro: Renovar, 2003. p. 26-27.

7   Em relação ao debate, vale recordar Ronald Dworkin e Robert Alexy.

8   ALEXY, Robert. *Teoría de los derechos fundamentales*. Madrid: Centro de Estudios Políticos y Constitucionales, 2001. p. 83.

9   Por tudo isso, podemos resumidamente dizer que toda norma ou é um princípio ou uma regra. Nesse sentido: ALEXY, Robert. *Teoría de los derechos fundamentales...* cit., p. 87.

Teoria Geral do Processo

Os princípios são bases, ainda que não determinantes, para a criação de regras.

Esse mesmo movimento de positivação deu-se em relação ao Código de Processo Civil, que positivou, em seu texto, uma série de princípios, como, por exemplo, os enunciados nos arts. 2º, 3º, 4º, 5º, 6º, 7º, 8º e 12º. Alguns desses princípios serão abordados a seguir.

2. PRINCÍPIO DO ACESSO À JUSTIÇA

Em verdade, o acesso à justiça[10] sempre foi pretendido pelos processualistas, visando alcançar a todos a possibilidade de levar seus reclames ao Poder Judiciário e deste poder receber uma resposta, qual seja a mais adequada ao caso concreto, visando a uma prestação da tutela jurisdicional efetiva. Nesse ponto, pode-se dizer que estaremos ante um princípio que possibilita o acesso de todo cidadão à busca de "justiça"[11] ou pelo menos de uma manifestação jurisdicional do Poder Judiciário. Nesse sentido, estaríamos pensando como o fez Kazuo Watanabe ao referir que o que se dá nesse caso é o acesso à ordem jurídica justa.

Com efeito, possibilitar o acesso à justiça[12] não é somente possibilitar que todos venham "reclamar" junto ao Judiciário os seus direitos, mas, também possibilitar que esses cidadãos venham e consigam estar habilitados para participar de um processo. Nesse ponto vale pensar como Mauro Cappelletti que acaba por identificar o acesso à justiça através de três pontos sensíveis.

Na verdade, o primeiro vem a ser a assistência judiciária que não só facilita como também possibilita o acesso, do economicamente mais fragilizado,

---

10   LORENZETTI, Ricardo Luis. *Justicia colectiva*. Santa Fe: Rubinzal-Culzoni, 2010. p. 124 e s. Sobre o efetivo acesso à justiça, ver BERIZONCE, Roberto Omar. *Efectivo acceso a la justicia*. La Plata: LEP, 1987. p. 5 e s.

11   Sobre o processo justo, vale conferir MORELLO, Augusto Mário. *El proceso justo*: del garantismo formal a la tutela efectiva de los derechos. La Plata: Platense, 1994.

12   Roberto Berizonce observa o princípio do acesso à justiça como forma de humanização e socialização do processo. BERIZONCE, Roberto Omar. *Derecho procesal civil actual*. La Plata: LEP, 1999. p. 5 e s.

CAPÍTULO IV – UMA VISÃO CRÍTICA DOS PRINCÍPIOS PROCESSUAIS

à justiça. O segundo, a tutela dos interesses difusos que, efetivamente, possibilita que os conflitos e as discussões de teses jurídicas de massa cheguem aos Tribunais. Por fim, e em terceiro lugar, a utilização da técnica processual[13] como mecanismo que leve à pacificação do conflito com "justiça"[14].

Deve-se afirmar que, por conseguinte, esse princípio possibilita a discussão jurídica em relação à tutela de interesses transindividuais, viabilizando a solução de milhares de conflitos e não somente de um caso em particular, o que faz com que transpassemos a realidade individualista da jurisdição no modelo do Processo Civil, dando margem à busca por soluções que atinjam a coletividade e que possam refletir em milhares ou até milhões de cidadãos que sofrem desrespeitos e desmandos no que concerne a seus direitos.

Costuma-se vincular o art. 5º, XXXV, da Constituição Federal ao direito fundamental de acesso à justiça. Do ponto de vista estritamente literal, a norma apenas proíbe que se edite norma proibitiva de exame, pelo Judiciário, de qualquer alegação de lesão ou ameaça a direito subjetivo, tal como a constante do art. 173 das Disposições Gerais e Transitórias da Constituição de 1967.

A essa norma atribui-se, hoje, um sentido também positivo, exigindo-se que o Estado preste meios para o acesso ao Judiciário (Assistência Judiciária, Defensoria Pública).

Atribui-se-lhe, também, um significado mais amplo, compreensivo de uma prestação jurisdicional tempestiva (duração razoável do processo), adequada ao caso concreto, efetiva e justa (acesso à ordem jurídica justa).

A garantia do acesso à justiça, diz Mauro Cappelletti, deve não apenas garantir o acesso de todos ao Poder Judiciário, mas garantir também uma prestação jurisdicional produtora de resultados efetivos e socialmente justos[15].

---

13 Sobre a técnica processual, vale observar BEDAQUE, José Roberto dos Santos. *Efetividade do processo e técnica processual*. 2. ed. São Paulo: Malheiros, 2007. p. 49 e s.

14 GRINOVER, Ada Pellegrini. *Direito processual coletivo e o anteprojeto de código de processos coletivos...* cit., p. 12.

15 CAPPELLETTI, Mauro; GARTH, Bryant. *Acesso à Justiça*. Trad. Ellen Graice Northfleet. Porto Alegre: SaFe, 1988. p. 8. Título original: *Access to Justice: the worldwide movement to make rights effective*.

A ideia subjacente é a de que não basta proclamar direitos, sendo necessário assegurar-se sua concretização no mundo dos fatos.

A garantia-dever da inafastabilidade do controle jurisdicional é, nas palavras de Sérgio Gilberto Porto, uma das variantes do acesso à justiça[16].

Como sucedâneo da tutela privada, assegura-se a todos o direito de ação, qual seja, o direito de dirigir-se ao Judiciário, provocando o exercício da jurisdição. Apresenta-se, assim, a ação (processual) como decorrência da proibição de ação privada (autotutela, exercício das próprias razões).

Ao direito de ação, abstratamente conferido a quem quer que se considere titular de um direito violado ou ameaçado, corresponde, do lado passivo, a possível sujeição ao processo de quem quer que seja apontado, pelo demandante, como responsável pela ameaça ou violação.

A parte, talvez maliciosamente inserida no processo como réu, por simples vontade do autor, pode só por isso vir a sofrer prejuízos consideráveis, tanto de ordem moral quanto econômica. Entre outros exemplos, pode-se apontar o da empresa, acionada por dívida já paga, e o do médico processado por erro que não cometeu, expostos à execração pública durante todo o tempo de duração do processo.

O direito de ação é, às vezes, apenas direito ao processo, porque há condicionantes que precisam ser atendidas, como os pressupostos processuais, as condições da ação e a dilação probatória[17].

Entre os obstáculos legais opostos ao livre acesso ao Poder Judiciário, destaca-se o pressuposto processual subjetivo do *jus postulandi*, conferido, de regra, apenas aos advogados inscritos na Ordem dos Advogados do Brasil. Não se trata de restrição irrelevante, tanto que, na Alemanha, para o acesso ao Tribunal Constitucional, mediante o recurso constitucional, para a tutela de direitos fundamentais ou assemelhados, não se exige a

---

16 PORTO, Sérgio Gilberto. *Lições de direitos fundamentais no processo civil* – o conteúdo processual da Constituição Federal. Porto Alegre: Livraria do Advogado, 2009. p. 49.

17 TAVARES, André Ramos. Apontamentos acerca do princípio constitucional do acesso à justiça. *Boletim Científico*. Escola Superior do Ministério Público da União, Brasília, ESMPU, 2003, v. 2, n. 6, p. 9-36.

atuação de um advogado, podendo o prejudicado pleitear sua proteção diretamente perante a Corte[18].

Nos termos do art. 133 da Constituição Federal, o advogado é indispensável à Administração da Justiça, e o art. 1º da Lei n. 8.906/1994 (Estatuto da Ordem dos Advogados do Brasil) estabelece que são privativas da advocacia, entre outras, a postulação a qualquer órgão do Poder Judiciário e aos juizados especiais.

Contudo, em 6 de outubro de 1994, o Supremo Tribunal Federal concedeu medida cautelar, requerida pela Associação dos Magistrados Brasileiros (AMB), para, em interpretação conforme a Constituição, declarar, até final decisão, a ineficácia desse dispositivo, no que se refere aos Juizados de Pequenas Causas, à Justiça do Trabalho e à Justiça de Paz (STF, Pleno, ADI-MC 1.127/DF, rel. Min. Paulo Brossard, j. 6-10-1994). No essencial, essa decisão foi confirmada em 17 de maio de 2006.

Entrementes, na ADI 1.539, proposta pelo Conselho Federal da Ordem dos Advogados do Brasil, o Supremo Tribunal Federal negou ter a Lei n. 9.099/1995 violado a Constituição, ao dispensar a assistência de advogado nos Juizados Especiais[19].

Fernando Lima e Antônio Vinicius sustentam a inconstitucionalidade do monopólio do *jus postulandi* conferido aos advogados, não obstante o disposto no art. 133 da Constituição Federal, por contrariedade ao Pacto de São José da Costa Rica. Explicam que "há mais de vinte anos, também, a Constituição Federal dispõe (§ 2º do art. 5º) que "Os direitos e garantias expressos nesta Constituição não excluem outros decorrentes do regime e dos princípios por ela adotados, ou dos tratados internacionais em que a República Federativa do Brasil seja parte". A enumeração do art. 5º, do "catálogo" de direitos e garantias, é meramente exemplificativa. Não deveria excluir, portanto, o direito fundamental de postular perante o Judiciário, em defesa de direitos. A contratação de um advogado deveria ser opcional, como em qualquer

---

18 MORAES, Alexandre de. *Jurisdição constitucional e tribunais constitucionais*. São Paulo: Atlas, 2000. p. 164.

19 STF, Pleno, ADI 1.539/DF, rel. Min. Maurício Corrêa, j. 24-4-2003.

país civilizado. Somente agora, porém, em dezembro do ano passado, no julgamento do *Habeas Corpus* 87.585/TO, embora discutindo especificamente a questão da prisão civil por dívida, o Supremo Tribunal Federal reconheceu, por cinco votos a quatro, que os tratados de direitos humanos valem mais do que a lei ordinária. Os votos dissidentes entendiam que esses tratados têm nível constitucional. O que estava sendo discutido era a questão da prisão civil por dívida, proibida pela Convenção Americana sobre Direitos Humanos, conhecida como Pacto de São José da Costa Rica, a não ser na hipótese do não pagamento de pensão alimentícia, mas acontece que esse Pacto, além de dispor a respeito da prisão civil por dívida, também garante a qualquer pessoa o *"jus postulandi"*, em relação a "qualquer acusação penal formulada contra ela, ou na determinação de seus direitos e obrigações de caráter civil, trabalhista, fiscal ou de qualquer outra natureza". Portanto, ficou revogado, também, o art. 1º do Estatuto da OAB, suprarreferido, e todo jurisdicionado brasileiro deverá ter forçosamente reconhecido o seu direito de postular, pessoalmente, perante qualquer órgão do Poder Judiciário, de acordo com o novo entendimento do Supremo Tribunal Federal.

Sustenta-se que o acesso à justiça deve ser imediato e irrestrito, com negativa da chamada jurisdição condicionada, com a imposição de esgotamento das vias administrativas, como condição para a propositura de ação contra a Administração Pública, regra confirmada pela exceção prevista nos parágrafos do art. 217 da Constituição Federal, relativamente às competições desportivas[20-21].

No entanto, não afronta a Constituição o art. 625-E da CLT, introduzido pela Lei n. 9.958/2000, ao conferir eficácia liberatória geral à conciliação eventualmente realizada perante a Comissão.

Há, contudo, precedentes nesse sentido, como os que seguem:

---

20 Veja-se especificamente os §§ 1º e 2º.

21 TAVARES, André Ramos. Apontamentos acerca do princípio constitucional do acesso à justiça. *Boletim Científico*, Escola Superior do Ministério Público da União, Brasília, ESMPU, 2003, v. 2, n. 6, p. 9-36.

CAPÍTULO IV – UMA VISÃO CRÍTICA DOS PRINCÍPIOS PROCESSUAIS

"Acordo. Comissão de Conciliação Prévia. A quitação dada pelo empregado no termo de conciliação tem eficácia liberatória tão somente em relação aos valores das parcelas relacionadas. Entendimento contrário implicaria afrontar a literalidade do inciso XXXV do art. 5º da Constituição Federal, que garante a todos os cidadãos o direito de amplo acesso ao Judiciário, ou seja, não se pode excluir da apreciação do Judiciário lesão ou ameaça ao direito" (TRT, 4ª Região, 3ª Turma, 00944-2004-012-04-00-7/RO, rel. Juiz Luiz Alberto de Vargas, *DJ* 18-9-2007).

"Termo de Conciliação Extrajudicial. A quitação constante no Termo de Conciliação Extrajudicial firmado pelas partes não constitui óbice ao ajuizamento da presente ação, dada a supremacia do princípio insculpido no art. 5º, inciso XXXV, da CF, e da aplicação do Princípio da Proteção que norteia o Direito do Trabalho, e que impõe a tutela do empregado, em virtude da sua vulnerabilidade perante a figura do empregador. Exigência, ao Poder Judiciário, de um tratamento voltado a garantir o respeito dos direitos trabalhistas, evitando renúncias não condizentes com a vontade do trabalhador" (TRT, 4ª Região, 6ª Turma, 00531-2003-831-04-00-5/RO, rel. Juiz João Alfredo Borges Antunes de Miranda, *DJ* 11-7-2005).

Assim, mais do que garantir o acesso à justiça, estimula-se a multiplicação dos litígios judiciais.

A garantia de acesso à justiça não deve implicar fechamento às vias alternativas de soluções de litígios, entre as quais se insere a arbitragem. Aí, a dúvida maior diz respeito à eficácia da cláusula compromissória, com nomeação de árbitro pelo juiz, em uma revivência da *legis actio per iudicis postulationem*.

A matéria foi amplamente discutida pelo Supremo Tribunal Federal, em sessão plenária, no Agravo Regimental na Sentença Estrangeira 5.206-7, rel. Min. Sepúlveda Pertence, j. em 12-12-2001. Prevaleceu a tese de que a manifestação de vontade da parte na cláusula compromissória, quando da celebração do contrato, e a permissão legal dada ao juiz para que substitua a vontade da parte recalcitrante em firmar o compromisso não ofendem o art. 5º, XXXV, da Constituição Federal, vencidos os Ministros Sepúlveda Pertence, Sydney Sanches, Néri da Silveira e Moreira Alves.

TEORIA GERAL DO PROCESSO

Observou o Ministro Moreira Alves tratar-se de problema delicado, por envolver a questão da renúncia de direito fundamental, em princípio irrenunciável por sua própria natureza.

Disse o relator, vencido, que a constitucionalidade do juízo arbitral deriva da renunciabilidade, no caso, do exercício do direito de ação – que é o reflexo subjetivo da garantia da prestação jurisdicional, insculpida hoje no art. 5º, XXXV, da Lei Fundamental – relativamente a uma pretensão material disponível. Contudo, a renunciabilidade da ação – porque direito de caráter instrumental não existe *in abstrato*: só se pode aferi-la em concreto, pois tem por pressuposto e é coextensiva, em cada caso, da disponibilidade do direito questionado, ou melhor, das pretensões das matérias contrapostas, que substantivam a lide[22] confiada pelas partes à decisão arbitral, seguindo-se que a manifestação de vontade da qual decorra a instituição do juízo arbitral – onde exista a garantia constitucional da universalidade da jurisdição judicial e, pois, do direito de ação – não pode anteceder a efetiva atualidade da controvérsia a cujo deslinde pelo Poder Judiciário o acordo implica renunciar. Vale dizer, que não se prescinde da concreta determinação de um litígio atual. A esse pressuposto de constitucionalidade do juízo arbitral atende o compromisso, mas não a cláusula arbitral.

Igualmente vencido, disse o Ministro Sydney Sanches que a renúncia à jurisdição estatal, em abstrato, ou seja, sem a definição ou indicação de lides determinadas ou determináveis, ainda que meramente possíveis e eventuais, não é tolerada por nosso ordenamento constitucional, segundo o qual "a lei não excluirá da apreciação do Poder Judiciário lesão ou ameaça a direito".

Foi acompanhado pelo Ministro Néri da Silveira, afirmando que a renúncia ao direito de ação há de ter presente a existência de pretensão atual de direito material a ser satisfeita, podendo, então, as partes optar por submetê-la, concretamente, a juízo arbitral que elejam, e não ao Poder Judiciário. O que não se pode admitir é o direito de ação ser re-

---

22   ASSIS, Araken de. *Processo civil brasileiro*. São Paulo: Revista dos Tribunais, 2015, v. 1. p. 56.

CAPÍTULO **IV** – Uma Visão Crítica dos Princípios Processuais

nunciado, em abstrato, em virtude de litígios não conhecidos, embora vinculados a uma certa relação jurídica de direito material.

Prevaleceu, todavia, a posição por primeiro sustentada no julgamento pelo Ministro Nelson Jobim, salientando que a cláusula compromissória só pode ter por objeto os litígios que possam vir a surgir relativamente à relação jurídica instituída pelo contrato. Disse o Ministro que "a Constituição proíbe que a lei exclusa da apreciação do Poder judiciário lesão ou ameaça a direito. Ela não proíbe que as partes pactuem formas extrajudiciais de solução de seus conflitos, atuais ou futuros. Não há nenhuma vedação constitucional a que as partes, maiores e capazes, ajustem a submissão de conflitos, que possam decorrer de relações jurídicas decorrentes de contrato específico, ao sistema de arbitragem. Não há renúncia abstrata à jurisdição. Há, isto sim, convenção de arbitragem sobre litígios futuros e eventuais, circunscritos a específica relação contratual, rigorosamente determináveis. (...) Observo que a lei, quanto à solução arbitral de litígios futuros, só a admite quando decorrentes de relação contratual específica. Não é admitida cláusula compromissória pura ou autônoma ou absoluta. A lei não admite um pacto autônomo em que as partes se comprometam a submeter à arbitragem todos e quaisquer conflitos futuros, decorrentes de qualquer situação jurídica futura. A lei não permite renúncia absoluta da ação judicial. É necessário o contrato e a relação jurídica dele decorrente".

Além disso, o Código do Consumidor (Lei n. 8.078/1990) estabelece que, nas ações coletivas relativas a interesses ou direitos individuais homogêneos, a sentença produz coisa julgada *erga omnes*, apenas, no entanto, para beneficiar todas as vítimas e sucessores (arts. 103 e 81). Essa foi, à época, uma boa solução, porquanto a produção de coisa julgada contra os substituídos certamente seria havida como afronta ao princípio da inafastabilidade da jurisdição.

Melhor, contudo, é o sistema das *class actions* americanas, em que, com algumas ressalvas, a coisa julgada atinge todos os integrantes da categoria, tanto no caso de acolhimento como no de rejeição do pedido. É o tratamento que se impõe para as ações de massa, em que a solução deve ser igual para todos, como o exige o princípio da isonomia.

Nessa linha de pensamento, Vanessa Casarin Schütz sustenta que a sentença proferida em ação coletiva, em prol de servidores públicos, deve prevalecer sobre a sentença transitada em julgado que haja rejeitado o pedido de algum servidor, em ação individual. Segundo ela, "a preponderância da decisão de procedência proferida na ação coletiva, estendendo o direito nela reconhecido também aos servidores públicos estatutários que anteriormente obtiveram decisão de improcedência em suas ações individuais, alcança a equiparação e o tratamento igualitário que tal direito exige"[23].

Na verdade, o princípio da isonomia impõe a prevalência da decisão proferida em ação coletiva não apenas quando favorece, mas também quando prejudica a classe inteira, com o afastamento da algo esdrúxulo "coisa julgada *secundum eventum litis*".

Em vista disso, questiona-se: seria inconstitucional norma que assim dispusesse? Certamente, seria a resposta fundada na tradição do nosso Direito. Todavia, as necessidades do tempo presente exigem uma releitura do art. 5º, XXXV, da Constituição Federal, em consonância com o princípio constitucional da isonomia. O tratamento igual de situações iguais constitui inafastável princípio de justiça. O exame conjunto de lesão ou ameaça a direitos individuais, em ação coletiva proposta por um substituto processual, não implica negativa de apreciação pelo Poder Judiciário. Afasta-se, apenas, o extremado individualismo que marcava o Direito anterior. Essa eficácia, independentemente de participação direta no processo, já ocorre, aliás, nas ações diretas de inconstitucionalidade e declaratórias de constitucionalidade.

3. PRINCÍPIO DA INAFASTABILIDADE DO PODER JUDICIÁRIO

Esse princípio encontra-se expresso no art. 5º, XXXV, da Constituição. Supõe-se a separação dos Poderes: Legislativo, Executivo e Judiciá-

---

23 SCHUTZ, Vanessa Casarin. *O princípio da isonomia e o conflito entre sentenças coletivas e individuais*. Porto Alegre: Livraria do Advogado, 2009. p. 127.

CAPÍTULO **IV** – UMA VISÃO CRÍTICA DOS PRINCÍPIOS PROCESSUAIS

rio (art. 2º), e a entrega a este, com exclusividade da função jurisdicional, salvo casos expressos na própria Constituição.

É o primeiro princípio que submerge sob as ondas do autoritarismo. Depois de calar ou minimizar a voz do Congresso Nacional, coíbe-se o Poder Judiciário, impedindo-o de examinar atos do governo, reduzido este ao Poder Executivo. Como é natural, o princípio vige enquanto vige a Constituição que o consagre e é incompatível com golpes de estado e revoluções. Getúlio Vargas não poderia ter admitido um *habeas corpus* em favor de Washington Luís; nem Castelo Branco, um mandado de segurança para garantir a João Goulart o exercício da Presidência da República. Não se fazem revoluções resguardando direitos adquiridos. Os golpes de estado, porque afetam apenas a superestrutura da ordem jurídica, podem respeitar direitos subjetivos privados. O que se ferem de morte são direitos subjetivos públicos que possam contrapor-se ao governo revolucionário. Concede-se *habeas corpus* ao ladrão. O do "subversivo" não é conhecido.

Em tempos de normalidade democrática, tem-se admitido a vedação, não de pronunciamento final, definitivo, do Poder Judiciário, a propósito de lesão a direito (tutela repressiva) ou de ameaça de lesão (tutela preventiva), mas de pronunciamento imediato e provisório (tutela cautelar). Foi o que ocorreu com a Lei n. 2.770, de 4 de maio de 1956, que suprimiu a concessão de medidas liminares nas ações e nos procedimentos judiciais de qualquer natureza, que visem à liberação de bens, mercadorias ou coisas de procedência estrangeira. A Lei n. 5.021, de 9 de junho de 1966, proibiu a concessão de liminar para efeito de pagamento de vencimentos e vantagens pecuniárias a servidores públicos. A Lei n. 8.076, de 23 de agosto de 1990, proibiu a concessão de liminares que pusessem em xeque o plano econômico do Governo Collor.

O Poder Judiciário não se limita a apreciar hipóteses de lesão a direitos individuais, mas, de modo mais amplo, exerce função de controle da legalidade dos atos da Administração. Todavia, o princípio da inafastabilidade do Poder Judiciário não afasta o da separação dos Poderes, motivo por que há sempre uma faixa de atribuições do Poder Executivo em que o Poder Judiciário não deve penetrar. Se a administração tem duas opções, ambas legais e razoáveis, não cabe ao Judiciário substituir a do administrador pela própria, a pretexto de ser melhor. Os limites, contudo, são imprecisos, como se pode exemplificar com o acórdão do Tribunal de Justiça do Rio Grande do Sul, que, por mandado de segurança, fixou o período em que funcionário público gozaria de licença-prêmio já concedida pela Administração.

O princípio da inafastabilidade do Poder Judiciário consagrou, na Constituição de 1946, a tese sustentada por Rui Barbosa, no HC 300, que impetrou, em 1892, em favor de Eduardo Wandenkolk e outros. A medida foi negada por dez votos contra um, havendo Rui Barbosa, em um gesto melodramático, beijado, ao término do julgamento, a mão do Min. Pisa e Almeida, vencido. A maioria assentara, então, a incompetência do Poder Judicial para apreciar, antes do juízo político do Congresso, o uso que fizera o presidente da República da atribuição constitucional de declarar o estado de sítio no recesso do Congresso Nacional. Não era da índole do Supremo Tribunal Federal envolver-se nas funções políticas do Poder Executivo ou Legislativo. Ainda quando na situação criada pelo estado de sítio, estejam ou possam estar envolvidos alguns direitos individuais, esta circunstância não habilita o Poder Judicial a intervir para nulificar as medidas de segurança decretadas pelo presidente da República, visto ser impossível isolarem-se esses direitos da questão política, que os envolve e compreende, salvo se unicamente tratar-se de punir os abusos dos agentes subalternos na execução das mesmas medidas, porque a esses agentes não se estende a necessidade do voto político do Congresso[24]. Teria influído nessa decisão uma frase, atribuída a Floriano Peixoto, que ficou famosa: "Se os juízes do Tribunal concederem *habeas corpus* aos políticos, eu não sei quem amanhã lhes dará o *habeas corpus* de que, por sua vez, necessitarão".

O princípio da inafastabilidade do Poder Judiciário surgiu, em última análise, do desejo de defender o indivíduo contra o Estado, representado, nessa relação, pelo Poder Executivo. Procurou-se contrapor,

---

24 RODRIGUES, Leda Boechat. *História do Supremo Tribunal Federal*. Rio de Janeiro: Civilização Brasileira, 1965, v. 1. p. 17 e s.

CAPÍTULO IV – UMA VISÃO CRÍTICA DOS PRINCÍPIOS PROCESSUAIS

ao todo poderoso Executivo, um outro Poder, o Judiciário, para fiscalizá-lo e limitá-lo.

Curiosamente, a formalização do princípio levou a uma invasão ainda maior da esfera do indivíduo pelo Estado, agora, pelo Poder Judiciário. O princípio da inafastabilidade do Judiciário converteu-se no princípio da onipresença do Judiciário. Vemos, então, juízes a substituir professores, na aprovação ou reprovação de alunos. Vemos juízes a se imiscuir na vida de associações, para manter ou excluir associados. Vemos juízes a interferir nas disputas esportivas, para apontar o campeão. O juiz da 6ª Vara Cível de Sorocaba concedeu liminar suspendendo a realização de partida futebolística e determinando a paralisação do Campeonato Varzeano da 2ª Divisão da cidade de Sorocaba. A decisão veio a ser tardiamente reformada pelo Tribunal de Justiça do Estado de São Paulo que, como lhe impunha o art. 217, § 1º, da Constituição, deixou de examinar o mérito, assentando que "não implica anulação da partida de futebol a atuação de árbitro suspenso" (*RT*, 663:95).

Em virtude de fatos tais, é de perguntar-se até que ponto se justifica a intromissão do Judiciário na vida de associações, escolas, entidades esportivas e igrejas, para manter ou excluir associados, para aprovar ou reprovar alunos, para dizer quem é padre ou quem é bispo, para determinar quem pode ou não pode disputar a "Copa Brasil"...

Ao princípio da onipresença do Judiciário há que se contrapor o do respeito, pelo Estado, das normas jurídicas de outras ordens jurídicas positivas.

"Na visão de Hans Kelsen", observa Wellington Pacheco Barros, "o Estado é a única fonte do Direito. (...) Já para Eugen Ehrlich, ele existe naturalmente na sociedade. (...) Não se pode negar a importância do Estado na criação do Direito. Também não se pode negar que em muitas circunstâncias a sociedade se autorregula independentemente da intervenção do Direito do Estado ou sua própria revelia. (...) Como prender no Direito estatal, com exclusividade, as relações familiares? (...) Da mesma maneira, grupos se formam, associações se criam, da mais variada espécie, e se pautam por regras próprias que dá direitos e criam obrigações a que se submetem todos os seus participantes em completo desconhecimento da presença do Estado. Assim, é evidente que o Direito não é só de natureza estatal"[25].

Observa Miguel Reale: "Existe Direito também em outros grupos, em outras instituições, que não o Estado. Existe, por exemplo, um Direito no seio da Igreja; há um complexo de normas suscetíveis de sanção organizada. E o Direito canônico, que não se confunde com o Direito do Estado.

Como contestar a juridicidade das organizações esportivas? Não possuem elas uma série de normas, e até mesmo de tribunais, impondo a um número imenso de indivíduos determinadas formas de conduta sob sanções organizadas? Lembre-se outro fenômeno de maior alcance, que é o profissional ou sindical, estabelecendo, no campo das atividades de classe, um conjunto de normas que também são protegidas por sanções organizadas. Parece-nos, pois, procedente a teoria da pluralidade das ordens jurídicas positivas"[26].

É preciso repor, sob nova formulação, o princípio de que de *minimis non curat praetor*. As matérias supra-apontadas, a título de exemplo, não são mínimas. São até de extraordinária importância. Entretanto, o Estado não pode pretender, mesmo através do Poder Judiciário, reger e regular todas as esferas da vida social. Em seus extremos limites, a competência do Poder Judiciário torna-se, às vezes, deletéria; outras vezes, apenas excêntrica.

Como hilariante exemplo de interferência descabida e extemporânea do Judiciário no plano desportivo, Álvaro Melo Filho refere o de uma juíza de Rondônia, que concedeu *habeas corpus* para que um jogador, suspenso por cinco partidas, pudesse atuar em um jogo decisivo, alegando que se tratava da "liberdade de ir e vir dentro de campo". E transcreve artigo do jornalista Sergio Franco, publicado no *Correio do Povo*, de Porto Alegre, edição de 25 de agosto de 1979:

---

25 BARROS, Wellington Pacheco. O direito por Kelsen e Ehrlich. *Zero Hora*, Porto Alegre, 7 ago. 1990.

26 REALE, Miguel. *Lições preliminares de direito*. 9. ed. São Paulo: Saraiva, 1981. p. 77.

"Não haja dúvida: se o Poder Judiciário começar a envolver-se na disciplina das competições e a examinar decisões dos tribunais desportivos, muito breve os jóqueis estarão discutindo em juízo as punições que lhes são aplicadas pela comissão de corridas do hipódromo, as tripulações de barcos irão às últimas instâncias contra as decisões da liga náutica, e os campeonatos vão ser definidos na tribuna das cortes judiciárias mais do que nas canchas dos estádios. E é certo que não ficaríamos nisso. Sendo o Carnaval não menos importante que o futebol, a classificação das escolas de samba no Rio de Janeiro terminaria sendo também decidida pelos tribunais civis. À vista da perícia de fls., concede-se o primeiro lugar aos Unidos do Padre Miguel..."[27].

Contudo, a tendência doutrinária atual é de não admitir limites à atuação do Judiciário, sobretudo em matérias relativas a direitos fundamentais.

4. PRINCÍPIO DO JUIZ NATURAL

Está expresso em dois dispositivos da Constituição: no art. 5º, LIII – "ninguém será processado nem sentenciado senão pela autoridade competente" e XXXVII – "não haverá juízo ou tribunal de exceção".

As normas sobre competência têm aplicação imediata, de modo que o princípio do juiz natural não assegura, ao acusado, o direito de somente ser processado ou sentenciado por órgão que já tinha competência à data do fato ou da propositura da ação. Não se tem aí, observa Pontes de Miranda, "regra de direito intertemporal, que confira ao acusado o direito de só ser processado, ou sentenciado, pela autoridade competente ao tempo do ato delituoso, ou, sequer, ao tempo de subirem a conclusão os respectivos autos"[28].

Excluído que se trate de norma de direito intertemporal, soa redundante a norma de que ninguém será processado ou sentenciado senão

---

27   MELO FILHO, Álvaro. *Desporto na nova Constituição*. Porto Alegre: Sergio A. Fabris Editor, 1990. p. 31-34.

28   PONTES DE MIRANDA, Francisco Cavalcanti. *Comentários à Constituição de 1946*. 2. ed. São Paulo: Max Limonad, 1953, v. 4. p. 397.

pela autoridade competente. Bastaria o enunciado do art. 5º, XVII: "Não haverá juízo ou tribunal de exceção".

Conforme Pontes de Miranda, "tribunal de exceção é o que se estabelece para determinado caso, ou casos; a) já ou ainda não ocorridos; b) provenha ou não de lei a deliberação de instituí-lo; c) quer seja novo, ou já existente o órgão ordinário, ou especial, a que se confere o julgar excepcionalmente. (...) Juiz que pertence à organização judiciária normal pode vir a ser juiz de exceção, infringindo-se o princípio"[29].

Entende-se mais facilmente o que se quer coibir com o dispositivo em exame lendo-se o texto correspondente da Constituição Política do Império do Brasil, o art. 179, 17: "Não haverá comissões especiais nas causas cíveis e crimes".

Trata-se, em última análise, de assegurar a imparcialidade do órgão julgador, impedindo-se a constituição de tribunais *ad hoc*, predeterminados a condenar ou absolver, pois a ideia de julgamento é incompatível com a de predeterminação de seu conteúdo. Certa álea, certa incerteza sobre a sentença que há de sobrevir, integra o próprio conceito de julgamento. Se a decisão já foi tomada antes de reunir-se o tribunal, ou fora dele, o julgamento não passa de uma farsa.

Comissão constituída para julgar caso determinado parece suspeita, independentemente da suspeição dos membros que a compõem, o mesmo se podendo dizer do tribunal constituído para julgar uma série de casos determinados, anteriormente ocorridos.

Não afronta, contudo, o princípio a instituição de órgãos especiais para julgar certa classe de casos, como ocorre com as varas privativas dos feitos da Fazenda Pública. Também não se vedam os chamados "regimes de exceção", com que se busca por em dia o serviço forense, aumentando-se temporariamente o número de juízes de uma vara, câmara ou turma, para redução da carga individual.

Temos, então, em síntese:

a) que a jurisdição não pode senão ser exercida pelos órgãos competentes, ou seja, pelo Poder Judiciário, salvo nos casos expressos na pró-

---

29 PONTES DE MIRANDA, Francisco Cavalcanti. *Comentários à Constituição de 1946*. 2. ed. São Paulo: Max Limonad, 1953, v. 4. p. 395-396.

CAPÍTULO IV – UMA VISÃO CRÍTICA DOS PRINCÍPIOS PROCESSUAIS

pria Constituição. O próprio Parlamento não pode exercer a jurisdição, como ocorreu durante a Revolução Francesa, no denominado "Período do Terror", em que a Convenção, sob a liderança de Robespierre, decretou que as pessoas, por ela declaradas fora da lei, não seriam submetidas a processo criminal (Dec. de 19 e 20-3-1793, art. 1º). A condenação à morte decorria, então, da mera constatação de sua identidade. Essa norma veio ao final a ser aplicada ao próprio Robespierre, bem como a seus amigos, deputados e outros, que alimentaram as "fornadas" de 10, 11 e 12 do Termidor, no ano de 1794[30];

b) que os poderes constituídos não podem criar juízos para o julgamento de casos determinados.

Em outras palavras: "Aos tribunais de exceção – instituídos por contingências particulares – contrapõe-se o juiz natural, pré-constituído por lei. O princípio do juiz natural apresenta um duplo significado: no primeiro, consagra-se a norma de que só é juiz o órgão investido de jurisdição (afastando-se, desse modo, a possibilidade de o legislador julgar, impondo sanções penais sem processo prévio, através de leis votadas pelo Parlamento, muito em voga no antigo direito inglês, por *bill of attainder*); no segundo, impede-se a criação de tribunais *ad hoc* e de exceção, para o julgamento de causas penais ou civis"[31].

5. PRINCÍPIO DA IMPARCIALIDADE

Encontra-se expresso no art. 10 da Declaração dos Direitos do Homem: "Todo homem tem direito, em plena igualdade, a uma justa e pública audiência por parte de um tribunal independente e imparcial, para decidir de seus direitos e deveres ou do fundamento de qualquer acusação criminal contra ele".

Está implícito na Constituição de 1988, vinculado às garantias da magistratura (vitaliciedade, inamovibilidade e irredutibilidade de vencimentos).

---

30 ROBLOT, Rent. *La justice criminel en France sous la terreur*. Paris: LGDJ, 1938. p. 86 e 278.

31 CINTRA, Antônio Carlos Araújo; GRINOVER, Ada Pellegrini; DINAMARCO, Cândido Rangel. *Teoria geral do processo*. São Paulo: Revista dos Tribunais, 1976.

Trata-se de princípio fundamental (quem há de propugnar por juízes parciais?), a ponto de se poder definir a própria jurisdição como "intervenção de um terceiro imparcial, em relação interpessoal alheia, a pedido de uma das partes".

Contudo, há muito já se observou que o princípio se adapta sobretudo à ideologia do liberalismo político. Levado às suas últimas consequências, teríamos: a) que a jurisdição jamais poderia ser "protetiva" de qualquer das partes, como ocorre nas relações de trabalho e em outras em que o juiz se depara com flagrante desigualdade entre os contendores; b) que o juiz não poderia jamais determinar a produção de provas, de ofício, porque estaria, assim, a auxiliar uma das partes.

Em sua forma extremada, o princípio da imparcialidade combina-se com o dispositivo. Exaspera-se o princípio da demanda, afirmando-se que a intervenção judicial na relação alheia não deve nunca ir além do pedido, e nega-se a regra do "impulso oficial", fazendo-se o andar do processo depender da provocação das partes.

Sem essas extrapolações, pode-se simplesmente dizer que imparcial é o juiz não comprometido com a causa, em favor de uma das partes, por questões de amizade ou interesse de outra natureza.

Além da relação entre a imparcialidade e a atuação do Poder Judiciário, esperada por evidente necessidade, pode-se perceber, também, que esse princípio vem a ser aplicado diretamente à conciliação e mediação, pois, segundo o art. 166 do CPC/2015, "a conciliação e a mediação são informadas pelos princípios da independência, da imparcialidade, da autonomia da vontade, da confidencialidade, da oralidade, da informalidade e da decisão informada".

6. PRINCÍPIO DA AÇÃO

É também denominado "princípio da inércia da jurisdição". Importa em que o juiz não pode exercer a jurisdição de ofício, isto é, por iniciativa própria. É indispensável a ação ou atividade de um autor ou acusador. O princípio da ação caracteriza o denominado sistema acusatório, em oposição ao inquisitório, em que o juiz age de ofício, como as autoridades administrativas.

CAPÍTULO **IV** – UMA VISÃO CRÍTICA DOS PRINCÍPIOS PROCESSUAIS

Primitivamente, a reação ao ilícito concretizava-se por uma sanção imposta ao ofensor pelo próprio ofendido, ou por seus familiares, sem a interposição de quem quer que fosse.

Vedada a defesa privada, o Estado assume integralmente a função punitiva ou admite que o ofendido dela participe através da ação. No primeiro caso, o indivíduo não tem nenhuma ação, mas, em contrapartida, basta que o magistrado tenha notícia de algum delito para que possa perseguir o seu autor (sistema inquisitório). No segundo, o direito de ação substitui a primitiva ação punitiva, direta, do ofendido, contra quem ele considera responsável pela ofensa. Persegue-o em juízo em vez de persegui-lo pelos campos.

Em matéria civil, a regra, antiquíssima, é o direito de ação conferido apenas ao próprio lesado ou interessado.

Em matéria penal, o poder de agir foi conferido a qualquer do povo, no processo acusatório romano, mas a regra, hoje, é outorgá-lo apenas a um órgão do Estado (Ministério Público), ficando, assim, o ofendido duplamente impedido de agir contra o ofensor. Não tem nem a ação direta (defesa privada, exercício das próprias razões) nem a ação processual.

Habituados, como estamos, à ação penal promovida pelo Ministério Público, estranhamos que, em Roma, se tenha feito depender a intervenção do Estado, em matéria de delitos públicos, da oferta voluntária que fizesse um particular de se encarregar dessa função difícil e não raro odiosa. Todavia, quem examine atentamente o estado de coisas existente no declínio da República verá que isso importou antes em um reforço do que em uma diminuição da repressão dos delitos pelo Estado. Sem dúvida, os detentores do *imperium* e seus auxiliares não tinham somente o direito de punir; tinham também o dever, em razão de seu cargo; mas a execução desse dever não estava senão submetida ao controle da própria consciência de cada um. Quando apareceu o novo sistema processual, sua intervenção havia se tornado excepcional. Ocorria nos casos de delitos cometidos em bando e de outras perturbações manifestadas da ordem pública; no entanto, fora disso, sua indagação era não só frequente como juridicamente impunível, pois a organização do Estado romano não permitia facilmente estabelecer penas por descumprimento de seus deveres. O novo sistema constituiu um melhoramento. A faculdade outorgada a qualquer pessoa, de intentar a ação penal, convinha sobretudo a quem de qualquer modo se sentisse pessoalmente ofendido, mas também à juventude ambiciosa das altas classes. Proposta a ação penal, o pretor da *quaestio* não podia rejeitá-la sem fundamento jurídico. Tais inovações provavelmente ativaram a repressão dos delitos, todavia despertaram ao mesmo tempo o espírito de vingança e de chicana, como para comprovar que um mau político não pode ser combatido senão com um mal do mesmo gênero[32].

Nos séculos X, XI e XII era geral o critério jurídico popular de que era torpe e ilícita condenação sem acusador. No século XIII ocorreu uma dramática modificação. Havendo o direito canônico proibido acusações formuladas por inimigos dos acusados e suprimido também o direito de ação dos leigos contra os clérigos, abriu-se o caminho para a implantação do sistema inquisitório, que não exigia nenhum acusador.

Em nome da *publica utilitas*, o papa Inocêncio III implantou o sistema, proclamando o princípio de que os tribunais podiam processar mesmo sem acusador.

No início não se aplicou o sistema inquisitório senão aos delitos cometidos contra a religião (heresia, apostasia, blasfêmia etc.) e pelos Tribunais da Inquisição. O primeiro tribunal a aplicar o sistema foi o estabelecido pelo papa Inocêncio III, no ano de 1216, na França, para combater a heresia dos albigenses. Mais tarde, e até o século XVI, o processo inquisitório generalizou-se (exceto na Inglaterra e na Hungria) para toda espécie de delitos e em todos os tribunais.

Incumbia, então, aos juízes investigar os delitos de que tomassem conhecimento. Se, por confissão ou por outras provas, ficasse demonstrada a culpa do réu, proferia-se a sentença; mas, não havendo confissão e tratando-se de delito gravíssimo, devia-se recorrer a meios coercitivos para obtê-la, isto é, lançava-se mão da tortura.

Sua aplicação decorria do princípio jurídico de que sem confissão ninguém podia ser condenado à pena de morte. Entendia-se,

---

32 MOMSEN, Theodore. *Le droit penal romain*. Paris: A. Fontemoing , 1907, t. 2. p. 9-10.

também, que a tortura dava ao réu a possibilidade de comprovar a sua inocência.

A doutrina estabelecia as condições do processo inquisitório. O delito devia ser notório e de certa gravidade. Era indispensável à presença do réu. O juiz devia esforçar-se para descobrir a verdade, assegurando, no entanto, ao réu, o direito de defesa, porquanto "a defesa se baseia em princípios de Direito natural e não pode ser negada nem ao diabo".

Justificava-se o sistema, dizendo-se que incumbia ao soberano e ao juiz investigar os delitos, a fim de que não ficassem impunes; daí a necessidade de suprir o juiz a falta de acusação (*Ergo judex hic semper duos sustinet personas "actoris et judicis"*), pois é sabido que há casos em que há evidente dano para o Estado e, contudo, não aparecem acusadores. Apontavam-se as vantagens do sistema: inexistência de falsos acusadores, incitados por prêmios; submissão do juiz a regras mais rígidas de julgamento; inocorrência de condenação por meros indícios, por se exigir prova plena ou confissão do réu[33].

O princípio da ação, quanto ao processo penal, está consagrado no art. 129, I, da Constituição: Compete ao Ministério Público "promover, privativamente, a ação penal pública, na forma da lei".

Quanto ao processo civil, o princípio da ação, com seu corolário da vedação de julgamento *extra* ou *ultra petita*, encontra-se embutido na fórmula ampla do "devido processo", no art. 5º, LIV, da Constituição: "Ninguém será privado da liberdade ou de seus bens sem o devido processo legal". O juiz não pode exercer, de ofício, a jurisdição. *Nemo judex sine actore*. O art. 2º do CPC/2015 estabelece que "o processo começa por iniciativa da parte e se desenvolve por impulso oficial, salvo as exceções previstas em lei".

Modernamente, tem-se considerado compatível com o processo acusatório a regra do denominado "impulso oficial". Proposta a ação, cabe ao juiz, portanto, praticar, de ofício, os atos ulteriores do processo, não se exigindo, para cada ato judicial, um específico requerimento da parte.

---

33 THÓT, Ladislao. *Historia de las antiguas instituciones de derecho penal.* Buenos Aires: Rosso, 1927. p. 272-277.

Também se tem considerado compatível com o sistema acusatório o princípio da investigação judicial. O CPC/2015 autoriza o juiz a tomar a iniciativa relativamente à produção de provas, pois, segundo o art. 370, "caberá ao juiz, de ofício ou a requerimento da parte, determinar as provas necessárias ao julgamento do mérito".

Em sua forma pura, tal como existiu na alta Idade Média e existe, ainda hoje, na Grã-Bretanha e nos Estados Unidos, o processo acusatório se completa com o princípio da contradição ou discussão (também denominado, mais impropriamente, "princípio dispositivo"), o que significa, na crítica de Jorge Figueiredo Dias, que "estamos em um domínio onde valem ainda basicamente as concepções privatistas (contratualistas ou quase contratualistas) do processo, segundo as quais este se desenha, na raiz, como duelo das partes na presença e sob arbitragem do juiz"[34].

A tendência moderna, iniciada, no plano legislativo, pelo Código de Processo Civil austríaco de 1895, tem sido no sentido de inserir, no processo acusatório, o princípio da investigação. O juiz deixa de ser mero espectador no processo. Entra também ele, na arena em que se digladiam as partes, para lutar em prol da verdade, sob inspiração de uma concepção publicística do processo.

Afirma José Carlos Barbosa Moreira: "O uso das faculdades instrutórias legais não é incompatível com a preservação da imparcialidade do juiz. Tal expressão, bem compreendida, não exclui no órgão judicial a vontade de decidir com justiça e, portanto, a de dar ganho de causa à parte que tenha razão. A realização da prova pode ajudá-lo a descobrir qual delas a tem, e esse não é resultado que o direito haja de ver com maus olhos. De mais a mais, no momento em que determina uma diligência, não é dado ao juiz adivinhar-lhe o êxito, que tanto poderá sorrir a este litigante como àquele. E, se é exato que um dos dois se beneficiará com o esclarecimento do ponto antes obscuro, também o é que a subsistência da obscuridade logicamente beneficiaria o outro. Olhadas as coisas por semelhante prisma, teria de concluir-se que o juiz não é

---

34 DIAS, Jorge Figueiredo. *Direito processual penal*. Coimbra, 1984. p. 188.

CAPÍTULO **IV** – UMA VISÃO CRÍTICA DOS PRINCÍPIOS PROCESSUAIS

menos parcial quando deixa de tomá-la do que quando toma a iniciativa instrutória, pois, seja qual for a sua opção, acabará por favorecer uma das partes. Bem se percebe quão impróprio é um modo de equacionar o problema, que condena o órgão judicial, em qualquer caso, a incorrer na pecha de parcialidade..."[35].

O princípio da ação completa-se com o denominado "princípio da demanda", que impede o juiz de proferir sentença além do pedido ou fora dele. A ação, quer civil, quer penal, deve conter um pedido certo, fundado em fatos determinados. O juiz não é um livre investigador de provas incertas ou imprecisas, para justificar pretensões incertas e imprecisas de uma das partes. Aí a diferença fundamental entre ação e inquérito ou devassa. O inquérito pode dirigir-se contra pessoas incertas. A acusação dirige-se contra pessoa certa. O inquérito destina-se à descoberta de fatos novos. A ação visa averiguar a veracidade ou não de fatos afirmados na inicial.

7. PRINCÍPIO DO CONTRADITÓRIO

O processo da Inquisição deixou de lado o princípio da ação, mas não o da defesa. Um maior recuo histórico conduz até a *cognitio*, antigo processo penal romano, processo sem ação e sem defesa, que visualizava o réu como simples objeto da investigação.

A *cognitio*, diz Théodore Momsen, caracteriza-se pela ausência de forma legal. Não havia forma precisa nem para a abertura nem para o encerramento do processo. O magistrado podia abandoná-lo ou retomá-lo a qualquer tempo.

A ideia de uma absolvição eficaz, excludente da renovação do processo, é inconciliável com a essência da *cognitio*.

O interrogatório do acusado, que posteriormente desapareceu do processo penal, deve ter sido, inicialmente, seu ato primeiro, já que nenhuma pessoa podia recusar-se a responder a uma questão posta pelo magistrado.

---

35   BARBOSA MOREIRA, José Carlos. Os poderes do juiz na direção e na instrução do processo. *Temas de direito processual.* Quarta Série. São Paulo: Saraiva, 1989. p. 48.

TEORIA GERAL DO PROCESSO

O detentor do *imperium* tinha o direito absoluto de acolher denúncias. Não se impunham limites, como ocorreu mais tarde com o acusador, ao seu direito de convocar testemunhas e de ouvi-las. A defesa não se exercia senão na medida em que o magistrado entendia conveniente. Se o sentimento de justiça e o costume se aliaram, para impor a audiência do acusado, certo é que, neste processo, nascido do direito de guerra, sempre se entendeu possível proibir a defesa por intermédio de terceiros.

Sem dúvida o magistrado devia respeitar os limites fixados pelo costume ou pela lei, aos poderes do Estado, como a proibição de mutilações corporais e a restrição da tortura aos escravos; mas todas as outras regras de conduta, que se apresentam como tendo alcance geral, por exemplo, a de não tomar em consideração denúncias anônimas, a de não admitir o depoimento de um escravo contra seu amo, nem o testemunho de um escravo não confirmado por tortura, não constituíam verdadeiras normas jurídicas; eram apenas orientações fundadas na sua razão ou nas condições da vida, motivo por que jamais foram aplicadas sem exceções[36].

A *cognitio*, substituída pelo processo acusatório, reapareceu, em Roma, sob o Principado.

É bem de ver que processo assim estruturado, sem direito de defesa, não tem caráter jurisdicional. Trata-se, aí, de repressão administrativa de crimes e delinquentes, que se apresenta como necessidade, em determinados momentos da vida dos povos. A jurisdição supõe a afirmação do indivíduo como titular de direitos. No campo do processo civil, sempre se observou o princípio do contraditório, porquanto foi relativamente fácil conceberem-se os dois litigantes, autor e réu, como igualmente sujeitos de direitos de caráter privado. No processo penal isso custou a acontecer, porque foi necessário que se concebesse, antes, a ideia de direitos subjetivos públicos, direitos em face do Estado.

Nossa Constituição consagra o princípio do contraditório no art. 5º, LV: "Aos litigantes, em processo judicial ou administrativo, e aos acusa-

---

36 MOMSEN, Theodore. *Le droit...* cit., p. 14.

CAPÍTULO **IV** – UMA VISÃO CRÍTICA DOS PRINCÍPIOS PROCESSUAIS

dos em geral são assegurados o contraditório e ampla defesa, com os meios e recursos a ela inerentes".

O direito de defesa é assim assegurado tanto ao autor como ao réu. Implica o direito de alegar fatos juridicamente relevantes e de prová-los por meios lícitos. O contraditório concentra-se na expressão *audiatur et altera pars* (ouça-se também a outra parte), o que importa em dar-se ao processo uma estrutura dialética. Propôs-se o autor a sua ação, tem o réu o direito de contestar. Se uma das partes arrolou testemunhas, tem a outra o direito de contraditá-las, de interrogá-las e também de arrolar as suas. Arrazoou-se o autor, igual possibilidade deve ser concedida ao réu.

"O contraditório não impõe que as partes sempre participem efetivamente do processo, e sim que se dê aos litigantes ocasião e possibilidade de intervirem, especialmente, para cada qual extremar o seu pensamento em face das alegações do adversário."[37]

Esse contraditório apenas virtual é o que se encontra no processo civil, que admite a prolação de condenação fundada na revelia (falta de resposta) do réu ao pedido do autor.

No processo penal exige-se o contraditório efetivo. Se o réu não se defende, nomeia-se quem o defenda. A própria confissão do acusado, por si só, não serve para fundamentar condenação penal.

Do princípio do contraditório decorrem, conforme Humberto Theodoro Junior, "três consequências básicas": a) a sentença só afeta as pessoas que foram partes no processo, ou seus sucessores; b) só há relação processual completa e eficaz após a regular citação do demando; e c) toda decisão só será proferida depois de ouvidas ambas as partes, ou pelo menos depois de ensejada oportunidade para que ambas se manifestem.

O princípio do contraditório transcende o processo, constituindo regra de pensamento e de conduta, especialmente no plano político. Devemos rejeitar todo fanatismo, que se caracteriza exatamente pela incapacidade de ouvir os contrários e de ver o avesso das coisas.

---

37 Wilhelm Kisch, citado por José Frederico Marques.

Feitas essas considerações, não é exagero dizer que o Código de Processo Civil deu real atenção ao princípio do contraditório, sendo este princípio, quiçá, o mais valorizado no novo diploma. Entre os dispositivos que abordam o contraditório em suas diversas formas, podem-se destacar os arts. 7º, 9º e 10, do CPC/2015, todos previstos no capítulo das normas fundamentais do processo civil.

Segundo o art. 7º do CPC/2015, "é assegurada às partes paridade de tratamento em relação ao exercício de direitos e faculdades processuais, aos meios de defesa, aos ônus, aos deveres e à aplicação de sanções processuais, competindo ao juiz zelar pelo efetivo contraditório".

O art. 9º do CPC/2015 determina que "não se proferirá decisão contra uma das partes sem que ela seja previamente ouvida", com o que se proíbe decisão-surpresa do juiz.

O STJ já decidira, à luz do CPC/1973, que "o reconhecimento da prescrição sem a prévia oitiva do autor da ação civil pública implica ofensa aos arts. 326 e 398 do CPC. Cumpre ao magistrado, em observância ao devido processo legal, assegurar às partes paridade no exercício do contraditório, no conhecimento das questões e provas levadas aos autos e na participação, visando influir na decisão judicial"[38].

Outra situação que demonstra o valor desse princípio encontra-se no provimento monocrático de agravo de instrumento sem a oitiva da parte agravada. Decidiu o STJ que "a intimação da parte agravada para resposta é procedimento natural de preservação do princípio do contraditório, nos termos do art. 527, V, do CPC, *in verbis*: 'Art. 527. Recebido o agravo de instrumento no tribunal, e distribuído *incontinenti*, o Relator: (...) V – mandará intimar o agravado, na mesma oportunidade, por ofício dirigido ao seu advogado, sob registro e com aviso de recebimento, para que responda no prazo de dez (10) dias (art. 525, § 2º), facultando-lhe juntar a documentação que entender conveniente, sendo que, nas comarcas sede de tribunal e naquelas em que o expediente forense for divulgado no diário oficial, a intimação far-se-á mediante publicação no órgão oficial.' A dispensa do referido ato processual ocorre tão so-

---

38 REsp 1.098.669/GO, rel. Min. Arnaldo Esteves Lima, 1ª T., j. 4-11-2010, *DJe* 12-11-2010.

CAPÍTULO **IV** – UMA VISÃO CRÍTICA DOS PRINCÍPIOS PROCESSUAIS

mente quando o relator nega seguimento ao agravo (art. 527, I), uma vez que essa decisão beneficia o agravado, razão pela qual conclui-se que a intimação para a apresentação de contrarrazões é condição de validade da decisão que causa prejuízo ao recorrente. (Precedentes: REsp 1.187.639/MS, rel. Min. Eliana Calmon, 2ª T., j. 20-5-2010, *DJe* 31-5-2010; AgRg nos EDcl nos EDcl no REsp 1.101.336/RS, rel. Min. Herman Benjamin, 2ª T., j. 2-2-2010, *DJe* 2-3-2010; REsp 1.158.154/RS, rel. Min. Castro Meira, 2ª T., j. 19-11-2009, *DJe* 27-11-2009; EREsp 882.119/RS, rel. Min. Humberto Martins, 1ª Seção, j. 13-5-2009, *DJe* 25-5-2009; EREsp 1.038.844/PR, rel. Min. Teori Albino Zavascki, 1ª Seção, j. 8-10-2008, *DJe* 20-10-2008) 3. Doutrina abalizada perfilha o mesmo entendimento, *verbis*: 'Concluso o instrumento ao relator, nas 48 horas seguintes à distribuição (art. 549, *caput*), cabe-lhe, de ofício, se configurada qualquer das hipóteses do art. 557, *caput*, indeferir liminarmente o agravo (inc. I). Não sendo esse o caso, compete-lhe tomar as providências arroladas nos outros incisos do art. 527. (...) A subsequente providência – cuja omissão acarreta nulidade – consiste na intimação do agravado.' (José Carlos Barbosa Moreira, *Comentários ao Código de Processo Civil*, 15. ed., Ed. Forense, v. V, p. 514) (...) Acórdão submetido ao regime do art. 543-C do CPC e da Resolução STJ 08/2008"[39].

Existem situações nas quais o contraditório poderá ser mitigado, mas jamais desconsiderado, pois não se proferirá decisão contra uma das partes sem que ela seja previamente ouvida. Essa regra não se aplica se se estiver diante da tutela provisória de urgência (art. 9º, parágrafo único, I, do CPC/2015); das hipóteses de tutela da evidência previstas no art. 311, incs. II e III (art. 9º, parágrafo único, II, do CPC/2015); e, por fim, da decisão prevista no art. 701 (art. 9º, parágrafo único, III, do CPC/2015).

O art. 10 do CPC/2015 estabelece que "o juiz não pode decidir, em grau algum de jurisdição, com base em fundamento a respeito do qual não se tenha dado às partes oportunidade de se manifestar, ainda que se trate de matéria sobre a qual deva decidir de ofício". Efetivamente, tra-

---

39 REsp 1.148.296/SP, rel. Min. Luiz Fux, Corte Especial, j. 1º-9-2010, *DJe* 28-9-2010.

TEORIA GERAL DO PROCESSO

ta-se da *terza via*, como dizem os italianos, ou seja, proibição das decisões surpresa[40].

O STJ vinha decidindo pela desnecessidade de intimação da parte contrária quando da reconsideração de decisão monocrática, sob o fundamento de que "o juízo de retratação é faculdade do relator que não obsta ao prejudicado o manejo do recurso pertinente para devolver o exame da matéria ao órgão colegiado"[41]. Em decorrência do previsto no art. 10 do CPC/2015, em ocorrendo o juízo de retratação, caso se tenha dado com base em fundamento sobre o qual a parte prejudicada não houver tido a oportunidade de se manifestar, restará imprescindível a sua prévia intimação, sob pena de nulidade da decisão.

O STJ também decidiu que "a atribuição de efeitos modificativos aos embargos de declaração reclama a intimação prévia do embargado para apresentar impugnação, sob pena de ofensa aos postulados constitucionais do contraditório e da ampla defesa. Precedentes do STJ: REsp 1.080.808/MG, 1ª T., *DJe* 3-6-2009; EDcl nos EDcl no RMS 21.719/DF, 1ª T., *DJe* 15-12-2008; EDcl no RMS 21.471/PR, 1ª T., *DJ* 10-5-2007; HC 46.465/PR, Quinta Turma, *DJ* 12-3-2007. Destarte, o acolhimento dos Embargos de Declaração, com a atribuição de efeitos infringentes, à míngua de prévia intimação da parte embargada, enseja nulidade insanável"[42].

No CPC/2015 o princípio do contraditório foi reforçado, tendo-se agora o que se pode chamar de contraditório-forte.

8. PRINCÍPIO DA PUBLICIDADE

Está expresso no art. 93, IX, da Constituição: "Todos os julgamentos dos órgãos do Poder Judiciário serão públicos, e fundamentadas todas as

---

40 GRADI, Marco. Il principio del contraddittorio e le questioni rilevabili d'ufficio. *RePro*, Revista dos Tribunais, São Paulo, v. 186, p. 109, ago. 2010.

41 AgRg no AgRg no REsp 798.452/RS, rel. Min. Paulo Gallotti, 6ª T., j. 22-4-2008, *DJe* 30-6-2008.

42 EDcl nos EDcl nos EDcl no AgRg no Ag 1.058.786/SP, rel. Min. Luiz Fux, 1ª T., j. 18-11-2010, *Dje* 1º-12-2010.

CAPÍTULO IV – UMA VISÃO CRÍTICA DOS PRINCÍPIOS PROCESSUAIS

decisões, sob pena de nulidade, podendo a lei limitar a presença, em determinados atos, às próprias partes e a seus advogados, ou somente a estes, em casos nos quais a preservação do direito à intimidade do interessado no sigilo não prejudique o interesse público à informação". De outro lado, o art. 5º, LX, estabelece: "A lei só poderá restringir a publicidade dos atos processuais quando a defesa da intimidade ou o interesse social o exigirem".

O princípio da publicidade vige, no Brasil, desde 1818. Antes, vigorava o direito português, fundado no princípio do segredo. Na França, as deliberações dos órgãos colegiados são secretas, e os juízes até juram manter o sigilo. Nas decisões não se deixa transparecer a existência de eventuais votos discordantes. Também nos países anglo-saxões as deliberações são secretas, mas se admite a publicação de *dissenting opinions*[43].

Há duas espécies de publicidade: a de ato presente e a de ato passado.

A publicidade conferida pelos registros públicos é publicidade de atos passados.

A publicidade de julgamento *coram populo* é publicidade de ato presente.

O art. 93, IX, da Constituição refere-se à publicidade de ato presente, pois aí se fala na possibilidade de se limitar a presença, em determinados atos, às próprias partes e a seus advogados, ou somente a estes.

Todavia, do princípio da publicidade dos atos processuais (publicidade de ato presente) decorre, como corolário, a publicidade dos termos processuais que os documentem (publicidade de ato passado).

O princípio da publicidade coordena-se com o da persuasão racional, porque a publicidade dos julgamentos envolve a publicidade de seus fundamentos. A oposição é com os julgamentos secretos e imotivados.

Também a fundamentação, a que se refere o art. 93, IX, é a contemporânea do ato: a que efetivamente determina a decisão. A fundamentação que se agregue a um ato já praticado pode ser uma explicação, mas não é fundamentação.

---

43 BARBOSA MOREIRA, José Carlos. Publicite et secret du delibéée dans la justice brésilienne. *Temas de direito processual...* cit., p. 194-199.

Segue-se, daí, que a fundamentação feita oralmente, em público, na sessão de julgamento, atende ao princípio do art. 93, IX. A redução a escrito dos motivos é, contudo, exigível, existindo grau superior de jurisdição a que se deva explicação da decisão tomada.

Conforme Humberto Theodoro Junior, "o princípio da publicidade obrigatória do processo pode ser resumido no direito à discussão ampla das provas, na obrigatoriedade de motivação da sentença, bem como na faculdade de intervenção das partes e seus advogados em todas as fases do processo.

Como se vê, este princípio muito se aproxima e até mesmo se entrelaça aos do devido processo legal e do contraditório. Na prática, constituem violação ao princípio da publicidade do processo: a) a concessão de medidas liminares em possessórias, mediante justificação testemunhal realizada sem citação prévia do réu; b) autorização para levantamento da penhora ou arresto sem prévia audiência do credor; c) a realização de praças e leilões, sem regular divulgação dos competentes editais; ou fora dos locais e horários constantes dos editais; ou, ainda, sem a intimação pessoal do devedor; d) a autorização ao inventariante para alienar bens do espólio sem prévia audiência dos demais sucessores etc."[44].

A presença da imprensa, especialmente da televisão e do rádio, fica sujeita ao poder de polícia da autoridade judiciária, que pode, inclusive, proibir transmissão ao vivo, com base no interesse público, defesa da intimidade ou interesse social.

Assim como o princípio do contraditório, também o da publicidade transcende o processo: o acesso às fontes de conhecimento deve ser livre.

Segundo o art. 11 do CPC/2015, todos os julgamentos dos órgãos do Poder Judiciário serão públicos, estatuindo, na norma infraconstitucional, regra pontual de publicidade que já era conhecida desde a Constituição.

---

44 THEODORO JÚNIOR, Humberto. Princípios gerais do direito processual civil. *Ajuris*, Porto Alegre, v. 34, p. 161-184, jul. 1985.

CAPÍTULO IV – UMA VISÃO CRÍTICA DOS PRINCÍPIOS PROCESSUAIS

Com efeito, "de acordo com o princípio da publicidade dos atos processuais, é permitida a vista dos autos do processo em cartório por qualquer pessoa, desde que não tramite em segredo de justiça"[45].

Ainda assim, deve-se dizer que excepcionalmente, por determinação normativa ou judicial, poderão as demandas correr em segredo de justiça. Nesses casos, pode ser autorizada a presença somente das partes, de seus advogados, de defensores públicos ou do Ministério Público, assim como preceitua o art. 11, parágrafo único, do CPC/2015.

Assim, "o processamento em segredo de justiça de ações cuja discussão envolva informações comerciais de caráter confidencial e estratégico"[46] é uma das situações em que o segredo pode ser judicialmente vindicado e obtido.

A lei só pode restringir a publicidade dos atos processuais quando a defesa da intimidade ou o interesse social o exigirem (art. 5º, LX, CF). A regra geral, segundo estatui o Código de Processo Civil, é que os atos processuais são públicos, exceto os casos que correm em segredo de justiça (art. 189 do CPC/2015). Assim, tanto o processo judicial como o administrativo são públicos, possibilitando o acesso à informação, ressalvados os casos de segredo de justiça (art. 5º, LX, da CF, e art. 189 do CPC).

Se as decisões devem ser motivadas, para que o jurisdicionado tenha ciência das razões que levaram à sua conclusão, com mais razão ainda, os atos judiciais devem ser públicos, excetuando-se somente os casos expressos em lei (art. 11 do CPC)[47].

O CPC/2015 dispõe:

"Art. 189. Os atos processuais são públicos, todavia tramitam em segredo de justiça os processos:

I – em que o exija o interesse público ou social;

---

45 REsp 660.284/SP, rel. Min. Nancy Andrighi, 3ª T., j. 10-11-2005, *DJ* 19-12-2005. p. 400.

46 AgRg na MC 14.949/SP, rel. Min. Nancy Andrighi, 3ª T., j. 19-5-2009, *DJe* 18-6-2009.

47 THEODORO JÚNIOR, Humberto. *Curso de Direito Processual Civil* – Teoria geral do direito processual civil e processo de conhecimento. Rio de Janeiro: Forense, 2014, v. 1. p. 42.

II – que versem sobre casamento, separação de corpos, divórcio, separação, união estável, filiação, alimentos e guarda de crianças e adolescentes;

III – em que constem dados protegidos pelo direito constitucional à intimidade;

IV – que versem sobre arbitragem, inclusive sobre cumprimento de carta arbitral, desde que a confidencialidade estipulada na arbitragem seja comprovada perante o juízo."

O inciso I incluiu o termo "social", ampliando assim seu campo de abrangência.

O inciso II certamente inclui a "união estável" no rol de hipóteses de direito de família nos quais já era anteriormente previsto o segredo de justiça, quais sejam: casamento, separação de corpos, divórcio, separação, filiação, alimentos e guarda de crianças e adolescentes.

O inciso III é novidade e deriva do direito constitucional à intimidade.

Por fim, o inciso IV trata do segredo de justiça nas demandas que versem sobre arbitragem. Em que pese a confidencialidade ser a regra na arbitragem, esta não deriva da lei, mas sim do compromisso arbitral, da cláusula compromissória ou do regulamento de arbitragem da instituição escolhida, ou seja, de convenção entre particulares; uma vez comprovada a confidencialidade da arbitragem, deverá o magistrado atribuir segredo de justiça à demanda, sem discricionariedade para decidir em sentido contrário.

9. PRINCÍPIO DA LICITUDE DAS PROVAS

Esse princípio encontra consagração no art. 5º, LVI, da Constituição, que reza: "São inadmissíveis, no processo, as provas obtidas por meios ilícitos". Portanto, não tem valor probante a confissão obtida por meio de tortura. Também não tem valor probante a gravação de voz ou imagem obtida com desrespeito à lei. Significa tudo isso que não se busca a verdade a qualquer preço; que nem todo ilícito precisa ser necessariamente punido; que ao interesse do autor sobrepõe-se a defesa da integridade e privacidade da pessoa do réu.

CAPÍTULO **IV** – UMA VISÃO CRÍTICA DOS PRINCÍPIOS PROCESSUAIS

O princípio da licitude das provas conjuga-se com o da verdade formal. A verdade não é o fim do processo. É apenas meio. Não se busca a verdade por amor a ela, mas apenas para se poder afirmar se incidiu ou não incidiu norma jurídica. É preciso decidir, de preferência, em curto prazo. Por isso mesmo, não se busca a verdade absoluta ou material. Certo, a verdade é uma só e, portanto, não se pode opor uma verdade relativa ou formal a uma verdade absoluta ou material. Assim, quando se diz que o processo se contenta com a verdade formal, o que na realidade se afirma é que nele se procura a verdade, no entanto, sendo impossível, difícil ou inconveniente alcançá-la, contentamo-nos com uma aparência de verdade.

O processo não exige certeza. O juiz é obrigado a decidir, ainda que tenha dúvidas sobre a ocorrência ou não de determinada hipótese de incidência. O processo gera certeza, não porque nos convença de que ocorreu ou não ocorreu determinado fato, mas porque a sentença tem eficácia jurídica própria. Para decidir, busca-se a verdade, todavia, após a decisão, pouco importa que ela tenha ou não sido encontrada. O que importa é a decisão.

Pode mesmo ocorrer que o juiz seja obrigado a decidir contra a sua própria convicção. É que o seu julgamento não é livre, como o do historiador, mas julgamento segundo normas legais. Se a lei diz a certa prova determinado valor (prova legal), nada importa a convicção pessoal do juiz, visto que a ela se sobrepõe o comando do legislador.

Podem-se apontar as seguintes limitações à busca da verdade real, comuns aos processos penal e civil:

a) a decorrente da adoção do princípio da ação, pois "o sistema acusatório puro e o princípio da verdade real são manifestamente incompatíveis" e "o princípio da congruência da condenação com a acusação vincula o juiz, independentemente da verdade real dos acontecimentos"[48];

b) a decorrente da adoção do princípio do contraditório, pois somente são admissíveis as alegações e provas que hajam passado por seu crivo;

---

48 TOVO, Paulo Claudio. Limitações ao princípio da verdade real no processo penal pátrio. *Ajuris*, Porto Alegre, v. 19, p. 57-60, jul. 1980.

Teoria Geral do Processo

c) o acusado tem o direito de calar, e as partes, de modo geral, não são obrigadas a depor contra si próprias;

d) "são proibidas de depor as pessoas que, em razão de função, ministério, ofício ou profissão, devam guardar segredo, salvo se, desobrigadas pela parte interessada, quiserem dar o seu testemunho (CPP, art. 207); a testemunha não é obrigada a depor de fatos a cujo respeito, por estado ou profissão, deva guardar sigilo (CPC, art. 406[49]). O Código de Processo Civil estabelece mais (art. 406, I[50]), que a testemunha não é obrigada a depor de fatos que lhe acarretem grave dano, bem como ao seu cônjuge e aos seus parentes consanguíneos ou afins, em linha reta, ou na colateral em segundo grau"[51];

e) não se admitem em juízo as cartas particulares, interceptadas ou obtidas por meios criminosos, podendo, porém, exibi-las seu destinatário, mesmo sem o consentimento do consignatário (CPP, art. 233);

f) também não se admite a busca e apreensão de documentos em poder do advogado (CPP, art. 243, § 2º), resguardados que se acham pelo sigilo profissional.

No processo civil, há ainda outras limitações à busca da verdade real: em se tratando de direitos disponíveis, a confissão e o reconhecimento da procedência do pedido vinculam o juiz; a revelia do réu importa em confissão dos fatos alegados pelo autor; quando a lei exige, como da substância do ato, instrumento público, nenhuma outra prova pode suprir-lhe a falta; não se admite prova exclusivamente testemunhal para a prova de contratos de valor excedente a determinada quantia.

O art. 5º, XII, da Constituição estabelece a inviolabilidade do sigilo da correspondência e das comunicações telegráficas, de dados e das comunicações telefônicas, "salvo, no último caso, por ordem judicial, nas hipóteses e na forma que a lei estabelecer para fins de investigação criminal ou instrução processual penal". Faltando a lei com-

---

49 Nesse sentido, conferir o art. 448, II, do CPC/2015.

50 Nesse sentido, conferir o art. 448, I, do CPC/2015.

51 TOVO, Paulo Claudio. Limitações ao princípio da verdade real no processo penal pátrio. *Ajuris*, Porto Alegre, 19:57-60, jul. 1980.

plementar, havemos de entender que a autorização fica submetida à discrição do juiz.

O princípio da licitude das provas não é novo em nosso direito. Decorria, já, da legislação ordinária, como se pode ver nos arts. 233 do Código de Processo Penal ("as cartas particulares, interceptadas ou obtidas por meios criminosos, não serão admitidas em juízo") e 369 do CPC/2015 ("as partes têm o direito de empregar todos os meios legais, bem como os moralmente legítimos, ainda que não especificados neste Código, para provar a verdade dos fatos em que se funda o pedido ou a defesa e influir eficazmente na convicção do juiz").

Ele se justifica plenamente, no que importa em condenação da tortura. Também deve ser aceito, de um modo geral, como política tendente a desestimular outros atos ilícitos, de autoridades policiais e de particulares, na busca de provas processuais. Não pode, no entanto, deixar de sofrer o balanceamento de outros valores, porque não parece razoável obrigar-se o juiz a negar o que vê, e a sociedade a suportar como incerto e não provado o que se sabe certo e comprovado, quando há evidente desproporção entre a ilicitude da prova e a ilicitude do ato praticado pelo acusado.

Admite-se, em processo penal, prova obtida ilicitamente, em prol do réu.

A principal crítica que se pode fazer ao princípio é a de que importa em confusão de planos, porquanto, buscando reprimir conduta delituosa (juízo de valor), recusa uma verdade (juízo de realidade).

Como observa Perelman, há uma nítida diferença entre o discurso sobre o real e o discurso sobre valores. Com efeito, aquilo que se opõe ao verdadeiro não pode senão ser falso, e aquilo que é verdadeiro ou falso para alguns deve sê-lo para todos: não se pode escolher entre o verdadeiro e o falso. Mas aquilo que se opõe a um valor não deixa de ser um valor, mesmo que a importância que se lhe dê, a afeição que se lhe testemunhe não impeçam, eventualmente, de sacrificá-la para salvaguarda da primeira. Ninguém garante, aliás, que a hierarquia de valores de um seja reconhecida por outro. Mais ainda. Ninguém garante que a mesma pessoa, no curso de sua existência, permanecerá sempre ligada aos mesmos valores: o papel da educação, da formação espiritual, a possibilidade de uma conversão supõem que as atitudes, as tomadas de posição, as hierarquias de valores não sejam imutáveis[52].

Supera-se a crítica, com a observação de que o processo não visa à descoberta da verdade (juízo de realidade), mas a regular a conduta do juiz, das partes e de terceiros, em função de valores.

10. PRINCÍPIO DA PERSUASÃO RACIONAL

O art. 93, IX, da Constituição estabelece que todas as decisões dos órgãos do Poder Judiciário devem ser fundamentadas. Significa isso que o juiz deve não só decidir racionalmente, mas também tornar público o seu raciocínio, submetendo-se, assim, à crítica da comunidade.

Adota-se, pois, o sistema da persuasão racional, ficando afastados o sistema da livre convicção (ou da íntima convicção), bem como o das provas legais.

a) O sistema da íntima convicção impera, todavia, no Tribunal do Júri. Sigilosas as votações (Constituição, art. 5º, XXXVIII), não importa a razão ou pura emoção que hajam levado o jurado a optar pelo sim ou pelo não.

"No sistema da livre convicção, também chamado da 'íntima convicção', o juiz é soberanamente livre quanto à indagação da verdade e apreciação das provas. A verdade jurídica é a formada na consciência do juiz, que não é, para isso, vinculado a qualquer regra legal, quer no tocante à espécie de prova, quer no tocante à sua avaliação. A convicção decorre não das provas, ou melhor, não só das provas colhidas, mas também do conhecimento pessoal, das suas impressões pessoais, e à vista destas lhes é lícito repelir qualquer ou todas as demais provas. Além do que não está obrigado a dar os motivos em que funda a sua convicção, nem os que o levaram a condenar ou absolver."[53]

b) O sistema das provas legais exclui, no todo ou em parte, o raciocínio do juiz. Observa Chiovenda que o princípio de que a prova se destina

---

52 PERELMAN, Chaïm. *Logique juridique*. Nouvelle rhetorique. Paris: Dalloz, 1979. p. 109.

53 SANTOS, Moacyr Amaral. *Primeiras linhas de direito processual civil*. São Paulo: Saraiva, 1977, v. 2. p. 306.

CAPÍTULO IV – UMA VISÃO CRÍTICA DOS PRINCÍPIOS PROCESSUAIS

a formar o convencimento do juiz, que deve extrair a decisão da conscienciosa observação e valoração dos fatos, é essencialmente romano. Não se pode imaginar um contraste mais forte com a função do juiz romano do que a do juiz no processo germânico da Alta Idade Média. Em um processo que se decide com os "juízos de Deus", isto é, com experimentos em cujo resultado se vê a manifestação do juízo divino, a função do juiz consiste em estabelecer qual dos litigantes deve sujeitar-se à prova e com que meio: depois disso, o juiz se limita a assistir passivamente a prática probatória e a constatar mecanicamente seu resultado. Desapareceram lentamente os juízos de Deus, mas permaneceu o caráter formal das provas que eles substituíram. Formou-se, assim, o sistema da prova legal, isto é, um conjunto de regras preestabelecidas, segundo as quais se deviam valorar as diversas provas, em particular a testemunhal[54].

Em um sentido ligeiramente diverso, cabe falar, mesmo agora, em prova legal, em oposição à prova livre, tendo-se em mira as normas jurídicas que limitam o poder do juiz de formar livremente a sua convicção, como as que estabelecem presunções legais ou que exigem determinada forma para que repute existente ou provado o ato.

A sentença não constitui prova legal. É que ela não define os fatos, mas as relações jurídicas. A linha de separação entre a prova legal e a coisa julgada é a mesma que separa o juízo de fato do juízo de direito[55].

c) No sistema da persuasão racional, o juiz, em princípio, forma livremente o seu convencimento, devendo, contudo:

1) atender aos fatos e circunstâncias dos autos;

2) fundamentar o seu convencimento.

Visa-se, com essas limitações, afastar o puro subjetivismo, obtendo-se decisão o quanto possível independentemente da pessoa do julgador.

Apoiada em lição de Taruffo, Ada Pellegrini Grinover sustenta "que a garantia da motivação compreende, em síntese: 1 – O enunciado das

---

54 CHIOVENDA, Giuseppe. *La idea romana en el proceso civil moderno. Ensayos de derecho procesal civil.* Trad. Santiago Sentis Melendo. Buenos Aires: EJEA, 1949, v. 1. p. 359-361.

55 FUMO, Carlo. *Contributo alla teoria della prova legale.* Padova: CEDAM, 1940. p. 176 e 195.

Teoria Geral do Processo

escolhas do juiz com relação: a) à individuação das normas aplicáveis; b) às consequências jurídicas desta decorrentes. 2 – Os nexos de implicação e coerência entre os referidos enunciados".

Observando a realidade brasileira, assevera ser "muito tênue, na prática, o controle sobre o raciocínio do juiz, frequentemente mal explicitado, limitando-se aos casos em que cometa ele erros graves ou omita o exame de uma questão essencial".

E conclui:

"Muito embora a obrigatoriedade da motivação tenha sido elevada, no Brasil, no plano constitucional, na prática, é forçoso reconhecer não ser satisfatoriamente observada pelos juízes e tribunais, sobretudo mercê de uma explicitação insuficiente de seu raciocínio e de uma verdadeira escamoteação dos juízos de valor. Por sua vez, os tribunais superiores não se têm demonstrado ciosos de seu papel de controle do raciocínio judicial, limitando-se a anular as decisões em casos extremos.

Assim, ainda é tênue, na prática, o controle sobre o raciocínio judicial, restringindo-se às hipóteses em que o tribunal cometa erros graves ou omita o exame de ulna questão essencial. Não se pode certamente afirmar, na realidade brasileira, a observância do princípio segundo o qual a garantia da motivação compreende a verificação dos nexos de implicação e coerência entre os vários enunciados da sentença e a aferição do *iter* lógico-jurídico percorrido pelo Juiz"[56].

O art. 131 do CPC/1973 estabelecia: "O juiz apreciará *livremente* a prova, atendendo aos fatos e circunstâncias constantes dos autos, ainda que não alegados pelas partes; mas deverá indicar, na sentença, os motivos que lhe formaram o convencimento".

O Novo Código de Processo Civil omite o advérbio *livremente*, estabelecendo no art. 371: "O juiz apreciará a prova constante dos autos, independentemente do sujeito que a tiver promovido, e indicará na decisão as razões da formação de seu convencimento".

Visa-se, assim, excluir o subjetivismo nas decisões judiciais.

---

56 GRINOVER, Ada Pellegrini. O controle do raciocínio judicial pelos tribunais superiores brasileiros. *Ajuris*, Porto Alegre, v. 50, p. 5-20, nov. 1990.

CAPÍTULO IV – UMA VISÃO CRÍTICA DOS PRINCÍPIOS PROCESSUAIS

11. PRINCÍPIO DO DEVIDO PROCESSO LEGAL

O art. 5º, LIV, da Constituição estabelece: "Ninguém será privado da liberdade ou de seus bens sem o devido processo legal".

Esse princípio autoriza o Poder Judiciário a afastar, como inconstitucionais, leis processuais injustas.

Conforme Sálvio de Figueiredo Teixeira, o *due process of law* constitui a síntese de três princípios fundamentais, a saber, do juiz natural, do contraditório e do procedimento regular. Contempla este a observância das normas e da sistemática previamente estabelecida como garantia das partes no processo.

Conforme Carlos Roberto de Siqueira Castro, o princípio permite que o Judiciário negue aplicação a leis injustas, mesmo que de direito material. O "devido processo legal" opera em íntima associação com outros princípios supralegais, notadamente o da legalidade, o da igualdade e o da ampla defesa, e contém, ao lado de dimensão adjetiva, indicada por sua própria denominação, outra, mais importante, substantiva, que permite ao juiz, tomando por paradigma a denominada jurisprudência construtiva, entrar no mérito dos atos administrativos e mesmo legislativos, pondo em questão sua "razoabilidade"[57].

Em uma das primeiras aplicações do art. 5º, LIV, da Constituição de 1988, a 3ª Câmara Cível do Tribunal de Alçada do Rio Grande do Sul afirmou a inconstitucionalidade da execução extrajudicial prevista no Decreto-Lei n. 70, de 21 de novembro de 1966: "Dir-se-ia que o Decreto-Lei n. 70/66 não impede o acesso à Justiça, restando sempre ao prejudicado o ensejo de propor demanda onde se apreciem os aspectos materiais e formais da execução forçada extrajudicial, como, por sinal, o fez o proponente desta ação. No entanto, a possibilidade de posterior ingresso no Judiciário jamais pode justificar a permanência do que é inconstitucional, de qualquer forma, porquanto afronta outros regramentos constitucionais, como é o caso do princípio do devido processo legal, da igualdade perante a lei, da isonomia processual.

---

57 CASTRO, Carlos Roberto de Siqueira. *O devido processo legal e a razoabilidade das leis na nova Constituição do Brasil.* Rio de Janeiro: Forense, 1989.

TEORIA GERAL DO PROCESSO

Se antes havia acórdãos resolvendo pela constitucionalidade, é preciso considerar que não se encontravam, na anterior Carta Magna, normas como a do art. 5º, inciso LIV, da atual, impondo que 'ninguém será privado da liberdade ou de seus bens sem o devido processo legal'. 'Ora, difícil pretender que a execução forçada extrajudicial do Decreto-Lei n. 70/66 seja um processo legal, e, menos ainda, o devido processo legal'" (TARS, 3ª Câm. Civ., Ap. 189.040.983, rel. Sergio Gischkow Pereira, 25-10-1989).

Assim, portanto, deve-se observar o devido processo legal como o superprincípio do qual todos os demais descendem, pois não haverá processo, válido, que não respeite o devido processo legal como estrutura processual instrumental capaz de dar margem à solução do litígio.

Roberto Rosas assevera que a cláusula do devido processo legal – objeto de expressa proclamação pelo art. 5º, LIV, da Constituição – deve ser entendida não só sob o aspecto meramente formal, que impõe restrições de caráter ritual de atuação do Poder Público, mas, sobretudo, em sua dimensão material, que atua como decisivo obstáculo à edição de atos legislativos revestidos de conteúdo arbitrário ou irrazoável.

Raciocina-se, às vezes, como se toda a virtude estivesse no Judiciário. Todavia, o poder que se reconheça ao juiz, de negar aplicação à lei que considere desarrazoada, tanto pode servir para fazer justiça quanto para agravar as injustiças sociais. Observa, nesse sentido, François Rigaux:

"Um dos primeiros acórdãos que empregam o *Substantive Due Process* é *Lochner v. New York*. Pronunciado por uma fraca maioria (5 contra 4), ele declara incompatível com 'o direito de comprar ou de vender o trabalho' uma lei do Estado de Nova York que limita a sessenta horas semanais ou dez horas diárias a jornada de trabalho dos trabalhadores de panificação. Ao voto dissidente do juiz Harlan, ao qual se juntam os juízes White e Day, acrescenta-se um voto dissidente mais radical do juiz Holmes. O primeiro apoia-se na existência de legislações que limitam a jornada de trabalho em numerosos países da Europa, recorrendo ao direito comparado que, com exceção do direito inglês, é pouco usual na Corte Suprema dos Estados Unidos. O segundo coloca a questão nos termos da divisão dos poderes entre o legislador e o juiz: cabe ao primei-

CAPÍTULO IV – UMA VISÃO CRÍTICA DOS PRINCÍPIOS PROCESSUAIS

ro, não ao segundo, fazer a escolha de uma teoria econômica. E o juiz Holmes lembra a validade de leis que alguns juízes não teriam aprovado se fossem legisladores, como as *Sunday Laws*, mas que jamais foram objeto de censura constitucional. *Lochner* será ainda seguido por uma série de acórdãos da Corte Suprema que expressam uma política econômica ultraliberal até que ocorra uma verdadeira reviravolta da jurisprudência na época do *New Deal*"[58].

A atribuição, ao juiz, de poderes para rejeitar leis que entenda desarrazoadas, segue a tendência de se centralizar o Direito, não mais no Legislativo, mas no Judiciário.

Destaque-se que no processo individual tradicional o grande norte principiológico é traçado pelo princípio do devido processo legal[59], por ser a base para um processo organizado que busque, através de atos concatenados, a obtenção da solução da lide. Esse princípio é a base para a ocorrência de todos os demais princípios processuais, vindo do direito norte-americano, sendo todos os demais princípios no processo individual tradicional decorrência deste.

É cediço que no processo coletivo[60] também haverá a aplicabilidade, por natural, do princípio do devido processo legal, então conhecido como *devido processo legal coletivo*[61], por ser aplicado na via do processo coletivo[62], seguindo a mesma regra que resta postada no processo civil individual.

---

58 RIGAUX, François. *A lei dos juízes*. Trad. Edmir Missio. São Paulo: Martins Fontes, 2000. p. 265-266.

59 Sobre esse princípio NERY JÚNIOR, Nelson. *Princípios do processo civil na Constituição Federal*. 7. ed. rev. e atual. São Paulo: Revista dos Tribunais, 2002. p. 32. Também sobre o devido processo legal, vale consultar a bela obra de BUENO, Cassio Scarpinella. *Curso sistematizado de direito processual civil*: teoria geral do direito processual civil. São Paulo: Saraiva, 2007, v. 1. p. 104 e s.

60 Sobre os processos coletivos ambientais, vale conferir MORELLO, Augusto Mario et al. (Org.). *Acceso al derecho procesal civil*. Buenos Aires: Lajouane, 2007. p. 403 e s.

61 Sobre a construção desse princípio, observe-se DIDIER JR., Fredie; ZANETI JR., Hermes. *Curso de direito processual civil*: processo coletivo... cit., p. 112-113.

62 Nesse sentido, BERIZONCE, Roberto Omar. *El proceso civil en transformación*. La Plata: LEP, 2008. p. 445 e s.

Destarte, essa vocação coletiva do princípio do devido processo legal deve ser observada sob o aspecto de um devido processo social[63] que se preste a desburocratizar o processo que, via de regra, está mergulhado em um formalismo vicioso[64], que deve ser rechaçado desde logo para que o Judiciário possa buscar a efetividade, abandonando a velha sistemática estritamente dogmática[65]. Há necessidade, dessa forma, de pensar-se nesse princípio para que o processo coletivo também tenha a sua base forte e possamos compreender a base do sistema e dos princípios que circulam essa forma de processo, seja para os que compreendem como um novo ramo do direito processual ou ainda para aqueles que compreendem ser mais uma decorrência do processo civil[66].

12. PRINCÍPIO DA REPRESENTAÇÃO POR ADVOGADO

O art. 133 da Constituição estatui: "O advogado é indispensável à administração da justiça, sendo inviolável por seus atos e manifestações no exercício da profissão, nos limites da lei".

Segue-se daí que a jurisdição não pode ser exercida sem que as partes sejam representadas ou assistidas por advogado.

---

63 Vale observar que essa forma de compreensão é efetivada por Mauro Cappelletti.

64 OLIVEIRA, Carlos Alberto Alvaro. *Do formalismo no processo civil*. 2. ed. rev. e ampl. São Paulo: Saraiva, 2003. Crítica fortemente elaborada em relação ao formalismo vem de Schopenhauer referindo que deve haver desapego para com o formalismo por não nos apresentar grande vantagem, *vide*: SCHOPENHAUER, Arthur. *Como vencer um debate sem precisar ter razão*: em 38 estratagemas. Trad. Daniela Caldas e Olavo de Carvalho. Rio de Janeiro: Topbooks, 1997. p. 21.

65 Nesse sentido, conferir as ponderações de VENTURI, Elton. *Processo civil coletivo*. São Paulo: Malheiros, 2007. p. 151.

66 Nesse ponto, observar a posição de Ada Pellegrini Grinover que entende que estamos diante de um novo ramo da ciência processual, não sendo o Processo Coletivo uma decorrência do Processo Civil. Nesse sentido, conferir GRINOVER, Ada Pellegrini. *Direito processual coletivo e o anteprojeto de código de processos coletivos...* cit., p. 11. Nesse mesmo viés, também ALMEIDA, Gregório Assagra de. *Direito processual coletivo brasileiro*: um novo ramo do direito processual. São Paulo: Saraiva, 2003. A temática gera certa controvérsia, mas ainda será ponto de grande discussão que por hora nos cabe somente referir.

CAPÍTULO **IV** – UMA VISÃO CRÍTICA DOS PRINCÍPIOS PROCESSUAIS

Põe-se, então, o problema do pobre, ao que a Constituição responde com o art. 5º, LXXIV: "O Estado prestará assistência jurídica integral e gratuita aos que comprovarem insuficiência de recursos".

Para os pobres, advogados funcionários, remunerados pelos cofres públicos. É o que decorre da Constituição, art. 134, *caput*: "A Defensoria Pública é instituição permanente, essencial à função jurisdicional do Estado, incumbindo-lhe, como expressão e instrumento do regime democrático, fundamentalmente, a orientação jurídica, a promoção dos direitos humanos e a defesa, em todos os graus, judicial e extrajudicial, dos direitos individuais e coletivos, de forma integral e gratuita, aos necessitados, na forma do inciso LXXIV do art. 5º desta Constituição Federal".

Vedada a defesa privada, o acesso à justiça afirma-se como direito fundamental. Proibida a parte de, com suas próprias mãos, esmagar o ofensor, concede-se-lhe, em substituição, o direito de ação. Dá-se um novo passo quando se exige advogado, de certo modo, subtraindo-se à parte o próprio direito de ação, que não pode exercê-lo pessoalmente, mas apenas através de profissional habilitado.

Para que se possa dispensar o advogado, é necessário que o processo seja simples, mas não se pode ter simplicidade processual em uma sociedade complexa. É irreversível a substituição da bucólica vida do campo pela vida trepidante das cidades. Irreversível é a substituição do mago, feiticeiro ou curandeiro, com suas ervas, invoca as preces, pelo aparelho médico, com seus hospitais, corpos de cirurgiões, raios X e raios *laser*, antibióticos e exames laboratoriais.

A simplificação processual somente é possível com o sacrifício do sistema acusatório, ou seja, com a adoção do sistema inquisitório, em que não há autor, bastando que o interessado dê notícia do ilícito à autoridade judiciária, para que esta possa mover-se. A ação deixa de ser uma atividade para se transformar em um mero ato. A história, entretanto, tem mostrado que, por essa via, se defere aos juízes terrível arbítrio, em detrimento dos direitos individuais.

13. PRINCÍPIO DO CONTROLE HIERÁRQUICO

No sistema brasileiro, a regra é o exame da demanda do autor, por um juiz singular, com possível reexame de sua decisão, através de um recurso, por um órgão colegiado (tribunal) de 2º grau. O recurso apresenta-se, assim, como um desdobramento da ação, que se desenrola em duas fases: perante um juízo de 1º grau, em que predomina a atividade instrutória, e perante um de 2º grau, em que predomina a atividade decisória. De regra, a sentença, proferida por juiz de 1º grau, não é exequível na pendência do recurso, ou seja, enquanto não confirmada pelo órgão de 2º grau.

"Ao contrário do brasileiro, a evolução dos sistemas europeus modernos faz-se no sentido de dar maior valor aos julgamentos de primeira instância, procurando reduzir a importância relativa dos julgamentos dos tribunais superiores, em parte tendo-se em conta a cada vez mais crescente exigência de celeridade na prestação jurisdicional e em parte também por fidelidade ao princípio da oralidade, uma vez que o juízo recursal, feito pelos tribunais superiores, opera com base num processo rigorosamente escrito, sem o menor contato entre o julgador e as provas orais. A consequência desta tendência é a ampliação das hipóteses em que a lei admite a execução provisória da sentença; e a outorga ao magistrado de primeiro grau de poderes para conferir a própria sentença à 'cláusula de execução provisória', fora dos casos previstos em lei."[67]

A distinção entre ação e recurso tem caráter meramente formal: aquela implica a constituição de uma relação processual; este, a continuação de uma relação processual já existente.

"(...) o marco a todas as luzes mais adequado para separar os recursos (impugnação no mesmo processo) das ações impugnativas (originadoras de nova relação processual) há de ser o trânsito em julgado da sentença, momento da formação da coisa julgada formal e ao qual, em regra, corresponde a constituição da *res iudicata* em sentido material. (...) A ideia foi excelentemente exposta ao longo de fundamentada crítica à inclusão da revisão espanhola no elenco dos recursos, com este destaque: '*La interposición de un recurso impide precisamente la producción de la cosa juzgada, cuando, por el contrario, la revisión se da contra las sentencias*

---

67   SILVA, Ovídio A. Baptista da. *Curso de processo civil*. Porto Alegre: Sergio A. Fabris Editor, 1987. p. 359.

CAPÍTULO **IV** – U<small>MA</small> V<small>ISÃO</small> C<small>RÍTICA DOS</small> P<small>RINCÍPIOS</small> P<small>ROCESSUAIS</small>

firmes, esto es, aquellas que, al menos extremamente, han ganado la fuerza de cosa juzgada. (...) No se trata por lo tanto de una nueva fase del proceso, sino de la apertura de un nuevo proceso'.[68]

Segue-se daí a possibilidade de haver recurso para o próprio órgão que proferiu a decisão (recursos de retratação), como ocorre nas causas da alçada, em execução fiscal.

Há que se ver, no entanto, no segundo grau de jurisdição, uma atividade essencialmente diversa: uma atividade de controle hierárquico. Trata-se não mais de julgar a demanda, mas de submeter a julgamento a decisão ou sentença reexaminada. Deparamo-nos, então, com aquilo que poderíamos denominar "pedido de reexame superior", que compreende, por um lado, os recursos interpostos para uma jurisdição superior e, por outro, as denominadas "vias autônomas de impugnação", isto é, que não visam ao julgamento originário de uma demanda, mas à desconstituição total ou parcial de uma sentença.

"Partindo da premissa de que a tutela jurisdicional tem como um de seus pressupostos a falibilidade dos juízos humanos, a ciência tem procurado, há muito, mecanismos de correção de erros eventualmente cometidos pelo Judiciário, ensejando vias de impugnação das decisões judiciais.

Duas vias são postas à disposição dos interessados, a saber, os recursos e as chamadas vias autônomas de impugnação. Estas, em casos restritos, quando já ocorrida a coisa julgada. Aquelas, antes da *res iudicata*, seja para modificar a decisão proferida, seja para invalidá-la."[69]

O objeto do recurso (ou da ação autônoma de impugnação) não é idêntico ao da sentença.

A sentença tem por objeto a demanda do autor. O recurso visa imediatamente ao reexame da sentença e só mediatamente ao reexame do pedido do autor. O recurso é julgamento de julgamento. É, portanto, um metajulgamento, com objeto diverso do julgamento originário.

---

68   FABRICIO, Adroaldo Furtado. Réu revel não citado, "Querela nullitatis" e ação rescisória. *Ajuris*, Porto Alegre, v. 42, p. 7-32, mar. 1988.

69   TEIXEIRA, Sálvio de Figueiredo. O recurso especial e o Superior Tribunal de Justiça. *Ajuris*, Porto Alegre, v. 48, p. 5-19, mar. 1990.

Por isso, no julgamento do recurso, há questões novas, como as relativas à admissibilidade do recurso e a da validade/nulidade da sentença e, por outro lado, há questões que o juízo de 1º grau examinou e que o juízo de 2º grau não pode reexaminar, porquanto preclusas.

Quando, por ação ou recurso, pede-se o reexame de uma sentença, põem-se desde logo duas ordens de questões, inconfundíveis: a primeira, relativa à validade da sentença reexaminada; a segunda, relativa ao contrário da sentença em reexame. Tem-se, então, que a sentença reexaminada poderá ser inválida, embora haja bem apreciado os fatos da causa e, inversamente, poderá ser válida, todavia, injusta.

Quando o órgão recursal confirma sentença inválida, profere decisão válida, embora errada, por não declarar a nulidade da sentença reexaminada.

Nossa Constituição não consagra expressamente o princípio do duplo grau de jurisdição, mas seu art. 5º, LXIX, prevê a concessão de mandado de segurança para a proteção de direito líquido e certo, não amparado por *habeas corpus* ou *habeas data*, sempre que haja ato de autoridade, eivado de ilegalidade ou abuso de poder. Segue-se daí que, mesmo nas causas da alçada, as decisões de juiz de 1º grau podem ser cassadas pelo órgão de 2º grau de jurisdição, mediante mandado de segurança, na pendência da causa ou mediante ação rescisória, após o trânsito em julgado. Consagra-se, pois, o princípio do controle hierárquico.

O controle hierárquico exercido pelos tribunais de 2º grau sobre os de 1º é diverso do exercido pelos órgãos de cúpula (Supremo Tribunal Federal e Superior Tribunal de Justiça) sobre os tribunais inferiores, através, respectivamente, do recurso extraordinário e do recurso especial.

Os órgãos de 2º grau ou de 2ª instância reexaminam matéria de fato e de direito e atuam na defesa do direito subjetivo da parte. Já os denominados recursos extraordinários (aí incluído o especial) têm, como finalidade precípua, a defesa do direito federal e a unificação da jurisprudência. Porque não visam à defesa do direito subjetivo da parte, neles não se reexaminam questões de fato e, por idêntica razão, não representam uma 3ª instância.

"Os recursos (...) podem ser classificados em recursos comuns e recursos extraordinários. Sem maior análise doutrinária, poder-se-ia dizer

CAPÍTULO IV – UMA VISÃO CRÍTICA DOS PRINCÍPIOS PROCESSUAIS

que os recursos comuns respondem imediatamente ao interesse do litigante vencido. Já o recurso extraordinário (...) manifestado como recurso propriamente dito (portanto, no mesmo processo) e fundado imediatamente no interesse de ordem pública em ver prevalecer a autoridade e a exata aplicação da Constituição e da lei federal. O interesse privado do litigante vencido, então, funciona mais como um estímulo para a interposição de recurso extremo, cuja admissão, todavia, se liga à existência de uma questão federal.

Com a promulgação da vigente CF, o recurso extraordinário previsto no sistema constitucional anterior foi desdobrado em recurso extraordinário *stricto sensu* – recurso extraordinário e recurso especial."[70]

A existência de recurso é uma necessidade. Mais ainda: há necessidade de recurso para um órgão superior de jurisdição, não passando de um arremedo o que se interpreta para o próprio juiz da sentença, como ocorre nas causas da alçada.

14. PRINCÍPIO DA UNIVERSALIDADE DA JURISDIÇÃO

Busca-se ofertar a jurisdição ao maior número de pessoas[71], possibilitando a estas o acesso à justiça, que resta sendo um princípio conexo com os ora estudados.

Em verdade, a base desse princípio vem no sentido de alcançar a todos, aos quais haja possibilidade, o acesso ao Judiciário e a consequente jurisdição, possibilitando-se, assim, o natural crescimento do número de demandas e demandantes que possam atuar junto ao Judiciário[72] visando à solução dos litígios existentes.

---

70   CARNEIRO, Athos Gusmão. Anotações sobre o recurso especial. *Ajuris*, Porto Alegre, v. 48, p. 179-192, mar. 1994.

71   GRINOVER, Ada Pellegrini. *Direito processual coletivo e o anteprojeto de código de processos coletivos...* cit., p. 12.

72   Cabe referir que não se está a defender o acúmulo e crescimento de demandas, em um país extremamente litigante como o Brasil, mas a possibilitar a todos essa utilização do processo para que não fique o cidadão sem qualquer prestação da tutela jurisdicional quando houver, realisticamente, a violação ou ameaça de um direito.

Sabe-se que esse princípio tem alcance muito mais restrito no processo tradicionalmente individual, visto que a jurisdição[73] seria postada diante daquele sujeito que individualmente litiga e busca a proteção de seus direitos. Já no processo coletivo, a dimensão desse princípio ganha magnitude, pois oportuniza a grande massa de cidadãos, que antes não teriam sequer acesso ao Judiciário, submeter aos tribunais as suas antigas e novas demandas, obtendo desses uma resposta.

Com efeito, as portas são abertas para que todos os cidadãos possam ter acesso à justiça, e ao Poder Judiciário elitizado que não se colocava à disposição de todos os cidadãos, abrindo caminho para a ocorrência da universalidade da jurisdição[74].

15. PRINCÍPIO DA PARTICIPAÇÃO

Diga-se que o princípio da participação é um dos mais relevantes para a sistemática processual, já que é a forma processual pela qual se garante aos cidadãos a possibilidade e garantia de manifestação no processo, fazendo com que possa ser possível pensar em uma realização da democracia participativa[75] e não meramente representativa como sempre se pretendeu fazer. Em verdade, no processo tradicional, qual seja o processo individualista, a participação se dá através da garantia constitucional do contraditório, sendo essa uma forma de participação no processo, sendo assim também no processo coletivo, uma chamada participação no processo[76]. Efetivamente, a participação no processo individual é efetivada pelo próprio sujeito que pretenda o direito fazendo valer o seu direito ao contraditório, enquanto nas ações coletivas essa participação

---

[73] Sobre o que venha a ser jurisdição, interessante observar o processualista TESHEINER, José Maria Rosa. *Jurisdição voluntária*. Rio de Janeiro: Aide Ed., 1992. p. 11.

[74] GRINOVER, Ada Pellegrini. *Direito processual coletivo e o anteprojeto de código de processos coletivos...* cit., p. 12.

[75] RIBEIRO, Darci Guimarães. *Da tutela jurisdicional às formas de tutela*. Porto Alegre: Livraria do Advogado, 2010. p. 95 e s.

[76] GRINOVER, Ada Pellegrini. *Direito processual coletivo e o anteprojeto de código de processos coletivos...* cit., p. 12.

CAPÍTULO **IV** – UMA VISÃO CRÍTICA DOS PRINCÍPIOS PROCESSUAIS

será exercida pelos legitimados representando os sujeitos que pretendem seus direitos, sendo que esses "representantes adequados" exercerão o direito ao contraditório.

Com efeito, há, naturalmente, no processo coletivo uma participação maior pelo processo e menor, por consequência, no processo[77]. Esse princípio teve uma forte e importante função, qual seja a de possibilitar o acesso das massas à justiça, tudo isso ocorrendo através dos legitimados processuais para agir nas ações coletivas, sendo essa uma realidade extremamente democrática, ainda mais por seu viés participativo, onde as pessoas de toda e qualquer condição socioeconômica poderão buscar junto ao Judiciário seus direitos e com a certeza de que esses direitos sejam levados a sério[78].

Só alguns dos resultados positivos que forem alcançados, nas referidas ações, poderão ser extensíveis a vários cidadãos, tendo sido processualmente garantida a participação popular que poderá ocorrer, por vezes, através de audiências públicas que se prestam a discutir determinadas situações de grandiosa repercussão e complexidade[79].

Assim, dá-se a um Estado Democrático de Direito, como o Brasil, em tese, um "novo ar", pois se possibilita a superação da velha participação democrática que é conhecida através do direito de voto, passando a utilizar os mecanismos de uma democracia participativa, onde o cidadão poderá direta ou indiretamente, por seus representantes processuais legitimados, participar e fazer com que a democracia possa chegar perto de uma maior realidade, embora seja de conhecimento de todos que a implementação completa da democracia ainda não restou, até hoje, postada[80].

---

77 GRINOVER, Ada Pellegrini. *Direito processual coletivo e o anteprojeto de código de processos coletivos...* cit., p. 13.

78 DWORKIN, Ronald. *Levando os direitos a sério*. Trad. Nelson Boeira. São Paulo: Martins Fontes, 2002. p. 283 e s.

79 Pode ser tomada por base a discussão jurídica da possível ilegalidade do repasse do PIS e da COFINS que foram motivados pelo Ministério Público através de ações coletivas que, por fim, poderão beneficiar todos os cidadãos, caso seja reconhecida a irregularidade da cobrança.

80 ROUSSEAU, Jean-Jacques. *O contrato social*. Trad. Paulo Neves. Porto Alegre: L&PM, 2009. p. 80-81. Sobre o futuro da democracia, observar BOBBIO, Norberto. *El futuro de la democracia*. Trad. José F. Fernández Santillán. México: Fondo de Cultura Económica, 1999. p. 23 e s.

16. PRINCÍPIO DA COOPERAÇÃO

O princípio da cooperação ou da colaboração adveio do direito estrangeiro, mais precisamente da Alemanha[81], França e Portugal, orientando o magistrado a adotar uma postura de "agente-colaborador do processo, de participante ativo do contraditório e não mais a de um mero fiscal de regras"[82].

Essa postura diferenciada é esperada não somente de parte do magistrado, mas também das partes, as quais devem agir em consonância com os "princípios do devido processo legal, da boa-fé processual e do contraditório"[83].

Visa-se, em última análise, criar mecanismos processuais para que magistrado e partes cooperem mútua e harmonicamente[84], a fim de que o processo alcance um resultado rápido, eficaz e justo.

O princípio da cooperação é uma das inovações do CPC/2015 e encontra-se positivado em seu art. 6º, determinando que "todos os sujei-

---

81 Destacadamente, o processo cooperativo tem forte influência do direito processual civil alemão, que é disciplinado por duas leis de 1877, a Lei de Organização Judiciária (*Gerichtsverfassungsgesetz*) e o Código de Processo Civil (*Zivilprozessordnung – ZPO*), passando por diversas reformas, objetivando adequá-las ao melhor modelo que atendesse aos *interesses sociais*. CORRÊA, Fábio Peixinho Gomes. *Direito processual civil europeu contemporâneo*. In: TUCCI, José Rogério Cruz e (Coord.). São Paulo: Lex Editora S.A., 2010. p. 13. Ademais, sobre os deveres relativos ao processo cooperativo, a ZPO alemã impõe os deveres das partes e do juiz, para a conformação desse processo, de acordo com as disposições do § 139, alterado pela Lei de 27-7-2001. Sobre o tema, focado no dever de consulta inerente à garantia do contraditório, vale conferir KUGLER, Klaus F. *"Die Kooperationsmaxime." Richtermacht und Parteienherrschaft im Zivilprozess – der gemeinsame Weg zum richtigen Prozessergebnis*. Linz am Rhein, Deutschland: Johannees-Kepler-Universität Linz, 2002. p. 221-222.

82 DIDIER JR., Fredie. O princípio da cooperação: uma apresentação. *Revista de Processo*, São Paulo, v. 127, 2005. p. 76.

83 DIDIER JR., Fredie. Os três modelos de direito processual: inquisitivo, dispositivo e cooperativo. *Revista de Processo*. São Paulo, v. 198, 2011. p. 218.

84 Em relação ao Estado-juiz, vemos, de modo muito claro, a íntima ligação do princípio da cooperação como uma faceta – nada inovadora, a propósito – do dever contido no art. 14 do CPC/1973. Pensamos, ainda, que o espectro da cooperação seria também observável em relação aos juízes, devendo haver cooperação na própria magistratura. Os magistrados cooperam entre si, aliás, com o próprio sistema, por exemplo, quando há rendição à tese jurídica de um recurso repetitivo ao deixar as convicções pessoais.

CAPÍTULO **IV** – UMA VISÃO CRÍTICA DOS PRINCÍPIOS PROCESSUAIS

tos do processo devem cooperar entre si para que se obtenha, em tempo razoável, decisão de mérito justa e efetiva".

O princípio da cooperação é apresentado como um terceiro modelo de processo, somando-se aos modelos adversarial[85] (isonômico) e inquisitorial[86] (assimétrico). Enquanto no modelo adversarial o juiz é mero espectador do embate processual realizado pelas partes, no modelo inquisitorial o juiz conduz de fato a demanda, em conduta ativa e construtiva na formação do processo, até sua decisão final.

Nas palavras de Fredie Didier Júnior: "A concretização do princípio da cooperação e, no caso, também de uma concretização do princípio do contraditório, assegura aos litigantes o poder de influenciar na solução da controvérsia. Como se sabe, cabe ao magistrado a investigação oficial de algumas questões (como, por exemplo, os pressupostos processuais e as condições da ação, *ex vi* do § 3º do art. 267 do CPC), o respeito a este dever revela-se fundamental"[87].

Pela análise do art. 6º, é possível afirmar que ele visa implementar um modelo cooperativo no processo e fazer com que as partes auxiliem o magistrado na condução da demanda, o que certamente tornaria o trâmite do processo mais organizado, célere e não conturbado. Na prática, entretanto, não é possível afirmar que essa será a realidade.

Em verdade, não se questiona o fato de as partes terem que cooperar com o magistrado para otimizar a condução do processo e produção de provas, algo que, consequentemente, formará o convencimento motivado do juiz, que, em última análise, balizará os termos da sentença.

Assim, segundo o STJ, com base no CPC/1973, "fixado o prazo pelo juiz para entrega de laudo (art. 427, II, do CPC/73), e não o fazendo o assistente técnico, cumpria ao interessado diligenciar para que ele se desincumbisse do encargo para o qual fora intimado, na forma preconiza-

---

85 DIDIER JR., Fredie. Os três modelos de direito processual: inquisitivo, dispositivo e cooperativo. *Revista de Processo*, São Paulo, v. 198, 2011. p. 215.

86 DIDIER JR., Fredie. Os três modelos de direito processual: inquisitivo, dispositivo e cooperativo. *Revista de Processo*, São Paulo, v. 198, 2011. p. 219 e s.

87 DIDIER JR., Fredie. Os três modelos de direito processual: inquisitivo, dispositivo e cooperativo. *Revista de Processo*, São Paulo, v. 198, 2011. p. 223-224.

TEORIA GERAL DO PROCESSO

da no art. 433 da Lei Processual Civil. As partes, e, com elas, os seus procuradores e advogados, têm o dever de colaborar com o magistrado e seus auxiliares na realização do direito positivo, finalidade do processo, na apuração da verdade e no andamento regular dos feitos"[88].

Sempre se esperou que o juiz – por ser figura imparcial no processo – colaborasse com as partes e, quando provocado, esclarecesse os pontos que eventualmente sejam necessários para que as partes possam trazer aos autos as informações que influenciem no seu convencimento. Deve o magistrado, ainda, consultar as partes acerca dos pontos controvertidos e prevenir os demandantes sobre os defeitos existentes nas suas respectivas postulações, dando-lhes oportunidade para saná-los.

Em relação às partes, vemos que a cooperação é predicado incompatível com a "lide". Mas a cooperação é, de certa forma, também princípio ligado ao próprio contraditório, pois propiciar a ciência para ofertar a reação é, de certo modo, uma das várias facetas da cooperação entre juiz e partes.

Destarte, em que pese a nobreza desse princípio, fato é que, conforme suprapontuado, as premissas sobre as quais ele se funda sempre foram esperadas, mesmo que não efetivamente implementadas. O que gera preocupação é a possibilidade de esse princípio ser aplicável somente no campo teórico, ficando à margem da prática forense.

Nesse sentido, a ideia de que as partes devem cooperar entre si no curso da demanda para, em última análise, auxiliar o magistrado a obter a decisão mais acertada, parece contraditória, se considerarmos que elas – enquanto partes – estão em juízo exatamente pelo fato de não terem obtido coesão em suas tratativas antes do ajuizamento da ação. A lide ultrapassa o campo processual e está afeta, antes disso, ao campo do direito material e dos interesses contrapostos.

Nos termos do dispositivo segundo o qual todos os sujeitos do processo devem cooperar entre si, não conseguimos nos convencer – em especial se considerarmos a realidade cultural brasileira – de que autor e réu possam colaborar recíproca e verdadeiramente, um com o outro,

---

[88] REsp 4.835/SP, rel. Min. Waldemar Zveiter, 3ª T., j. 27-11-1990, *DJ* 17-12-1990. p. 15.374.

CAPÍTULO IV – UMA VISÃO CRÍTICA DOS PRINCÍPIOS PROCESSUAIS

visto que seus objetivos são amplamente contraditórios em relação ao objeto sob litígio.

Realmente, somente o tempo e a vivência do CPC/2015 poderão nos mostrar qual será o sentido desse princípio[89] em nosso sistema, mas, ao que nos parece, a cooperação[90], como princípio traduzido em mecanismo positivo, dificilmente poderá ser tratada como um dever entre partes demandantes, por estarem, autor e réu, buscando interesses antagônicos.

17. PRINCÍPIO DA MOTIVAÇÃO

Trata-se de princípio[91] de matriz constitucional, segundo o qual "todos os julgamentos dos órgãos do Poder Judiciário serão públicos, e fundamentadas todas as decisões, sob pena de nulidade" (inc. IX, art. 93, da Constituição Federal). O dever de motivação estende-se às decisões administrativas (art. 93, X, Constituição Federal, e art. 2º da Lei n. 9.784/1999).

Ademais, "a doutrina clássica tende a depositar na fundamentação dois objetivos básicos: a) um obstáculo a arbitrariedades; e b) a possibilidade de o sucumbente saber de forma exata como recorrer da decisão (...). Na realidade, os dois objetivos da obrigatoriedade da fundamentação são relacionados entre si. Se dar publicidade aos porquês de uma decisão é uma forma de impedir que se decida arbitrariamente, o controle dessa possível arbitrariedade é feito justamente através de recursos a órgãos de instâncias superiores. O caráter de garantia fundamental da motivação dá-se porque é útil à parte que intenta impugnar a sentença, porque o conhecimento dos motivos da decisão facilita a individualiza-

---

89 Não se pode, ademais, confundir o dever de cooperação com urbanidade, respeito, decoro entre os advogados e as partes, pois são estruturas diferentes.

90 Sobre a colaboração, confira-se MITIDIERO, Daniel. *Colaboração no processo civil*: pressupostos sociais, lógicos e éticos. São Paulo: Revista dos Tribunais, 2009. p. 63 e s.

91 Sobre o tema da fundamentação, relevante conferir TARUFFO Michele. *La motivazione della sentenza civile*. Padova: CEDAM, 1975. Especialmente sobre a relação entre o *"diritto di difesa"* e a *"motivazione della sentenza"*, p. 401-405.

TEORIA GERAL DO PROCESSO

ção dos erros cometidos pelo juiz ou de qualquer modo os aspectos criticáveis da decisão mesma"[92].

A obediência à devida fundamentação das decisões é matéria de ordem pública, razão por que pode ser conhecida a qualquer tempo e grau de jurisdição. Nesse sentido, não é lógico nem aceitável a ideia de o cidadão ter seu patrimônio invadido pelo Estado-juiz se aquele não tiver, ao menos, ciência dos motivos que balizaram a decisão desfavorável para, em última análise, poder impugná-la e exercer o direito ao contraditório.

A garantia de motivação das decisões judiciais tem a finalidade de assegurar uma justificação política para as decisões proferidas. Isso faz com que a decisão fundamentada possa ser submetida a determinada espécie de controle, seja o conhecido controle advindo das partes, seja da sociedade ou até do próprio Poder Judiciário. Se a decisão não for fundamentada, por certo que o controle restará prejudicado, pois a raiz da decisão será desconhecida e, nessa hipótese, a impugnação não versará sobre o mérito da decisão em si, mas sim sobre o fato de a decisão não ter sido fundamentada[93].

A decisão mal fundamentada equipara-se à não fundamentada, sendo ambas maculadas com a mesma nulidade prevista no texto constitucional. Não é difícil concluir o motivo, pois tanto a decisão não fundamentada quanto a mal fundamentada impossibilitam o exercício do contraditório pela parte lesada e o controle dos atos do magistrado e, por terem a mesma consequência, deverão ter o mesmo efeito[94].

Sobre essa questão, Eduardo Arruda Alvim assevera que "fundamentar significa dar as razões de fato e de direito que levaram à tomada da decisão. A fundamentação deve ser *substancial*, e não meramente *formal*"[95].

---

92 SCHMITZ, Leonard Ziesemer. *Fundamentação das decisões judiciais*: a crise na construção de respostas no processo civil. São Paulo: Revista dos Tribunais, 2015. p. 210-211.

93 BUENO, Cassio Scarpinella. *Curso sistematizado de direito processual civil*: teoria geral do direito processual civil. 8. ed. São Paulo: Saraiva, 2014, v. 1. p. 162.

94 CÂMARA, Alexandre Freitas. *Lições de direito processual civil*. 25. ed. São Paulo: Atlas, 2014, v. 1. p. 66.

95 ALVIM, Eduardo Arruda. *Direito processual civil*. 5. ed. rev., atual. e ampl. São Paulo: Revista dos Tribunais, 2013. p. 153.

Nesse contexto é que o art. 11 do CPC/2015 estipula que todas as decisões dos órgãos do Poder Judiciário deverão ser fundamentadas, sob pena de nulidade.

Assim, imprescindível à decisão judicial a fundamentação, ou seja, a exposição dos motivos que levaram o julgador a tomar aquela decisão que atingirá as partes envolvidas no litígio, servindo-se, realmente, como uma explicação jurídica para a posição adotada, dando ao insatisfeito a oportunidade de, querendo e cabendo, interpor o respectivo recurso para ver-se novamente analisar, agora pelo Tribunal, a decisão anteriormente proferida pelo julgador originário.

Destacadamente, atento à importância da fundamentação das decisões, o legislador inseriu, no § 1º do art. 489 do CPC/2015, verdadeiro rol de elementos que, se presentes, tornarão a decisão judicial não fundamentada.

Dessa forma, segundo estabelece o § 1º do art. 489 do CPC/2015, "não se considera fundamentada qualquer decisão judicial, seja ela interlocutória, sentença ou acórdão, que: I – se limitar à indicação, à reprodução ou à paráfrase de ato normativo, sem explicar sua relação com a causa ou a questão decidida; II – empregar conceitos jurídicos indeterminados, sem explicar o motivo concreto de sua incidência no caso; III – invocar motivos que se prestariam a justificar qualquer outra decisão; IV – não enfrentar todos os argumentos deduzidos no processo capazes de, em tese, infirmar a conclusão adotada pelo julgador; V – se limitar a invocar precedente ou enunciado de súmula, sem identificar seus fundamentos determinantes nem demonstrar que o caso sob julgamento se ajusta àqueles fundamentos; VI – deixar de seguir enunciado de súmula, jurisprudência ou precedente invocado pela parte, sem demonstrar a existência de distinção no caso em julgamento ou a superação do entendimento".

Em relação ao inciso I, parece-nos que, se a parte tem o ônus de expor as razões de fato e de direito em sua fundamentação, não existe justificativa para eximir-se o magistrado do dever processual que lhe é normativamente determinado. Destarte, por certo que a decisão se limita a reproduzir ou, ainda que seja, parafrasear dispositivo, sem fazer a subsunção entre o fato e a norma, não pode ser considerada fundamentada nem se presta para resolver a lide.

Frise-se que a norma é abstrata, e o caso *sub iudice* é concreto. A menção de dispositivo normativo na decisão é o começo, a introdução, que espera o jurisdicionado, para ter em vista que o magistrado está decidindo de acordo com o princípio da legalidade, mas, de maneira alguma, pode ser tida como o fim em si mesmo.

O inciso II deve ser encarado de forma idêntica ao precedente, pois, ao utilizar conceitos jurídicos vagos como princípios, brocardos ou "máximas" do direito, o julgador deve adentrar no fato e informar às partes a correlação entre ambos.

O inciso III parece discutível, pois, se a demanda for repetitiva, estando a petição inicial sempre constituída sobre os mesmos fundamentos de fato e de direito, *mutatis mutandis*, não nos parece razoável exigir do magistrado uma decisão customizada para cada demanda, sob pena de tal procedimento violar os princípios da celeridade, da economia processual e da segurança jurídica.

Com efeito, a violação aos princípios da celeridade e da economia processual é de fácil visualização, pois se obrigarmos o magistrado a elaborar uma decisão para cada caso, desconsiderando a existência de demandas idênticas – nas quais o patrono só muda o nome do postulante, nada mais –, estaremos onerando o Judiciário com um trabalho que o patrono dos demandantes não teve, o que não parece razoável.

Ademais, a segurança jurídica restará afetada se tivermos por base que em casos análogos o mesmo magistrado terá que proferir enésimas decisões, somente no intuito de não ter sua decisão rotulada como "não fundamentada".

A redação do inciso IV parece infeliz ao acrescentar a condição "em tese". Essa expressão – parece-nos – carrega uma carga de subjetivismo tão acentuada que será capaz de, na prática, tornar-se sem efeito. Ainda assim, a intenção do legislador é louvável, pois não são raras as hipóteses nas quais a parte suscita fundamento que entende essencial para seu êxito na demanda, mas, ao final, o julgador ignora a questão e decide sem nem ao menos mencionar a existência do fundamento.

CAPÍTULO **IV** – Uma Visão Crítica dos Princípios Processuais

O inciso V está na mesma linha dos incs. I e II, desta vez no tocante a precedente judicial utilizado para fundamentar a decisão. Não pode uma decisão se lastrear em outro julgado se este não guardar similitude fática e jurídica suficiente para tanto, e, mesmo que a similitude exista, é dever do magistrado demonstrar a existência, e não cabe ao jurisdicionado exercer profundo processo interpretativo para concatenar o seu caso concreto com o da decisão paradigma.

O inciso VI vem na mesma linha do inciso anterior, mas trata de situação diametralmente oposta. Nesse caso, o jurisdicionado foi quem suscitou a existência de entendimento judicial para embasar seu fundamento e respectivo direito, sendo que o magistrado, por outro lado, não analisou a questão em sua decisão.

Como observado, a fundamentação é dever daquele que, na condição de julgador, decide o litígio, e sua ausência é elemento gerador de nulidade constitucionalmente prevista. É de destacar, por fim, que o legislador deu especial atenção ao tema, arrolando as hipóteses em que a falta de fundamentação gera a nulidade da decisão.

▶ **APROFUNDANDO**

Destaque do capítulo
Acesse também pelo *link*: https://somos.in/TGP0608

Precedente relevante
Acesse também pelo *link*: https://somos.in/TGP0607

CAPÍTULO V

Jurisdição

1. O CONCEITO DE JURISDIÇÃO

Tem-se procurado definir a atividade jurisdicional contrapondo-a, de um lado, à atividade legislativa do Poder Legislativo e, de outro, à atividade administrativa, própria do Poder Executivo. Nessa linha de pensamento, todo ato estatal de exercício de poder classificar-se-á como legislativo, administrativo ou jurisdicional. Não há quarta espécie.

Várias têm sido as tentativas de conceituar a jurisdição. Nenhuma é imune à crítica:

a) caracterizada a jurisdição como atividade de aplicação de sanções, ficam fora as sentenças declaratórias;

b) dito que importa em atividade de julgamento, sobra a execução;

c) apontada a coisa julgada como nota diferenciadora, restam excluídas a execução e a tutela provisória;

d) exigida a presença de um juiz, órgão do Estado, fica sem explicação o juízo arbitral (Observe-se, entretanto, que não tem sentido incluir-se o juízo arbitral, atividade privada, em uma divisão das funções do Estado);

e) exigindo-se que o juiz seja órgão do Poder Judiciário, desconsidera-se o processo de *impeachment*;

f) ao afirmar-se que o juiz regula relação entre o autor e o réu, ignora-se a substituição processual, em que não há coincidência entre as partes em sentido material e as partes em sentido formal;

g) ao se exigir um autor, deixa-se de lado o processo inquisitório;

h) a característica de uma lide falta ou pode faltar nas ações constitutivas necessárias;

i) a caracterização do juiz como terceiro imparcial tem seu ponto fraco no processo penal, especialmente quando o único ofendido é o Estado, de que ele é órgão;

j) a assertiva de que o juiz aplica lei anterior tropeça na jurisdição de equidade e em todos os casos em que o juiz supre lacuna da lei;

k) a jurisdição como norma concreta cai em virtude da competência normativa da Justiça do Trabalho e da ação direta de declaração de inconstitucionalidade;

l) a jurisdição sofre da ultrapassagem de seus limites em face do ativismo judicial, com finalidade de realizar, implementar e instituir políticas públicas omissas pelo Poder Executivo e Legislativo;

m) por fim, a jurisdição, como monopólio estatal, cai em face da arbitragem, mecanismo de jurisdição exercida por privados.

Não se dê importância demasiada à imperfeição de qualquer conceito de jurisdição. A busca obsessiva da "essência" da jurisdição vincula-se ao conceptualismo que, no campo do direito, conduz a indesejável distanciamento da realidade.

Na verdade, o conceito de jurisdição varia, conforme se queira ou não incluir a atividade judicial executiva e a tutela provisória; conforme se pretenda ou não abranger, além da jurisdição civil, a penal; conforme se queira ou não abarcar a jurisdição voluntária; conforme se intente ou não incluir a competência normativa dos tribunais, assim como outros tantos critérios, como as imbricações que envolvem a arbitragem e o ativismo judicial.

A seguir, as principais ideias com que os juristas têm procurado caracterizar a jurisdição, a saber: a de substituição, a de coisa julgada, a de lide e a de imparcialidade.

CAPÍTULO V – JURISDIÇÃO

2. A JURISDIÇÃO COMO ATIVIDADE DE SUBSTITUIÇÃO

Jurisdição, disse Chiovenda, é a "função do Estado que tem por escopo a atuação da vontade concreta da lei por meio da substituição, pela atividade de órgãos públicos, da atividade de particulares ou de outros órgãos públicos, já no afirmar a existência da vontade da lei, já no torná--la, praticamente, efetiva.

a) Na cognição, a jurisdição consiste na substituição de forma definitiva e obrigatória da atividade intelectiva do juiz à atividade intelectiva, não só das partes, mas de todos os cidadãos, no afirmar existente ou não existente uma vontade concreta da lei concernente às partes.

b) E quanto à atuação definitiva da vontade verificada, se se trata de uma vontade só exequível pelos órgãos públicos, tal execução em si não é jurisdição; assim, não é jurisdição a execução da sentença penal. Quando, porém, se trata de uma vontade de lei exequível pela parte em causa, a jurisdição consiste na substituição, pela atividade material dos órgãos do Estado, da atividade devida, seja que a atividade pública tenha por fim constranger o obrigado a agir, seja que vise ao resultado da atividade. Em qualquer caso, portanto, é uma atividade pública exercida em lugar de outrem (não, entendamos, em representativo de outros).

Não existe jurisdição somente quando, no curso da execução, surgem contestações que precisam ser resolvidas (seja sobre a existência da ação executória, ou sobre certas medidas executórias); antes, importa em jurisdição a própria aplicação das medidas executórias, porque se coordena com a atuação da lei. (...) Na doutrina italiana (...) dominava a opinião de que a execução constituía mero exercício de atividade administrativa, e de que a jurisdição se adscrevia à cognição e se exauria com a sentença. Suposto o conceito, então corrente, de escopo processual (definição de controvérsia), isso era compreensível. Mas plausível não era a tentativa de justificar semelhante conceito com a ideia romana do *jus dicere* ligada ao especial ordenamento judiciário dos romanos. No direito comum foi que se desenvolveu o princípio *jurisdictio in sola notione consistit*, acolhido, depois, pela doutrina italiana e francesa. Ora, não devemos contrapor império e jurisdição como qualitativamente diversos: a jurisdição não é, ao contrário, mais que um complexo de atos de

137

império reagrupados por determinado escopo que o caracteriza, e emanados em virtude dos correspondentes poderes postos a serviço desse escopo e da função jurisdicional"[1].

Crítica. Ao caracterizar-se a jurisdição como atividade de substituição, é preciso que se aponte, com clareza, quem é o substituído. Dizer que o juiz substitui "todos os cidadãos" não tem sentido ou tem apenas o de indicar que ele executou atividade estatal. No processo de conhecimento, não se pode dizer que o juiz substitui o autor, máxime quando profere sentença de improcedência; nem se pode dizer que substitui o réu, máxime quando profere sentença de procedência; se afirmamos que substitui quem tem *ratio*, fica por explicar por que não bastou a anterior afirmação de seu direito feita pelo vencedor. O que se pode dizer é que a sentença substitui o acordo das partes: acordo que não houve ou que o Estado declara juridicamente irrelevante (sentença constitutiva necessária; sentença penal). Dizer-se, todavia, que a sentença substitui o acordo das partes apenas significa que a jurisdição é um sucedâneo da defesa privada.

Deveras, a jurisdição é atividade primária do Estado, especialmente em matéria penal. Por isso, a ideia chiovendiana de caracterizar a jurisdição como atividade substituta somente é admissível como afirmação de que ela importa em heterorregulação. O Estado, na execução, interpõe-se entre as partes e substitui o credor (não o devedor; como afirmou Chiovenda) no exercício de seu poder sobre a parte adversa. Por essa via, a ideia de substituição acaba por confluir com a de imparcialidade, como nota característica da jurisdição.

3. A COISA JULGADA COMO CARACTERÍSTICA DA JURISDIÇÃO

Em sentido restrito, circunscrito ao étimo do termo, jurisdição é julgamento, atividade declarativa de produção de certeza jurídica.

---

1 CHIOVENDA, Giuseppe. *Instituições de direito processual civil*. 2. ed. São Paulo: Saraiva, 1965, v. 2. p. 4-11.

138

CAPÍTULO **V** – JURISDIÇÃO

Assim, segundo Calamandrei, dois são os caracteres essenciais da jurisdição: 1º) é uma atividade de substituição; 2º) é uma atividade declarativa[2]. Da primeira característica apontada se falou no item anterior. Quanto à segunda, nada há que objetar se nos limitamos ao núcleo da jurisdição, mas é inaceitável a assertiva da natureza dúplice das sentenças constitutivas, em que haveria jurisdição no declarar e administração na criação, modificação ou extinção da relação jurídica. Apontar o meio da jurisdição não importa em reduzi-la ao meio.

Seguindo, de certo modo, nas pegadas de Calamandrei, que já apontava a coisa julgada como "pedra de toque" da atividade jurisdicional, Allorio deu um passo a mais ao caracterizar como jurisdicional apenas a sentença que produza certeza jurídica.

Seu ponto de partida é uma lição de Kelsen, no sentido de que as funções do Estado não se distinguem por seus fins (o juízo quanto à finalidade é sociológico), mas apenas pelas formas e consequentes efeitos. O direito é ciência dos efeitos jurídicos e não haveria interesse em estudar a função jurisdicional como atividade distinta se não fossem diversos os seus efeitos. Ora, a sentença produz um efeito jurídico que lhe é peculiar e que não se encontra em qualquer outro ato: é o efeito declarativo, a coisa julgada material. Se é verdade que esta não ocorre nos atos administrativos, inclusive nos de "jurisdição" voluntária, e se é verdade que ela se faz presente na jurisdição propriamente dita, por que não apontar tal circunstância como característica e elemento diferenciador? Entre a jurisdição voluntária e a contenciosa não há diferença de substância, mas apenas de forma, o que explica a fungibilidade de determinadas matérias, enquadradas pelo direito positivo ora em uma, ora em outra categoria. A sentença constitutiva proferida em sede contenciosa produz coisa julgada material. É, portanto, incondicionalmente jurisdicional, sendo correto afirmar-se que a mudança jurídica decorrente dela devia produzir-se porque presentes os pressupostos legais. Quanto aos atos de instrução, é evidente que são atos processuais, mas não jurisdicionais. Quanto às tutelas provisórias, é certo que não produzem coisa julgada material. Portanto, não são jurisdicionais, o que não significa

---

2   CALAMANDREI, Piero. *Estudios...* cit.

TEORIA GERAL DO PROCESSO

que entrem no âmbito da jurisdição voluntária. A coisa julgada é que diferencia a jurisdição em sentido próprio, mas isso não significa que a falta de coisa julgada seja um fenômeno exclusivo da "jurisdição" voluntária, pois é óbvio que não produzem tal efeito os atos legislativos e os administrativos; nem por isso a legislação e a administração entram na "jurisdição" voluntária. Em suma, poder-se-ia dizer que jurisdicional é todo ato e só o ato que produza coisa julgada material, entendida esta nos termos do art. 2.909 do Código Civil italiano ("A declaração de certeza contida na sentença passada em julgado forma estado para todo efeito entre as partes, seus herdeiros e sucessores").

Crítica. Não há dúvida de que se pode isolar a categoria dos atos produtores de coisa julgada material e atribuir-lhes, com exclusividade, a denominação de jurisdicionais. Contudo uma teoria processual nada ganha com essa redução conceitual, que exclui de seu âmbito não apenas os atos judiciais executivos e das tutelas provisórias, mas, dentro mesmo do processo de conhecimento, os atos de instrução e as sentenças meramente processuais, assim como as decisões do controle de constitucionalidade abstrato que não formam coisa julgada[3].

Vincula-se, por outro lado, o conceito de jurisdição a um efeito que não é necessário, mas contingente, que pode existir em um sistema processual e em outro não. Entre nós, por exemplo, a sentença penal condenatória não produz coisa julgada material, embora dela possa decorrer, mesmo quando nula, a fixação do máximo da pena imponível. A ação de revisão cabe sempre. Um *habeas corpus* pode, a qualquer tempo, decretar a nulidade do processo e da sentença. Os efeitos desta podem ser apagados por ato do Legislativo (anistia) ou do Executivo (graça, indulto).

A coisa julgada pode, sim, funcionar como indicativo da natureza jurisdicional de um ato. Observe-se: o ato administrativo não produz coisa julgada (material); o ato jurisdicional pode produzi-la. Por isso,

---

3   Sobre a inexistência de coisa julgada no controle abstrato de constitucionalidade, confira-se THAMAY, Rennan Faria Kruger. *A inexistência de coisa julgada, nos moldes clássicos, no controle de constitucionalidade abstrato*. Tese (Doutorado) – Faculdade de Direito, PUC-RS, Porto Alegre, 2014. p. 178 e s.

CAPÍTULO **V** – JURISDIÇÃO

presente o efeito de coisa julgada, pode-se afirmar que o ato é jurisdicional, sem que, de sua ausência, se possa concluir que o ato seja administrativo ou legislativo.

De outro lado, em um sistema em que se entrega ao Poder Judiciário a função de produzir a certeza jurídica, a possibilidade de ser um ato revisto pelo Poder Judiciário exclui a hipótese de que tenha natureza jurisdicional. É o que ocorre com a demissão de funcionário público, embora em decorrência de processo (administrativo) de apuração de falta grave. Pelo contrário, há de se ter como jurisdicional o julgamento, por órgão da administração ou do Poder Legislativo, que produza coisa julgada material, não podendo, pois, ser revisto pelo Judiciário.

4. JURISDIÇÃO E LIDE

O conceito de lide, tal como construído por Carnelutti, tem fundamental importância para aqueles tantos que veem na lide o objeto do processo, definindo a jurisdição como atividade voltada à sua composição.

Ao conceito de lide chega-se passo a passo a partir da ideia de "interesse".

Interesse é a relação entre o homem e os bens. Sujeito do interesse é o homem; o bem, o seu objeto. O trágico está em que os interesses humanos são ilimitados, mas limitados os bens (Interesse, *"situazione favorevole al soddisfacimento di un bisogno"*)[4].

Lide: Conflito de interesses. Se duas ou mais pessoas têm interesse pelo mesmo bem, que a uma só possa satisfazer, tem-se um conflito intersubjetivo de interesses ou, simplesmente, um conflito de interesses.

Pretensão: É o ato de se exigir a subordinação do interesse de outrem ao próprio. *"Il concetto di pretesa, assai variamente inteso, era stato da me definito, dopo alcune incertezze, quale esigenza della soddisfazione di un proprio interesse in confronto con un interesse altrui"*[5].

---

4   CARNELUTTI, Francesco. *Lezione di diritto processuale civile.* Padova: CEDAM, 1931, v. 1. p. 5 – *"o meglio, possibilità del soddisfacimento di un bisogno mediante un bene"*; CARNELUTTI, Francesco. *Principio del processo penale.* Napoli: Morano, 1960. p. 44.

5   CARNELUTTI, Francesco. *Sistema...* cit., p. 40; *Istituzioni...* cit., p. 78; *Theoria...* cit., p. 20; *Diritto e processo...* cit., p. 53; e *Principi...* cit., p. 93.

TEORIA GERAL DO PROCESSO

Lide: Conflito de interesses, qualificado por uma pretensão resistida. *"La lite è il conflitto di interessi tra due persone qualificato dalla pretesa dell'una e dalla resistenza dell'altra"*[6].

Crítica. A ideia de lide não explica a jurisdição, como demonstrou Calamandrei, argumentando com as sentenças constitutivas necessárias[7].

Efetivamente, tome-se o exemplo da ação anulatória de casamento. A anulação, requerida por um dos cônjuges, somente pode ser decretada por sentença judicial, nada importando que o outro concorde (submissão à pretensão) ou não (resistência à pretensão).

De igual forma, é irrelevante, no processo penal, a submissão do réu. Ainda que ele concorde com a pena pretendida pelo Ministério Público, é necessária a sentença, para que ela possa efetivamente ser aplicada.

Por outro lado, o desaparecimento da pretensão acarreta o da lide e deveria, por consequência lógica, determinar a extinção do processo. Contudo, e isso pode ocorrer em processo penal, pode o Ministério Público pedir a absolvição do réu (resistência à pretensão) e condená-lo o juiz.

E não parece razoável afirmar-se que a atividade do juiz é administrativa ou jurisdicional, conforme o réu concorde ou não com a pretensão do autor, quando juridicamente irrelevante ao caso do demandado.

Embora José Frederico Marques veja uma lide, no processo penal, mesmo quando o Ministério Público pede a absolvição, caso em que permanece latente[8], o próprio Carnelutti vem afirmar que nele não há lide, o que o levou a enquadrar o processo penal na categoria da jurisdição voluntária[9].

Insistindo em ver na lide o objeto do processo, escreve Ada Pellegrini Grinover: "É certo que Calamandrei criticou o conceito de lide de Carnelutti, afirmando ter ele sentido sociológico e não jurídico;

---

6   CARNELUTTI, Francesco. *Sistema...* cit., p. 40; *Istituzioni...* cit., p. 78; *Theoria...* cit., p. 20; *Diritto e processo...* cit., p. 53; e *Principi...* cit., p. 93.

7   CALAMANDREI, Piero. *Estudios...* cit.

8   MARQUES, José Frederico. *Ensaio sobre a jurisdição voluntária.* 2. ed. São Paulo: Saraiva, 1959. p. 255.

9   CARNELUTTI, Francesco. *Principi...* cit., p. 48-49.

CAPÍTULO **V** – JURISDIÇÃO

também Liebman reafirma que o conflito de interesses existente entre as partes fora do processo é a razão de ser, a causa remota, mas não o objeto do processo. Mas para transferir a posição de Carnelutti do plano sociológico para o plano jurídico, basta identificar o mérito com aquela parcela de lide que é deduzida pelo autor, em juízo, da pretensão, e à qual o réu resiste, através de suas exceções ou da mera insatisfação"[10].

Ora, com essa restrição, já não é a lide que se apresenta como objeto do processo, mas o pedido do autor, isto é, a parcela da lide deduzida em juízo. E se a lide, como tal, não é o objeto do processo, não se pode definir jurisdição como atividade tendente à sua composição.

Contudo, embora negando que a lide seja objeto do processo, dela nos servimos, juntamente com a ideia de direito subjetivo, para caracterizar a jurisdição contenciosa em oposição à voluntária.

Como se verá no momento próprio, a jurisdição contenciosa visa à tutela de direitos subjetivos e supõe interesse de agir decorrente de uma suposta resistência do adversário.

Todavia, a lide que aí se apresenta é abstrata, apenas suposta pelo legislador, o que dá margem a que se veja nas ações constitutivas necessárias uma hipótese de presunção absoluta de lide, independentemente, por isso, da existência de efetiva resistência do réu.

5. JURISDIÇÃO E IMPARCIALIDADE

Trata-se, aqui, de caracterizar a jurisdição como regulação de uma relação interpessoal por um terceiro imparcial.

Pode-se apontar como fundamento da jurisdição, assim entendida, o art. 10 da Declaração Universal dos Direitos do Homem, em que se lê: "Toda pessoa tem direito, em plena igualdade, a que a sua causa seja equitativa e publicamente julgada por um tribunal independente e imparcial que decida dos seus direitos e obrigações ou das razões de qualquer acusação em matéria penal que contra ela seja deduzida".

---

10 GRINOVER, Ada. *As condições do asilo penal*. São Paulo: Bushatsky, 1977. p. 10-11.

Indicam-se, aí, o "conteúdo" ou a "matéria" jurisdicional: determinação dos direitos e deveres de uma pessoa em face de outra (jurisdição civil); exame de acusação formulada contra alguém, em matéria penal (jurisdição penal).

Observe-se que o direito organiza a sociedade e regula o convívio mediante normas, gerais e abstratas, umas, individuais, e concretas, outras. Não existindo senão para regular relações entre pessoas, à ideia de direito como conjunto de normas se pode contrapor a de "relação interpessoal regulada pelo direito", dois lados de uma só moeda.

Tais relações são reguladas pelo direito por três modos fundamentais: a) mediante a atribuição, a um dos sujeitos da relação (sujeito ativo), de um direito subjetivo a uma prestação do devedor, sujeito este passivo, que deve praticar o ato previsto na norma (relação jurídica de crédito e débito); b) mediante a atribuição, ao sujeito ativo, do poder de praticar o ato previsto na norma, cujos efeitos sofre o sujeito passivo (relação jurídica de poder e sujeição, caso dos direitos potestativos ou formativos); c) mediante uma norma de liberdade (inexistência de relação jurídica, isto é, inexistência de crédito ou poder de um em virtude do outro).

Distingue-se o ato legislativo do jurisdicional. A lei é norma geral e abstrata, ao passo que o ato jurisdicional tem a natureza de norma concreta. Contudo, há casos de normas gerais editadas pelo Judiciário (súmula vinculante, por exemplo), caso em que o ato, formalmente jurisdicional, é materialmente legislativo.

Distingue-se a jurisdição da administração. O ato administrativo importa na edição de norma concreta, pelo próprio Estado, na sua relação com o súdito. O ato jurisdicional supõe a edição de norma concreta por um terceiro, estranho à relação regulada.

Quer se trate de jurisdição civil, quer de jurisdição penal, trata-se sempre de regular uma relação interpessoal, por algum de seus modos, isto é, por declaração ou atribuição de um crédito; por declaração ou atribuição de um poder; por negação da existência de crédito ou poder de um em face do outro; ou mediante execução.

No exercício da jurisdição penal, o juiz regula a relação entre o Estado e o acusado, condenando-o (sujeição ao poder punitivo) ou absolvendo-o (regra de liberdade).

CAPÍTULO V – JURISDIÇÃO

Pode-se apontar, como elemento "formal" da jurisdição, a circunstância de emanar tal regulação de um órgão "independente e imparcial", como parece decorrer do citado artigo da Declaração dos Direitos do Homem?

Não se trata, é evidente, da "virtude" da imparcialidade, que se exige, sim, do juiz, sem que se possa, todavia, transformá-la em fundamento da jurisdição, sob pena de criar-se uma teoria processual limitada aos juízes virtuosos; nem se trata de imparcialidade no sentido de que o juiz não deva ter um interesse direto e pessoal na causa, diverso do interesse geral e impessoal do Estado, o que também se exige do administrador público, não constituindo característica da jurisdição.

A imparcialidade deve ser entendida no sentido de que: a) existam partes, um autor e um réu; b) o juiz não seja uma delas, pois ninguém é juiz em causa própria (*Nemo judex in rem suam*); c) o juiz seja "independente", isto é, não subordinado nem ao autor nem ao réu, o que implicaria, em última análise, a transformação de uma das partes em juiz. Jurisdição implica, pois, heterorregulação: regulação de relações estranhas ao julgador; não de relações de que seja parte.

Na jurisdição civil, abstraídos os casos em que o próprio Estado seja uma das partes, não há dificuldade em se ver no juiz um terceiro, independente e imparcial.

Todavia, na jurisdição penal (e esta é a crítica mais contundente à caracterização da jurisdição a partir da ideia de imparcialidade), não se pode olvidar que o juiz é órgão do Estado e, portanto, está o Estado a regular relação entre ele próprio e o acusado e não relação a que seja estranho. Ademais, no âmbito penal, pode ocorrer que se atribua ao juiz a dupla função de acusar e de julgar (processo inquisitório), caso em que sequer há um autor.

A essa dupla objeção pode responder-se dizendo que, realmente, não é senão através do artifício da distinção entre Estado-juiz e Estado-acusador que se atribui ao julgador a condição de terceiro. Parcializa-se o Ministério Público para que se possa ter um juiz imparcial. Trata-se, sim, de um artifício, mas que atinge o seu objetivo. A jurisdição penal é possível porque se pode separar a função de acusar da função de julgar. Há possibilidade lógica, já que o juiz, embora seja órgão do Estado, não se

TEORIA GERAL DO PROCESSO

confunde com o Estado (a parte não se confunde com o todo em que se integra). Há possibilidade psicológica, porquanto nada impede que o juiz se posicione com independência em face de outro órgão do Estado. Há possibilidade jurídica, visto que se pode atribuir a órgãos diversos as funções essencialmente diversas de acusar e de julgar. Quanto ao processo penal inquisitório, já não existe no Brasil (CF, art. 129, I). Se existisse, caberia falar de uma "função de administração da justiça", sem caráter jurisdicional.

Pode ocorrer que, de fato, o juiz não seja nem independente nem imparcial, sem que isso afete os efeitos da sentença. É que, no composto "poder jurisdicional", desaparecido o jurisdicional, resta ainda a realidade bruta do poder. Que isso não surpreenda, porquanto o direito não representa senão um imenso esforço para coibir o arbítrio e transformar a força bruta em justiça.

6. JURISDIÇÃO VOLUNTÁRIA

Observamos anteriormente que, para caracterizar a jurisdição, tem-se lançado mão de quatro ideias fundamentais: substituição, lide, imparcialidade e coisa julgada.

Buscou-se, assim, caracterizar a jurisdição, com os olhos postos na jurisdição contenciosa.

Entretanto, mesmo deixando-se de lado o processo penal, em que nenhuma dessas ideias se mostra inteiramente satisfatória, no campo mesmo do processo civil, há atividades-fim, exercidas pelos juízes, até mesmo com a observância do método processual, caracterizado por seus dois princípios fundamentais, o da ação e o do contraditório, que não se encaixam nos parâmetros da substituição, da lide ou da imparcialidade, ausente, outrossim, o efeito de coisa julgada. São os casos de jurisdição voluntária, cujo caráter jurisdicional é negado por uns e afirmado por outros.

Escreveu Chiovenda: "Qualificou-se com o nome romano *iurisdictio voluntaria* na doutrina e na prática do processo italiano medieval aquele complexo de atos que os órgãos judiciais realizavam em face de um único interessado, ou sob o acordo de vários interessados, *in volentes*.

146

CAPÍTULO V – JURISDIÇÃO

Caráter da jurisdição voluntária não é (...) a ausência de contraditório, mas a ausência de duas partes.

A jurisdição voluntária é (...) uma forma especial de atividade do Estado, exercitada em parte pelos órgãos judiciários, em parte pelos administrativos, e 'pertencente à função administrativa', embora distinta da massa dos atos administrativos, por certos caracteres particulares"[11].

Modernamente, tende-se a considerar jurisdicional também a jurisdição voluntária, como observa Carnelutti, pois o estudo comparativo da jurisdição voluntária e da jurisdição contenciosa não só reforçou a opinião de que também aquela é verdadeira e própria jurisdição, mas também apontou para a presença ou ausência de lide e, portanto, para a presença de duas partes ou de apenas uma (ou melhor, de dois interesses ou de um interesse único) como caráter diferencial entre uma e outra espécie de jurisdição. Reconheceu-se, assim, que pode haver processo civil sem lide e, pois, com uma só parte (em sentido "material"); e, assim como a jurisdição, dividiu-se o processo em "contencioso" e "voluntário". O processo voluntário, dessa forma, não mais considerado uma forma processual anômala, mas como um dos dois tipos normais de processo civil[12].

Pensamos que se deva definir como jurisdicional a atividade própria do Poder Judiciário. Cabe, então, indagar, quanto à jurisdição voluntária, se haveria razão para atribuí-la ao Poder Executivo.

Ora, a jurisdição voluntária envolve a tutela de interesses privados, o que justifica sua exclusão do âmbito da Administração, porque desta se espera que busque o interesse público. Como observa Edson Prata, são duas situações bastante díspares: a administração busca o interesse público; a jurisdição voluntária, o interesse privado. "Pouco importa que na busca do interesse privado esteja também presente o interesse público, mediata ou imediatamente. O certo é que os interesses são radicalmente diferentes."[13]

---

11 CHIOVENDA, Giuseppe. *Instituições...* cit., v. 2, p. 16-17.
12 CARNELUTTI, Francesco. *Principi...* cit., p. 48-49.
13 PRATA, Edson. *Jurisdição voluntária*. São Paulo: Ed. Universitária de Direito, 1979. p. 75.

TEORIA GERAL DO PROCESSO

Não é difícil apontar casos de tutela de interesses privados por órgãos da Administração, destruindo-se, assim, a afirmação fundamental de que a atividade administrativa jamais tutela interesses privados.

Os processos de jurisdição contenciosa visam à tutela de direitos subjetivos, públicos ou privados, bem como as tutelas de interesses públicos, mediante ação.

Os processos de jurisdição voluntária visam à tutela de interesses privados.

Não basta, no entanto, a ideia de direito subjetivo, contraposta de interesse, para se determinar a espécie de jurisdição de que se trata, até mesmo porque o próprio direito subjetivo, na definição de Jhering, é um interesse juridicamente protegido.

Precisamos, então, lançar mão de uma ideia complementar, que é a de lide: não, todavia, a ideia de lide concreta, como ela se nos apresenta como fato da vida, mas uma ideia de lide abstrata, idealizada, desencanada, como se apresenta ao legislador, ao dar forma ao processo. É vidente que na luta, cheia de ódio, dos pais pela guarda dos filhos há um conflito de interesses, qualificado por uma pretensão resistida, assim como pode ter um interesse escuso o requerente da interdição. Contudo, em ambos os casos, nega-se a existência de lide, porquanto, em processos tais, não se trata de compor um conflito de interesses entre os contendores, mas de se encontrar a melhor solução para se atender a um interesse "único": o da criança ou o do interditando, respectivamente.

Para determinar, pois, a espécie de jurisdição de que se trata, convém que formulemos duas perguntas, a saber: 1) Trata-se de tutela de interesse público ou de tutelar eventual direito subjetivo em face do(s) sujeitos(s) passivo(s)?; 2) Trata-se de processo em que o interesse de agir se compõe pela alegação, expressa ou implícita, de um conflito de interesses entre quem pretende a subordinação do interesse alheio ao próprio e quem resiste?

Se a resposta é afirmativa, para ambas as perguntas, a hipótese é de jurisdição contenciosa; basta uma negação para que se tenha jurisdição voluntária.

148

CAPÍTULO V – JURISDIÇÃO

A relevância da distinção entre as duas formas de jurisdição diz respeito sobretudo ao grau de subordinação das partes aos poderes do juiz. Em se tratando de jurisdição contenciosa, não pode o juiz senão entregar a cada um o que é seu, independentemente de qualquer critério de conveniência ou de oportunidade; em se tratando de jurisdição voluntária, o juiz não é obrigado a observar critério de legalidade estrita, podendo adotar, em cada caso, a solução que reputar mais conveniente ou oportuna.

Também Alcides de Mendonça Lima lança mão da conjugação das ideias de lide e de direito subjetivo para caracterizar a jurisdição como contenciosa ou voluntária. Diz: "Na jurisdição contenciosa, é essencial um conflito de interesses, um litígio, decorrente de pretensão insatisfeita e, em regra, resistida pelo réu. Na jurisdição contenciosa, o juiz tem o dever de não omitir-se quanto à norma protetora dos direitos subjetivos correspondentes. Não há hipótese de deixar de fazer a incidência, cabendo, na sentença, indicar apenas o destinatário favorecido. Por conseguinte, autor e réu têm o direito de obter a prestação jurisdicional, com o reconhecimento da pretensão pleiteada conforme o direito pertinente à espécie *sub judice*. Já na jurisdição voluntária, esta se desenvolve para atender apenas a 'interesses' ou a 'direitos' (conforme o termo empregado, com relativa sinonímia), desde que haja conveniência ou vantagem para o titular ou titulares, consoante entenda o juiz com discricionariedade. Inexiste a obrigação de o juiz cumprir preceito de direito objetivo, como acontece na contenciosa"[14].

Ressalve-se, entretanto, que, para o citado autor, a jurisdição voluntária não é espécie de jurisdição, mas atividade administrativa exercida pelo juiz.

Os processos de jurisdição contenciosa supõem partes, em sentido material e formal. São estruturados, em abstrato, por lei, para a decisão, pelo juiz, de uma lide, real ou presumida. São informados por dois grandes princípios: o da imparcialidade, motivo por que supõem ação, e o da legalidade, no sentido de que servem à tutela de direitos subjetivos.

---

14   LIMA, Alcides de Mendonça. *Comentários ao Código de Processo Civil*. São Paulo: Revista dos Tribunais, 1982. p. 18-19.

TEORIA GERAL DO PROCESSO

A jurisdição contenciosa envolve, pois, as ideias conexas de partes, de conflito de interesses e de lide.

O processo de jurisdição contenciosa é o processo de partes, no sentido de que supõe um conflito de interesses entre pessoas diversas, partes em sentido material.

Mais ainda: pressupõe-se a existência de uma lide, isto é, de um conflito de interesses não apenas potencial, mas em ato, ou seja, qualificado por uma pretensão resistida. Contudo, tais são suportes de normas legais abstratas e, portanto, apenas em abstrato é que cabe examinar o pressuposto da lide. A existência ou inexistência de lide, em concreto, é irrelevante. Pressupõe-se, em abstrato, uma lide que, em concreto, pode inexistir, por ausência de conflito entre as partes. Assim, uma ação de cobrança pode resultar de um acordo entre o autor e o réu, para fraudar terceiros (ação em fraude de credores). Nem por isso se há de qualificar tal ação como de jurisdição voluntária. A ação de cobrança inscreve-se entre os processos de jurisdição contenciosa a partir do conflito de interesses suposto pelo legislador.

No caso das ações constitutivas necessárias, a lide é presumida *juris et de jure*. Essa é a razão pela qual o juiz não pode senão indeferir o pedido de anulação de casamento que, em petição conjunta, lhe formulem os cônjuges. Eles têm que simular uma lide, propondo um deles a ação, com citação do outro, para contestá-la. É nomeado um "curador do vínculo", para suprir a falta real de um conflito de interesses.

De igual modo, no processo penal, é preciso que o Ministério Público proponha a ação, promova a citação do réu e produza as provas do crime ou contravenção, para que o juiz possa aplicar qualquer pena, sendo irrelevante a inexistência de lide em concreto. O processo penal não se transforma em processo de jurisdição voluntária pelo fato de o Ministério Público requerer a absolvição ou de o acusado concordar com a denúncia.

Os processos de jurisdição contenciosa pressupõem partes não só em sentido material (conflito de interesses entre pessoas diversas), mas também em sentido formal, isto é, a existência de pedido formulado por uma das partes, ou substituto processual, em face da outra. Não há jurisdição (contenciosa) sem ação.

CAPÍTULO V – JURISDIÇÃO

Não se pode, contudo, negar a existência histórica de processos de iniciativa do próprio juiz. Põe-se, então, em xeque, o princípio da imparcialidade. Se esta é, não obstante, preservada, assim como preservado o princípio da legalidade estrita, pode-se ver, em tais processos, uma fórmula híbrida: processos iniciados por um ato administrativo do juiz que, em seguida, assume a sua verdadeira condição de terceiro imparcial. Se o próprio princípio da legalidade estrita é afetado pela desconsideração de eventuais direitos subjetivos de uma das partes, o processo descaracteriza-se como jurisdicional contencioso. Ingressamos no campo da jurisdição voluntária, se o fim visado é a tutela de interesses privados; no campo da administração da justiça, se o fim visado é a tutela de interesses públicos ou difusos.

Tende-se, cada vez mais, a regrar a administração, sujeitando-a ao princípio da legalidade. É ineliminável, no entanto, um vasto campo de decisões sujeitas a critérios de conveniência e de oportunidade.

Na jurisdição contenciosa observa-se o princípio da legalidade estrita, no sentido de que o juiz deve decidir em função da obstância ou inexistência de direito subjetivo.

A decisão judicial da lide importa, pois, na afirmação de direito subjetivo de uma parte em virtude da outra, motivo por que a decisão é firma (produz coisa julgada) e não sujeita à revisão por critérios de conveniência ou de oportunidade.

Não há, todavia, produção de coisa julgada nos processos de execução, por ausência de declaração, e nas tutelas provisórias, porque nestes o juiz profere decisão provisória, necessária devido ao *periculum in mora*.

A jurisdição voluntária não é incompatível com as ideias de ação e de partes em sentido formal. De regra, o procedimento tem início por provocação do interessado ou de órgão do Estado. Contudo, não há incompatibilidade entre a jurisdição voluntária e a iniciativa judicial do processo. Frequentemente, o requerente formula pedido em face de outrem, podendo-se, pois, falar de ação e de partes em sentido formal.

A jurisdição voluntária é protetiva de interesses privados; o que, conjugada com a ausência de partes em sentido material, exclui a imparcialidade como nota sua. Não se trata de afirmar ou negar, nem de fazer valer direito subjetivo de uma parte perante outra. Em

TEORIA GERAL DO PROCESSO

muitos casos, há apenas a relação requerente-juiz, como nas hipóteses de tutela de pessoas incertas. Em outros, trata-se, sim, de regular uma relação intersubjetiva, mas não entre o autor e o réu, nem entre qualquer deles e o substituído processual do outro. É o caso da destituição do poder familiar. A criança não é parte, embora sofra os efeitos da sentença. Finalmente, em casos limítrofes, trata-se de regular relação intersubjetiva entre o autor e o réu, advindo a qualificação da hipótese como de jurisdição voluntária da exclusão da ideia de direito subjetivo. É o caso, *v.g.*, da separação de corpos concedida sem caráter cautelar. O marido é expulso do lar concedendo-se à mulher o uso exclusivo da morada comum, sem afirmar se direito subjetivo seu, porquanto o marido pode até mesmo ser o proprietário único do imóvel.

Porque não se trata de tutelar direitos subjetivos, o juiz, na jurisdição voluntária, não está obrigado a observar o critério da legalidade estrita. Critérios de conveniência ou de oportunidade podem ser levados em consideração.

"A jurisdição voluntária", ensina Ovídio Baptista da Silva, "distingue-se da contenciosa em que no primeiro não há jurisdição declarativa de direitos, o que é responsável pela ausência de coisa julgada, determinada pela maior relevância da eficácia constitutiva da sentença proferida em processo de jurisdição voluntária, justamente em detrimento da eficácia declaratória."[15] Na sentença constitutiva, proferida em sede contenciosa, o juiz declara que a mudança "devia" produzir-se porque presentes os pressupostos legais.

Distingue-se, assim, a sentença constitutiva necessária, proferida em processo de jurisdição contenciosa, da sentença também constitutiva, produzida em processo de jurisdição voluntária. Chiovenda já observara: "Encontramos no campo do processo, vale dizer, na jurisdição (contenciosa), sentenças constitutivas também, isto é, às quais se prendem novos estados jurídicos, e isso para alguns representa uma dificuldade. Mas as sentenças constitutivas contêm a atuação de um direito à constituição de um novo estado jurídico, direito correspondente a um sujeito jurídico contra outro. Pelo contrário, a constituição ou desenvolvimen-

---

15 *Curso...* cit., v. 1, p. 36.

152

CAPÍTULO V – JURISDIÇÃO

to de estados jurídicos, ocorrente na jurisdição voluntária, não atua um direito correspondente a Tício contra Caio"[16].

Em suma: na sentença constitutiva proferida em processo de jurisdição contenciosa, o juiz declara e constitui, sendo a eficácia declaratória suficientemente forte para que se produza coisa julgada material. Na sentença constitutiva proferida em processo de jurisdição voluntária, é mínimo o efeito declaratório, o que explica a ausência de coisa julgada. Não se afirma, por exemplo, que o nomeado tenha direito subjetivo à tutela.

Às vezes há tão só declaração de que foram preenchidos os requisitos legais e, eventualmente, também da conveniência do ato, como ocorre na autorização para alienação de imóvel de incapaz.

Quanto aos atos administrativos: comportam, mas não exigem, a presença de partes, quer em sentido material, quer em sentido formal. São, de regra, praticados de ofício. Visam à tutela de interesses públicos ou difusos.

Observou-se que, na jurisdição voluntária, o juiz não está obrigado a observar o critério da legalidade estrita. "No entanto, é preciso que se acautele, com máximo rigor, no entendimento do que seja 'critério de legalidade estrita'. Em primeiro lugar, deve-se atentar para o fato de que tal faculdade não quer significar permissão de praticar ilegalidade. Em segundo lugar, o abandono do critério de legalidade estrita só pode se verificar quando não fira direitos subjetivos dos interessados. Em consequência, a conclusão a que se chega é que o abrandamento da legalidade estrita só é autorizado nos casos de se permitir ou de se determinar prática, sem a formalidade que não lhe seja da essência, ou melhor dizendo, que não se integre na substância do ato. Como exemplo, podemos citar a possibilidade de dispensa de venda em hasta pública de bens pertencentes a incapazes tutelados e curatelados. Outro exemplo, nomeação de tutor ou curador, sem obedecer à gradação estabelecida na lei civil."[17]

---

16 CHIOVENDA, Giuseppe. *Instituições...* cit., v. 2, p. 19.

17 SANTOS, Ernane Fidélis dos. *Introdução ao direito processual civil brasileiro*. Rio de Janeiro: Forense, 1978. p. 25 e 29.

Da sentença proferida em processo de jurisdição voluntária, não cabe ação rescisória, mas a de anulação do ato jurídico. "Um exemplo de caso concreto esclarece melhor a questão: a esposa requereu ao juiz suprimento judicial, para poder vender imóvel do casal, sem anuência do esposo. Alegou que ele estava em lugar incerto e não sabido, citando-o por edital. Cumpridas as fases procedimentais, o juiz deferiu o pedido, e a venda foi realizada, mediante expedição de alvará, após o trânsito em julgado. Posteriormente, apareceu o marido e, alegando nunca ter estado em lugar incerto e não sabido, pretendeu a rescisão da sentença. Teve ele seu pedido indeferido liminarmente, pois a ação adequada para o caso seria não a rescisão da sentença autorizativa da venda, mas a de anulabilidade do próprio negócio jurídico, com fundamento em vício do procedimento de jurisdição voluntária que concluíra pela autorização do contrato."[18]

Em conclusão: a jurisdição contenciosa vincula-se à existência de direitos subjetivos (direitos a uma prestação ou direitos formativos). Daí a existência necessária de partes em sentido material, isto é, dos sujeitos da relação intersubjetiva que será regulada por um terceiro imparcial, o juiz; na jurisdição voluntária não se trata de tutelar direitos subjetivos, mas de proteger interesses legítimos. Da inexistência de direitos subjetivos decorre o afrouxamento do princípio da legalidade, admitindo-se que o juiz decida por regras de conveniência e oportunidade, sem que se trate de atividade administrativa, porquanto pertinente a interesses "privados".

A passagem da jurisdição contenciosa para a voluntária depende das concepções dominantes em uma dada sociedade, a respeito da existência ou inexistência, no caso, de direitos subjetivos. Assim, pode-se conceber a tutela ou a guarda dos filhos como direito subjetivo do tutor ou do pai, caso em que as decisões judiciais concernentes à nomeação e remoção de tutor e à guarda dos filhos enquadrar-se-iam na jurisdição con-

---

18 SANTOS, Ernane Fidélis dos. *Introdução ao direito processual civil brasileiro*. Rio de Janeiro: Forense, 1978. p. 43-44.

CAPÍTULO V – JURISDIÇÃO

tenciosa. Pode-se, pelo contrário, entender que, em se tratando de crianças, não têm os pais ou tutores verdadeiros direitos subjetivos sobre elas, porque crianças não são coisas, não são objeto de direitos. Nesse caso, as decisões pertinentes à nomeação e remoção de tutor e à guarda dos filhos melhor se enquadram na jurisdição voluntária.

Em alguns casos, a jurisdição voluntária volta-se à tutela das pessoas incertas. Enquadram-se, aí, os casos do nascituro, dos testamentos de um modo geral, da herança jacente e das coisas vagas, em que não há lide. No caso particular da busca e apreensivo de testamento, o que falta é a finalidade de tutela de direito subjetivo. Na hipótese de remoção de testamenteiro, não se cogita nem de lide nem de direito subjetivo.

Em outros casos, a jurisdição voluntária volta-se à tutela de incapazes. Enquadram-se, aí, os casos do poder familiar, da busca e apreensão de incapaz, da família substituta, da curatela, da ausência, de alienação de imóveis de incapazes, da emancipação e do casamento de menores, em que não se visa à tutela de direito subjetivo e em que, de regra, tampouco nos deparamos com lide.

Terceira categoria compreende os casos em que a jurisdição voluntária se apresenta como participação do juiz em atos privados que constituem exercício de faculdades jurídicas ou manifestações da capacidade de agir, bem como a atividade judicial dirigida à documentação ou publicidade de fatos jurídicos. Enquadram-se, aí, os casos dos registros públicos, das fundações, do casamento, da alienação de imóveis do cônjuge, da extinção do usufruto, dos protestos, da separação e divórcio consensuais, da alienação de quinhão em coisa comum e da especialização de hipoteca legal, em que falta o elemento "lide". A separação de corpos, conforme a concepção que dela se tenha, entra nessa categoria, por ausência de direito subjetivo, podendo ou não haver lide.

Quarta categoria compreende os casos em que a jurisdição se volta à tutela da prova de fatos jurídicos. Enquadram-se, aí, a justificação, por ausência de lide, a produção antecipada de provas, quando preparatória de processo de jurisdição voluntária, e a exibição de documento para apropriação de dados, esta por ausência de direito subjetivo à exibição.

TEORIA GERAL DO PROCESSO

Temos, por fim, o caso do benefício da assistência judiciária, com que se trata de suprir não a incapacidade jurídica, mas financeira, do beneficiado.

Temos, pois, a seguinte classificação:

1) tutela de pessoas incertas;

2) tutela de incapazes;

3) tutela em atos da vida privada;

4) tutela da prova de fatos jurídicos;

5) assistência judiciária.

7. JURISDIÇÃO E DIREITO OBJETIVO

A Constituição de 1946 estabelecia:

"Art. 141. A Constituição assegura aos brasileiros e aos estrangeiros residentes no País a inviolabilidade dos direitos concernentes à vida, à liberdade, à segurança individual e à propriedade, nos termos seguintes:

(...)

§ 4º A lei não poderá excluir da apreciação do Poder Judiciário qualquer lesão de direito individual".

A Constituição vigente, de 1988, reza: art. 5º (...) "XXXV – a lei não excluirá da apreciação do Poder Judiciário lesão ou ameaça a direito".

Antes, a referência era a direito individual; agora, tão só a direito, o que indica a extensão da inafastabilidade da apreciação judicial também aos direitos coletivos, entre os quais os difusos.

Essa ampliação do âmbito de proteção do Poder Judiciário implica uma nova concepção das relações entre o Estado e seus Poderes e deles com os cidadãos.

Valemo-nos de Kelsen, tanto para explicar o conceito de direito individual da Constituição de 1946 quanto para destacar a quebra de paradigma resultante da Constituição vigente.

Positivista, Kelsen renega a tese jusnaturalista da precedência e independência do direito subjetivo, que, pelo contrário, é criado pelo direito objetivo. Direito objetivo e direito subjetivo não constituem os dois lados de uma mesma moeda. O direito subjetivo depende do objetivo,

156

CAPÍTULO V – JURISDIÇÃO

mas a recíproca não é verdadeira. Pode-se conceber um sistema jurídico sem direitos subjetivos. Importante mesmo são os deveres impostos pela ordem jurídica.

A simples situação de favorecido pelo cumprimento de um dever não constitui direito subjetivo. Diz Kelsen: "Se, neste caso, se fala de um direito subjetivo ou de uma pretensão de um indivíduo, como se este direito ou esta pretensão fosse algo diverso do dever do outro (ou dos outros), cria-se a aparência de duas situações juridicamente relevantes onde uma só existe. A situação em questão é esgotantemente descrita como o dever jurídico do indivíduo (ou dos indivíduos) de se conduzir por determinada maneira em face de um outro indivíduo. Este conceito de um direito subjetivo que apenas é o simples reflexo de um dever jurídico, isto é, o conceito de um direito reflexo, pode, como conceito auxiliar, facilitar a representação da situação jurídica. É, no entanto, supérfluo do ponto de vista uma descrição cientificamente exata da situação juridical. Visto que o direito reflexo se identifica com o dever jurídico, o indivíduo em face do qual existe este dever não é tomado juridicamente em consideração como *sujeito*, pois ele não é sujeito deste dever. O homem em face do qual deve ter lugar a conduta conforme ao dever é apenas objeto desta conduta, tal como o animal, a planta ou o objeto inanimado em face do qual os indivíduos estão obrigados a conduzirem-se por determinada maneira"[19].

O direito subjetivo constitui simples técnica, de existência contingente, caracterizada pela circunstância de depender do interessado a aplicação da sanção. Concorda-se com Jhering: a possibilidade de proteção de um interesse, mediante ação, é que caracteriza o direito subjetivo. Assim, "a essência do direito subjetivo no sentido técnico específico, direito subjetivo esse característico do direito privado, reside, pois, no fato de a ordem jurídica conferir a um indivíduo não qualificado como órgão da comunidade, designado na teoria tradicional como *pessoa privada* – normalmente ao indivíduo em face do qual um outro é

---

19 KELSEN, Hans. *Teoria pura do Direito*. Trad. João Baptista Machado. São Paulo: Martins Fontes, 2000. p. 143-144.

obrigado a uma determinada conduta – o poder jurídico de fazer valer, através de uma ação, o não cumprimento deste dever, quer dizer, de pôr em movimento o processo que leva ao estabelecimento da decisão judicial em que se estatui uma sanção concreta como reação contra a violação do dever"[20].

Com efeito, "a estatuição de tais direitos subjetivos não é – como a estatuição de deveres jurídicos – uma função essencial do direito objetivo. Ela apenas representa uma conformação possível, mas não necessária, do conteúdo do direito objetivo, uma técnica particular de que o Direito se pode servir, mas de que não tem necessariamente de servir--se. É a técnica específica da ordem jurídica capitalista, na medida em que esta garante a instituição da propriedade privada e, por isso, toma particularmente em consideração o interesse individual. É, de resto, uma técnica que não domina sequer todas as partes da ordem jurídica capitalista e que, plenamente desenvolvida, só aparece no domínio do chamado Direito privado e em certas partes do Direito administrativo. Já o moderno Direito penal não se serve dela ou apenas excepcionalmente se serve dela"[21].

Há direito subjetivo, em sentido técnico, se a sanção depende da ação material do interessado e, portanto, de sua vontade.

Com efeito, "uma *pretensão* a ser sustentada num ato jurídico apenas existe quando o não cumprimento do dever se possa valer através de uma situação judicial"[22]. "Quando o indivíduo em face do qual um outro está obrigado a uma determinada conduta não tem o poder jurídico de fazer valer, através de uma ação, o não cumprimento desse dever, o ato no qual ele exige o cumprimento do mesmo dever não tem qualquer efeito jurídico específico, é – à parte o não ser juridicamente proibido – juridicamente irrelevante. Por isso apenas existe uma *preten-*

---

20 KELSEN, Hans. *Teoria pura do Direito*. Trad. João Baptista Machado. São Paulo: Martins Fontes, 2000. p. 153.

21 KELSEN, Hans. *Teoria pura do Direito*. Trad. João Baptista Machado. São Paulo: Martins Fontes, 2000. p. 152-153.

22 KELSEN, Hans. *Teoria pura do Direito*. Trad. João Baptista Machado. São Paulo: Martins Fontes, 2000. p. 144.

são como ato juridicamente eficaz quando exista um direito subjetivo em sentido técnico, quer dizer, o poder jurídico de fazer valer, através de uma ação, o não cumprimento de um dever jurídico em face dele existente."[23] Assim, "(...) a essência do direito subjetivo, que é mais do que o simples reflexo de um dever jurídico, reside em que uma norma confere a um indivíduo o poder jurídico de fazer valer, através de uma ação, o não cumprimento de um dever jurídico"[24]. Ademais, "o credor é pela ordem jurídica autorizado a intervir, isto é, ele tem o poder jurídico de intervir na produção da norma jurídica individual da decisão judicial através da instauração de um processo, para assim fazer valer o não cumprimento do dever jurídico que o devedor tem de lhe fazer uma determinada prestação"[25].

Observa-se, aí, a estreita ligação que então se fazia entre as ideias de direito subjetivo, de vontade e de acesso ao Judiciário (ação).

O direito subjetivo era necessariamente individual e implicava o poder de exigir do Judiciário, por meio de uma ação, ação, a aplicação da sanção.

Direito subjetivo, ação e Poder Judiciário constituíam uma tríade unitária. O Poder Judiciário existia para tutelar direitos subjetivos individuais; a ação era o modo de provocar o exercício da função jurisdicional; não havia direito sem ação. Presente, aí, a marca do individualismo, porque dependente a ação da vontade do interessado. A aplicação do Direito, no que diz respeito aos direitos subjetivos, dependia da vontade do interessado na aplicação da sanção.

Aí, não havia espaço para a tutela jurisdicional de interesses difusos, matéria cometida à Administração Pública. Interesses difusos entravam no âmbito de atuação do Judiciário apenas em matéria penal e primordialmente para resguardar os direitos do acusado.

---

23 KELSEN, Hans. *Teoria pura do Direito*. Trad. João Baptista Machado. São Paulo: Martins Fontes, 2000. p. 150-151.

24 KELSEN, Hans. *Teoria pura do Direito*. Trad. João Baptista Machado. São Paulo: Martins Fontes, 2000. p. 152.

25 KELSEN, Hans. *Teoria pura do Direito*. Trad. João Baptista Machado. São Paulo: Martins Fontes, 2000. p. 156.

A jurisdicionalização dos interesses coletivos já se encontrava em curso quando sobreveio a Constituição de 1988, outorgando-lhe *status* constitucional. Seu art. 129, III, refere-se expressamente à ação civil pública para a proteção de interesses difusos e coletivos.

Resta claro, portanto, que agora é atribuição do Poder Judiciário a proteção também de interesses difusos e coletivos *stricto sensu*, não podendo a lei excluí-los de sua apreciação. Por isso, matérias antes reservadas à Administração Pública podem agora ser decididas pelo Judiciário.

Aos direitos subjetivos individuais, a doutrina e a legislação acrescentaram os direitos difusos e coletivos *stricto sensu*.

Pelo menos quanto aos direitos difusos, é fácil ver-se que não se trata de direitos subjetivos, mas de casos de aplicação do direito objetivo. Relembre-se a lição de Kelsen: Já o moderno Direito penal não se serve da técnica dos direitos subjetivos ou apenas excepcionalmente se serve dela. Com efeito, "não só no caso de homicídio, em que o indivíduo em face do qual a conduta jurídica-penalmente proibida teve lugar deixou de existir e em que, portanto, este não pode instaurar qualquer ação, mas também na generalidade das outras hipóteses de conduta jurídico-penalmente proibida, surge no lugar deste indivíduo um órgão estadual que, como parte autora ou acusadora por dever de ofício, põe em movimento o processo que leva à execução da sanção"[26].

Há criação ou aplicação do direito objetivo quando:

• fixa-se prazo para o funcionamento de Delegacia Especializada da Criança e do Adolescente (TJRS, Apelação Cível 70029867058, Porto Alegre, rel. Des. Claudir Fidélis Faccenda, j. 18-6-2009);

• determina-se que o Estado receba matrículas na pré-escola e no ensino fundamental, de crianças com 4, 5 e 6 anos (TJRS, Agravo de Instrumento 70029013752, Porto Alegre, rel. Des. Sérgio Fernando de Vasconcellos Chaves, j. 27-5-2009);

---

26 KELSEN, Hans. *Teoria pura do Direito*. Trad. João Baptista Machado. São Paulo: Martins Fontes, 2000. p. 152-153.

CAPÍTULO V – JURISDIÇÃO

- limita-se a criação de animais domésticos em prédio residencial (TJRS, Apelação Cível 70025515628, Porto Alegre, rel. Des. Paulo de Tarso Vieira Sanseverino, j. 28-5-2009);

- busca-se inibir e condenar propaganda enganosa (TJRS, Agravo de Instrumento 70031113491, Porto Alegre, rel. Dr.ª Ângela Maria Silveira, j. 16-9-2009);

- condena-se o poluidor e o terceiro adquirente a indenizar ou a reparar os danos ao meio ambiente (STJ, Recurso Especial 1.090.968/SP (2008/0207311-0), Brasília (DF), rel. Min. Luiz Fux, j. 15-6-2010);

- condena-se por corte irregular de árvores nativas ou por queimadas em campo nativo (TJRS, Apelação Cível 70025691387, Porto Alegre, rel. Dr. Miguel Ângelo da Silva, j. 24-9-2009);

- há condenação por aplicação de agrotóxico em lavoura de arroz, de que resulta a morte de inúmeros pássaros (TJMG, Processo 1.0708.03.005098-1/001(1), Numeração Única: 0050981-07.2003.8.13. 0708, Belo Horizonte, rel. Des. Dídimo Inocêncio de Paula, j. 19-6-2008);

- veda-se sonorização produzida por aparelhos que causam prejuízos aos moradores do entorno (TJMG, Processo 1.0701.08.231291-2/001(1), Numeração Única: 2312912-38.2008.8.13.0701, Belo Horizonte, rel. Des. Maurílio Gabriel, j. 12-11-2009;

- veda-se a construção de edifícios em área tipicamente residencial (TJMG, Processo 1.0313.04.131422-7/007(1), Belo Horizonte, rel. Des. Geraldo augusto, j. 31-3-2009);

- busca-se a preservação de vegetação de restinga, fixadoras de dunas ou estabilizadoras de mangues (STJ, Recurso Especial 945.898/SC (2007/0094247-7), Brasília-DF, rel. Min. Eliana Calmon, j. 24-11-2009);

- condena-se por dano moral coletivo, em função de propaganda enganosa (TJMG, Processo 1.0702.02.029297-6/001(1), Numeração Única: 0292976-68.2002.8.13.0702, Belo Horizonte, rel. Des. Guilherme Luciano Baeta Nunes, j. 23-6-2006);

- obriga-se empresa a prestar ao público as informações devidas (TJRJ, Apelação Cível 0291468-78.2008.8.19.0001, Rio de Janeiro, rel. Des. Roberto de Abreu e Silva, j. 13-9-2010);

- obriga-se Município a interditar residências sob risco de desmoronamento, retirar e recolocar os ocupantes em novas moradias (TJRJ, Apelação Cível 0004977-15.2006.8.19.0036, Rio de Janeiro, rel. Des. Pedro Raguenet, 20101005_TJRJ_0004977, j. 5-10-2010);

- proíbe-se médico de abster-se da prática de determinadas cirurgias (TJRJ, Apelação Cível 036523-33.2005.8.19.0001, Rio de Janeiro, Des. Mauricio Caldas Lopes, j. 10-11-2010).

Como não se trata, em todos esses casos, de resguardar direitos subjetivos, mas de aplicar o direito objetivo, segue-se, como corolário, a irrelevância de qualquer distinção entre direitos (tuteláveis jurisdicionalmente) e interesses (não jurisdicionalmente tuteláveis). O autor da ação não se apresenta em juízo como titular de qualquer direito subjetivo, nem como substituto processual de seu titular, mas como legalmente legitimado para o exercício de uma função pública.

No que diz respeito aos interesses e direitos coletivos *stricto sensu*, "de natureza indivisível de que seja titular grupo, categoria ou classe de pessoas ligadas entre si ou com a parte contrária por uma relação jurídica base" (Código do Consumidor, art. 81, parágrafo único, II), os melhores exemplos são os do Direito do Trabalho: um grupo de empregados ligados por uma relação jurídica base com o mesmo empregador; uma categoria profissional em relação à correspondente categoria econômica.

Alguns interesses, como o relativo ao meio ambiente de trabalho, podem ser havidos como *direitos* coletivos, exigíveis judicialmente, pelo Ministério Público do Trabalho, como substituto processual, ou pelo respectivo sindicato, como órgão do grupo. A natureza coletiva desses direitos recomenda, contudo, que se considerem também essas hipóteses como de aplicação do direito objetivo, requerida pelo autor, no exercício de uma função pública.

Há criação (e não mera aplicação) do direito objetivo, nos casos em que um sindicato, como órgão da categoria, obtém, por sentença, um reajuste salarial ou a fixação de um piso mínimo para a respectiva categoria profissional.

Em síntese, a atividade desenvolvida pelo Judiciário, na tutela dos chamados direitos difusos e coletivos *stricto sensu*, melhor se explica

CAPÍTULO V – JURISDIÇÃO

como sendo de aplicação (eventualmente, de criação) do direito objetivo, requerida pelo legitimado para a causa, no exercício de uma função pública.

Os direitos individuais homogêneos não são direitos coletivos. São direitos individuais tratados coletivamente. Demonstrou-o Zavascki[27].

Não se põe em dúvida a constitucionalidade da tutela coletiva de direitos individuais homogêneos, instituída pelo Código do Consumidor (Lei 8.078/1990), posteriormente à Constituição de 1988. Dir-se-á, no máximo, que a maior ou menor extensão dessa tutela fica subordinada à legislação infraconstitucional.

A introdução da tutela coletiva de direitos individuais supõe e acarreta uma nova concepção dos direitos individuais, com a quebra do vínculo que os ligava ao direito individual de ação, dependente da vontade de seu titular. Agora, a ação de um substituto processual pode beneficiar titulares de direitos individuais que não exerceram seu direito individual de ação.

Embora se trate ainda de assegurarem-se direitos subjetivos, a tônica volta-se agora para a aplicação do direito objetivo. Tratava-se, outrora, de assegurarem-se os direitos subjetivos mediante a aplicação do direito objetivo. A tutela de direitos subjetivos serve agora como que de pretexto para a aplicação do direito objetivo.

Isso transparece especialmente nas ações coletivas relativas a perdas individualmente insignificantes dos consumidores, cujo valor acaba sendo transferido para um Fundo, pelo desinteresse dos prejudicados em promover execução individual da sentença (Código do Consumidor, art. 100).

Vai-se aos poucos compreendendo que, mais importante do que assegurar o direito de ação, é assegurar ao maior número possível, mesmo aos que não propuseram ação, o gozo de seus direitos, por aplicação do direito objetivo.

A tarefa agora cometida ao Judiciário já não é somente a de resguardar os direitos subjetivos dos que a ele acorrem, mas a de concretizar o direito objetivo.

---

27 ZAVASCKI, Teori Albino. *Processo coletivo* – tutela de direitos coletivos e tutela coletiva de direitos. São Paulo: Revista dos Tribunais, 2006.

A exigência de ações individuais atende, na verdade, aos interesses dos poderosos, entre os quais se inclui o Poder Público, que podem sempre lucrar com as perdas dos que, pelas mais variadas razões, não exercem o seu direito de ação.

As ações coletivas relativas a direitos individuais homogêneos começam a alterar essa situação.

E quanto aos heterogêneos?

Sem dúvida, o Ministério Público pode propor ação individual (com ou sem a denominação de ação civil pública), em defesa de direito individual indisponível (Constituição Federal, art. 127), nada importando sua condição de heterogêneo.

Eis aí uma notável alteração de nosso sistema jurídico, já que autorizado o Ministério Público a propor ação em defesa de direito alheio, independentemente da vontade e até mesmo contra a vontade de seu titular.

Embora se trate de substituição processual, o Ministério Público exerce, aí, função pública, por não ter interesse próprio a defender. A hipótese é de aplicação do direito objetivo, descaracterizado o direito subjetivo pela perda do poder de vontade que o caracteriza.

É fora de dúvida que o sindicato pode atuar como substituto processual dos titulares de direitos individuais da respectiva categoria, no mínimo em ações relativas a direitos individuais homogêneos. O art. 8º, III, da Constituição dispõe: "Ao sindicato cabe a defesa dos direitos e interesses coletivos ou individuais da categoria, inclusive em questões judiciais ou administrativas". E o Supremo Tribunal Federal decidiu: "O art. 8º, III, da Constituição Federal estabelece a legitimidade extraordinária dos sindicatos para defender em juízo os direitos e interesses coletivos ou individuais dos integrantes da categoria que representam. Essa legitimidade extraordinária é ampla, abrangendo a liquidação e a execução dos créditos reconhecidos aos trabalhadores. Por se tratar de típica hipótese de substituição processual, é desnecessária qualquer autorização dos substituídos" (RE 193.503-1, São Paulo, Brasília, 12-6-2006, rel. p/ acórdão Min. Joaquim Barbosa).

Nesse acórdão, sustentaram os vencidos que a substituição processual era restrita ao processo de conhecimento, porque só nele presentes direitos individuais homogêneos; na liquidação e na execução, haveria

CAPÍTULO V – JURISDIÇÃO

heterogeneidade a exigir representação, isto é, procuração do trabalhador outorgada ao sindicato. Prevaleceu, todavia, a tese da legitimidade do sindicato para atuar como substituto processual, tanto no processo de conhecimento quanto nas execuções individuais.

Nessa linha de pensamento, pode o sindicato atuar como substituto processual de empregado, desde que se trate de matéria trabalhista, restrição que se coaduna com o art. 8º, III, da Constituição, que se refere a direitos e interesses da categoria.

Trata-se de substituição processual, e não de substituição no plano do Direito material, motivo por que o substituto não pode praticar atos para os quais se exijam poderes especiais. Não pode, notadamente, confessar (nem, por isso mesmo, prestar depoimento pessoal), transigir, renunciar ao direito sobre que se funda a ação, receber e dar quitação e firmar compromisso.

Tanto quanto o Ministério Público, o sindicato é um substituto processual que atua sem que tenha interesse próprio a defender. Sua atuação é justificada mais pelo interesse difuso da categoria do que pelo do titular do direito subjetivo; mais para fins de aplicação do direito objetivo do que para a tutela de direito individual. Trata-se, por conseguinte, de exercício de função pública.

Entenda-se: proposta pelo empregado, a ação individual visa à tutela do direito subjetivo; proposta pelo sindicato, à aplicação do direito objetivo.

Essa compreensão atende a uma das mais profundas diferenças entre o Judiciário do Estado liberal e o Judiciário do Estado social. A tarefa que agora lhe é cometida já não é somente a de resguardar os direitos subjetivos dos que a ele acorrem, mas a de concretizar o direito objetivo.

Resta clara, então, a admissibilidade, por exemplo, de ação proposta pelo Ministério Público ou pelo sindicato, para proibir a realização de horas de trabalho extraordinárias além do limite legal de duas horas diárias. Pode ser proposta pelo Ministério Público, porquanto relativa a direitos indisponíveis dos trabalhadores; pelo sindicato, porque relativa a direitos da respectiva categoria profissional. Há interesse de agir, dado que somente pela via judicial podem ser impostas *astreintes*, para o caso de descumprimento. Trata-se, dessa forma, em qualquer caso, de hipótese de lesão ou ameaça a direito, que não pode ser excluída a apreciação do Poder Judiciário (Constituição, art. 5º, XXXV).

Por igual razão, admissível também ação, proposta pelo Ministério Público ou pelo sindicato, com alegação de que a empresa ré não concede intervalo intrajornada para refeição ou descanso, ou que não paga adicional noturno. Trata-se de direito indisponível dos trabalhadores, configurando-se também interesse difuso da categoria, já que serão possíveis beneficiários da sentença não apenas os atuais, mas também os futuros empregados da empresa.

Discussões sobre se, nesses casos, a ação é individual ou coletiva, se diz respeito a direitos difusos, coletivos *stricto sensu*, individuais homogêneos ou heterogêneos, perdem de vista o essencial: saber se a hipótese é de lesão ou ameaça a direito e, portanto, de violação do direito objetivo.

8. JURISDIÇÃO E COMPETÊNCIA

O conceito tradicional de que a *competência* seria a *medida da jurisdição* não respeita as características de *unidade* e *indivisibilidade* da jurisdição, visto que os órgãos do Judiciário exercem função jurisdicional na mesma medida e na sua totalidade. O que se tem são limites e que devem ser atendidos por quem tem função jurisdicional atribuída pela Carta Magna.

Sendo assim, estes limites do exercício da jurisdição denominam-se *competência*.

Adota-se a didática exemplificativa de Luiz Rodrigues Wambier ao afirmar que "as regras de competência são aquelas segundo as quais há uma espécie de *divisão de trabalho* entre os órgãos de um mesmo Poder Judiciário. Todos têm jurisdição: o que as normas de competência fazem é determinar em que momento e sob quais circunstâncias devem exercê-la"[28].

---

[28] WAMBIER, Luiz Rodrigues; WAMBIER Teresa Arruda Alvim; MEDINA, José Miguel Garcia. *Breves comentários à nova sistemática processual civil*. 3. ed. São Paulo: RT, 2007. p. 113.

CAPÍTULO V – JURISDIÇÃO

Por isto, as causas cíveis serão processadas e decididas, ou simplesmente decididas, pelos órgãos jurisdicionais, nos limites de sua competência, ressalvada às partes a faculdade de instituírem juízo arbitral.

Assim, a competência é a demarcação dos limites em que cada juízo poderá atuar, sendo requisito processual de validade. A competência para a causa se estabelece levando em consideração os termos da demanda, isto é, à vista da petição inicial, e não a procedência ou improcedência da pretensão, bem como não a definem a legitimidade ou não das partes (pertinência subjetiva da lide).

Assim, "a definição da competência se faz por meio de normas constitucionais, de leis processuais e de organização judiciária. Os critérios legais levam em conta a soberania nacional, o espaço territorial, a hierarquia de órgãos jurisdicionais, a natureza ou o valor das causas, as pessoas envolvidas no litígio. Na Constituição Federal encontra-se o arcabouço de toda a estrutura do Poder Judiciário nacional. Ali se definem as atribuições do Supremo Tribunal Federal (art. 102), do Superior Tribunal de Justiça (art. 105) e da Justiça Federal (arts. 108 e 109), bem como das justiças especiais (Eleitoral, Militar e Trabalhista) (arts. 114, 121 e 124). A competência da justiça local, ou estadual, assume feição residual, ou seja, tudo o que não toca à Justiça Federal ou às Especiais é da competência dos órgãos judiciários dos Estados"[29].

Importante recordar que o STJ é competente para a homologação de sentenças estrangeiras e a concessão de exequatur às cartas rogatórias. Por isso, para ter valor jurídico, a sentença estrangeira deve passar pelo STJ seguindo a sistemática constitucional.

A competência é fixada no momento do registro ou da distribuição da petição inicial, sendo irrelevantes as modificações do estado de fato ou de direito ocorridas posteriormente, salvo quando suprimirem órgão judiciário ou alterarem a competência absoluta (art. 43 do CPC/2015).

---

29 THEODORO JÚNIOR, Humberto. *Curso de direito processual civil.* 56. ed. rev., atual. e ampl. Rio de Janeiro: Forense, 2015, v. 1. p. 313-314.

TEORIA GERAL DO PROCESSO

Portanto, as causas cíveis serão processadas e decididas pelo juiz nos limites de sua competência, ressalvado às partes o direito de instituir juízo arbitral (art. 42 do CPC/2015).

Destacadamente, tramitando o processo perante outro juízo, os autos serão remetidos ao juízo federal competente se nele intervier a União, suas empresas públicas, entidades autárquicas e fundações, ou conselho de fiscalização de atividade profissional, na qualidade de parte ou de terceiro interveniente (art. 45 do CPC/2015), exceto as ações de recuperação judicial, falência, insolvência civil e acidente de trabalho; sujeitas à justiça eleitoral e à justiça do trabalho.

Os autos não serão remetidos se houver pedido cuja apreciação seja de competência do juízo perante o qual foi proposta a ação. Nesse caso, o juiz, ao não admitir a cumulação de pedidos em razão da incompetência para apreciar qualquer deles, não examinará o mérito daquele em que exista interesse da União, de suas entidades autárquicas ou de suas empresas públicas. Ademais, o juízo federal restituirá os autos ao juízo estadual sem suscitar conflito se o ente federal cuja presença ensejou a remessa for excluído do processo.

Segundo o art. 46 do CPC/2015, a ação fundada em direito pessoal ou em direito real sobre bens móveis será proposta, em regra, no foro de domicílio do réu.

Realmente, "as ações fundadas em direito pessoal e as ações fundadas em direito real sobre móveis serão propostas, em regra, no foro domicílio do réu. Os direitos de personalidade e os direitos obrigacionais, por exemplo, ingressam no conceito de direito pessoal; os direitos reais estão arrolados expressamente em lei (art. 1.225, CC). O domicílio da pessoa natural é o lugar onde ela estabelece a sua residência com ânimo definitivo (art. 70, CC). Se o demandado é pessoa jurídica, considera-se seu domicílio o lugar onde funcionarem as respectivas diretorias e administrações, ou onde elegerem domicílio especial no seu estatuto ou atos constitutivos (art. 75, IV, CC). A pessoa jurídica, pois, é demandada do lugar em que está a sua sede (art. 53, III, *a*, CPC). Tendo mais de um domicílio, o réu será demandado no foro de qualquer deles. Sendo incerto ou desconhecido o domicílio do réu, ele será demandado onde for encontrado. Não tendo o demandado domicílio nem residência no Brasil, a ação será proposta no foro do domicílio do demandante. Se o

CAPÍTULO V – JURISDIÇÃO

demandante também não residir no Brasil, a ação será proposta em qualquer foro. Havendo dois ou mais réus, com diferentes domicílios, serão demandados no foro de qualquer deles, à escolha do autor"[30].

Caso haja mais de um domicílio, o réu será demandado no foro de qualquer deles. Todavia, sendo incerto ou desconhecido o domicílio do réu, ele poderá ser demandado onde for encontrado ou no foro de domicílio do autor, visando facilitar a propositura da demanda.

Destarte, "a ação é proposta no domicílio do réu. Essa é a regra geral, que se fundamenta na ideia de que o réu encontra-se, ao menos inicialmente, em desvantagem comparativamente ao autor, dado que este tanto maneja o 'ataque inicial' (ou seja, propõe a ação em face do réu) quando lhe convier, selecionando o momento de propositura da ação, quanto dispõe de muito mais tempo para manejar a ação em desfavor do réu, o qual, ao ser citado, em regra conta com prazo de 15 dias apenas para fazer frente ao ônus de contestar a demanda. Nota-se, aqui, a aplicação do princípio da isonomia: colima-se atribuir equilíbrio à relação processual que será mantida entre autor e réu. Se aquele dispõe de prazo mais alargado para o ajuizamento da ação (a rigor, seu único prazo é o prescricional!), o réu terá a vantagem de, em regra, litigar no foro de seu domicílio, como contrapartida ao fato de dispor de apenas 15 dias, em regra, para responder à ação. Tal regra (propositura da ação no foro de domicílio do réu) aplica-se às ações pessoais ou que contenham debate acerca de direito real relacionado a bens móveis. É, por assim dizer, a regra geral de competência territorial para o ajuizamento de ações cíveis. Para a correta apreensão do conceito de domicílio, é necessária a remissão ao art. 70 do CC: 'O domicílio da pessoa natural é o lugar onde ela estabelece a sua residência com ânimo definitivo'. Em termos de definição do foro competente, aplica-se a regra geral de competência territorial (foro do domicílio do réu) se descartadas todas as regras específicas (arts. 47 a 53 do NCPC)"[31].

---

30   MARINONI, Luiz Guilherme; ARENHART, Sérgio Cruz; MITIDIERO, Daniel. *Novo código de processo civil comentado*. São Paulo: Revista dos Tribunais, 2015. p. 136.

31   WAMBIER, Teresa Arruda Alvim et al. *Primeiros comentários ao Novo Código de Processo Civil*. São Paulo: Revista dos Tribunais, 2015. p. 111-112.

Com efeito, "a lei escolhe o réu e não o autor, em primeiro lugar porque alguma escolha havia de ser feita e não existe outro elemento de fixação onipresente e de tão grande amplitude, capaz de substituir o critério pessoal. Além disso, o autor tem sempre a vantagem de escolher o momento mais propício para vir a juízo, o que ele fará quando tiver em mãos o material probatório conveniente, houver feito os necessários entendimentos com o advogado que lhe patrocinará a causa, dispuser de meios para custeá-la etc. O réu, quando citado, tem sempre um prazo exíguo para aparelhar a defesa, sem as folgas de que o autor dispõe. Para compensar tal desvantagem, é justo e equitativo, portanto, que ao réu se ofereça o benefício de litigar em seu próprio foro, sem se deslocar nem ter a necessidade de entender-se com pessoas que pode até não conhecer, nem de organizar a defesa a distância"[32].

Caso o réu não tenha domicílio ou residência no Brasil, a ação será proposta no foro de domicílio do autor, e, se este também residir fora do Brasil, a ação será proposta em qualquer foro, assim como determina o art. 46, § 3º do CPC/2015.

Ademais, no comum caso de haver 2 (dois) ou mais réus com diferentes domicílios, serão demandados no foro de qualquer deles, à escolha do autor.

Caso se trata de execução fiscal, resta saber que a demanda será proposta no foro de domicílio do réu, no de sua residência ou no do lugar onde for encontrado, visando facilitar o desenvolvimento processual (art. 46, § 4º do CPC/2015).

De outro lado, para as ações fundadas em direito real sobre imóveis, caso bastante comum na estrutura judicial brasileira, é competente o foro de situação da coisa, assim como preceitua o art. 47 do CPC/2015. Sabidamente, o autor pode optar pelo foro de domicílio do réu ou pelo foro de eleição se o litígio não recair sobre direito de propriedade, vizinhança, servidão, divisão e demarcação de terras e de nunciação de obra nova. Com efeito, a ação possessória imobiliária será proposta no foro de situação da coisa, cujo juízo tem competência absoluta.

---

[32]   DINAMARCO, Cândido Rangel. *Instituições de direito processual civil.* 7. ed. São Paulo: Malheiros, 2013, v. 1. p. 506-507.

CAPÍTULO V – JURISDIÇÃO

Destarte, o foro de domicílio do autor da herança, no Brasil, é o competente para o inventário, a partilha, a arrecadação, o cumprimento de disposições de última vontade, a impugnação ou anulação de partilha extrajudicial e para todas as ações em que o espólio for réu, ainda que o óbito tenha ocorrido no estrangeiro (art. 48 do CPC/2015). Todavia, se o autor da herança não possuía domicílio certo, é competente, segundo o art. 48, parágrafo único do CPC/2015, o foro de situação dos bens imóveis; havendo bens imóveis em foros diferentes, qualquer destes; não havendo bens imóveis, o foro do local de qualquer dos bens do espólio.

Fora isso, a ação em que o ausente for réu será proposta no foro de seu último domicílio (art. 49 do CPC/2015), também competente para a arrecadação, o inventário, a partilha e o cumprimento de disposições testamentárias.

De outro lado, a ação em que o incapaz for réu será proposta no foro de domicílio de seu representante ou assistente.

Ademais, é competente o foro de domicílio do réu para as causas em que seja autora a União. De outro lado, se a União for a demandada, a ação poderá ser proposta no foro de domicílio do autor, no de ocorrência do ato ou fato que originou a demanda, no de situação da coisa ou no Distrito Federal.

Destarte, é competente o foro de domicílio do réu para as causas em que seja autor Estado ou o Distrito Federal. Contudo, se Estado ou o Distrito Federal for o demandado, a ação poderá ser proposta no foro de domicílio do autor, no de ocorrência do ato ou fato que originou a demanda, no de situação da coisa ou na capital do respectivo ente federado.

Vencidas essas situações, segundo o art. 53 do CPC/2015, é competente o foro:

"I – para a ação de divórcio, separação, anulação de casamento e reconhecimento ou dissolução de união estável:

a) de domicílio do guardião de filho incapaz;

b) do último domicílio do casal, caso não haja filho incapaz;

c) de domicílio do réu, se nenhuma das partes residir no antigo domicílio do casal;

II – de domicílio ou residência do alimentando, para a ação em que se pedem alimentos;

III – do lugar:

a) onde está a sede, para a ação em que for ré pessoa jurídica;

b) onde se acha agência ou sucursal, quanto às obrigações que a pessoa jurídica contraiu;

c) onde exerce suas atividades, para a ação em que for ré sociedade ou associação sem personalidade jurídica;

d) onde a obrigação deve ser satisfeita, para a ação em que se lhe exigir o cumprimento;

e) de residência do idoso, para a causa que verse sobre direito previsto no respectivo estatuto;

f) da sede da serventia notarial ou de registro, para a ação de reparação de dano por ato praticado em razão do ofício;

IV – do lugar do ato ou fato para a ação:

a) de reparação de dano;

b) em que for réu administrador ou gestor de negócios alheios;

V – de domicílio do autor ou do local do fato, para a ação de reparação de dano sofrido em razão de delito ou acidente de veículos, inclusive aeronaves".

Essas são as estruturas gerais da competência, pontuais para a compreensão efetivada de cada situação e competência jurisdicional para tanto.

Quanto às regras de competência o juízo é um órgão jurisdicional que se coloca dentro do foro competente, o qual diz respeito ao território em que é exercida a jurisdição.

Compete à *autoridade judiciária brasileira*, com exclusão de qualquer outra: I – conhecer de ações relativas a imóveis situados no Brasil; II – em matéria de sucessão hereditária, proceder à confirmação de testamento particular e ao inventário e à partilha de bens situados no Brasil, ainda que o autor da herança seja de nacionalidade estrangeira ou tenha domicílio fora do território nacional; III – em divórcio, separação judicial ou dissolução de união estável, proceder à partilha de bens situados

CAPÍTULO **V** – JURISDIÇÃO

no Brasil, ainda que o titular seja de nacionalidade estrangeira ou tenha domicílio fora do território nacional (art. 823 do CPC/2015).

8.1 Critérios de fixação

O princípio da *perpetuatio jurisdictionis*[33] refere que a competência é determinada no momento do registro ou da distribuição da petição inicial, sendo irrelevantes as modificações do estado de fato ou de direito ocorridas posteriormente, salvo quando suprimirem órgão judiciário ou alterarem a competência absoluta. Observa-se o princípio da *perpetuatio jurisdictionis*[34], previsto no art. 43 do CPC/2015, e que trata de regra de estabilização da competência, buscando evitar, assim, a alteração do lugar do processo, toda vez que houver modificações supervenientes do estado de fato ou de direito. Assim, a competência é determinada no momento em que a ação é proposta.

Ainda assim, são irrelevantes as modificações do estado de fato ou de direito ocorridas posteriormente, exceto quando suprimirem órgão judiciário ou alterarem a competência absoluta. Destarte, a competência é fixada na propositura da ação e não pode ser modificada *ex officio* pelo juiz. Os critérios para determinação da competência estão no Código de Processo Civil e em legislação extravagante. E eles são *três*: objetivo, funcional e territorial.

Distinção inicial que merece destaque é a qualidade de (i)mutabilidade que cada uma das modalidades de competência detém[35]. A competência relativa é aquela que é arguida por meio de preliminar de contestação (art. 341 e 64 do CPC/2015), não podendo ser verificada de ofício (Súmula 33, STJ), depende de manifestação e provocação das partes para ser reconhecida, está sujeita a preclusão, pode ser modificada pelas partes.

---

33 THEODORO JÚNIOR, Humberto. *Curso de direito processual civil*. 56. ed. rev., atual. e ampl. Rio de Janeiro: Forense, 2015, v. 1. p. 338.

34 MARINONI, Luiz Guilherme; ARENHART, Sérgio Cruz; MITIDIERO, Daniel. *Novo código de processo civil comentado*. São Paulo: Revista dos Tribunais, 2015. p. 132.

35 THEODORO JÚNIOR, Humberto. *Curso de direito processual civil*. 56. ed. rev., atual. e ampl. Rio de Janeiro: Forense, 2015, v. 1. p. 334.

Ademais, segundo o art. 65 do CPC/2015, prorrogar-se-á a competência relativa se o réu não alegar a incompetência em preliminar de contestação, momento próprio para essa arguição. Ademais, a incompetência relativa pode ser alegada pelo Ministério Público nas causas em que atuar.

A competência absoluta é aquela normativamente fixada[36], deve ser arguida em preliminar de contestação (art. 64 do CPC/2015), pode ser verificada de ofício pelo juiz, não está, todavia, sujeita a preclusão[37], bem como não pode ser modificada pelas partes, podendo, por fim, ser verificada a qualquer tempo e grau de jurisdição (art. 64, § 1º do CPC/2015).

Após manifestação da parte contrária, o juiz decidirá imediatamente a alegação de incompetência. Caso a alegação de incompetência seja acolhida, os autos serão remetidos ao juízo competente. Salvo decisão judicial em sentido contrário, conservar-se-ão os efeitos de decisão proferida pelo juízo incompetente até que outra seja proferida, se for o caso, pelo juízo competente.

Importante destacar que os atos processuais realizados por juízo incompetente podem ser aproveitados pelo competente, desde que não realizem nulidade, fazendo-se aqui, por evidente, aplicar-se o princípio da sanação.

Essa distinção está fundada entre os interesses das partes (competência *relativa*) e o interesse público (competência *absoluta*). A partir dos critérios de fixação de competência podemos apontar o seguinte:

• *Competência relativa*: critério *territorial* (exceto ao local do imóvel) e o critério *objetivo* apenas "em razão do valor da causa";

• *Competência absoluta*: critério *funcional*, o critério *objetivo* quanto "à natureza da matéria" e quanto ao local do imóvel (art. 47 do CPC/2015, critério *territorial*).

8.2 Modificação da competência

A competência relativa poderá modificar-se pela conexão ou pela continência (art. 54 do CPC/2015). Nesse sentido, reputam-se *conexas* 2

---

36 THEODORO JÚNIOR, Humberto. *Curso de direito processual civil.* 56. ed. rev., atual. e ampl. Rio de Janeiro: Forense, 2015, v. 1. p. 334.

37 STJ, REsp 1.331.011-RJ, 2ªT, j. 21-8-2012, v. u., rel. Min. Mauro Campbell Marques, *DJe* 28-8-2012.

CAPÍTULO V – JURISDIÇÃO

(duas) ou mais ações quando lhes for comum o pedido ou a causa de pedir. É de se destacar que os processos de ações conexas serão reunidos para decisão conjunta, salvo se um deles já houver sido sentenciado.

A estrutura da conexão se aplica à execução de título extrajudicial e à ação de conhecimento relativa ao mesmo ato jurídico; bem como às execuções fundadas no mesmo título executivo. Ademais, segundo o disposto no art. 55, § 3º do CPC/2015, serão reunidos para julgamento conjunto os processos que possam gerar risco de prolação de decisões conflitantes ou contraditórias caso decididos separadamente, mesmo sem conexão entre eles. Tem-se aqui a conhecida *relação entre demandas*[38].

Atente-se à Súmula 235 do STJ: "A conexão não determina a reunião dos processos, se um deles já foi julgado".

De outro lado, dá-se a *continência* entre 2 (duas) ou mais ações quando houver identidade quanto às partes e à causa de pedir, mas o pedido de uma, por ser mais amplo, abrange o das demais (art. 56 do CPC/2015). Com efeito, quando houver continência e a ação continente tiver sido proposta anteriormente, no processo relativo à ação contida será proferida sentença sem resolução de mérito, caso contrário, as ações serão necessariamente reunidas, gerando, assim como determina o art. 57, nova *relação entre demandas*. Para tanto, a reunião das ações propostas em separado far-se-á no juízo prevento, onde serão decididas simultaneamente. Em complemento, refira-se que a ação acessória será proposta no juízo competente para a ação principal (art. 61 do CPC/2015).

Assim, o registro ou a distribuição da petição inicial torna prevento o juízo (art. 59 do CPC/2015). Ademais, se o imóvel se achar situado em mais de um Estado, comarca, seção ou subseção judiciária, a competência territorial do juízo prevento estender-se-á sobre a totalidade do imóvel.

Ainda importa destacar que, para as situações de modificação de competência, a competência determinada em razão da matéria, da pessoa ou da função é inderrogável por convenção das partes (art. 62 do CPC/2015).

---

38   Nesse sentido, relevante conferir LUCON, Paulo Henrique dos Santos. *Relação entre demandas*. 1. ed. Brasília: Gazeta Jurídica, 2016. p. 80 e s.

Por fim, segundo o art. 63 do CPC/2015, as partes podem modificar a competência em razão do valor e do território, elegendo foro onde será proposta ação oriunda de direitos e obrigações. Pontualmente, a eleição de foro só produz efeito quando constar de instrumento escrito e aludir expressamente a determinado negócio jurídico. Nesse sentido, o foro contratual obriga os herdeiros e sucessores das partes.

Mas os *negócios jurídicos processuais*, como nestes casos, não são intocáveis, pois, antes da citação, a cláusula de eleição de foro, se abusiva, pode ser reputada ineficaz de ofício pelo juiz, que determinará a remessa dos autos ao juízo do foro de domicílio do réu. De outro lado, citado, incumbe ao réu alegar a abusividade da cláusula de eleição de foro na contestação, sob pena de preclusão.

Por fim, segundo o art. 66 do CPC/2015, há conflito de competência quando:

> I – 2 (dois) ou mais juízes se declaram competentes;
> II – 2 (dois) ou mais juízes se consideram incompetentes, atribuindo um ao outro a competência;
> III – entre 2 (dois) ou mais juízes surge controvérsia acerca da reunião ou separação de processos.

Com efeito, para a estrutura de modificação da competência, o juiz que não acolher a competência declinada deverá suscitar o conflito (que será decidido pela autoridade judiciária competente), salvo se a atribuir a outro juízo.

9. NOVOS CONTORNOS DA JURISDIÇÃO

Na sistemática[39] processual contemporânea, é possível ação coletiva e até mesmo individual, com vistas à realização de políticas públicas[40].

---

[39] Analisando a teoria dos sistemas, na perspectiva de Niklas Luhmann, quando defende a ideia de uma teoria sistêmica do direito, chega-se à conclusão de que o sistema jurídico se autorreproduz, sendo isso a autopoiese. Esse processo que se renova sendo capaz de autorreprodução foi abordado pelo autor LUHMANN, Niklas. *Sistemi sociali*: fondamenti di una teoria generale. Bolonha: Il Mulino, 1990. p. 64.

[40] BERIZONCE, Roberto Omar; TESHEINER, José Maria Rosa; THAMAY, Rennan Faria Kruger. *Los procesos colectivos*: Argentina y Brasil. Buenos Aires: Cathedra Jurídica, 2012. p. 61.

CAPÍTULO V – JURISDIÇÃO

Destarte, em um "verdadeiro Estado Democrático de Direito, imprescindível se mostra a existência e utilização de meios que permitam que o Estado-juiz assegure efetivamente a tutela de direitos"[41].

Os mecanismos do processo civil[42] individual e coletivo[43], representado pelas ações individuais (mandado de segurança individual, ações declaratórias e condenatórias, por exemplo), assim como as ações coletivas[44] (ação civil pública, ação popular, mandado de segurança coletivo, ações coletivas de consumo e relativas ao meio ambiente, entre outras) fortalecem o Estado Democrático de Direito.

Com efeito, "o Poder Judiciário, em situações excepcionais, pode determinar que a Administração pública adote medidas assecuratórias de direitos constitucionalmente reconhecidos como essenciais, sem que isso configure violação do princípio da separação dos poderes"[45].

Para Luís Roberto Barroso, "a ideia de ativismo judicial está associada a uma participação mais ampla e intensa do Judiciário na concretização dos valores e fins constitucionais, com maior interferência no espaço de atuação dos outros dois Poderes. A postura ativista manifesta-se por meio de diferentes condutas, que incluem: (i) a aplicação direta da Constituição a situações não expressamente contempladas em seu texto e independentemente de manifestação do legislador ordinário; (ii) a declara-

---

41 TJSP, Ap. 1336613720078260000/SP, 9ª Câm. de Direito Público, rel. Sérgio Gomes, j. 5-10-2011, data de publicação: 6-10-2011.

42 Sobre um novo direito processual civil mercosurenho relevante conferir GASPAR, Renata Alvares. *Cooperação jurídica no mercosul*: nascimento de um direito processual civil mercosurenho. Santos: Editora Universitária Leopoldianum, 2013. p. 25 e s.

43 Sustentamos que o processo civil se divide em individual ou coletivo. Nesse sentido, confira-se THAMAY, Rennan Faria Kruger. Processo civil coletivo: legitimidade e coisa julgada. *Revista de Processo*, ano 39, v. 230, abr. 2014, p. 255 e s.

44 Importante referir que, segundo José Maria Rosa Tesheiner, as ações coletivas se prestam a tornar eficaz e realizável o direito objetivo e até os direitos individuais (TESHEINER, José Maria Rosa. *Temas de direito e processos coletivos*. Porto Alegre: HS Editora, 2010. p. 46). Sobre processos coletivos, imperioso conferir a obra de OTEIZA, Eduardo. *Procesos colectivos*. Santa Fe: Rubinzal-Culzoni, 2006.

45 STF, ARE 654.823/RS, 1ª T., rel. Min. Dias Toffoli, j. 12-11-2013, *DJe*-239, Divulg. 4-12-2013, Public. 5-12-2013.

TEORIA GERAL DO PROCESSO

ção de inconstitucionalidade de atos normativos emanados do legislador, com base em critérios menos rígidos que os de patente e ostensiva violação da Constituição; (iii) a imposição de condutas ou de abstenções ao Poder Público"[46].

Nesse contexto, torna-se perceptível que a participação do Poder Judiciário na implementação das políticas públicas[47], e da própria Constituição, acaba por modificar a clássica estrutura da jurisdição dos séculos passados, dando margem a uma nova concepção de jurisdição, comprometida com o dizer o direito em determinada circunscrição, vocacionada à efetividade da tutela jurisdicional e à concretização das políticas públicas, dos direitos fundamentais e da própria Constituição, seja por meio do ativismo judicial ou da judicialização das políticas públicas.

Outra demonstração clara da modificação estrutural e social da jurisdição se concretiza com a Arbitragem[48], que de algum modo quebra o monopólio estatal da jurisdição.

Novos contornos são vislumbrados na jurisdição em tempos pós--modernos, que não mais se amoldam à jurisdição caracterizada pela apatia do julgador, que hoje é ativo, participativo e altamente comprometido com a prestação efetiva da tutela jurisdicional, adequada e justa[49], comprometida com a realização da Constituição, das políticas públicas e dos direitos humano-fundamentais.[50]

Alteraram-se os limites da jurisdição, alargando-se, para que o processo se transforme em um instrumento democrático e efetivo.

---

46 BARROSO, Luís Roberto. *Ativismo judicial e legitimidade democrática...* cit.

47 ALVIM, Eduardo Arruda; THAMAY, Rennan Faria Kruger; GRANADO, Daniel Willian. *Processo constitucional.* São Paulo: Revista dos Tribunais, 2014. p. 193.

48 Sobre o reconhecimento das sentenças arbitrais estrangeiras no Brasil, confira-se GASPAR, Renata Alvares. *Reconhecimento de sentenças arbitrais estrangeiras no Brasil.* São Paulo: Atlas, 2009.

49 Sobre o processo justo, relevante conferir MORELLO, Augusto Mario. *El proceso justo*: del garantismo formal a la tutela efectiva de los derechos. La Plata: Platense, 1994. p. 230.

50 Sobre a proteção e eficácia dos direitos fundamentais, conferir SARLET, Ingo Wolfgang. *A eficácia dos direitos fundamentais.* 4. ed. rev. e atual. Porto Alegre: Livraria do Advogado, 2004. p. 150 e s. Também se pode observar DWORKIN, Ronald. *Levando os direitos a sério.* Trad. Nelson Boeira. São Paulo: Martins Fontes, 2002. p. 283 e s.

CAPÍTULO V – JURISDIÇÃO

10. CONCLUSÃO

Sem a pretensão de uma definição "perfeita", temos que a jurisdição se apresenta, na atualidade, sob três formas distintas:

a) Em primeiro lugar, temos a jurisdição em sua forma clássica, como atividade do Estado preposta à tutela de direitos subjetivos, públicos ou privados, quer se trate de direitos de crédito, quer de direitos formativos. Enquadra-se nessa categoria a ação declaratória da autenticidade ou falsidade de documento. Se o documento não serve à prova de direito nenhum, o autor é carecedor de ação, por falta do interesse de agir.

b) Em segundo lugar, temos as hipóteses de tutela de interesses públicos, mediante ação. Em princípio, o Estado tutela o interesse público através da atividade administrativa. Há, contudo, casos que tendem a ser cada vez mais numerosos, em que se prefere a via jurisdicional. Integra-se nesse grupo, em primeiro lugar, a ação penal. O interesse público de punir, isoladamente considerado, seria mais bem atendido mediante atividade administrativa. Prefere-se, no entanto, a via jurisdicional, a fim de se tutelar também o interesse individual do acusado de se subtrair à imposição da pena. Eis aí o cerne da profunda diferença entre a jurisdição civil e a penal: a jurisdição civil existe em função da ação; a jurisdição penal, em função da defesa. Também tutelam interesses públicos ou difusos: a ação direta de declaração de inconstitucionalidade, a ação civil pública, a ação popular e o mandado de injunção.

Não há identidade entre a tutela de direitos subjetivos e a de interesses públicos, embora uma e outra se enquadrem na ampla categoria da jurisdição contenciosa. É preciso, por isso, certo cuidado, para não se transporem indevidamente princípios próprios de uma categoria para a outra.

c) Temos, em terceiro lugar, a jurisdição voluntária, atividade do Estado preposta à tutela de interesses privados.

Sob outro aspecto, temos que a jurisdição pode ser definitiva, mediante cognição ou mediante execução. E pode, também, ser provisória. A jurisdição voluntária é exercida mediante atividade de cognição, mas sem a característica de imutabilidade, o que torna, quanto a ela, menos útil a distinção entre tutela definitiva e tutela provisória. Inegável, contudo, a exis-

179

tência de medidas cautelares de jurisdição voluntária, como a liminar de suspensão de tutela. Podemos, então, traçar o seguinte esquema:

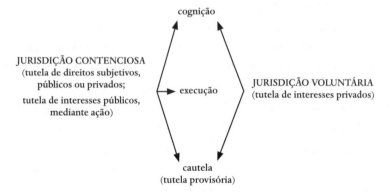

▶ **APROFUNDANDO**

Destaque do capítulo
Acesse também pelo *link*: https://somos.in/TGP0610

Precedente relevante
Acesse também pelo *link*: https://somos.in/TGP0609

CAPÍTULO VI

As Teorias da Ação

Numerosas teorias têm procurado explicar o que é a ação, sua essência e sua natureza jurídica. Destacam-se:

a) a teoria civilista;

b) a teoria do direito abstrato de agir;

c) a teoria do direito concreto de agir;

d) a teoria de Liebman.

1. TEORIA CIVILISTA

É a mais antiga. A ação mal se distingue do direito subjetivo a que visa assegurar. É uma qualidade ou um estado do direito: o próprio direito subjetivo reagindo a uma violação. É o direito de buscar em juízo o que nos é devido: *Jus quam sibi debeatur in iudicio persequendi* (Celso).

Ensinava-se que não há ação sem direito e que, por outro lado, a todo o direito corresponde uma ação que o assegura. Sino sem badalo, eis o que seria um direito sem ação, um direito que não se pudesse fazer valer em juízo. Savigny e, entre nós, João Monteiro são representantes ilustres dessa linha de pensamento. Deste, a seguinte lição:

"(...) todo direito violado, ou meramente ameaçado, logo manifesta uma força reativa própria, que o põe virtualmente em estado de defesa. Daqui vem a primeira ideia de ação, cujo germe é este: uma relação de direito preexistente e sua negação. Ação (*actio juris*) é a relação que a força do direito opõe à ação contrária (*violatio juris*) de terceiro; é um movimento de reequilíbrio; é um remédio.

O fundamento jurídico da ação é o próprio direito violado, e o seu momento funcional a mesma violação por parte de pessoa determinada. Esta violação cria um vínculo de direito idêntico a uma obrigação, da qual é sujeito ativo o titular da relação de direito, e sujeito passivo, o seu violador.

Pescatore, tendo definido a ação como a garantia judiciária de um outro direito, acrescenta: 'Dizendo que ação é a garantia judiciária de um outro direito, evidentemente pressupomos que existem direitos sem ação, e tais são aqueles aos quais se nega a garantia judiciária, ou porque pela lei do Estado estejam privados de qualquer garantia, ou porque a mesma lei lhes haja tão somente concedido as garantias administrativas e políticas, excluída a intervenção da autoridade judiciária'.

Conceito de fácil refutação este de figurar direitos privados de qualquer garantia. Mas esses não são direitos.

Garsonnet, concordando com que a ideia de direito contém necessariamente a ideia de ação, ou, por outra, que a ação não é outra coisa senão o direito mesmo, que permanece, por assim dizer, passivo enquanto não é contestado, mas que se põe em movimento logo que o é, pondera que a expressão direitos e ações, usada algumas vezes pela lei, é um pleonasmo.

A clássica teoria de Savigny maravilhosamente enfeixa o assunto: 'Todo o direito, em consequência de sua violação, toma imediatamente o aspecto que passo a descrever. No conjunto dos nossos direitos, uns existem perante todos os homens, os outros se referem unicamente a certos indivíduos determinados, e as obrigações têm essencialmente este caráter. Mas a violação dos nossos direitos só é concebível mediante fato de pessoa determinada, fato que estabelece entre nós e essa pessoa uma relação de direito especial nova. Este processo a exercer contra uma determinada pessoa, por um objeto determinado, tem, portanto, o caráter de uma obrigação; aquele que sofreu a violação e aquele que a cometeu, ou o autor e o réu, se acham na posição respectiva de um credor e de um devedor. Enquanto esta nova relação se mantém no estado de possibilida-

CAPÍTULO **VI** – **AS TEORIAS DA AÇÃO**

de e ainda não determinou ato algum da parte lesada, não a podemos considerar como uma obrigação verdadeira e perfeita. É um germe suscetível de se transformar, por seu desenvolvimento natural, em verdadeira obrigação. Esta relação, resultante da violação, isto é, o direito conferido à parte lesada, se chama direito de ação ou ação'''[1].

Modernamente, usa-se a palavra "ação" de preferência no sentido de ação processual, isto é, de invocação do ofício do juiz (provocação da jurisdição). É o que João Monteiro denominava "não em sentido objetivo". Dizia o ilustre professor paulista:

"Pretender definir ação por uma forma única é, ou cair no vício de Manfredini, que, dando uma definição de metro e meio, antes disserta do que define, ou incidir no erro de lógica: deixar fora da definição parte do definido".

É por isso que preferimos, ao determinar analiticamente a ideia de ação, decompô-la em suas diversas acepções para definir cada uma separadamente.

O vocábulo jurídico pode ser considerado em três acepções diferentes, a saber:

"I. Acepção subjetiva – significando o próprio direito reagindo contra a ação contrária de terceiro, ou a faculdade de defendê-lo judicialmente. Não é um direito independente, como quer Savigny, nem tampouco um acrescentamento ou uma anexação a um direito, como pretende Puchta, mas é parte integrante do direito mesmo.

II. Acepção objetiva, ou o ato da defesa judicial. É o ato pelo qual se invoca o ofício do juiz para que afirme a existência de uma relação de direito contestada ou simplesmente ameaçada.

III. Acepção formal, ou o modo prático desta defesa. Neste sentido, ação ou processo, demanda, pleito, entra no quadro da euremática forense ou jurisprudência prática".

Na primeira daquelas acepções, ação é uma face da própria relação de direito violada, e a definimos como a virtude própria a cada direito de se afirmar por meio da força social.

---

1 MONTEIRO, João. *Curso de processo civil.* 2. ed. São Paulo: Duprat, 1905, v. 1. p. 85-93.

Nesse sentido, é completa a definição da Instituta: *"actio nihil aliud est quam jus persequendi in judicio quod sibi debetur"*[2].

Como se observa, não há um abismo entre o pensamento atual e o de João Monteiro. Nossa contraposição entre a ação de direito material e a ação processual corresponde aproximadamente a que ele fazia entre ação na acepção subjetiva e ação na acepção objetiva.

Definida a ação (de direito material) como um direito de crédito contra o adversário, surgia alguma dificuldade com relação às ações reais, que se afastava com a consideração de que a violação do direito real criava uma situação análoga a de um credor em face de seu devedor. Assim, o proprietário injustamente destituído da posse da coisa tem o direito de exigi-la do possuidor.

Depois de anotar que alguns escritores censuravam a definição da Instituta, conclui João Monteiro: "Não há motivo para a censura porque, historicamente, se demonstra a correção da Instituta; porquanto, havendo Celso definido a ação *jus persequendi in judicio quod sibi debetur*, o vocábulo *actio* tinha, na tecnologia da época, um sentido restrito, pois que então *debere* somente compreendia as *obligationes*, excluindo as *actiones in rem*; mas ao tempo de Justiniano, a expressão *debere* se havia generalizado, abrangendo toda pretensão, qualquer que fosse a sua causa; ora, Justiniano não podia ignorar as diferenças históricas acima aludidas; logo, copiando literalmente a definição de Celso, teve em vista enquadrar na mesma definição também as ações *in rem*"[3].

A assimilação da ação aos direitos de crédito era ao mesmo tempo causa e consequência de que, ao se falar em ação, pensava-se sempre em ação condenatória (condenação do réu a pagar certa quantia em dinheiro ou a fazer ou não fazer alguma coisa).

Contra a teoria civilista argumentou-se com a existência da ação declaratória negativa que, por visar precisamente à declaração da inexistência de relação jurídica, não podia ser concebida como vinculada a um direito subjetivo violado.

Para afirmar-se a autonomia da ciência processual, passou-se a distinguir ação e direito subjetivo e deu-se especial atenção à ação declaratória.

---

2 MONTEIRO, João. *Curso...* cit., p. 85-93.

3 MONTEIRO, João. *Curso...* cit., p. 85-93.

2. TEORIA DO DIREITO ABSTRATO

Os autores que se filiam a essa corrente veem na ação (processual) um direito de crédito, distinto, porém, do eventual direito subjetivo que venha a resguardar. Dele se distingue, sobretudo pela circunstância de que é um direito de crédito contra o Estado. É um direito público subjetivo: direito à jurisdição; direito à prestação jurisdicional do Estado, direito à sentença, isto é, direito a uma resposta do Estado, qualquer que seja o seu conteúdo.

A denominação "direito abstrato" deriva da circunstância de que a ação independe da existência de um direito subjetivo concreto (basta que se alegue sua existência e, na ação declaratória negativa, o que se pede ao juiz é exatamente que se declare a inexistência de direito subjetivo da parte adversa).

Degenkolb, Rocco, Rosenberg, Pontes de Miranda e Couture são alguns dos defensores dessa teoria. Deste último é a lição que segue:

"Degenkolb nos mostrou de que maneira a ação civil, autônoma em relação ao direito, pode carecer de fundamento. Quando o autor promove a demanda ante o tribunal, pode não ter razão e, apesar disso, ninguém lhe porá em dúvida o direito de se dirigir ao órgão judiciário, pedindo-lhe uma sentença favorável. O demandado poderá negar o seu direito e obter, até mesmo, uma sentença nesse sentido. Mas nunca lhe tolherá o direito de comparecer ante o tribunal. Este é um direito que pertence mesmo àqueles que não têm razão.

Seria, realmente, milagroso, se não fosse um fato familiar na vida dos tribunais, que durante o processo a razão não pertença a ninguém. Só a sentença o decidirá. A incerteza é inerente a esse fenômeno jurídico chamado processo.

Muitos anos depois de ter publicado seu primeiro livro, Degenkolb modificou seu critério exigindo que o demandante, para que tivesse o poder de acionar, se julgasse, sinceramente, armado de direito. Tais vacilações, porém, não eram necessárias e seu pensamento, com elas, perdeu a clareza. Também o autor malicioso, o *improbus litigator*, aquele que bem sabe não ter razão, pode, mesmo assim, recorrer aos tribunais, por sua conta e risco, submetendo-se às responsabilidades que lhe imponha o uso abusivo do direito de acionar"[4].

Singulariza o pensamento de Couture o enquadramento da ação na ampla categoria do direito constitucional de petição:

"Embora a palavra ação tenha tido, no decurso dos anos, significados variáveis e apesar de, no direito contemporâneo, ainda ter múltiplas e diferentes acepções, parece hoje necessário admitir que há certa concordância em se considerar a ação como um poder jurídico do autor de provocar a atividade do tribunal. A ação, enfim, em seu sentido mais estrito e decantado, é só isso: um direito à jurisdição.

Se é assim, qual será a natureza desse direito?

Após minhas meditações sobre esse ponto doutrinário, que foi minha preocupação inicial nos estudos que empreendi há tantos anos e que ainda não abandonei, creio hoje poder afirmar que o direito de recorrer ao tribunal pedindo algo contra outrem é um direito de petição, no sentido que se dá a este direito nos textos constitucionais.

Essa petição é efetivada mediante distintos recursos técnicos. Ante o Poder Executivo, mediante as solicitações diretas, ou mediante os diversos recursos do contencioso administrativo contra os atos da administração; ante o Poder Legislativo, mediante as petições ao Parlamento; e quando a petição é dirigida ao Poder Judiciário adquire, finalmente, o nome de ação civil. Nada impede, por outra parte, que tenha esse mesmo caráter, em seu setor específico, a ação penal. Nesta, entretanto, a iniciativa dos órgãos do Poder Público lhe dá aspectos diferentes.

Ao fim desta larga exposição, chegamos, pois, à ideia fundamental de que o direito de ação ou ação judiciária é uma espécie da qual o direito de petição é o gênero. Ou seja, um direito de petição configurado com traços peculiares"[5].

---

4   COUTURE, Eduardo J. *Introdução ao estudo do processo civil*. Rio de Janeiro: Konfino, s.d. p. 22-23.

5   COUTURE, Eduardo J. *Introdução ao estudo do processo civil*. Rio de Janeiro: Konfino, s.d. p. 29-32.

CAPÍTULO VI – AS TEORIAS DA AÇÃO

A ideia de que o autor estaria a exercer um direito contra o Estado, mesmo não tendo, contra o adversário, o alegado direito subjetivo, a cuja proteção se destinava a ação, chocou a muitos juristas. Pareceu-lhes um absurdo a ação como "direito dos que não têm razão".

Disse Liebman: "na sua extrema abstração e indeterminação, tal direito (abstrato), não tem relevância alguma na vida e no funcionamento prático do processo porque, cabendo a qualquer um e em qualquer circunstância, não permite distinguir caso e caso, nem estabelecer uma ligação entre o processo e a hipótese concreta em virtude da qual existe. Tal direito não é verdadeiro direito, senão reflexo da instituição de juízes e tribunais".

Continuou-se, pois, na busca de um conceito de ação, procurando-se uma ideia que não a confundisse com o direito subjetivo, como ocorria na teoria civilista, mas que tampouco importasse na afirmação de um direito de quem não tem direito algum, como ocorria com a teoria do direito abstrato.

Surgiu, então, a teoria do direito concreto de agir.

3. TEORIA DO DIREITO CONCRETO

Conforme Adolf Wach[6], a ação dirige-se contra o Estado, que deve outorgar proteção, e contra a parte adversa, em face de quem deve ser outorgada dita proteção. É o direito público subjetivo de quem tem razão, a fim de que o Estado lhe outorgue a tutela jurídica, mediante pronunciamento favorável.

Conforme Chiovenda, a ação é um direito potestativo que o autor, que tenha razão, exerce em virtude do réu, podendo tanto ser pública quanto privada.

Para nós, no Brasil, é sobretudo a formulação chiovendiana da teoria do direito concreto de agir que importa.

Giuseppe Chiovenda é o fundador da "nova escola processual italiana". A primeira edição de seus Princípios é de 1906 e a das Instituições é de 1933.

---

6   WACH, Adolf. *La pretensión de declaración*. Trad. da ed. de 1889. Buenos Aires: Europa-América, 1962. p. 39-63.

Preocupou-se Chiovenda com distinguir a ação do direito subjetivo e negá-la aos que não tivessem razão. Essa, aliás, a diferença fundamental entre as teorias do direito concreto (só tem ação quem tem razão) e as do direito abstrato (a ação como direito inclusive dos que não têm razão).

A autonomia da ação é demonstrada por Chiovenda de duas formas:

a) Pela diferença de conteúdo entre a ação e o direito subjetivo. Este tende a uma prestação do devedor; aquela, a uma atividade do órgão jurisdicional, segundo o seguinte esquema:

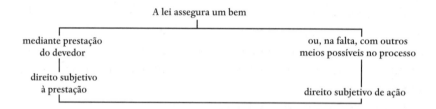

b) Pela indicação de casos em que há ação, embora não haja direito subjetivo a ser satisfeito:

– ação declaratória, especialmente a negativa;

– execução provisória;

– ação popular;

– ação penal privada (não há direito subjetivo à punição);

– ação possessória (concebida a posse como fato, e não como direito).

Disse Chiovenda: "(...) a ação é um dos direitos que podem fluir da lesão de um direito; e eis como ela se apresenta na maioria dos casos: como um direito por meio do qual, omitida a realização de uma vontade concreta da lei mediante a prestação do devedor, se obtém a realização daquela vontade por outra via, a saber, mediante o processo.

Contudo, essa, que constitui mera conexão, conquanto estreita, foi, em certo tempo, exagerada ao ponto de se resolver numa confusão dos dois conceitos, a lesão dos direitos e a ação. Dominava, a essa altura, uma concepção estritamente privada do processo, considerado como simples instrumento a serviço do direito subjetivo, como um instituto

CAPÍTULO **VI** – As Teorias da Ação

servil ao direito substancial, mesmo como uma relação de direito privado. A primeira consequência dessa maneira geral de entender o processo manifestava-se na doutrina da ação. Encarava-se a ação como um elemento do próprio direito deduzido em juízo, como um poder, inerente ao direito mesmo, de reagir contra a violação, como o direito mesmo em sua tendência a atuar. Confundiam-se, pois, duas entidades, dois direitos absolutamente distintos entre si. Nem era isenta desse defeito a doutrina que definia a ação como o direito novo oriundo da violação do direito e tendo por conteúdo a obrigação do adversário de fazer cessar a violação (Savigny), pois que, também aí, se confundia a ação com aquele direito a uma nova prestação, que pode decorrer da lesão do direito, mas que, exatamente porque tende também a uma prestação, pode ser satisfeito pelo devedor, enquanto a ação é um poder de realização da vontade concreta da lei, que prescinde da vontade e da prestação do réu.

Diversos fatores concorreram à formação das modernas teorias que, edificando sobre bases diferentes a doutrina da ação, forneceram a pedra angular da hodierna doutrina geral do processo.

Foi, de um lado, a renovação dos estudos do direito público, determinada por causas de ordem histórica, cultural, política, no princípio do século XIX, que induziu os pesquisadores a considerar o processo como campo de uma função e de uma atividade estatal, no qual prevalece e domina a pessoa dos órgãos jurisdicionais e a finalidade da atuação, não tanto dos direitos dos indivíduos, quanto da vontade da lei. Foi, de outro lado, a renovação, ocorrente no mesmo período, dos estudos do direito romano que assinalou entre seus mais importantes episódios o trabalho de Windscheid sobre a *actio* romana (1856) e a consequente polêmica sustentada com Muther. Esses estudos conduziram a diferenciar nitidamente o direito à prestação em sua direção pessoal determinada (*anspruch*, pretensão) – que, segundo apuramos, equipara, no limiar do processo, os direitos absolutos e relativos, reais e pessoais – do direito de ação, como direito autônomo, tendente à realização da lei por via do processo. O reconhecimento dessa autonomia tornou-se completo com Adolf Wach, que em seu Manual e na monografia fundamental sobre a ação declaratória (*Der Feststellungsanspruch*, 1888) demonstrou que a ação, tanto quando supre a falta de realização que, por lei, se deveria verificar mediante a prestação de um devedor, como, e principalmente, nos numerosíssimos casos em que colima a realização de uma vontade concreta da lei, que não deve nem pode realizar-se por outra via a não ser o processo, e um direito que se constitui por si e claramente se distingue do direito do autor tendente à prestação do réu devedor.

Quando, porém, Wach assim demonstrava, a categoria dos direitos potestativos era ainda quase ignorada pela doutrina, e, reduzido a inserir ainda a ação no quadro dos direitos a uma prestação, o escritor alemão configurou como devedor em face da ação o Estado e como prestação devida pelo Estado a tutela jurídica; pelo que definiu a ação como o direito daquele a quem se deve a tutela jurídica.

Pode-se, porém, duvidar se existe um direito à tutela jurídica contra o Estado, o que presumira um conflito de interesse entre Estado e cidadão, quando dar razão a quem a tem é interesse do próprio Estado, a que o Estado prove permanentemente com a instituição dos juízes.

Se, pois, se considera que o próprio Wach admite que o direito à tutela jurídica se dirige também contra o adversário, o qual, conforme sua eficaz demonstração, a nada é obrigado em frente à ação, vê-se claramente que já o conceito do tratadista alemão desbordava do campo dos simples direitos a uma prestação.

Se a doutrina de Wach contém um grande fundo de verdade, ao pôr em evidência a autonomia da ação, devem-se, não obstante, reconhecer como exagero inaceitável dessa ideia de autonomia aquelas teorias que, de um ou de outro modo, revertem ao conceito do denominado direito abstrato de agir, conjecturado como simples possibilidade jurídica de agir em juízo, independentemente de um êxito favorável. Teorias tais, passíveis de alguns sequazes inclusive na Itália, têm origem, umas mais, outras menos, na doutrina de Degenkolb, o primeiro a definir a ação (1877) como um direito subjetivo público, correspondente a qualquer que, de boa-fé, creia ter razão a ser ouvido em juízo e constranger o adversário a apresentar-se. Entretanto, o próprio fundador de tal teoria abandonou-a, reconhecendo que um direito de agir, correspondente não a quem tem razão, mas a qualquer que a creia ter, não é um direito subjetivo, senão mera faculdade jurídica. Não há dúvida de que qualquer pessoa tenha a possibilidade material e também jurídica de agir em juízo; mas essa mera possibilidade não é o que sentimos como ação, quando dizemos: 'Tício tem ação', pois, com isso, entendemos indicar o direito de Tício de obter um resultado favorável no processo.

Quanto a mim, que comecei a ocupar-me desses problemas quando a categoria dos direitos potestativos estava já largamente estudada na doutrina, não tive dificuldade, com o subsídio de semelhantes estudos, em ser o primeiro a inscrever a ação naquela categoria: recolhendo a parte substancial da teoria de Wach, defini a ação como um direito potestativo (1903).

Observei que, se em verdade a coação é inerente à ideia do direito; se em verdade a vontade concreta da lei, quando o devedor deixa de satisfazê-la com sua prestação, tende a sua atuação por outra via, e que, mesmo em numerosíssimos casos, há vontades concretas de lei cuja atuação só se concebe por obra dos órgãos públicos no processo; todavia, normalmente, esses órgãos só a pedido de uma parte podem prover a atuação (*nemo judex sine actore*), de modo que, normalmente, a atuação da lei depende de uma condição, a saber, da manifestação de vontade de um indivíduo; e diz-se que esse indivíduo tem ação, querendo dizer-se que tem o poder jurídico de provocar, com seu pedido, a atuação da vontade da lei.

A ação é, portanto, o poder jurídico de dar vida à condição para a atuação da vontade da lei. Definição que, bem examinada, coincide com a das fontes: *nihil allud est actio quam ius persequen di iudicio quod sibi debetur*, onde é evidentíssima a contraposição do direito ao que nos é devido ao direito de conseguir o bem que nos é devido mediante o juízo (*ius iudicio persequendi*).

A ação é um poder que nos assiste em face do adversário em relação a quem se produz o efeito jurídico da atuação da lei. O adversário não é obrigado à coisa nenhuma diante desse poder: simplesmente lhe está sujeito. Com seu próprio exercício exaure-se a ação, sem que o adversário nada possa fazer, quer para impedi-la, quer para satisfazê-la. Sua natureza é privada ou pública, consoante a vontade de lei, cuja atuação determina seja de natureza privada ou pública"[7].

---

7   CHIOVENDA, Giuseppe. *Instituições...* cit., v. 1, p. 20-24.

Liebman critica a teoria do direito concreto. Essa teoria é claramente o resultado de uma visualização do processo do só e restrito ponto de vista do autor que tem razão; e, como tal, põe em relevo apenas um aspecto da realidade: aquele de quem, tendo sofrido uma lesão ou ameaça a direito seu, sabe que pode, com um ato de vontade, pôr em movimento o processo e obter assim a produção de efeitos jurídicos próprios à tutela de seu direito.

Limitado deliberadamente o campo de observações apenas às partes, pode-se visualizar, ao lado da relação jurídica obrigacional que há entre as partes, a existência em uma delas do poder de obter – se necessário – um provimento judicial em face da outra, apto à tutela de seu direito. Desse ponto de vista é em certo sentido secundário o fato de que tal efeito não seja produzido diretamente pelo interessado, mas através do juiz.

Para o autor, naturalmente não é indiferente que a sentença lhe seja favorável ou desfavorável; e se compreende que ele, sem ter em conta a circunstância de que o processo existe exatamente para que se indague dos fundamentos de sua pretensão, considere um direito apenas a ação fundada, que origina um provimento favorável. Quão enganoso lhe pareceria um direito cujo resultado prático viesse a prejudicá-lo, levando até a arrepender-se de havê-lo exercido!

Assim, ignorando de um lado a função do juiz e prescindindo de outro da laboriosa atividade que se deve levar a cabo no processo para verificar se a ação é fundada ou infundada, pode-se imputar diretamente ao autor o efeito final e ver na ação um vínculo direto entre parte e parte, tendo por conteúdo um provimento favorável ao autor.

Entretanto, para assim se explicar a ação, é preciso olhar o processo de fora, como se fora uma caixa preta, de que importasse conhecer como pô-la em movimento e observar, depois de certo tempo (ai de nós, em geral após longo tempo!), como sai um produto acabado e perfeito. Ora, esse modo de observar o fenômeno é permitido a todos, menos ao estudioso do processo, e pode situar-se em qualquer lugar que seja, menos na teoria do processo. Esta de fato tem por finalidade estudar como está construído o mecanismo e como efetivamente funciona; deve portanto olhá-lo de dentro e considerar todos os seus elementos componentes e todos os sujeitos que o compõem.

Ver-se-á então que esse não é um instrumento inanimado que o interessado possa manejar como queira, porque resulta da atividade combinada de outros, entre os quais o juiz, pessoa e não coisa, sujeito e não objeto, órgão de uma função soberana que se desenvolve no processo segundo suas regras e exigências próprias.

A essência da ação encontra-se exatamente no vínculo que se estabelece entre a iniciativa do autor e o exercício em concreto da jurisdição, residindo pois na necessidade e eficácia da invocação para que o juiz "proceda", e diz respeito à essência do processo a determinação pelo juiz do conteúdo positivo ou negativo de seu provimento final. Quem prescinde desses dois aspectos do problema se arrisca a construir um conceito de ação em que estiver ausente a ação, uma teoria do processo que ignora o processo.

Entre o direito da parte e a consequente atividade do juiz vir-se-ia a estabelecer como que um muro impenetrável, como se fossem coisas destacadas, sem nexo entre elas, correndo sobre planos diversos e destinadas a não se encontrar jamais. O processo pelo contrário é um engenho unitário em que se integram e se fundem esses vários elementos, cujas relações recíprocas devem ser precisamente definidas.

Embora seja verdade que a ação visa produzir um determinado efeito jurídico em face do adversário, certo é que esse efeito decorre do provimento do juiz e que, portanto, a ação, enquanto direito, tem por objeto imediato esse provimento e se dirige contra quem pode e deve emiti-lo, isto é, o juiz, na sua qualidade de agente do Estado. A ação, portanto, é um direito ao meio, não ao fim, e isto em dois sentidos diversos, o de seu conteúdo e o de sua direção, que são dois aspectos de uma única relação.

Em primeiro lugar, a lei confere o direito aos atos destinados a atuar a tutela jurídica, mas não garante o êxito, isto é, a efetiva concessão da tutela, porque o conteúdo concreto do provimento depende de condições objetivas de direito substancial e processual e da avaliação que o juiz fará, condições todas que fogem ao controle da vontade do autor. Este tem, sim, direito a ver conhecidas e examinadas as suas razões, mas não tem direito a que se lhe dê razão. Se isso é verdadeiro para o processo de cognição, não o é menos para o processo de execução, ainda que de modo menos claro, porque o resultado final depende sempre indiretamente da existência do direito do credor. Isso, todavia não impede que a ação executiva seja exercitada também quando falte o direito e por isso também ela é abstrata.

Em segundo lugar, a ação é direito ao meio e não ao fim, porque a lei não outorga ao autor o poder de impor ao réu o efeito jurídico por aquele desejado. Ao Estado e só a ele pertence o poder de impor a sanção. Da fundamental igualdade dos cidadãos e da proibição do exercício das próprias razões decorre a existência de apenas duas vias para a aplicação de sanção: a voluntária sujeição da pessoa que deve sofrê-la ou a intervenção da autoridade pública. No direito romano clássico, e ainda hoje nos juízos arbitrais, a via escolhida é a primeira, mas no processo civil moderno se prescinde como regra de qualquer espécie de aceitação prévia ou sucessiva do sujeito passivo e se entrega tal função ao Estado. Conceber a ação como direito da parte contra a parte adversa, incluindo aí o resultado normal da atividade do Estado, significa pôr o fim no lugar do meio e introduzir em um direito privado algo de todo estranho e de natureza profundamente diversa, ou seja, o exercício de um poder de natureza pública, pertencente a título originário aos órgãos da soberania do Estado.

A teoria do direito concreto, embora considere a ação como um direito autônomo e por isso existente também nos casos em que o autor não tenha um verdadeiro e próprio direito subjetivo substancial a satisfazer, contudo continua identificando a ação com a relação substancial existente entre as partes, ainda que visualizada sob um aspecto peculiar, enquanto direito à aplicação da sanção. Daí decorre que a ação continua a ser o próprio direito que se deduz em juízo. Todavia, a ação é verdadeiramente distinta do direito ou da relação jurídica substancial. É o direito instrumental por meio do qual se deduz em juízo a afirmação de um direito ou em geral de uma situação jurídica que se quer ver declarada ou tutelada[8].

---

8   LIEBMAN, Enrico. *Problemi del processo civile*. Milano: Morano, 1962. p. 29-33.

CAPÍTULO VI – AS TEORIAS DA AÇÃO

4. A TEORIA DE BOTELHO DE MESQUITA

Entre os defensores da teoria do direito concreto de agir, inscreve-se, entre nós, José Ignácio Botelho de Mesquita, com um posicionamento original.

Jurisdição é a atividade, produtora de efeitos de fato e de direito, que o Estado exerce em substituição à parte, a qual conferiu esse poder, vedando-lhe, contudo, seu exercício pessoal.

Dessa proibição decorre, para o Estado, o dever de prestar a jurisdição e, para a parte, o direito de ação, isto é, o direito de exigir o cumprimento desse dever.

Entre o exercício do direito de ação e a prestação da atividade jurisdicional se interpõe o julgamento, cuja finalidade é proporcionar, ao Estado, a certeza sobre a existência de seu dever de prestar a jurisdição.

O direito ao julgamento, puro e simples, é direito à administração da justiça, que cabe a quem quer que se afirme titular do direito de ação e que com este não se confunde.

Segundo o fim a que se destina, a atividade jurisdicional classifica-se em constitutiva (de efeitos de direito material) e executória.

A sentença declaratória produz efeito apenas processual (elimina a liberdade estatal quanto à apreciação do direito) e se explica em função de exigências criadas pela própria existência da atividade jurisdicional.

A sentença condenatória explica-se como pressuposto para o exercício da atividade jurisdicional.

Há, na cautelar (tratada hoje como forma de tutela provisória), exercício do direito de ação, correspondente não ao direito que é ou será objeto do processo principal, mas ao direito à segurança do resultado procurado na ação principal.

O réu não exerce o direito de ação, mas seu direito não se limita à mera administração da justiça. Tem o direito a que o Estado recuse a prestação jurisdicional (quando indevida). É isso que explica seu poder de se opor à desistência do autor e seu direito de valer-se da ação rescisória, para anular sentença contra ele proferida.

Em conclusão, a ação tem como objeto: a) o desenvolvimento da atividade sancionatória do Estado (execução); ou b) a constituição de

195

Teoria Geral do Processo

título executório (condenação); ou c) a segurança de uma situação jurídica (sentença declaratória); ou d) a produção de outros efeitos de direito processual ou de efeitos de direito material (sentença constitutiva); ou, finalmente, e) a segurança do resultado de um processo futuro ou já em curso (sentença cautelar)[9].

A originalidade da teoria de Botelho de Mesquita está em colocar o núcleo da jurisdição, não na atividade declaratória, como a unanimidade dos autores, mas na atividade constitutiva e executória desenvolvida pelo Estado.

Diz o processualista que "o defeito capital da teoria dominante parece-nos ser o de identificar a jurisdição com o juízo, esquecendo-se de que o juízo estatal é simples meio para se atingir um fim que está além dele e no qual verdadeiramente se explica a função jurisdicional.

Esta redução sofrida pelo conceito de jurisdição parece ter suas origens no amplo movimento descrito pela doutrina processual no segundo terço do século XIX, que levou o processo a despregar-se do solo do direito material, em que mergulhara profundamente as suas raízes, para a partir daí passar a ter vida autônoma e fundar uma ciência própria.

A alavanca que iria proporcionar esse resultado foi encontrada na descoberta da autonomia da ação declaratória, passando todas as ações a serem explicadas através desta, do mesmo modo como a teoria até então dominante, fielmente espelhada no pensamento de Savigny, explicava o direito de ação através do que ocorria na ação condenatória julgada procedente.

A repercussão desse movimento pode ser ainda hoje observada na teoria atualmente dominante. Se reduzirmos todas as ações à ação meramente declaratória, verificaremos que a concepção de Liebman se mostrará quase que impecável.

Entendido como único efeito da sentença de mérito, a eliminação da incerteza jurídica, o elenco de condições da ação, proposto por Liebman, apresentar-se-ia como relação de elementos constitutivos de um direito à eliminação da incerteza jurídica; e, como o objeto desse direito não

---

9   MESQUITA, José Ignácio Botelho de. *Da ação civil.* São Paulo: Revista dos Tribunais, 1975.

CAPÍTULO **VI** – As Teorias da Ação

guarda qualquer relação com o interesse material da parte, sendo ao contrário objeto de um interesse pertencente por igual ao Estado e ao particular, puramente abstrato e genérico, passaria a ser perfeitamente compreensível o fato de inexistir um direito em sentido material, sendo um simples poder de dar vida às condições de que a lei faz depender o exercício da função jurisdicional.

Vale dizer, à posição extremada de uma teoria que fazia da ação condenatória a ação típica sobreveio outra posição, não menos extremada, a fazer da ação declaratória o padrão pelo qual toda a ação deveria ser explicada"[10].

Crítica. Parece que, definida a ação como direito à jurisdição e reduzida esta à atividade constitutiva de direito material e executória, não se pode apontar, depois, como possível objeto da ação, a sentença declaratória (segurança de uma situação jurídica) e a condenação (constituição de título executivo).

5. TEORIA DE LIEBMAN

Enrico Túlio Liebman é "o pai da escola processual de São Paulo" (Niceto Alcalá-Zamora y Castillo); "o fundador da ciência processual brasileira" (Buzaid). Chegando ao Brasil, pouco antes de entrar em vigor o Código de Processo Civil de 1939, encetou o seu magistério na Faculdade de Direito de São Paulo, em 1941, ministrando aulas no curso de extensão universitária. Suas lições marcaram profundamente o Código de Processo Civil de 1973.

Nos escritos de Liebman, nos deparamos com as seguintes ideias fundamentais:

1. A ação é um direito subjetivo instrumental e abstrato.

2. A ação subordina-se a condições (interesse, legitimidade e possibilidade jurídica).

3. Ação e jurisdição exigem-se mutuamente. São termos correlatos.

---

10 MESQUITA, José Ignácio Botelho de. *Da ação civil*. São Paulo: Revista dos Tribunais, 1975. p. 82-83.

TEORIA GERAL DO PROCESSO

4. Jurisdição implica julgamento de mérito.

5. Faltando condição da ação, não há exame do mérito e, pois, tampouco há jurisdição.

Em seu Manual, disse Liebman que no sistema das normas do direito processual (que são, como se viu, normas instrumentais) há posições subjetivas juridicamente relevantes, algumas ativas, outras passivas. As ativas constituem os direitos subjetivos processuais, direitos de iniciativa e de impulso, e consistem no poder de provocar atos dos órgãos jurisdicionais. Desses direitos, o primeiro e fundamental, com que o sistema toma contato com o mundo externo, é o de ação, que é precisamente o direito de provocar não já um ato processual singular, mas antes o exercício da própria função jurisdicional.

As normas instrumentais, ao regular a atividade dos órgãos instituídos para exercer essa função, conferem à parte interessada o poder exclusivo de provocá-la. A ação é, pois, o direito subjetivo que consiste no poder de produzir o evento a que está condicionado o efetivo exercício da função jurisdicional: por efeito da propositura da demanda, o órgão judiciário se põe em movimento, em obediência às regras internas que disciplinam a sua função. Pode ela, pois, definir-se como direito à jurisdição.

A ação dirige-se ao Estado, na sua qualidade de titular do poder jurisdicional. Nem por isso está o Estado obrigado a coisa alguma em relação ao autor: quando legitimamente estimulada, a função se desenvolve para satisfazer um interesse público e em aplicação das normas que a regulam internamente. A ação é, pois, proposta sempre contra uma outra parte, em face da qual se pede que se pronuncie a sentença; a ação produz, assim, um estado de sujeição da parte adversa ao poder e à atividade do órgão judiciário.

Ficam assim claras as posições subjetivas emergentes do sistema das normas processuais (diversas, no seu esquema e conteúdo daquelas próprias do direito substancial): poder do órgão jurisdicional, direito de provocar-lhe o exercício (ação) sujeito aos efeitos deste exercício. Entre o direito de uma parte e a sujeição da outra, o vínculo não é direto, mas indireto, através da potestade do órgão, que o primeiro apenas pode

198

provocar com relação a uma determinada hipótese concreta e em confronto com uma determinada contraparte: o demandado não pode subtrair-se aos efeitos da atividade do órgão jurisdicional que, embora provocados imediatamente pelo autor, todavia não lhe são juridicamente imputáveis, pois decorrem do exercício da soberania de que está investido originária e exclusivamente o órgão estatal.

Mas o réu não é o único sujeito que não pode subtrair-se aos efeitos dos atos que emanarão do órgão jurisdicional: em idêntica situação fica o próprio autor que, havendo provocado o exercício da jurisdição, fica igualmente sujeito aos seus efeitos, ainda que no todo ou em parte desfavoráveis aos seus interesses. A possibilidade de que o ato jurisdicional conduza a efeitos desfavoráveis o autor é consequência do caráter abstrato da ação. O conteúdo favorável e o êxito dependem do resultado do processo e não decorrem do mero direito de provocar a sua constituição.

Mas a ação, embora abstrata, não é genérica; pelo contrário, ela se refere a uma hipótese determinada e exatamente individuada, além de idônea a se tornar objeto da atividade jurisdicional do Estado: é direito a obter do juiz a remoção ou reparação de uma determinada situação danosa, mediante a atuação do direito aplicável; e surge caso a caso todas as vezes que a situação de fato, em que se encontra uma pessoa, é tal que justifique a sua demanda à autoridade, a fim de que atue sobre a situação, aplicando a lei pertinente. A ação depende por isso da existência de alguns requisitos constitutivos, que se chamam condições da ação e que é preciso individuar com precisão[11].

Sobre as condições da ação, ver adiante, no capítulo próprio.

6. TEORIA DE MARINONI

Tratando da ação processual, diz Marinoni:

Assinalamos que "o ponto de partida de sua teoria é o direito fundamental de ação, consagrado no art. 5º, XXXV, da Constituição, entendi-

---

11 LIEBMAN, Enrico Tullio. *Manuale di diritto processuale civile*. 2. ed. Milano: Giuffrè, 1957, v. 1. p. 37-39.

do não apenas como direito a um julgamento, pelo Poder Judiciário, de alegada lesão ou ameaça a direito, mas como pretensão à tutela efetiva de direitos subjetivos, sejam ou não fundamentais. A ação é mais do que direito a um julgamento. É direito à adequada e efetiva tutela do direito material, como destacado no art. 83 do Código do Consumidor"[12].

Tem-se, aí, definida a ação, não como um ente simples, mas como um composto de dois elementos: a ação, como direito fundamental e um direito que pode ou não ser fundamental.

A mesma ideia de ente composto transparece na distinção estabelecida pelo autor entre pretensão à sentença e pretensão à tutela jurisdicional do direito, sendo esta de conteúdo variável.

Essa dupla composição resulta da soma de duas teorias antagônicas: a do direito abstrato de agir (direito fundamental de ação, pretensão à sentença) e a do direito concreto de agir (pretensão à tutela de um direito subjetivo, pretensão à tutela jurisdicional do direito).

Teria Marinoni adotado um conceito de ação intrinsecamente contraditório, com violação do princípio da identidade?

Supera-se a aparente contradição, explicando-se que Marinoni conceitua a ação enquanto objeto da percepção do juiz, que a vê como um continente (pretensão à sentença) com certo conteúdo (pretensão à efetiva tutela de um direito subjetivo). Pode-se também dizer que a ação tem "cor": pode ser branca (pedido manifestamente procedente), preta (manifestamente improcedente), cinza (possivelmente procedente) e incolor (impossibilidade, pelo menos momentânea, de qualquer juízo sobre a procedência ou improcedência do pedido).

De outro modo, o pensamento de Marinoni apresenta-se contraditório, pois não se pode definir a ação como direito à efetiva tutela jurisdicional de um direito que não existe. E, sendo a ação abstrata, podendo, pois, provocar um juízo de improcedência, como se lhe poderia acrescentar o *plus* da adequação à tutela de um direito material inexistente?

---

12   Ver MARINONI, Luiz Guilherme. *Teoria geral do processo*. São Paulo: Revista dos Tribunais, 2006, v. I, cap. V: "Da ação abstrata e uniforme (ação única) à ação adequada à tutela do direito material e ao caso concreto".

CAPÍTULO **VI** – As Teorias da Ação

Outra explicação apta a superar a aparente contradição está na exata compreensão do conceito de ação processual como pretensão à tutela jurisdicional (teoria do direito abstrato).

Para isso, é preciso apontar para a falácia da afirmação de que a ação processual, porquanto abstrata, é sempre idêntica, não admitindo especificações. Quando se diz que ação é direito a uma prestação jurisdicional do Estado, faz-se uma afirmação correta, mas incompleta, porque se omite o objeto dessa prestação, que é variável, mas não pode deixar de existir. Uma petição inicial que se limitasse a pedir uma sentença seria inepta. Ela necessariamente deve indicar o pedido, que é o objeto da prestação jurisdicional solicitada. É correto, portanto, falar-se em ação de despejo (gênero: ação; espécie: de despejo), com o que se indica a pretensão material do autor, sem que, com isso, se esteja a recair na teoria do direito concreto de agir. Quando se diz que uma ação é de despejo, não se está a afirmar que a sentença será necessariamente de procedência. A adequação da ação à natureza do direito material alegado é, aliás, o que explica a existência de procedimentos especiais, como os da ação de consignação em pagamento, de usucapião, de divisão e demarcação etc. O que se pode discutir é se essa adequação deve ser obra exclusiva do legislador, em atenção à segurança jurídica, ou se pode ser feita também pelo juiz, com vistas à efetividade do processo.

7. A RELATIVIDADE DO CONCEITO DE AÇÃO (AÇÃO E IDEOLOGIA)

Segundo Calamandrei, as várias teorias da ação expressam diferentes concepções relativas às relações entre interesse individual e interesse público, entre cidadão e Estado, entre liberdade e autoridade.

Inspiram-se na ideologia liberal a teoria civilista e a teoria de Wach. Em ambas, a finalidade do processo é a tutela do direito subjetivo, isto é, do interesse individual. Não distinguindo a ação do direito subjetivo, os personagens do drama permaneciam os mesmos: credor e devedor, na teoria civilista. Na teoria de Wach, a relação processual se estabelece com o Estado, posto a serviço do particular na qualidade de devedor, "absurda construção de um titular de direito que, exigindo a prestação,

TEORIA GERAL DO PROCESSO

presta um serviço ao obrigado, e de um obrigado que, ao cumprir com sua obrigação, satisfaz, em primeiro lugar, seu interesse próprio".

Inspira-se na ideologia autoritária a teoria do direito abstrato de agir. A finalidade do processo é a realização do direito objetivo. A relação processual se estabelece entre o autor e o Estado e entre este e o réu. "Este direito meramente abstrato de provocar uma providência possivelmente contrária ao próprio interesse ou não tem sentido jurídico, ou, se o tem, não pode encontrar-se senão sob o perfil do exercício privado de uma função pública".

A teoria de Chiovenda apresenta-se a meio caminho. "Em realidade, quando o Estado administra justiça, move-se não para prestar com sacrifício próprio um serviço a quem lhe pede, mas para atingir um dos fins essenciais do Estado, isto é, para servir a um interesse essencialmente público. Mas o interesse individual e o interesse público não se podem considerar no processo como forças em oposição, senão como duas aspirações aliadas e convergentes, cada uma das quais, longe de buscar vantagens com menoscabo da outra, considera a satisfação da outra como condição da própria. Mas a relação processual se estabelece entre autor e réu, com que Chiovenda deixa na sombra a posição do Estado."[13]

| Ideologia liberal | TEORIA CIVILISTA | A ação visa à tutela do interesse individual (direito subjetivo); |
| | | a relação processual se estabelece com os mesmos sujeitos da relação substancial: credor e devedor; autor e réu |

| Ideologia liberal | WACH | A ação visa à tutela do interesse individual (direito subjetivo); |
| | | a relação processual se estabelece entre o autor de um lado; o réu e o Estado, de outro. |

$$A < {E \atop R}$$

---

13   CALAMANDREI, Piero. *Estudias...* cit., p. 135-160.

CAPÍTULO VI – AS TEORIAS DA AÇÃO

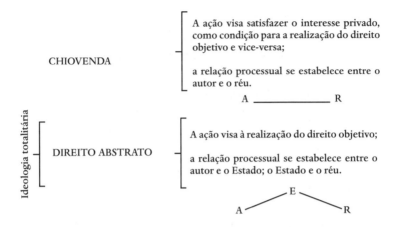

8. RESUMO E CONCLUSÃO

A teoria civilista corresponde ao tempo em que não havia maior preocupação com o conceito de ação. Contentavam-se os juristas com a ideia de Celso: a ação nada mais é do que o direito de buscar em juízo o que nos é devido. Imaginava-se uma relação jurídica: um credor e um devedor. O credor era titular de um direito subjetivo: o direito, por exemplo, de exigir dinheiro do devedor. Ocorrendo o inadimplemento deste, o direito subjetivo do credor ficava em pé de guerra, passando do estado de tranquilidade para o estado de ação.

Todavia, era fácil observar que havia ações improcedentes. Não era lógico imaginar-se um direito inexistente mudar simplesmente de estado, passando da inércia à ação. O nada não age. Sobreveio, então, na Alemanha, a teoria do direito abstrato de agir. O direito de ação era, realmente, um direito de crédito, direito a uma prestação. Mas a prestação devida, no caso do direito de ação, não era o dinheiro do indigitado devedor. Tampouco era este o sujeito passivo do direito de ação. Não. O direito de ação é um direito de crédito contra o Estado, tendo por objeto a prestação jurisdicional do Estado. Direito de ação é direito à jurisdição. Se o autor tem razão, a prestação a ele devida é uma sentença de procedência. Se o autor não tem razão, a prestação devida é uma sentença também, mas de improcedência. Passou-se, desde então, a distinguir, de maneira muito clara, a relação jurídica processual, tendo o autor como

TEORIA GERAL DO PROCESSO

credor e o Estado como devedor da relação de direito material afirmada pelo autor (o direito ao dinheiro do devedor).

Essa nova doutrina sofreu como que um processo de rejeição, sobretudo na Itália. A razão é fácil de compreender-se. Não se entendia que pudesse ter direito quem não tinha direito algum. A ação, diziam, não pode ser o direito de quem não tem razão. Não podemos admitir que tenha direito à jurisdição o sujeito que, conscientemente, de má-fé, mentindo descaradamente, vai ao juiz se afirmando nosso devedor. Contudo, um outro problema se desenhava, impedindo que se continuasse com a teoria civilista. Era o problema da ação declaratória negativa: o autor, com razão, vai a juízo a fim de que se declare que não é devedor do réu: pede que se declare a inexistência de relação jurídica. Por suposto, o autor tem razão: não existe relação jurídica de direito material. Portanto, não existe direito subjetivo. Contudo, o autor tem direito a uma sentença de procedência. A resposta para essa dificuldade, Chiovenda a encontrou nos direitos formativos. O direito de ação não se confunde, efetivamente, com o direito subjetivo afirmado ou negado pelo autor. A ação é, sem dúvida, um direito subjetivo. No entanto, um direito subjetivo de outra natureza: é um direito formativo: o direito de submeter alguém aos efeitos de ato próprio, sem que o sujeito passivo nada possa fazer para fugir a tais efeitos e sem que deva praticar ato algum para satisfazer o direito do sujeito ativo. Tem direito potestativo, por exemplo, quem comprou imóvel por escritura pública: tem o direito de adquirir a propriedade do imóvel simplesmente levando a escritura a registro. A ação, raciocinou Chiovenda, é um direito potestativo: o direito de transformar outrem em réu. Este nada pode fazer para impedir a citação. Tampouco seria correto afirmar-se ter o dever de tornar-se réu. Não, ele se torna réu simplesmente porque sujeito aos efeitos do direito de ação do autor. Contudo, ensinou Chiovenda, tal direito somente pode ser reconhecido aos que têm razão. O direito de ação que sobrevenha sentença de procedência. Tal sentença pode declarar a inexistência de direito subjetivo, como no caso da sentença declaratória negativa. Mas a sentença há de ser sentença de procedência. Como só quem tem razão tem efetivamente direito de ação, segue-se que a ação é condicionada. São condições da ação os requisitos para que sobrevenha sentença

204

CAPÍTULO **VI** – As Teorias da Ação

de procedência, a saber, a existência do direito subjetivo afirmado (ou a inexistência do direito subjetivo negado, no caso da ação declaratória negativa); a legitimação para a causa e o interesse. Ficaram, então, se defrontando na ciência processual duas teorias: a ação como direito abstrato e incondicionado e a ação como direito concreto e condicionado.

Liebman tentou uma síntese das duas doutrinas, criando uma terceira, eclética: a ação como direito abstrato, todavia, condicionado. A ação, ensinou, é direito subjetivo à jurisdição (direito contra o Estado, direito à prestação jurisdicional), como ensina a teoria do direito abstrato. Mas não é, como ensinam os partidários dessa teoria, direito a uma sentença qualquer. É direito a uma sentença de mérito, isto é, direito a uma sentença que afirme ou negue o direito afirmado (ou negado) pelo autor. Se o juiz extingue o processo por falta do pagamento de custas, a sentença que ele profere não examina o mérito. É uma sentença meramente processual. A atividade desenvolvida pelo juiz não chega a atingir o nível jurisdicional. É atividade ainda de administração. Há, sim, condições da ação, ou seja, requisitos para que possa ser proferida sentença de mérito. Para apontar as condições da ação, Liebman baseou-se em Chiovenda, mas transformou a condição "existência do direito subjetivo" na condição "possibilidade jurídica do pedido". São, pois, segundo Liebman, condições da ação, isto é, condições para uma sentença de mérito: a possibilidade jurídica do pedido, a legitimação para a causa e o interesse. Faltando uma dessas condições, o autor é carecedor da ação. Não havendo ação, não há jurisdição, pois se passa no campo da administração.

Pensamos nós que o juiz exerce atividade jurisdicional, quer profira sentença meramente processual, quer profira sentença de carência de ação. A circunstância de não se produzir, então, coisa julgada material não tem relevância maior, pois que a jurisdição não se caracteriza por seu resultado, eventual, de produzir coisa julgada.

Assim, a melhor teoria parece ser a do direito abstrato de agir que, contrariamente à lição de Calamandrei, tem-se mostrado perfeitamente compatível com a ideologia liberal.

Para os efeitos de uma teoria geral do processo, que não se limite ao processo civil, é preciso, no entanto, que se insista na ideia de que a ação é um poder, ou melhor, o poder de provocar o exercício da jurisdição, podendo ou não revestir a qualidade de um direito abstrato. É que, ao propor ação penal, o Ministério Público não defende interesse seu, nem sequer do Estado enquanto pessoa jurídica, mas age no interesse impessoal e difuso da sociedade. Exerce, pois, uma função, não um direito subjetivo.

Direito subjetivo é um poder, concedido a alguém, pelo ordenamento jurídico, para a realização de um interesse seu. Distingue-se da função, que também importa na atribuição de um poder a uma pessoa, mas para a realização de um interesse superior ou, de qualquer maneira, alheio. "As potestades, precisamente porque tutelam um interesse que não é do titular, constituem funções onde não só existem deveres ligados ao poder, o que acontece também nos direitos subjetivos, mas onde, além disso, o próprio exercício do poder está vinculado em muitos aspectos. Daqui uma série de características que permitem distinguir as potestades dos direitos subjetivos e que são especialmente evidentes nas potestades familiares."[14]

▶ **APROFUNDANDO**

Destaque do capítulo
Acesse também pelo *link*: https://somos.in/TGP0612

Precedente relevante
Acesse também pelo *link*: https://somos.in/TGP0611

---

14 PASSARELLI, F. Santoro. *Teoria geral do direito civil*. Trad. Manuel de Alarcão. Coimbra: Atlântida Ed., 1967. p. 53.

CAPÍTULO VII

Condições da Ação

1. CONDIÇÕES DA AÇÃO NO CÓDIGO DE PROCESSO CIVIL

A expressão "condições da ação" não aparece no texto do Código de Processo Civil, que, todavia, exige interesse e legitimidade para a postulação em juízo (art. 17).

Indaga-se, então, se permanece a categoria das condições da ação, imaginando-se, por exemplo, que o interesse e a legitimidade possam agora ser considerados "pressupostos processuais".

A doutrina processual estuda três grandes temas: a jurisdição, o processo e a ação, variando, conforme a época, a importância dada a um ou outro desses temas. O certo, porém, é que, conceitualmente, processo é uma coisa; ação é outra, e jurisdição, uma terceira. São conceitos complementares, mas que não se confundem.

Ora, se há condições relativas ao processo, desde Bülow estudadas sob o nome de "pressupostos processuais", é natural que também haja pressupostos da ação, as chamadas "condições da ação". Se o autor postula em juízo sem ter interesse nem legitimidade, há processo, mas não há ação.

Enquadrar a legitimidade e o interesse entre os pressupostos processuais implica confundir ação com processo. Negar a existência de condições da ação implica negação do que a Lei afirma: a necessidade de interesse e legitimidade para a postulação em juízo.

O art. 485 claramente distingue os dois conceitos: o juiz não resolverá o mérito quando: a) verificar a ausência de pressupostos de constituição e de desenvolvimento válido e regular do processo (inc. IV); b) verificar ausência de legitimidade ou de interesse processual (inc. VI).

É certo que desapareceu a "possibilidade jurídica do pedido" como condição da ação, e com razão, porque a doutrina veio concluir que ela não era senão uma hipótese de improcedência manifesta, tratando-se, pois, de uma questão de mérito[1].

Com referência à legitimação para a causa, também se tem afirmado tratar-se de uma questão de mérito, mas aqui é preciso distinguir, porquanto há casos em que isso ocorre e casos em que não ocorre.

No âmbito das ações individuais, em que, de regra, só pode postular em nome próprio o titular do direito subjetivo invocado e somente em face do devedor ou obrigado, realmente a questão da legitimação para a causa envolve o mérito, porque o juiz, ao dizer que o autor não tem legitimidade ativa, por estar indevidamente a postular direito alheio, declara que o autor não tem direito subjetivo contra ou em face do réu.

Já no âmbito das ações coletivas, salta aos olhos que a legitimação para a causa nada tem a ver com o mérito. Assim, por exemplo, a decisão que nega a legitimidade do Ministério Público para ação civil pública em prol de pessoa maior e capaz nada diz sobre o mérito da causa.

Permanece a categoria das condições da ação[2], porquanto mantém-se a exigência de interesse e legitimidade para a propositura de ação.

Em sentido contrário, sustentando o enquadramento da legitimidade e o interesse entre os pressupostos processuais, pronuncia-se Fredie Didier Jr., dizendo[3] que "(...) se apenas há dois tipos de juízo que po-

---

1 PASSOS, José Joaquim Calmon de. *Comentários ao Código de Processo Civil*. 9. ed. Rio de Janeiro: Forense, 2004, v. III. p. 245.

2 Relevante destacar que o Supremo Tribunal Federal já firmou entendimento sobre a constitucionalidade das condições da ação no RE 631.240/MG, rel. Min. Roberto Barroso, *DJe* 10-11-2014.

3 DIDIER JR., Fredie. *Curso de direito processual civil*: introdução ao direito processual civil, parte geral e processo de conhecimento. 17. ed. Salvador: JusPodivm, 2015. p. 304-307.

CAPÍTULO VII – CONDIÇÕES DA AÇÃO

dem ser feitos pelo órgão jurisdicional (juízo de admissibilidade e juízo de mérito), só há duas espécies de questão que o mesmo órgão jurisdicional pode examinar. Não há sentido lógico na criação de uma terceira espécie de questão: ou a questão é de mérito ou é de admissibilidade. A doutrina alemã, por exemplo, divide as questões em admissibilidade e mérito, simplesmente. Cândido Dinamarco, por exemplo, um dos principais autores brasileiros a adotar a categoria 'condição da ação', já defende a transformação deste trinômio em um binômio de questões: admissibilidade e mérito".

Didier, no que concerne a essa questão, acrescenta o seguinte esclarecimento: "Ao adotar o binômio, as condições da ação não desapareceriam. É o conceito 'condição da ação' que seria eliminado. Aquilo que por meio dele se buscava identificar permaneceria existente, obviamente. O órgão jurisdicional ainda teria de examinar a legitimidade, o interesse e a possibilidade jurídica do pedido. Tais questões seriam examinadas ou como questões de mérito (possibilidade jurídica do pedido e legitimação *ad causam* ordinária) ou como pressupostos processuais (interesse de agir e legitimação extraordinária)"[4].

Aí confundem-se os conceitos, talvez sem maiores consequências, porque tanto as condições da ação quanto os pressupostos processuais constituem requisitos de admissibilidade (da ação e do processo, respectivamente).

"Deve-se manter" – disse Galeno Lacerda – "a distinção entre requisitos da ação e do processo, porque uma coisa é o direito subjetivo; outra, as relações jurídicas que dele brotam. Diferem como conceitos de termo e nexo. O primeiro, parte integrante do segundo, pressupõe exigências singulares; o último as requer plurais. Conceitos relativos, embora distintos, compreendem-se, contudo, mutuamente."[5]

---

4 Disponível em: http://www.frediedidier.com.br/wp-content/uploads/2012/06/Condições-da-ação-e-o-projeto-de-novo-CPC.pdf. Acesso em: 25-6-2012.

5 LACERDA, Galeno. *Despacho saneador*. Porto Alegre: Sérgio Antonio Fabris, 1985. p. 58.

2. CONDIÇÕES DA AÇÃO E MÉRITO

A ação pode ser considerada: a) como direito a uma sentença qualquer, ainda que meramente processual (teoria do direito abstrato e incondicionado); b) como direito a uma sentença de mérito (teoria de Liebman, a ação como direito abstrato, porém condicionado); c) como direito a uma sentença de mérito favorável (teoria do direito concreto).

Não se duvida que seja de mérito a sentença que, em processo de conhecimento, acolhe o pedido do autor. A dúvida surge quando a sentença não o acolhe, o que pode ocorrer em três situações diversas: a) o juiz extingue o processo por motivo meramente processual, sem examinar o pedido do autor; b) o juiz examina o pedido do autor e o afirma infundado (sentença de mérito). Portanto, a sentença de carência de ação somente pode ser definida c) como aquela que extingue o processo, e não por motivo processual e, contudo, sem o exame do mérito, isto é, como a sentença que examina o pedido do autor e não o acolhe, embora sem afirmá-lo infundado (uma espécie de *non liquet* moderno). E porque não examina o mérito (não diz nem nega razão ao autor) tal sentença não produz coisa julgada.

Observe-se, então, que coisa julgada material supõe decisão de mérito, mas a recíproca não é verdadeira: nem toda decisão de mérito produz coisa julgada material.

Há quem afirme que o exame de quaisquer das condições da ação deve ser feito à luz das alegações do autor tão somente. Não, afinal, com base nas provas produzidas: "(...) a legitimidade para agir é estabelecida em função da situação jurídica afirmada no processo e não da situação jurídica concreta, real, existente, coisa que só pode aparecer na sentença. (...). O interesse de agir, da mesma forma como a legitimidade para agir, é avaliado com base nas afirmações do autor. E dizemos isto justamente porque a afirmação do autor de que a situação jurídica foi violada ou está ameaçada de violação é a realidade objetiva de que o juiz dispõe para verificar, desde logo, se há ou não interesse de agir e, em consequência, admitir ou não a ação. De maneira que, se o autor afirma que a situação jurídica foi violada ou está ameaçada de violação, justificado está o seu interesse de agir, ou seja, justificada está a neces-

CAPÍTULO VII – CONDIÇÕES DA AÇÃO

sidade de proteção jurisdicional do Estado, vez que não poderá, com as suas próprias forças, tutelar essa situação jurídica proibida, como é a justiça privada"[6].

Ada Pellegrini Grinover discorda: "Não é possível rotular a mesma circunstância, ora como condição de admissibilidade da ação, ora como mérito, qualificando as decisões de uma ou de outra forma, consoante o momento procedimental em que forem proferidas. Não acolhemos a teoria da 'prospettazione': as condições da ação não resultam da simples alegação do autor, mas da verdadeira situação trazida a julgamento"[7].

Temos que, de regra, a presença ou ausência das condições da ação deve ser afirmada ou negada considerando-se a verdade dos autos, com a ressalva, contudo, que não chega a ser verdadeiramente uma exceção, de que, havendo alegação de direito subjetivo, a lei atribui legitimidade ativa a quem alega sua existência ou inexistência e legitimidade passiva àquele em virtude do qual a existência é afirmada ou negada.

2.1 Interesse de agir

Necessidade e adequação[8] do provimento solicitado são as expressões que traduzem o que se entende por "interesse de agir".

"De modo geral", dizia Chiovenda, "é possível afirmar que o interesse de agir consiste nisso, que, sem a intervenção dos órgãos jurisdicionais, o autor sofreria um dano injusto."[9]

---

6   ROCHA, José de Albuquerque. *Teoria geral do processo*. São Paulo: Saraiva, 1986. p. 146 e 148.

7   GRINOVER, Ada Pellegrini. *As condições da ação penal*. São Paulo: Bushatski, 1977. p. 126.

8   Segundo Barbosa Moreira, o binômio é utilidade e necessidade (BARBOSA MOREIRA, José Carlos. *Comentários ao Código de Processo Civil*. 17. ed. Rio de Janeiro: Forense, 2013, v. V. p. 298). Segundo Cândido Rangel Dinamarco, o binômio é adequação e necessidade (DINAMARCO, Cândido Rangel. *Instituições de direito processual civil*. 6. ed. São Paulo: Malheiros, 2009, v. II. p. 309 e s.).

9   CHIOVENDA, Giuseppe. *Instituições de direito processual civil*. Trad. J. G. Menegale. 2. ed. São Paulo: Saraiva, 1965, v. 1. p. 181.

Observa Barbi que "a legislação anterior, no art. 2º do Código de Processo Civil, dizia que o interesse pode ser econômico ou moral. Essa conceituação estava ainda imbuída do conceito da doutrina civilista (...). Realmente, enquanto se considerava que o interesse de agir é o mesmo interesse nuclear do direito subjetivo de ser protegido, havia justificativa para essas qualificações, pois o direito subjetivo tem sempre um interesse econômico ou moral. Mas, reconhecido que o interesse de agir é a necessidade ou a utilidade que disto advém não mais se justificam aqueles qualificativos, que só cabem quanto ao interesse contido no direito a ser protegido"[10].

Ada Pellegrini Grinover ensina que, embora nem sempre claramente apontado, outro requisito exsurge, para a configuração do interesse de agir: a adequação do provimento e do procedimento. O Estado nega-se a desempenhar sua atividade jurisdicional até o final, quando o provimento pedido não é adequado para atingir o escopo, no caso concreto.

José de Albuquerque Rocha esclarece não ser suficiente afirmar-se a violação ou ameaça de violação da situação jurídica para configurar-se o interesse de agir. "É, igualmente, indispensável que o autor peça o remédio adequado à situação afirmada, ou seja, peça a prestação jurisdicional adequada à realização da situação jurídica afirmada e, bem assim, escolha o processo e o procedimento idôneos à obtenção da proteção jurisdicional pedida. Assim, o interesse de agir compreende não só a necessidade da prestação jurisdicional, mas também a sua adequação à realização dessa situação jurídica afirmada e, bem assim, a idoneidade do processo e do procedimento escolhidos para obter a prestação jurisdicional. De sorte que, se o autor não escolhe a prestação jurisdicional adequada à situação afirmada no processo nem o processo e o procedimento idôneo para a sua obtenção, deve o juiz rejeitar, liminarmente, a sua pretensão por falta de interesse de agir."[11]

---

10 BARBI, Celso Agrícola. *Comentários ao Código de Processo Civil.* Rio de Janeiro: Forense, 1975, t. 1, v. 1. p. 49-50.

11 ROCHA, José de Albuquerque. *Teoria geral do processo.* São Paulo: Saraiva, 1986. p. 149.

CAPÍTULO VII – CONDIÇÕES DA AÇÃO

Guardemo-nos, contudo, de considerar condição da ação a adequação do procedimento. Tratar a impropriedade de ação como carência de ação constitui, no dizer de Ernane Fidélis dos Santos, erro palmar[12].

É de Liebman esta lição sobre o interesse de agir:

"Para propor uma demanda em juízo é necessário ter interesse. O interesse de agir é o elemento material do direito de ação e consiste no interesse de obter o provimento demandado.

Ele se distingue do interesse substancial, para cuja proteção se intenta a ação, assim como se distinguem os dois correspondentes direitos, o substancial, que se afirma caber ao autor, e o processual, que se exercita para a tutela do primeiro.

O interesse de agir é, pois, um interesse processual, secundário e instrumental em relação ao interesse substancial primário, e tem por objeto o provimento que se pede ao magistrado, como meio para obter a satisfação do interesse primário, prejudicado pelo comportamento da contraparte, ou, mais genericamente, da situação de fato objetivamente existente. Por exemplo, o interesse primário de quem se afirma credor de 100 é de obter o pagamento dessa soma; o interesse de agir surgirá se o suposto devedor não pagar no vencimento, e tem por objeto a condenação do devedor e sucessivamente a execução forçada sobre seu patrimônio.

O interesse de agir surge da necessidade de obter através do processo a proteção do interesse substancial; pressupõe, portanto a lesão deste interesse e a idoneidade do provimento solicitado, para protegê-lo e satisfazê-lo. Seria de fato inútil examinar a demanda para conceder (ou negar) o provimento solicitado se a situação de fato descrita não constitui uma hipotética lesão do direito, ou interesse, ou se os efeitos jurídicos que se esperam do provimento já foram obtidos, ou enfim se o provimento é inadequado ou inidôneo para remover a lesão. Naturalmente o reconhecimento da subsistência do interesse de agir ainda não significa que o autor tenha razão: quer dizer apenas que a sua demanda se apresenta merecedora de ser tomada em consideração; e ao mérito, não

---

12 SANTOS, Emane Fidélis dos. *Introdução ao direito processual civil brasileiro*. Rio de Janeiro: Forense, 1978. p. 160.

Teoria Geral do Processo

ao interesse de agir, pertence toda questão de fato e de direito relativa à procedência da demanda, isto é, à conformidade ao direito da proteção jurídica que se pretende pelo interesse substancial.

Em conclusão, o interesse de agir decorre da relação entre a situação antijurídica denunciada e o provimento que se pede para remediá-la através da aplicação do direito, e essa relação deve consistir na utilidade do provimento, como meio para outorgar ao interesse ferido a proteção do direito. (...)

O interesse é um requisito não só da ação, mas de todos os direitos processuais: direito de contradizer, de se defender, de impugnar uma sentença desfavorável etc."[13].

Às vezes não é tanto a *necessidade* quanto a *utilidade* que se encontra na base do interesse de agir. Pode ocorrer, por exemplo, que o Poder Executivo, embora podendo emitir e executar ato administrativo, prefira, por motivos políticos, solicitar provimento jurisdicional, como um mandado de reintegração de posse em terras públicas invadidas. Não há necessidade, mas utilidade, e esta é a base para que se componha o requisito do interesse de agir.

Pode decretar-se a carência de ação por falta superveniente do interesse de agir. Por exemplo, julga-se prejudicado o pedido de *habeas corpus* quando, ao tempo do julgamento, já cessou a coação ilegal. "A opinião geralmente admitida", diz Celso Barbi, "é a de que o interesse deve existir no momento em que a sentença for proferida. Portanto, se ele existiu no início da causa, mas desapareceu naquela face, a ação deve ser rejeitada por falta de interesse."[14]

2.2 Legitimação para a causa

Esta condição da ação tem suscitado muitas dúvidas e controvérsias, às vezes por não se haver atentado para a circunstância de que se trata

---

13 LIEBMAN, Enrico Tullio. *Manual de direito processual civil*. Trad. Candido Rangel Dinamarco. 3. ed. São Paulo: Malheiros, 2005, v. 1. p. 40-42.

14 BARBI, Celso Agrícola. *Comentários ao Código de Processo Civil*. Rio de Janeiro: Forense, 1975, t. 1, v. 1. p. 62; SOUZA, Gelson Amaro. *Revista Brasileira de Direito Processual* , v. 49, p. 138.

CAPÍTULO **VII** – CONDIÇÕES DA AÇÃO

de expressão com duplo significado. É que tanto os partidários da teoria do direito concreto quanto Liebman apontam para a legitimação[15] para a causa como condição da ação, mas, para os primeiros, trata-se de condição para uma sentença de procedência e, para o segundo, apenas condição para uma sentença de mérito.

Chiovenda e Barbi definem a legitimação para a causa como "a identidade da pessoa do autor com a pessoa favorecida pela lei, e da pessoa do réu com a pessoa obrigada"[16]. Supõe-se, aí, a existência de um credor e de um devedor, segundo o direito material. A definição serve, pois, à teoria do direito concreto de agir, mas não a Liebman, para quem legitimação para a causa é a titularidade (ativa e passiva) da ação. O problema da legitimação consiste na individuação da pessoa que tem o interesse de agir (e, portanto, a ação) e a pessoa com quem se defronta; em outras palavras, ela surge da distinção entre o *quesito* sobre a existência objetiva do interesse de agir e o o *quesito* atinente à sua pertinência subjetiva. A legitimação, como requisito da ação, indica, por conseguinte, para cada processo, as justas partes, as partes legítimas, isto é, as pessoas que devem estar presentes, a fim de que o juiz possa decidir a respeito de um dado objeto[17].

Ao elaborar a sua teoria, Liebman tinha presente as condições da ação apontadas por Chiovenda (condição, relembre-se, para uma sentença de procedência): a existência do direito subjetivo afirmado pelo autor (ou a inexistência de direito subjetivo do réu, no caso de ação declaratória negativa), a legitimação para a causa e o interesse. Na transposição de uma teoria, concreta, para outra, abstrata, a existência do direito transformou-se em mera "possibilidade jurídica do pedido", o interesse

---

15 Sobre a legitimidade como condição da ação, vale conferir ARIETA, Giovanni; SANTIS, Francesco de; MONTESANO, Luigi. *Corso base di diritto processuale civile*. 5. ed. Padova: CEDAM, 2013. p. 161. Também conferir: STJ, REsp 1.128.102/RS 2009/0138452-9, 3ª T., rel. Min. João Otávio de Noronha, j. 11-6-2013.

16 BARBI, Celso Agrícola. *Comentários ao Código de Processo Civil*. Rio de Janeiro: Forense, 1975, t. 1, v. 1.

17 LIEBMAN, Enrico Tullio. *Manuale di diritto processuale civile*. 2. ed. Milano: Giuffrè, 1957, v. 1. p. 40.

de agir se antevê inalterado, e a legitimação mudou de sentido, pois Chiovenda a entendia como a identidade da pessoa do autor com a pessoa favorecida pela lei e da pessoa do réu com o obrigado, e, para Liebman, passou a significar simplesmente "as pessoas que devem estar presentes, a fim de que o juiz possa decidir a respeito de um dado objeto".

Essa mudança de sentido nem sempre tem sido percebida e apontada.

Ernane Fidélis dos Santos já observara: "(...) bastante estranho que um dos maiores processualistas brasileiros, Prof. Celso Agrícola Barbi, em que pese a superabundância de normas esclarecendo a matéria, se mantenha apegado à doutrina de Chiovenda, quando textualmente afirma sobre o interesse: 'O Código veio incluir no texto legal um princípio que era aceito pacificamente pela doutrina e jurisprudência, isto é, o princípio que só pode propor uma ação em juízo o titular do direito que vai ser discutido'. Com este princípio, o ilustre mestre mineiro prossegue em crítica descabida ao Código, admitindo ter ele dado a titularidade da ação ao titular do direito discutido, mas insistindo ter havido erro de técnica no trato da titularidade do réu, porquanto entende que o direito de defesa independe de ser parte o sujeito passivo da relação deduzida. Mas, na verdade, o Código jamais afirmou ou pretendeu afirmar a validade dessa conclusão, pois a titularidade é vista em face do conflito de interesses e não do direito que se pretende reconhecer".

Prossegue Ernane Fidélis dos Santos, transcrevendo, para criticar, a seguinte observação de Barbi: "Parece que houve uma confusão do legislador, porque o problema da legitimação se coloca em termos de legitimação do autor e réu, no sentido de que o autor deve ser o titular do direito e deve propor a ação contra o outro sujeito desse direito. Há, pois, a legitimação ativa e a passiva. A legitimação para contestar, essa não tem a característica que o legislador pareceu lhe dar. Para contestar tem legitimação qualquer pessoa que tenha sido citada como réu numa demanda. Basta que a pessoa tenha sido citada, tenha sido convocada a juízo, ainda que nada tenha a ver com a questão em discussão, quer dizer, mesmo que não tenha a legitimação passiva, ainda assim tem legitimação para contestar. Quer dizer, os doutrinadores, nesse ponto, não chamam a isso legitimação: é pura e simplesmente um direito de defesa que tem qualquer pessoa que está sendo atacada por uma ação judicial.

CAPÍTULO **VII** – Condições da Ação

Naturalmente, isso será interpretado dentro dos termos tradicionais. Todo réu tem direito de se defender, não importando seja ele ou não o sujeito do direito que se ajuizou".

"*Data venia*", prossegue Ernane Fidélis, "a confusão não está onde se interpreta, mas na própria interpretação. Sabemos da preferência do ilustre mestre pela doutrina de Chiovenda. Correta ou não, entretanto, o Código não a adotou. Nada se pode fazer. Titularidade do autor não é a mesma do titular do direito, nem o réu titular da obrigação correspectiva. A questão gira em torno de 'lide': um conflito de interesses qualificado pela pretensão de um e resistência de outro. E a titularidade da ação é vista frente a tal conflito e não a questão de direito material que se contém na lide."[18]

Essa distinção entre sujeitos da lide e sujeitos da relação jurídica controvertida é impugnada por Adroaldo Furtado Fabrício:

"(...) não logramos ver modificação significativa no quadro com essa alteração de nomenclatura. Os figurantes da lide são, por hipótese, alguém que se afirma titular de um direito subjetivo material e outrem que opõe resistência à pretensão que lhe é conexa. As pessoas são necessariamente as mesmas. Continua verdadeira, seja que se examine a legitimação pelo prisma do direito material afirmado, seja que se analise pelo ângulo da lide, uma antiga ação.

'O juiz terá negado o pedido, pela inexistência da relação jurídica, pretendida entre o autor e réu. E isso é mérito.

Se o juiz decide que o réu não deve ao autor, terá negado a existência da relação ajuizada, ter-se-á manifestado sobre o pedido de condenação do réu a pagar. Terá julgado improcedente a ação' (Lopes da Costa)"[19].

Em consequência, conclui o autor citado que a legitimação para a causa envolve o mérito e que a decisão a respeito produz coisa julgada material.

---

18 SANTOS, Ernane Fidélis dos. *Introdução ao direito processual civil brasileiro*. Rio de Janeiro: Forense, 1978. p. 156-158.

19 FABRÍCIO, Adroaldo Furtado. Extinção do processo e mérito da causa. In: OLIVEIRA, Nelson de. *Saneamento do processo*. Estudos em homenagem ao Prof. Galeno Lacerda. Porto Alegre: Sérgio A. Fabris Editor, 1989. p. 414.

Na verdade, nos casos da chamada legitimação ordinária, em que se exige a presença em juízo do próprio titular do direito, assim como do sujeito passivo, a legitimação para a causa não pode nunca ser negada, porque tal importa em negação liminar da existência do próprio direito, o que implica exame do mérito.

A legitimação, todavia, pode ser negada quando o autor vai a juízo e afirma que outrem é o titular do direito que pretende ver tutelado, ou quando move ação contra Tício, afirmando ter direito em face de Caio. É então exato que, ao negar a ação, o juiz não afirme nem negue o direito alegado pelo autor, podendo-se, pois, dizer que o autor não tem ação (1º caso) ou que não tem ação contra Caio (2º caso). Não há coisa julgada. A ação pode ser renovada, ainda que nos mesmos termos. É preciso, porém, chamar-se a atenção para o fato de que são relativamente raros os casos de ilegitimidade produtores de verdadeira carência de ação. Frequentemente, o que se nega é a legitimidade no sentido chiovendiano, em uma indevida transposição de um conceito próprio de uma teoria concreta para outra, abstrata, propiciada pela identidade de expressão, o que facilmente gera equívocos. Temos, pois, que a carência de ação por ilegitimidade pode ser afirmada quando o autor comparece em juízo, descrevendo lide entre terceiro e réu ou entre ele próprio e terceiro, ou seja, nos casos em que o autor, expressa ou implicitamente, invoca o instituto da substituição processual ou a legitimação extraordinária.

Nas ações individuais, ressalvadas as poucas hipóteses de substituição processual, a legitimação para a causa é inseparável do mérito, porque basta que o autor se diga credor do réu para que um e outro tenham legitimidade para a causa.

Nas ações coletivas, a legitimação para a causa distingue-se nitidamente do mérito, restando claro que ele não é examinado quando o juiz extingue o processo por não haver a ação sido proposta por órgão ou pessoa arrolada no art. 82 do Código do Consumidor.

Certo é que, de regra (e nisso não há senão que concordar com Adroaldo Fabricio), o que se tem é exame do mérito. Assim:

- se o autor se diz credor do réu, por sucessão *inter vivos* ou *mortis causa*, a ação será improcedente, quer o autor não prove a dívida, quer

CAPÍTULO VII – CONDIÇÕES DA AÇÃO

não prove a sucessão. Não há razão processual para se distinguirem as relações condicionante e condicionada de direito material[20];
- aquele que se diz esbulhado tem legitimidade para a ação de reintegração de posse. Não provada a posse ou o esbulho, a ação é improcedente;
- legitimado ativo para a ação reivindicatória é quem se afirma proprietário. Não provada a propriedade, a ação é improcedente;
- legitimado ativo para o mandado de segurança é quem se afirma titular de direito líquido e certo. Declarada a inexistência desse direito, a denegação do mandado importa em exame do mérito;
- legitimado passivo na ação de prestação de contas é aquele a quem o autor aponta como lhe devendo contas. É de mérito a sentença que afirma que o réu não as deve;
- legitimado passivo na ação penal é aquele a quem o autor aponta como autor do delito. A negativa da autoria é defesa de mérito.

▶ **APROFUNDANDO**

Destaque do capítulo
Acesse também pelo *link*: https://somos.in/TGP0614

Precedente relevante
Acesse também pelo *link*: https://somos.in/TGP0613

---

20 SANTOS, Ernane Fidélis dos. *Introdução...* cit., p. 155.

CAPÍTULO VIII

Pressupostos Processuais

Deve-se a Bülow a ideia de pressupostos processuais. Ele demonstrou que, no direito romano, não havia exceções processuais. A exceção era sempre substancial, isto é, defesa de mérito indireta. E argumentava: exceção implica ter o excipiente o ônus de alegar e provar o seu fundamento. Absurda, pois, a teoria das exceções processuais (então adotada) que, por coerência, deveria levar a negar-se ao juiz o poder de declarar, de ofício, por exemplo, a sua própria incompetência. Em substituição à teoria das exceções, lançou a dos pressupostos processuais[1].

O art. 485, IV, do CPC estabelece que o juiz não resolverá o mérito quando verificar a ausência de pressupostos de constituição e de desenvolvimento válido e regular do processo, e seu § 3º dispõe que o juiz conhecerá de ofício da matéria constante do inciso IV, em qualquer tempo e grau de jurisdição, enquanto não ocorrer o trânsito em julgado, tratando dos pressupostos de constituição e de desenvolvimento válido e regular do processo. Vê-se, pois, que não são pressupostos processuais as exceções processuais, ou seja, os obstáculos que somente a parte pode opor à prolação da sentença de mérito, deles não podendo o juiz conhecer de ofício. São, por conseguinte, exceções processuais, e não pressu-

---

1   BÜLOW, Oskar von. *La teoria de las excepciones procesales y los presupuestos procesales.* Trad. da ed. alemã de 1868. Buenos Aires: Europa-América, 1964.

postos processuais, a incompetência relativa e a convenção de arbitragem (art. 337, § 5º).

Também não são pressupostos processuais os defeitos processuais, sobretudo de forma, que dependam de alegação da parte para serem conhecidos pelo juiz.

Esta é, pois, uma diferença entre pressupostos processuais e nulidades: da falta de pressupostos processuais o juiz sempre conhece de ofício; quanto às nulidades, nem sempre, pois algumas dependem de alegação das partes, sujeitando-se por isso à preclusão.

Teresa Arruda Alvim distingue as nulidades de fundo, vinculadas às condições da ação e aos pressupostos processuais de existência e validade, das nulidades de forma.

A distinção atende à circunstância, já apontada, de que, da falta de pressupostos processuais (nulidades de fundo), o juiz conhece de ofício; algumas nulidades de forma dependem de alegação da parte e sujeitam-se à preclusão.

O art. 276 e seguintes do CPC tratam especialmente das nulidades de forma, mas sem esquecer as de fundo. Assim, o art. 281 estabelece que, "anulado o ato, consideram-se de nenhum efeito todos os subsequentes que dele dependam", e o art. 282 dispõe que, "ao pronunciar a nulidade, o juiz declarará que atos são atingidos e ordenará as providências necessárias a fim de que sejam repetidos ou retificados".

Observe-se que a falta de pressuposto processual não determina *sempre* a nulidade de *todo* o processo. Assim, a nulidade da citação não determina a nulidade da petição inicial e mesmo de liminar concedida sem audiência do réu; apenas os atos subsequentes são desconstituídos.

Como a nulidade de um ato contamina apenas os subsequentes, segue-se que os atos processuais, com seus respectivos pressupostos, são tanto mais importantes quanto mais cedo devam ser praticados. A nulidade da demanda, primeiro ato do processo, vicia o processo inteiro; a nulidade da citação anula todo o processo com exceção dos poucos atos praticados anteriormente; a nulidade do julgamento da apelação deixa incólume todo o procedimento no primeiro grau de jurisdição, inclusive a sentença, o apelo e as contrarrazões.

Essa é a razão pela qual se fala de pressupostos processuais, sobretudo com relação aos atos de constituição do processo enquanto relação jurídica a vincular autor, juiz e réu. Os atos posteriores são visualizados mais sob o prisma das nulidades processuais. Isso, todavia, não afasta a identidade essencial, que vincula o tema dos pressupostos processuais ao das nulidades.

Galeno Lacerda classifica os pressupostos processuais em (1) subjetivos, (2) objetivos, (3) formais e (4) extrínsecos à relação processual.

São *pressupostos subjetivos*: a) concernentes ao juiz: ter jurisdição, ser competente para conhecer da ação e imparcialidade (inexistência de causa de impedimento ou suspeição); b) concernentes às partes: personalidade judiciária (capacidade de ser parte), capacidade processual e representação por advogado.

São *pressupostos objetivos* a existência de um pedido, de uma causa de pedir, de nexo lógico entre ambos e a compatibilidade dos pedidos, caso haja mais de um.

Os *pressupostos formais* dizem respeito à forma dos atos processuais. A título de exemplo, podem-se apontar a forma escrita da petição inicial e da sentença, os requisitos da citação e intimações.

Entre os *pressupostos extrínsecos*, Galeno Lacerda aponta o compromisso, a perempção, a caução, o depósito prévio das custas, a litispendência e a coisa julgada. Mas o compromisso (convenção de arbitragem) constitui exceção processual, porque dependente de alegação da parte. Restam, pois, como pressupostos extrínsecos à relação processual, a perempção, a inexistência de litispendência e de coisa julgada, bem como a falta de caução ou de outra prestação exigida por lei, matérias de que o juiz pode conhecer de ofício (art. 337, § 5º, do CPC).

Tais pressupostos, porque extrínsecos, são mais propriamente considerados "impedimentos processuais"[2].

Galeno Lacerda não destaca um pressuposto processual importante que, a nosso ver, não encontra lugar na classificação por ele apresenta-

---

2   PASSOS, José Joaquim Calmon de. *Comentários ao Código de Processo Civil. 9.* ed. Rio de Janeiro: Forense, 2004, v. III. p. 277-278.

TEORIA GERAL DO PROCESSO

da. Referimo-nos à demanda, ou seja, ao ato do autor que se dirige ao juiz pedindo a tutela jurisdicional.

1. A FORMAÇÃO DO PROCESSO E OS PRESSUPOSTOS PROCESSUAIS

Para a análise dos pressupostos processuais, adotamos, no essencial, a classificação de Galeno Lacerda, acrescida do pressuposto da demanda. São, assim, pressupostos processuais:

1. *subjetivos, concernentes ao juiz*: a jurisdição, a competência e a imparcialidade;

2. *subjetivos, concernentes às partes*: a personalidade judiciária, a legitimação para o processo e a capacidade postulatória;

3. *objetivos*: o pedido, a causa de pedir, a existência de nexo lógico entre ambos e, no caso de cumulação de pedidos, sua compatibilidade;

4. *formais*: os relativos à forma dos atos processuais;

5. *extrínsecos à relação processual*: a inexistência de impedimentos processuais, como a litispendência e a coisa julgada;

6. antes de todos eles, *a demanda*, isto é, o ato de pedir a tutela jurisdicional.

Há pressupostos que são de existência do processo, outros concernem apenas à sua validade; outros ainda dizem respeito apenas à sua regularidade. Nem sempre é fácil distinguir essas diferentes categorias, havendo muitas divergências a respeito.

2. A DEMANDA

Como o juiz não age de ofício (art. 2º do CPC), o ato de alguém, que a ele se dirija, pedindo a tutela jurisdicional, apresenta-se como requisito para que se tenha o "devido processo" a que se refere a Constituição.

Historicamente nem sempre foi assim, sobretudo no processo penal. Os processos denominados inquisitórios podiam ser iniciados de ofício pelo juiz, isto é, sem provocação de quem quer que fosse.

CAPÍTULO VIII – PRESSUPOSTOS PROCESSUAIS

Entende-se hoje que a iniciativa do juiz retira do processo seu caráter jurisdicional. Pode-se ter, então, atividade de *administração* da justiça, mas não atividade jurisdicional.

O princípio da demanda, da ação ou da inércia da jurisdição veda o exercício da jurisdição por iniciativa do juiz. É indispensável a ação ou atividade de um autor ou acusador.

O princípio da ação caracteriza o denominado sistema acusatório, em oposição ao inquisitório, em que o juiz age de ofício.

Primitivamente, a reação ao ilícito concretizava-se por uma sanção imposta ao ofensor pelo próprio ofendido, ou por seus familiares, sem a interposição de quem quer que fosse.

Vedada a defesa privada, o Estado assume integralmente a função punitiva ou admite que o ofendido a provoque, por meio da ação. No primeiro caso, o indivíduo não tem nenhuma ação, mas, em contrapartida, basta que o magistrado tenha notícia de algum delito para que possa perseguir o seu autor (sistema inquisitório). No segundo, o direito de ação substitui a primitiva ação punitiva, direta, do ofendido, contra quem ele considera responsável pela ofensa.

Em matéria civil, a regra, antiquíssima, é o direito de ação conferido ao próprio lesado ou interessado.

Em matéria penal, o poder de agir foi conferido a qualquer do povo, no processo acusatório romano, mas a regra, hoje, é outorgá-lo apenas a um órgão do Estado (Ministério Público), ficando, assim, o ofendido duplamente impedido de agir contra o ofensor. Não tem nem a ação direta (defesa privada, exercício das próprias razões) nem a ação processual.

O princípio da ação, quanto ao processo penal, está consagrado no art. 129, I, da Constituição: "São funções institucionais do Ministério Público: I – promover, privativamente, a ação penal pública, na forma da Lei".

Quanto ao processo civil, o princípio da ação, com seu corolário da vedação de julgamento *extra* ou *ultra petita*, encontra-se inserido na fórmula ampla do "devido processo", no art. 5º, LIV, da Constituição: "Ninguém será privado da liberdade ou de seus bens sem o devido processo legal". O juiz não pode exercer, de ofício, a jurisdição. *Nemo iudex*

225

sine actore. O art. 2º do CPC estabelece: "o processo começa por iniciativa da parte e se desenvolve por impulso oficial, salvo as exceções previstas em lei".

O princípio da ação ou "princípio da demanda" também impede que o juiz profira sentença além do pedido ou fora dele. A ação, quer civil, quer penal, deve conter um pedido certo, fundado em fatos determinados. O juiz não é um livre investigador de provas incertas ou imprecisas, para justificar pretensões incertas e imprecisas de uma das partes. Aí a diferença fundamental entre ação e inquérito. O inquérito pode dirigir-se contra pessoas incertas. A acusação dirige-se contra pessoa certa. O inquérito destina-se à descoberta de fatos novos. A ação visa averiguar a veracidade ou não de fatos afirmados na inicial.

Contudo, há exceções ao princípio da ação, aliás anunciadas pelos arts. 2º, 712, 738 e 744 do CPC.

Verificado o desaparecimento dos autos, eletrônicos ou não, pode o juiz, de ofício, qualquer das partes ou o Ministério Público, se for o caso, promover-lhes a restauração, preceitua o art. 712 do CPC.

Dispõe o art. 738 do CPC que, nos casos em que a lei considere jacente a herança, o juiz em cuja comarca tiver domicílio o falecido procederá imediatamente à arrecadação dos respectivos bens.

Declarada a ausência nos casos previstos em lei, o juiz mandará arrecadar os bens do ausente e nomear-lhes-á curador (art. 744).

Atualmente, a doutrina processual conjuga os conceitos de ação, jurisdição e processo, tratando-os como complementares, cada um exigindo os demais.

Em outros domínios, a ciência não tem outra alternativa senão a de ajustar-se aos fatos. No campo do direito é possível o contrário, isto é, fazer que os fatos se ajustem à doutrina.

Assim, na esfera do processo penal, a Constituição de 1988 e, antes dela, a Lei Orgânica do Ministério Público, eliminou a possibilidade de processos penais de iniciativa do juiz.

Constituída pela citação a linha juiz-réu, sem prévia demanda, os atos que o juiz pratique, especialmente a sentença, devem ou não ser havidos como juridicamente inexistentes? Consideremos:

CAPÍTULO VIII – PRESSUPOSTOS PROCESSUAIS

Iniciado o processo, de ofício, o réu poderá interpor o recurso cabível, para o tribunal competente, que deverá se pronunciar sobre se está ou não configurada alguma hipótese excepcionalíssima em que tal iniciativa seja admissível; tal pronunciamento, em grau de recurso, supõe processo existente. Conclui-se, pois, que a sentença proferida em processo *de conhecimento* indevidamente iniciado de ofício não é inexistente, mas rescindível por manifesta violação da ordem jurídica.

Dir-se-á que se trata de vício gravíssimo. Sem dúvida, mas não menor do que a sentença proferida por juízo absolutamente incompetente, que também é apenas rescindível (CPC, art. 966, II).

Ainda que afirmássemos a nulidade, em vez da rescindibilidade da sentença, ainda assim estaríamos a reconhecer a existência jurídica do processo.

No caso excepcional de processo iniciado de ofício, é a citação que faz nascer a relação interpessoal juiz-réu-autor, este último no sentido de eventual beneficiário da atividade judicial.

3. O AUTOR

Imaginemos que haja uma demanda e um juiz, mas que não exista o autor: alguém formulou pedido (demanda) a um juiz, mas não existe aquele em cujo nome foi formulado o pedido.

Isso pode acontecer, por exemplo, no caso de um ambientalista se dirigir ao juiz, formulando pedido em nome de uma espécie vegetal ou animal ameaçada de extinção.

Havendo demanda, processo há, ainda que inexista o autor.

O processo resulta de um ato (demanda), denominado petição inicial, pelo qual o requerente (autor) pede, ao juiz, tutela jurisdicional contra ou em face de outrem (réu). Essa é a regra.

Na linguagem de Pontes de Miranda, tem o autor, antes, pretensão à tutela jurídica (pré-processual), ou seja, o poder exigir que o Estado tutele o direito. Do *exercício* dessa pretensão, representado pela petição inicial, nasce a *pretensão processual*, da qual decorre a obrigação do Esta-

227

Teoria Geral do Processo

do de prestar a decisão. O pedido, ou melhor, aquilo que se deduz no pedido contra o réu, é a *pretensão de direito material*[3].

No caso de inexistência do autor, atribui-se o ato a quem efetivamente o praticou, embora invocando o nome de outrem. Observa Jorge Luís Dall'Agnol[4]:

"Imagine-se que o réu tenha sido citado e contestado, antes de o juiz tomar ciência do falecimento do autor (em data anterior ao ajuizamento da demanda). Que natureza teria a decisão que, reconhecendo o óbito, extinguisse o processo e condenasse o advogado no pagamento das custas e honorários advocatícios? Não seria sentença terminativa do processo? Não constituiria ela virtual título executivo judicial? É claro que sim. (...)

Chiovenda (...) em irrepreensível lição assentou, *verbis*:

'Se a demanda provém de uma pessoa ou se dirige a uma pessoa *na qualidade* de representante de um incapaz, de órgão de uma pessoa jurídica, quando, entretanto, tal qualidade não lhe corresponde (*falsus tutor, falsus procurator*), a relação processual inexiste *com respeito ao pretenso representado*; porém, existe por certo: só há incerteza sobre se o sujeito dela é o pretenso representante ou o pretenso representado. Enquanto o juiz não houver declarado se existe ou não a pretensa qualidade, deve considerar-se o caso como de nulidade'".

É claro que não se pode conceber pedido sem que exista quem peça. Todavia, pedido há, ainda que alguém o formule em nome de quem não existe ou juridicamente não existe. Nesses casos, imputa-se o pedido a quem efetivamente o formulou, afirmando-se procurador de outrem. Processo há, que deve ser extinto, possivelmente com a condenação do falso procurador nas custas e em outras cominações previstas em lei. A sentença que o juiz profira, contra ou a favor, é ineficaz em relação ao pretenso representado, ineficácia declarável de ofício, a qualquer tempo, e mesmo incidentemente em outro processo.

---

3   PONTES DE MIRANDA, Francisco Cavalcanti. *Tratado da ação rescisória*. Atual. por Vilson Rodrigues Alves. Campinas: Bookseller, 1998. p. 37, 40 e 42.

4   DALL'AGNOL, Jorge Luís. *Pressupostos processuais*. Porto Alegre: Le Jur, 1988. p. 29.

CAPÍTULO **VIII** – **PRESSUPOSTOS PROCESSUAIS**

A demanda formulada em nome de pessoa inexistente irradia pelo menos um efeito jurídico, qual seja o de criar, para o juiz, o dever de indeferir a inicial, que, aliás, deverá fazê-lo motivadamente, como o exige o art. 93, IX, da CF/1988, assim como o art. 11 do CPC, nos moldes do dever de fundamentar disposto no art. 489, § 1º, do CPC. É o quanto basta para que se afirme a existência do processo.

Nessa linha de pensamento, o art. 104, § 2º, do CPC estabelece que "o ato não ratificado será considerado *ineficaz* relativamente àquele em cujo nome foi praticado, respondendo o advogado pelas despesas e por perdas e danos".

O advogado não poderia responder, portanto, por perdas e danos em decorrência de atos que não existiram. Trata-se, pois, na verdade, de ineficácia.

4. O RÉU

Um processo perfeitamente caracterizado supõe três pessoas: um autor que pede, um réu em face do qual é formulado o pedido e um juiz para acolher ou rejeitar o pedido.

Havendo demanda formulada a um juiz, temos dois dos três sujeitos do processo.

Suponha-se que o demandante formule pedido contra réu inexistente, por exemplo, porque já faleceu. Há processo?

Tomando posição nesse tema tão controvertido, sustenta Jorge Luís Dall'Agnol que a existência do réu não constitui pressuposto de existência, eis que, formulada a demanda, pode o juiz "já neste primeiro contato com o autor: a) extinguir o processo por inépcia da inicial, b) conceder liminar; c) praticar atos processuais em casos de reintegração e manutenção de posse, ações decorrentes de venda a crédito com reserva de domínio, ação de embargos de obra nova, ações de separação judicial e divórcio, ações de alimentos; e d) indeferir liminarmente a inicial quando reconhecer a decadência ou a prescrição"[5].

---

5   DALL'AGNOL, Jorge Luís. *Pressupostos processuais*. Porto Alegre: Le Jur, 1988. p. 29.

Apresentada a petição inicial ao juiz, tem este o dever de prestar a tutela jurisdicional, ainda que sob a forma de seu indeferimento, sem que caiba indagar se, no momento dessa decisão, o indigitado réu está vivo ou morto, existe ou não existe.

5. O JUIZ

O processo supõe órgão do Estado investido do poder jurisdicional. Se, por exemplo, alguém formula pedido (demanda) a um bispo, que não é órgão do Estado, não há processo. Observa Jorge Dall'Agnol: "Demanda proposta perante quem não tem investidura jurisdicional, *e.g.*, porque concursado ainda não foi nomeado; ou porque juiz em disponibilidade ou aposentado não tem idoneidade para ensejar processo (jurisdicional)"[6].

Não há processo (jurisdicional) sem juiz.

A sentença é juridicamente inexistente, na ausência de qualquer processo. É inexistente, diz Pontes de Miranda, "a sentença publicada, sem ser proferida em demanda civil a cuja instrução e debate imediatamente se ligue *e.g.*, proferida ao mesmo tempo que a pronúncia penal, ou a que se ditou em processo diferente daquele a que se destinavam as notas"[7].

6. OS PRESSUPOSTOS PROCESSUAIS RELATIVOS AO JUIZ

São pressupostos subjetivos, concernentes ao juiz: ter jurisdição, a inexistência de causa de impedimento ou suspeição, que se traduz, positivamente, pelo requisito de sua imparcialidade, e a competência.

---

6   DALL'AGNOL, Jorge Luís. *Pressupostos processuais*. Porto Alegre: Le Jur, 1988. p. 33.

7   PONTES DE MIRANDA, Francisco Cavalcanti. *Tratado da ação rescisória*. Atual. por Vilson Rodrigues Alves. Campinas: Bookseller, 1998. p. 449.

6.1 Jurisdição

Ter jurisdição é o primeiro pressuposto relativo ao juiz. Trata-se de pressuposto de existência. "Juiz" sem jurisdição não é juiz. Como não há processo sem juiz, segue-se que é inexistente a "sentença" proferida pelo não juiz[8]. Para a declaração dessa inexistência não é preciso ação rescisória, nem provocação da parte, nem há que se cogitar de prazo decadencial para que seja arguida.

Embora tudo isso não suscite dúvida maior, não se pode excluir a invocação, em alguma hipótese, da figura do "funcionário de fato", para validar sentenças proferidas por pessoa investida na jurisdição por ato nulo, ou que se investiu no exercício da jurisdição em circunstâncias de revolução ou guerra.

Inversamente, é possível que se tenha de afirmar a nulidade, e não a mera rescindibilidade, de sentença proferida por juiz regularmente investido na jurisdição.

Observa Calmon de Passos que "o poder de julgar o magistrado tem suas raízes na Constituição. Por isso mesmo se diz que ela é fonte do poder jurisdicional. Só nos limites nela fixados está o juiz investido do poder de julgar. Constitucionalmente, o poder de julgar foi repartido entre as chamadas jurisdições especiais (penal-militar – art. 124; eleitoral – art. 121; do trabalho – art. 114; federal – art. 109) e a comum – remanescente. A investidura dos órgãos dessas jurisdições já lhes confere poder de julgar *limitado* constitucionalmente, de sorte que o exercício de suas atividades fora dos limites traçados na Carta importa, mais que em defeito de competência, em *defeito de jurisdição*. O que façam ou realizem fora dos limites constitucionais é, em tudo e por tudo, semelhante à atividade do não juiz, consequentemente, ato inexistente juridicamente, do ponto de vista processual"[9].

---

8   STJ, REsp 316.598/ES 2001/0039963-0, 4ª T., rel. Min. Barros Monteiro, j. 5-10-2004, *DJ* 17-12-2004, p. 548.

9   PASSOS, José Joaquim Calmon de. *Comentários ao Código de Processo Civil*. Rio de Janeiro: Forense, 1998, v. III. p. 291.

Trata-se de lição que pode ser aplicada em casos em que a competência resulta claramente da Constituição. Entretanto, há os casos de séria e continuada divergência jurisprudencial, a justificar a rescisão da sentença, mas não a declaração de sua inexistência ou nulidade a qualquer tempo. Assim, por exemplo, entendia o Superior Tribunal de Justiça que era da Justiça comum a competência para julgar as ações de indenização por dano moral, proposta por empregado contra seu empregador. Entretanto, o Supremo Tribunal Federal, no Recurso Extraordinário 238.737-4/SP, veio a firmar entendimento contrário, dizendo que, tratando-se de litígio surgido em decorrência de relação de emprego, nada importa que a causa deva ser resolvida com base no Direito Civil. Esse acórdão provocou mudança da jurisprudência do Superior Tribunal de Justiça.

Entrementes, quantas ações não terão sido julgadas pela Justiça comum? Que seja cabível ação para rescindi-las, é razoável; não que qualquer juiz possa, a qualquer tempo, pura e simplesmente declarar sua inexistência ou nulidade.

O princípio da sanação atua também nos casos de incompetência absoluta. O vício detectado na pendência do processo sana-se com a remessa ao juiz competente (CPC, art. 63, § 3º), que apreciará, dentro do possível, o aproveitamento de atos processuais e o próprio feito. Extinto o processo por sentença de mérito, sana-se o vício pelo decurso do prazo de dois anos estabelecido para a propositura de ação rescisória (CPC, art. 975). É que, decorrido esse prazo, a sentença torna-se inatacável por qualquer meio, tendo-se o que José Frederico Marques chamou de "coisa soberanamente julgada".

6.2 Competência

O pressuposto processual da competência vincula-se ao princípio do juiz natural, expresso em dois dispositivos da Constituição: no art. 5º, LIII – "ninguém será processado nem sentenciado senão pela autoridade competente" – e XXXVII – "não haverá juízo ou tribunal de exceção".

As normas sobre competência têm aplicação imediata, de modo que o princípio do juiz natural não assegura ao réu o direito de somente ser

CAPÍTULO **VIII** – PRESSUPOSTOS PROCESSUAIS

processado ou sentenciado por órgão que já tivesse competência à data do fato ou da propositura da ação. Não se tem aí, observa Pontes de Miranda, "regra de direito intertemporal, que confira ao acusado o direito de só ser processado, ou sentenciado, pela autoridade competente ao tempo do ato delituoso, ou, sequer, ao tempo de subirem à conclusão os respectivos autos"[10].

Excluído que se trate de norma de direito intertemporal, é algo redundante a norma de que ninguém será processado ou sentenciado senão pela autoridade competente. Bastaria o enunciado do art. 5º, XXXVII: "não haverá juízo ou tribunal de exceção".

Conforme Pontes de Miranda, "tribunal de exceção é o que se estabelece para determinado caso, ou casos; a) já ou ainda não ocorridos; b) provenha ou não de lei a deliberação de instituí-lo; c) quer seja novo, ou já existente o órgão ordinário, ou especial, a que se confere o julgar excepcionalmente. (...) Juiz que pertence à organização judiciária normal pode vir a ser juiz de exceção, infringindo-se o princípio"[11].

Entende-se mais facilmente o que se quer coibir com o dispositivo em exame lendo-se o texto correspondente da Constituição Política do Império do Brasil, o art. 179, 17: "não haverá (...) comissões especiais nas causas cíveis e crimes".

Trata-se, em última análise, de assegurar a imparcialidade do órgão julgador, impedindo-se a constituição de tribunais *ad hoc*, predeterminados a condenar ou absolver, pois a ideia de julgamento é incompatível com a de predeterminação de seu conteúdo. Certa álea, certa incerteza sobre a sentença que há de sobrevir integra o próprio conceito de julgamento. Se a decisão já foi tomada antes de reunir-se o tribunal, ou fora dele, o julgamento não passa de uma farsa.

Comissão constituída para julgar caso determinado parece suspeita, independentemente da suspeição dos membros que a compõem, o mes-

---

10 PONTES DE MIRANDA, Francisco Cavalcanti. *Comentários à Constituição de 1946*. 2. ed. São Paulo: Max Limonad, 1953, v. 4. p. 397.

11 PONTES DE MIRANDA, Francisco Cavalcanti. *Comentários à Constituição de 1946*. 2. ed. São Paulo: Max Limonad, 1953, v. 4. p. 395-396.

TEORIA GERAL DO PROCESSO

mo podendo-se dizer do tribunal constituído para julgar uma série de casos determinados, anteriormente ocorridos.

Não afronta, porém, o princípio a instituição de órgãos especiais para julgar certa classe de casos, como ocorre com as varas privativas dos feitos da Fazenda Pública. Também não se vedam os chamados "regimes de exceção", com que se busca pôr em dia o serviço forense, aumentando-se temporariamente o número de juízes de uma vara, câmara ou turma, para redução da carga individual.

Temos, então, em síntese:

a) que a jurisdição não pode senão ser exercida pelos órgãos competentes, ou seja, pelo Poder Judiciário, salvo nos casos expressos na própria Constituição. O próprio Parlamento não pode exercer a jurisdição, como ocorreu durante a Revolução Francesa, no denominado "Período do Terror", em que a Convenção, sob a liderança de Robespierre, decretou que as pessoas, por ela declaradas fora da lei, não seriam submetidas a processo criminal (Dec. de 19 e 20-3-1793, art. 1º). A condenação à morte decorria, então, da mera constatação de sua identidade. Essa norma veio a final a ser aplicada ao próprio Robespierre, bem como a seus amigos, deputados e outros, que alimentaram as "fornadas" de 10, 11 e 12 do Termidor, no ano de 1794[12];

b) que os poderes constituídos não podem criar juízes para o julgamento de casos determinados.

Em outras palavras: "Aos tribunais de exceção – instituídos por contingências particulares – contrapõe-se o juiz natural, pré-constituído por lei. O princípio do juiz natural apresenta um duplo significado: no primeiro, consagra-se a norma de que só é juiz o órgão investido de jurisdição (afastando-se, desse modo, a possibilidade de o legislador julgar, impondo sanções penais sem processo prévio, através de leis votadas pelo Parlamento, muito em voga no antigo direito inglês, através de *bill of attainder*); no segundo impede-se a criação de tribunais *ad hoc* e de exceção, para o julgamento de causas penais ou civis"[13].

---

12 ROBLOT, René. *La justice criminelle en France sous la terreur.* Paris: LGDJ, 1938. p. 86 e 278.

13 CINTRA, Antônio Carlos Araújo; GRINOVER, Ada Pellegrini; DINAMARCO, Cândido Rangel. *Teoria geral do processo.* São Paulo: Revista dos Tribunais, 1976.

A incompetência pode ser absoluta ou relativa. A incompetência absoluta é improrrogável. Não se modifica por conexão ou continência e é inderrogável por convenção das partes.

A incompetência relativa prorroga-se, não sendo oferecida a respectiva exceção, no prazo legal. Segue-se, daí, que a competência de foro, quando relativa, não constitui pressuposto processual. A incompetência relativa constitui exceção em sentido estrito, isto é, defesa que precisa ser alegada pela parte para que dela possa conhecer o juiz.

O art. 966 do CPC aponta, entre os casos de rescisória, o de sentença proferida por juízo absolutamente incompetente, o que deixa claro que, no caso de nulidade relativa, não cabe a ação.

6.3 Imparcialidade

O princípio da imparcialidade encontra-se expresso no art. 10 da Declaração Universal dos Direitos Humanos, pois "toda a pessoa tem direito, em plena igualdade, a que a sua causa seja equitativa e publicamente julgada por um tribunal independente e imparcial que decida dos seus direitos e obrigações ou das razões de qualquer acusação em matéria penal que contra ela seja deduzida".

Está implícito na Constituição de 1988, a ele se vinculando as denominadas garantias da magistratura (vitaliciedade, inamovibilidade e irredutibilidade de vencimentos).

Trata-se de princípio fundamental (quem há de propugnar por juízes parciais?), a ponto de se poder definir a própria jurisdição como "intervenção de um terceiro imparcial, em relação interpessoal alheia, a pedido de uma das partes".

A imparcialidade supõe que o juiz não seja parte, nem dependente de qualquer das partes e que tampouco haja outro motivo para que se possa duvidar de sua isenção, o que se traduz na ausência de causa de impedimento ou suspeição.

Os casos de impedimento são apontados no art. 144 do CPC. Há impedimento do juiz, sendo-lhe vedado exercer suas funções no processo: I – em que interveio como mandatário da parte, oficiou como perito, funcionou como membro do Ministério Público ou prestou depoimento como testemunha; II – de que conheceu em outro grau de jurisdição, tendo proferido decisão; III – quando nele estiver postulando, como defensor público, advogado ou membro do Ministério Público, seu cônjuge ou companheiro, ou qualquer parente, consanguíneo ou afim, em linha reta ou colateral, até o terceiro grau, inclusive; IV – quando for parte no processo ele próprio, seu cônjuge ou companheiro, ou parente, consanguíneo ou afim, em linha reta ou colateral, até o terceiro grau, inclusive; V – quando for sócio ou membro de direção ou de administração de pessoa jurídica parte no processo; VI – quando for herdeiro presuntivo, donatário ou empregador de qualquer das partes; VII – em que figure como parte instituição de ensino com a qual tenha relação de emprego ou decorrente de contrato de prestação de serviços; VIII – em que figure como parte cliente do escritório de advocacia de seu cônjuge, companheiro ou parente, consanguíneo ou afim, em linha reta ou colateral, até o terceiro grau, inclusive, mesmo que patrocinado por advogado de outro escritório; IX – quando promover ação contra a parte ou seu advogado.

Os casos de suspeição são apontados no art. 145 do CPC. Há suspeição do juiz: I – amigo íntimo ou inimigo de qualquer das partes ou de seus advogados; II – que receber presentes de pessoas que tiverem interesse na causa antes ou depois de iniciado o processo, que aconselhar alguma das partes acerca do objeto da causa ou que subministrar meios para atender às despesas do litígio; III – quando qualquer das partes for sua credora ou devedora, de seu cônjuge ou companheiro ou de parentes destes, em linha reta até o terceiro grau, inclusive; IV – interessado no julgamento do processo em favor de qualquer das partes.

O art. 966 do CPC estabelece que a decisão de mérito, transitada em julgado, pode ser rescindida quando for proferida por juiz impedido ou por juízo absolutamente incompetente (inc. II).

O vício consistente no impedimento do juiz sana-se com a remessa dos autos ao substituto legal (CPC, art. 146, § 1º). "Se reconhecer o impedimento ou a suspeição ao receber a petição, o juiz ordenará imediatamente a remessa dos autos a seu substituto legal, caso contrário, determinará a autuação em apartado da petição e, no prazo de 15 (quinze) dias, apresentará suas razões, acompanhadas de documentos e de rol de testemunhas, se houver, ordenando a remessa do incidente ao tribunal."

O impedimento pode ser declarado a qualquer tempo. Nem há sanação pelo trânsito em julgado da sentença. Contudo, não sendo proposta a ação rescisória nos dois anos subsequentes, a nulidade já não poderá ser decretada.

Se a parte não recusa o juiz suspeito, no prazo legal, ocorre preclusão, o que significa que o vício não autoriza a decretação da nulidade do processo, nele próprio e, como maior razão, em qualquer outro.

7. OS PRESSUPOSTOS PROCESSUAIS RELATIVOS ÀS PARTES

São pressupostos processuais concernentes às partes: a personalidade judiciária (capacidade de ser parte), a capacidade processual e a representação por advogado.

7.1 Personalidade judiciária

A capacidade de ser parte traduz-se melhor pela expressão "personalidade judiciária" do que por "personalidade jurídica", porque podem ser partes, no processo, como autores ou réus, entes que não são pessoas, como a massa falida.

Nos termos do art. 1º do Código Civil, toda pessoa é capaz de direitos e deveres na ordem civil. A personalidade civil da pessoa começa do nascimento com vida; mas a lei põe a salvo, desde a concepção, os direitos do nascituro (Código Civil, art. 2º).

Também podem ser partes no processo as pessoas jurídicas.

Em suma, todas as pessoas têm personalidade judiciária. Todavia, mesmo não sendo havidos como pessoas, podem estar em juízo a massa falida, a herança jacente ou vacante, o espólio, o condomínio e entes outros (CPC, art. 75), ditas pessoas formais.

Mais ainda: no processo de mandado de segurança, tem-se admitido impetração por ou contra Câmara de Vereadores, Mesa da Assembleia Legislativa, Câmara dos Deputados, Senado etc.

O Código do Consumidor admite como partes as entidades e órgãos da administração pública, ainda que sem personalidade jurídica, especificamente destinados à defesa dos interesses e direitos nele protegidos (Lei n. 8.078/1990, art. 82, III).

O Superior Tribunal de Justiça decidiu que "o consórcio de empresas pode estar em juízo para demandar e ser demandado, mesmo não tendo personalidade jurídica de direito material. A lei, por uma questão de conveniência, lhe atribui essa capacidade processual (art. 12, VII, CPC)"[14].

Na verdade, é difícil apontar ente que, em hipótese alguma, possa estar em juízo. Um exemplo possível seria o de uma ação proposta pelo departamento de vendas de uma empresa contra o departamento de compras.

Participamos de julgamento em que o autor era o órgão regional de uma associação de cabos e soldados da polícia militar, e a ré, a direção central. Por maioria, decretamos a extinção do processo, por falta de personalidade judiciária do autor. Na verdade, por detrás dessa questão processual, havia outra, de caráter ideológico, qual seja, a de saber até que ponto pode o Estado intervir em matéria *interna corporis* de associações. A decretação da extinção do processo implicou a opção pela não intervenção.

Suponha-se que advogado se dirija ao juiz, como representante de uma espécie animal ou vegetal em extinção, e que o juiz receba a petição inicial, determinando a citação do réu.

Nesse caso, como já vimos, há demanda e, pois, um autor, embora este não seja o ente indicado, que juridicamente não existe, mas o advogado, a quem se imputará a iniciativa e as sanções correspondentes.

O mesmo ocorre nas hipóteses de ação proposta por advogado de autor inexistente; de ação proposta por advogado sem o instrumento de mandato, ou em nome de pessoa já falecida, ou de órgão de pessoa jurídica sem poderes para a outorga de procuração.

---

14 STJ, REsp 147.997/RJ, rel. Min. Edson Vidigal, j. 15-4-1999 (Informativo 14 – 12 a 16-4-1999).

CAPÍTULO VIII – PRESSUPOSTOS PROCESSUAIS

Nos casos do art. 104 do CPC, a ratificação é possível, mas, não ocorrendo, reputam-se *ineficazes* os atos praticados, respondendo o advogado por perdas e danos (art. 104, § 2º, do CPC).

O advogado não é admitido a postular em juízo sem procuração, salvo para evitar preclusão, decadência ou prescrição, ou para praticar ato considerado urgente. Nesses casos, o advogado deverá, independentemente de caução, exibir a procuração no prazo de 15 dias, prorrogável por igual período por despacho do juiz. Não sendo ratificado, o ato será considerado ineficaz relativamente àquele em cujo nome foi praticado, respondendo o advogado pelas despesas e por perdas e danos.

Suponha-se que, embora sem a exibição do mandato e sem a indispensável ratificação, o processo prossiga. A hipótese não será de inexistência do processo, porquanto haverá necessidade de sentença que o extinga e, ademais, tal sentença condenará o advogado em perdas e danos.

Haverá ineficácia da sentença em relação a quem poderia ter ratificado, mas não ratificou a inicial; ineficácia declarável a qualquer tempo, independentemente de ação rescisória.

7.2 Capacidade processual

A capacidade processual vincula-se ao que no direito civil se denomina capacidade de fato ou de exercício. Têm essa capacidade aqueles que podem, por si mesmos, praticar os atos da vida civil. No campo do processo, tem capacidade processual quem pode praticar atos processuais, independentemente de representação ou assistência de pai, mãe, tutor ou curador.

Para praticar atos processuais, os incapazes precisam que sua incapacidade seja suprida por representação ou assistência de outrem.

O art. 71 do CPC estabelece que os incapazes serão representados ou assistidos por seus pais, tutores ou curadores na forma da lei.

A incapacidade de qualquer das partes impõe a intervenção do Ministério Público (CPC, art. 178, II).

É possível que se imponha também a necessidade de nomeação de curador especial, por incidência do art. 72 do CPC: "o juiz nomeará curador especial ao: I – incapaz, se não tiver representante legal ou se os

TEORIA GERAL DO PROCESSO

interesses deste colidirem com os daquele, enquanto durar a incapacidade; II – réu preso revel, bem como ao réu revel citado por edital ou com hora certa, enquanto não for constituído advogado". "A curatela especial será exercida pela Defensoria Pública, nos termos da lei" (art. 72, parágrafo único).

O curador especial exerce múnus público, entendendo-se ser meramente ordinatório o prazo que lhe seja assinado para contestar a ação. Assim, "a contestação extemporânea do curador especial não resulta em se reputarem verdadeiros os fatos afirmados pelo autor, porquanto sua atuação efetiva é obrigatória, pena de substituição. Constitui ônus do autor provar os fatos constitutivos do seu direito"[15].

7.2.1 Ação do absolutamente incapaz

No caso de ação proposta por advogado com procuração outorgada por absolutamente incapaz, a nulidade absoluta do instrumento de mandato faz do advogado um *falsus procurator*, hipótese já examinada. A ratificação, pelo representante do incapaz, é possível (CPC, art. 76). Sem ela, a sentença será ineficaz em relação ao pretenso autor, cujo "advogado" deverá ser condenado em perdas e danos. A declaração de ineficácia será possível ainda depois do decurso do prazo para a propositura de ação rescisória, por ação declaratória ou, incidentemente, em outro processo.

7.2.2 Ação do relativamente incapaz

Para propor ação, o relativamente incapaz deve ser assistido por seu pai, mãe ou tutor, na forma da lei civil (CPC, art. 71). Na falta de quem o assista, o juiz deve nomear-lhe curador especial (CPC, art. 72). Não sendo sanado o vício, decreta-se a nulidade do processo (CPC, art. 76).

---

15 Tribunal de Alçada, Ap. Cív. 195178710, Porto Alegre, 1ª Câm. Cív., rel. Arno Werlang, *JTARGS*, v. 99, ano XXV, set. 1996, p. 194.

CAPÍTULO **VIII** – PRESSUPOSTOS PROCESSUAIS

7.2.3 *Ação contra o absolutamente incapaz*

O réu absolutamente incapaz é citado na pessoa de seu representante legal. Fora daí, não há citação. A sentença será ineficaz com relação a ele (pode haver outros réus); ineficácia declarável em impugnação (CPC, arts. 71, 239 e 525, I) ou em outro processo.

No caso de incapacidade absoluta do réu, por enfermidade ou deficiência mental, a sentença em relação a ele será ineficaz. Diz Pontes de Miranda: "Tratando-se de enfermo da mente, a nulidade *ipso iure* independe de já haver, ou não, interdição: inexiste, de pleno direito, a relação jurídica processual, e nula é a sentença. Em todo caso, no processo da interdição, o interditando é parte e tem de ser citado"[16].

Parece-nos que a questão se resolve melhor com a afirmação da ineficácia da sentença. Mas as consequências são as mesmas.

7.2.4 *Ação contra o relativamente incapaz*

Se o réu é relativamente incapaz, ele e quem o assista hão de ser citados, sob pena de nulidade da citação.

Pontes de Miranda observou: "Se, (...), existia titular do pátrio poder, tutor ou curador, que também devesse ser citado, a *falta* de citação é nulidade *ipso iure*. Nada obsta a que se insira nos embargos do devedor, vindo a execução, porque a sua citação deveria ter sido feita e ser válida. Tal espécie somente ocorre se a lei exige que ambos sejam citados, incapaz e assistente, porque a ação se exerce contra os dois, e não só contra aquele, assistido pelo titular do pátrio poder, tutor ou curador, como se o ato ilícito foi praticado pelos dois, figurando no documento, por exemplo, no endosso, o assistido e o assistente (o relativamente incapaz e o titular do pátrio poder, tutor ou curador)"[17].

---

16 PONTES DE MIRANDA, Francisco Cavalcanti. *Tratado da ação rescisória*. Atual. por Vilson Rodrigues Alves. Campinas: Bookseller, 1998. p. 452.

17 PONTES DE MIRANDA, Francisco Cavalcanti. *Tratado da ação rescisória*. Atual. por Vilson Rodrigues Alves. Campinas: Bookseller, 1998. p. 452.

7.2.5 *Pessoas casadas*

O art. 73 do CPC dispõe que o cônjuge necessitará do consentimento do outro para propor ação que verse sobre direito real imobiliário, salvo quando casados sob o regime de separação absoluta de bens.

Nos termos do art. 73, § 1º, do CPC, ambos os cônjuges serão necessariamente citados para a ação: a) que verse sobre direito real imobiliário, salvo quando casados sob o regime de separação absoluta de bens; b) resultante de fato que diga respeito a ambos os cônjuges ou de ato praticado por eles; c) fundada em dívida contraída por um dos cônjuges a bem da família; d) que tenha por objeto o reconhecimento, a constituição ou a extinção de ônus sobre imóvel de um ou de ambos os cônjuges.

Nas ações possessórias, a participação do cônjuge do autor ou do réu somente é indispensável, segundo o art. 73, § 2º, do CPC, nas hipóteses de compose ou de ato por ambos praticado.

A norma do art. 73 aplica-se à união estável, ainda que de pessoas do mesmo sexo[18].

O autor deverá requerer a citação do companheiro, havendo escritura pública registrada no Cartório de Títulos e Documentos, reconhecendo a união estável; havendo averbação ou registro da união em cartório de registro civil de pessoas naturais; se injustificável a alegação de desconhecimento da união estável, considerado o objeto da demanda, como na hipótese de ação fundada em contrato de promessa de compra e venda com declaração de união estável dos promitentes-compradores. Salvo nessas hipóteses, o autor não deve requerer a citação do companheiro, o que levaria ao absurdo do possível reconhecimento *incidenter tantum* de união estável, sem a postulação de qualquer dos companheiros[19].

O art. 74 do CPC dispõe que o consentimento, previsto no art. 73 do CPC, pode ser suprido judicialmente quando for negado por um dos

---

18 AMARAL, Guilherme Rizzo. *Comentários às alterações do novo CPC*. São Paulo: Revista dos Tribunais, 2015. p. 130.

19 AMARAL, Guilherme Rizzo. *Comentários às alterações do novo CPC*. São Paulo: Revista dos Tribunais, 2015.

CAPÍTULO **VIII** – **PRESSUPOSTOS PROCESSUAIS**

cônjuges sem justo motivo, ou quando lhe seja impossível concedê-lo. A falta de consentimento, quando necessário e não suprido pelo juiz, invalida o processo.

"Cuida-se", diz Calmon de Passos, à luz do CPC/1973, "de falta suprível, quando verificada pelo juiz ou arguida pela parte. Se não corrigida, o processo será extinto, pois se trata de pressuposto para seu desenvolvimento válido. (...). Se não corrigida, ou se tem a revelia (quando a providência competia ao réu) ou a extinção do processo (sendo a providência de responsabilidade do autor)."[20]

Observa, ainda, o mesmo autor que, "quando a hipótese não for de litisconsórcio necessário, mas de simples outorga, permanece o entendimento predominante de que a falta da outorga só pode ser arguida pelo cônjuge de cujo consentimento se prescindiu"[21].

7.3 Capacidade postulatória

O art. 133 da Constituição estatui: "O advogado é indispensável à administração da justiça, sendo inviolável por seus atos e manifestações no exercício da profissão, nos limites da lei".

Segue-se daí que a jurisdição não pode ser exercida sem que as partes sejam representadas ou assistidas por advogado.

Põe-se, então, o problema do pobre, ao que a Constituição responde com o art. 5º, LXXIV: "O Estado prestará assistência jurídica integral e gratuita aos que comprovarem insuficiência de recursos".

Para os pobres, advogados funcionários, remunerados pelos cofres públicos. É o que decorre da Constituição, art. 134, *caput:* "A Defensoria Pública é instituição permanente, essencial à função jurisdicional do Estado, incumbindo-lhe, como expressão e instrumento do regime democrático, fundamentalmente, a orientação jurídica, a promoção dos direitos humanos e a defesa, em todos os graus, judicial e extrajudicial, dos

---

20 PASSOS, José Joaquim Calmon de. *Comentários ao Código de Processo Civil.* 9. ed. Rio de Janeiro: Forense, 2004, v. III. p. 417.

21 PASSOS, José Joaquim Calmon de. *Comentários ao Código de Processo Civil.* 9. ed. Rio de Janeiro: Forense, 2004, v. III. p. 467.

direitos individuais e coletivos, de forma integral e gratuita, aos necessitados, na forma do inciso LXXIV do art. 5º desta Constituição Federal".

Vedada a defesa privada, o acesso à justiça afirma-se como direito fundamental, reforçando, evidentemente, para a estrutura do Processo Civil pelo disposto no art. 1º do CPC. Proibida a parte de, com suas próprias mãos, atacar o ofensor, concede-se-lhe, em substituição, o direito de ação (art. 2º do CPC). Dá-se um novo passo quando se exige advogado, de certo modo, subtraindo-se à parte o próprio direito de ação, que não pode exercê-lo pessoalmente, mas apenas por meio de profissional habilitado.

Para que se possa dispensar o advogado, é necessário que o processo seja simples, mas não se pode ter simplicidade processual em uma sociedade complexa. É irreversível a substituição da bucólica vida do campo pela vida trepidante das cidades. Irreversível é a substituição do mago, feiticeiro ou curandeiro, com suas ervas, invocações e preces, pelo aparelho médico, com seus hospitais, corpos de cirurgiões, raios X e raios *laser*, antibióticos, exames laboratoriais etc.

A simplificação processual somente é possível com o sacrifício do sistema acusatório, ou seja, com a adoção do sistema inquisitório, em que não há autor, bastando que o interessado dê notícia do ilícito à autoridade judiciária, para que esta possa mover-se. A ação deixa de ser uma atividade para se transformar em um mero ato. A História, porém, tem mostrado que, por essa via, se defere aos juízes terrível arbítrio, em detrimento dos direitos individuais.

Exigida a representação do autor por advogado legalmente habilitado, põe-se o problema do acesso à justiça, negado a uns em razão de sua pobreza e a outros, pobres ou não, em razão do pequeno valor da causa.

O problema tornou-se agudo, agora que nos deparamos, na América Latina, com as grandes concentrações urbanas, em que se encontram, de um lado, a favela e, de outro, a empresa, que, em massa, produz bens ou presta serviços.

O fenômeno provocou impacto na advocacia. Os advogados, uns se tornaram servidores públicos, advogados de ofício, assistentes judiciários, defensores públicos, advogados que atendem realmente aos carentes em suma. Outros foram absorvidos pelas empresas, de que se torna-

CAPÍTULO **VIII – PRESSUPOSTOS PROCESSUAIS**

ram empregados. Apenas um reduzido número pôde conservar a sua posição tradicional, de profissionais liberais, não raro lutando como pigmeus contra gigantescas organizações econômicas ou estatais. Estes, todavia, não podem, com remuneração vil, patrocinar ninharias; daí haver a lei ordinária admitido a reclamação pessoal, nos Juizados Especiais Cíveis (Lei n. 9.099, art. 9º).

O acesso à justiça é um bem que a ninguém se deve negar. Trata-se, contudo, de um bem que tem o seu preço, que é pago pelos próprios interessados ou pela sociedade, por meio de impostos, e não se compreende que deva pagá-lo a sociedade se não o querem pagar os próprios interessados, por entenderem que não vale a pena.

A banalização da justiça não é desejável. Produziria a intervenção do Estado em todos os aspectos das relações sociais. A sociedade precisa ter uma certa capacidade de autoabsorção dos conflitos, sem interferência do juiz. Havia sabedoria no aforismo *de minimis non curat praetor*. Não se justifica a movimentação da máquina judiciária por uma camisa que não foi bem lavada na lavanderia. Não parece desejável que se tenha um tribunal em cada esquina.

Ao "pobre", que não tem o que comer e onde morar, devemos oferecer, antes de tudo, oportunidade de trabalho, para que possa ter alimento e habitação, não advogados e tribunais. Tribunais e advogados, como já alertado, são garantidos a todos, inclusive aos carentes, pelo acesso à justiça (ou, melhor dizendo, ao Judiciário), mas antes disso, precisamos incluir esses cidadãos para, então, depois disso, pensar e dar-lhe o melhor e mais amplo acesso à justiça.

A atuação do advogado não se vincula apenas ao direito de ação, mas também ao direito de defesa e ao princípio do contraditório. O entrechoque das parcialidades é necessário para a imparcialidade do órgão judicante.

A hipótese de petição inicial firmada pessoalmente pelo autor, sem o *jus postulandi*, é de nulidade cominada (Lei n. 8.906, de 4-7-1994, Estatuto da OAB, art. 4º), que pode ser decretada em qualquer tempo e grau de jurisdição, nos termos do art. 485, § 3º, do CPC. Todavia, o trânsito em julgado da sentença de mérito acaso proferida impedirá a decretação da nulidade, porque extinto o processo e findo o ofício jurisdicional. A

Teoria Geral do Processo

sentença poderá ser rescindida, por erro de fato ou por violação de literal disposição de lei, conforme haja ou não o juiz se dado conta da circunstância invalidante. Não se poderá, porém, decretar a nulidade da sentença em outro processo que não o de ação rescisória, nem depois de transcorrido o prazo para que seja proposta.

Caracterizamos a capacidade postulatória como requisito apenas de validade do processo, não de sua existência. As razões são várias.

Em primeiro lugar, que a determinação dos pressupostos de existência do processo constitui matéria de teoria do processo, não podendo ficar sujeito a deslizes redacionais do legislador, como no CPC/1973, art. 37, parágrafo único.

Tem-se, em segundo lugar, que, uma vez existente o ato e produzindo os efeitos jurídicos próprios, não se pode reconduzi-lo à inexistência; pode-se apenas desconsiderar seus efeitos jurídicos, o que caracteriza exatamente a desconstituição por nulidade.

Em terceiro lugar, o art. 104, § 2º, do CPC diz que os atos não ratificados serão considerados ineficazes relativamente àqueles em cujo nome foi praticado, respondendo o advogado pelas despesas e por perdas e danos.

Não constitui hipótese de falta de *jus postulandi*, mas de advogado sem autor, de mandatário sem mandante, que determina a ineficácia da sentença em relação a quem não participou do processo, embora em seu nome haja sido pleiteada a tutela jurisdicional.

O art. 4º da Lei n. 8.906, de 4 de julho de 1994 (Estatuto da Advocacia) estabelece que são nulos os atos privativos de advogado praticados por pessoa não inscrita na OAB, sem prejuízo das sanções civis, penais e administrativas. São também nulos os atos praticados por advogado impedido – no âmbito do impedimento –, suspenso, licenciado ou que passar a exercer atividade incompatível com a advocacia. É claro que, mais do que o advogado, a decretação de tal nulidade prejudica a parte representada. Há de se admitir a ratificação dos atos praticados, como já se decidiu:

"Em verdade, os efeitos processuais da declaração dessa nulidade recairiam inteiramente sobre o agravado, que não teria condições de reco-

CAPÍTULO VIII – PRESSUPOSTOS PROCESSUAIS

nhecer a existência dessa incompatibilidade. Aliás, tal como o impedimento, que deveria ser averbado na carteira ou cartão de identidade ou profissional (artigo 85, parágrafo único, da Lei n. 4.215, de 1963), a incompatibilidade superveniente e temporária haveria também de sê-lo, para conhecimento de terceiros. Se não fosse possível tal averbação, haveria de ser recolhida a carteira e ou cartão do profissional, evitando-se, destarte, prejuízos para os seus eventuais clientes.

Tal, ao que consta dos autos, inocorreu no caso vertente. Por isso mesmo, é de se aplicar analogicamente à espécie o decidido pelo Excelso Pretório quanto aos efeitos da atividade exercitada em causa própria por Advogado impedido, permitindo a ratificação dos atos por ele praticados (*RTJ*, v. 98/293), considerando-se, assim, relativa essa nulidade, em atenção aos interesses e boa-fé do cliente. Tudo, evidentemente, sem prejuízo da responsabilidade disciplinar do seu ilustre Patrono, que exerceu atividade profissional quando não mais poderia fazê-lo"[22].

Foi corretíssima a decisão do Tribunal, que bem aplicou o princípio da sanação, consagrado pelo Código.

Se o advogado de réu incapaz, validamente citado, apresenta-se com procuração passada por absolutamente incapaz, ou por relativamente incapaz não assistido, há defeito de representação, que precisará ser sanado. Há revelia, e não nulidade, se o réu, sem o *jus postulandi*, oferece contestação por ele próprio subscrita (CPC, art. 76, § 1º, II).

8. OS PRESSUPOSTOS PROCESSUAIS OBJETIVOS

São pressupostos objetivos a existência de um pedido, de uma causa de pedir, de nexo lógico entre ambos e a compatibilidade de pedidos, havendo mais de um.

Extraem-se esses requisitos do art. 330 do CPC, que qualifica como inepta a petição inicial quando: a) faltar pedido ou causa de pedir; b) o

---

22 TJSP, Agravo de Instrumento 243.797-1, 2ª Câm. Cív., rel. Donaldo Armelin, 7-2-1995. *JTJ*, v. 169, p. 189.

pedido for indeterminado, ressalvadas as hipóteses legais em que se permite o pedido genérico; c) da narração dos fatos não decorrer logicamente a conclusão; d) contiver pedidos incompatíveis entre si (art. 330, § 1º, do CPC).

8.1 Pedido

Distingue-se o pedido *imediato*, que corresponde à natureza do provimento solicitado, do pedido *mediato*, correspondente ao teor ou conteúdo do provimento.

8.1.1 Pedido imediato

Pode-se pedir ao juiz um dizer ou um fazer: um dizer, como no caso em que se pede que o juiz emita um ato de natureza declarativa, como declarar, constituir, condenar ou mandar; um fazer, como no caso da justificação, em que não se pede declaração alguma, mas que o juiz ouça testemunha e certifique as declarações por ela feitas. Assim, quanto à sua natureza, o provimento solicitado pode ser ou não um ato declarativo.

Quando se pede execução, o provimento solicitado tanto pode consistir em um fazer (exemplos: penhorar, avaliar e alienar bens do devedor para satisfazer o credor; buscar, apreender e entregar coisa móvel ao autor) quanto em um dizer (em certos casos de obrigação de prestar declaração de vontade, a sentença declara e executa, porque produz os efeitos da declaração de vontade omitida).

Quanto aos efeitos, o provimento, de natureza declarativa, dir-se-á declaratório, constitutivo, condenatório ou mandamental, conforme o que predomine. Assim, a sentença condenatória também declara a existência de uma relação jurídica, mas o efeito mais forte é o condenatório, que abre as portas para a execução.

8.1.2 Pedido mediato

Pedido mediato é a pretensão material do autor, o bem da vida por ele pretendido, em detrimento do réu.

CAPÍTULO VIII – PRESSUPOSTOS PROCESSUAIS

Em princípio, não se pode pedir, ao juiz, a "providência adequada" para solucionar a situação de fato narrada. Cabe ao advogado do autor determinar a medida própria e cabível.

Contudo, em certas ações, como as de acidente do trabalho, tem-se tolerado a ausência de pedido ou a formulação de pedido impreciso, dizendo-se competir ao juiz conceder o benefício previsto na lei especial para cada caso.

8.1.3 Falta de pedido

A falta de pedido, na petição inicial, não impede a constituição da relação processual, com a eventual condenação do autor nas custas e, se o réu chegou a ser citado, também em honorários advocatícios. A sentença que o juiz profira é rescindível, com fundamento no art. 966, V, do CPC. A imprecisão ou mesmo a ausência de pedido não implica haver o juiz agido de ofício, porque, por suposto, ainda que inepta, petição inicial houve.

Registramos, porém, o pensamento diverso de Calmon de Passos, que sustenta importar a falta de pedido ou da causa de pedir a inexistência do processo, porque inexistente a postulação, ou inexistentes os fatos suportes da postulação[23].

8.2 Sentença e pedido

A sentença de mérito deve pronunciar-se sobre todo o pedido e somente sobre o pedido formulado pelo autor, quer para acolhê-lo, no todo ou em parte, quer para rejeitá-lo.

Sob esse aspecto, a sentença pode conter vício, por não se pronunciar sobre a totalidade dos pedidos formulados pelo autor (sentença *citra petita*), por ir além do pedido (sentença *ultra petita*) ou por se pronunciar sobre matéria alheia ao pedido (sentença *extra petita*).

---

23 PASSOS, José Joaquim Calmon de. *Comentários ao Código de Processo Civil*. 9. ed. Rio de Janeiro: Forense, 2004, v. III. p. 468.

Citra petita a sentença, precisa o autor opor embargos declaratórios para que o juiz supra a omissão. Se transita em julgado a sentença, cabe ação rescisória? Com Barbosa Moreira, responde-se que não há coisa julgada sobre pedido que o juiz não julgou.

Tereza Arruda Alvim Wambier refere as duas posições a respeito do assunto. A de Arruda Alvim (*RePro* 14/15), sustentando o cabimento e a imprescindibilidade da rescisória para desconstituir a coisa julgada constituída por sentença *infra petita*. É também o que pensa Calmon de Passos: "Havendo cumulação de pedidos, se o juiz se omite do exame de algum deles, a decisão é *citra petita*, anulável mediante o provimento do recurso de apelação. E se transitar em julgado, rescindível"[24]. E a posição de Barbosa Moreira, sustentando, o que nos parece correto, que não há coisa julgada sobre pedido que o juiz não julgou[25].

Cabe ação rescisória, por manifesta violação de norma jurídica, se a sentença é *ultra petita* ou *extra petita*.

Observa Pontes de Miranda que "a sentença *ultra petita* era tida como *ipso iure* nula. Assim pensavam Jorge de Cabedo, Agostinho Barbosa e Antônio Cardoso do Amaral. Essa não é a solução de hoje. Tal sentença é apenas rescindível, e não se pode alegar, em embargos do devedor, tal matéria"[26].

8.3 Causa de pedir

O Código refere-se à causa de pedir ao exigir que o autor, na petição inicial, indique o fato e os fundamentos jurídicos do pedido (art. 319, III).

Conforme a *teoria da individualização*, a causa de pedir seria constituída sempre pela relação jurídica afirmada pelo autor, como funda-

---

24 PASSOS, José Joaquim Calmon de. *Comentários ao Código de Processo Civil.* 9. ed. Rio de Janeiro: Forense, 2004, v. III. p. 207.

25 BARBOSA MOREIRA, José Carlos. *Temas de direito processual civil.* Segunda série. São Paulo: Saraiva, 1980. p. 241.

26 PONTES DE MIRANDA, Francisco Cavalcanti. *Comentários ao Código de Processo Civil.* Rio de Janeiro: Forense, 1976, t. XI. p. 32.

CAPÍTULO **VIII** – **PRESSUPOSTOS PROCESSUAIS**

mento do pedido: ainda que os fatos fossem os mesmos, outra seria a causa de pedir, se diversa a relação jurídica invocada.

Criticou-se tal posicionamento, primeiro, por exigir do autor um conhecimento preciso do direito objetivo, o que a lei não exige; segundo, porque a indicação do autor não tem relevância, já que ao juiz incumbe a qualificação jurídica dos fatos; terceiro, por não se lograr identificar a ação, já que da mesma relação se podem deduzir múltiplas pretensões, por exemplo, prestação x, prestação y, anulação, rescisão[27].

A teoria predominante é a da *substanciação*, que considera como causa de pedir os fatos alegados pelo autor. Assim, diz Calmon de Passos que, "exigindo como requisito da inicial a indicação dos fatos e dos fundamentos jurídicos do pedido, põe o nosso sistema entre os que reclamam a substanciação da causa de pedir, aliás, como já o fazia o Código de 1939, dispondo em igual sentido no seu art. 158"[28].

Causa de pedir, ou título, é o conjunto dos fatos apontados pelo autor, para deduzir sua pretensão de direito material.

Assim, para se reivindicar do réu, que injustamente está na posse de coisa nossa, não basta a afirmação de que somos proprietários (causa próxima); é preciso que se aponte o fato que nos fez proprietários (causa remota – contrato de compra e venda celebrado com A em data tal, herança por morte de B, usucapião declarado por sentença da Vara C)[29].

Entre os clássicos, Chiovenda e Liebman filiaram-se à teoria da individualização, pelo menos no que concerne às ações em que se invoca direito absoluto.

Disse Chiovenda que, "na ação real, basta a afirmação da relação jurídica. (...) Por conseguinte, a causa na reivindicação não é um ou outro modo de aquisição, mas o fato atual da propriedade; a questão jurídica versa sempre sobre a existência do direito de propriedade, ain-

---

27 Lent. Trattato. p. 160. Robsenber, Tratado, v. II, § 88, n. III.

28 PASSOS, José Joaquim Calmon de. *Comentários ao Código de Processo Civil*. Rio de Janeiro: Forense, 1998, v. III. p. 160.

29 SANTOS, Moacyr Amaral. *Primeiras linhas de direito processual civil*. 5. ed. São Paulo: Saraiva, 1977, v. 1. p. 142.

TEORIA GERAL DO PROCESSO

da quando a questão lógica se restrinja ao ponto, por exemplo, de se houve ou não compra e venda. (...) O mesmo se pode dizer dos outros direitos absolutos"[30].

Nas ações reais, disse Liebman, "a causa se encontra no direito real sem se levar em conta o título específico de aquisição do referido direito: o título de aquisição pode mudar sem que se altere a *causa petendi*, pois o direito de propriedade é sempre o mesmo, qualquer que seja o fato de que deriva"[31].

Observa José Ignácio Botelho de Mesquita que as teorias da substanciação e da individualização têm vários pontos de contato. Segundo ele, "em um ponto, porém, elas se tornam irredutíveis. Esse ponto onde ambas se afastam é precisamente a afirmação do que se deva entender por *causa petendi* nas ações propostas com fundamento em um direito de caráter absoluto, assim denominados pela teoria da individualização os direitos reais e o direito de família, e os decorrentes do estado da pessoa"[32].

Sua conclusão, nessa parte coincidente com a da teoria da substanciação, é que, mesmo nas ações fundadas na alegação de um direito real, não basta a indicação da relação jurídica (propriedade, servidão, usufruto) para a determinação da *causa petendi*, sendo necessária a indicação do fato constitutivo. E com acerto poderá ser essa a razão pela qual ação reivindicatória de imóvel, em cuja inicial o autor se afirma proprietário em decorrência de contrato de compra e venda, pode e deve ser julgada improcedente, sem prejuízo de vir depois a ser julgada procedente a ação fundada no fato constitutivo do registro[33].

---

30 CHIOVENDA, Giuseppe. *Instituições de direito processual civil*. Trad. J. Guimarães Menegale. 2. ed. São Paulo: Saraiva, 1965, v. 1. p. 111.

31 MARQUES, José Frederico. *Manual de direito processual civil*. São Paulo: Saraiva, 1974, v. I. p. 155.

32 MESQUITA, José Ignácio Botelho de. A *causa petendi* nas ações reivindicatórios. *Ajuris*, Porto Alegre, v. 20, p. 166-180, nov. 1980.

33 MESQUITA, José Ignácio Botelho de. A *causa petendi* nas ações reivindicatórios. *Ajuris*, Porto Alegre, v. 20, p. 166-180, nov. 1980.

CAPÍTULO VIII – PRESSUPOSTOS PROCESSUAIS

Alexandre Alves Lazzarini destaca que se impõe a opção pela teoria da substanciação diante dos princípios processuais, especialmente o do contraditório: "a simples indicação do fundamento jurídico, ou a afirmação do direito (relação jurídica), possibilitando a substituição do fato constitutivo, por ser indiferente à relação jurídica, sem que se altere o direito, atinge o princípio do contraditório, pois a controvérsia se dará sobre os fatos alegados, e dessa controvérsia os efeitos jurídicos pretendidos, tendo como exemplo mais claro a presunção de veracidade dos fatos quando ocorre a revelia"[34].

A falta de causa de pedir, na petição inicial, não impede a constituição da relação processual. O vício contaminará a sentença que acolha o pedido, tornando-a rescindível, com fundamento no art. 966, V, do CPC.

8.4 Compatibilidade dos pedidos, havendo mais de um

A incompatibilidade de pedidos sana-se com a opção do autor por um deles ou mesmo com a sentença que, interpretando um como principal e o outro como subsidiário, acolha um. Há, por exemplo, incompatibilidade entre o pedido de decretação da nulidade e o de rescisão de um contrato, mas pode-se interpretar o primeiro como principal e o segundo como subsidiário, isto é, como pedido a ser examinado no caso de não ser acolhido o principal.

Se, inadvertidamente, o juiz acolhe ambos os pedidos, embora incompatíveis (como o de decretação da nulidade do contrato e de condenação do réu em prestação dele decorrente), é cabível rescisória, para que se afaste a contradição. Mesmo, porém, não sendo ela proposta, a sentença não poderá ser executada, podendo sua ineficácia absoluta ser declarada a qualquer tempo, em outro processo.

Observa Pontes de Miranda que, "para a ciência contemporânea, o *praeceptum impossibile* é ineficaz; não é inexistente, nem é nulo"[35].

---

34 LAZZARINI, Alexandre Alves. *A causa petendi nas ações de separação judicial e de dissolução da união estável*. São Paulo: Revista dos Tribunais, 1999. p. 47-48.

35 PONTES DE MIRANDA, Francisco Cavalcanti. *Tratado da ação rescisória*. Atual. por Vilson Rodrigues Alves. Campinas: Bookseller, 1998. p. 46.

9. OS PRESSUPOSTOS FORMAIS

Todo ato tem forma, ainda que esta possa ser oral ou consistir, apenas, em um gesto dotado de significado.

"A forma, em seu sentido estrito", diz Aroldo Plínio Gonçalves, "é o revestimento externo do ato, sua feição exterior, os limites exteriores que o individualizam. É o conjunto de signos pelos quais a vontade se manifesta, ou de solenidades que se devem observar na celebração de certos atos jurídicos. Em sentido amplo, a forma do ato pode ser referida ao seu modelo legal e assim se constituir de todos os elementos que a lei exige para o reconhecer como um ato regular."[36]

A forma do ato compreende também os requisitos de tempo e lugar. Observa Roque Komatsu: "A forma, em sentido estrito, abrange o como, modalidade de exprimir-se exigida para a realização de um ato, o onde – o lugar e o quando – tempo. O lugar, como o tempo e a modalidade de expressão, compõe um dos elementos constitutivos do ato processual"[37].

A forma escrita da petição inicial, quando exigida, é da essência do ato. Petição oral, nem sequer reduzida a termo, constitui ato inexistente, equiparando-se a hipótese à já examinada do processo iniciado por impulso pelo juiz, do que decorre a rescindibilidade da sentença, por manifesta violação de norma jurídica.

Considera-se proposta a ação quando a petição inicial for protocolada, todavia, a propositura da ação só produz quanto ao réu os efeitos de induzir litispendência, tornar litigiosa a coisa e constituir em mora o devedor, depois que for validamente citado (art. 312).

Segundo Pontes de Miranda, com a propositura da ação passa a existir a relação processual na linha autor-juiz; a linha juiz-réu somente passa a existir com a citação. Assim, depende da citação a "angularização"

---

36 GONÇALVES, Aroldo Plínio. *Nulidades no processo*. Rio de Janeiro: Aide, 1993. p. 32.

37 KOMATSU, Roque. *Da invalidade no processo civil*. São Paulo: Revista dos Tribunais, 1991. p. 130.

CAPÍTULO VIII – PRESSUPOSTOS PROCESSUAIS

da relação processual, ou seja, a existência da relação completa: autor-juiz-réu[38].

Sustentamos, todavia, que a relação processual se apresenta completa, com autor, juiz e réu, desde que proposta a ação. Em outras palavras, o réu é réu simplesmente porque o autor contra ele formulou pedido. Assim melhor se explicam as liminares que o juiz pode conceder, mesmo antes de ouvir o réu.

Isso, no entanto, não exclui a enorme importância da citação, exigida em obediência ao princípio do contraditório.

Citação é o ato pelo qual são convocados o réu, o executado ou o interessado para integrar a relação processual (CPC, art. 238). Para a validade do processo é indispensável a citação do réu ou do executado, ressalvadas as hipóteses de indeferimento da petição inicial ou de improcedência liminar do pedido (CPC, art. 239).

A falta ou nulidade da citação constitui vício que contamina a sentença, cuja nulidade pode ser decretada independentemente de ação rescisória. Comprova-o o art. 525, § 1º, I, c/c o art. 917, VI, do CPC, que admitem seja decretada, em embargos à execução, a nulidade do processo de conhecimento, se a ação correu à revelia. Somente no caso de revelia, porque o comparecimento espontâneo do réu ou do executado supre a falta ou a nulidade da citação (CPC, art. 239, § 1º).

Em vez de nulidade, melhor dizer-se que a sentença é ineficaz, em relação ao revel que não foi validamente citado. Atende-se, assim, às hipóteses de litisconsórcio facultativo passivo simples, em que a falta de citação de um dos réus não prejudica a validade e a eficácia da sentença em relação aos demais (CPC, art. 117).

Já no caso de litisconsórcio passivo necessário, essa ineficácia é absoluta, significando isso "que não apenas os interessados cuja citação se omitiu, ou se fez deficientemente, mas também os demais permanecem aptos a resistir à 'execução' (*latissimo sensu*, no sentido de imposição de

---

38 PONTES DE MIRANDA, Francisco Cavalcanti. *Comentários ao Código de Processo Civil*. Rio de Janeiro: Forense, 1976, t. XI. p. 98.

efeitos) do julgado, pela via dos embargos, se cabíveis, ou por outras que a essa equivalham (Adroaldo Furtado Fabrício)"[39].

Se o réu existia, mas já falecera ao tempo da citação (por edital com hora certa), há falta de citação, com as consequências daí decorrentes.

Observa Barbosa Moreira:

"Citação de pessoa falecida é (...) citação *inexistente*, por falta de elemento essencial (o sujeito passivo); dela simplesmente não tem sentido indagar se vale ou não vale. A possível boa-fé do autor em nada influi na solução do problema"[40].

10. O CANCELAMENTO DA DISTRIBUIÇÃO POR FALTA DE PREPARO

O art. 290 do CPC estabelece que será cancelada a distribuição do feito se a parte, intimada na pessoa de seu advogado, não realizar o pagamento das custas e despesas de ingresso em 15 dias.

Supõe-se, aí, que a petição inicial não tenha sequer sido submetida ao juiz, porque não pagas as custas devidas ao Estado.

A doutrina não costuma apontar o preparo como pressuposto processual. Contudo, como observa Egas Moniz de Aragão, "a falta de preparo, tal como prevista no artigo ora comentado, impede que o processo chegue sequer a formar-se, pois não será dado curso ao que não for preparado"[41].

Quid iuris, se apesar da falta de preparo, a petição inicial vem a ser despachada pelo juiz, dando-se andamento ao processo?

Para efeitos processuais, pode-se considerar a falta como mera irregularidade, pois em nada afeta a realização dos fins do processo.

---

39 FABRÍCIO, Adroaldo Furtado. Réu revel não citado, *"querela nullitatis"* e ação rescisória. *Ajuris*, Porto Alegre, v. 42, p. 7-32, mar. 1988.

40 BARBOSA MOREIRA, José Carlos. Citação de pessoa já falecida. *Ajuris*, Porto Alegre, v. 58, p. 85-94, jul. 1993.

41 ARAGÃO, Egas Moniz de. *Comentários ao Código de Processo Civil*. 9. ed. Rio de Janeiro: Forense, 1998, v. II. p. 312.

11. EMENDA E INDEFERIMENTO DA INICIAL

Iniciado o processo com a demanda, cabe ao juiz o ato subsequente: verificando que a petição inicial não preenche os requisitos dos arts. 319 e 320 ou que apresenta defeitos e irregularidades capazes de dificultar o julgamento de mérito, determinará que o autor, no prazo de 15 dias, a emende ou a complete, indicando com precisão o que deve ser corrigido ou completado (CPC, art. 321). Somente não cumprindo o autor a diligência é que indefere a petição inicial. É o princípio da sanação, a atuar desde o início do processo.

Estabelece o art. 330 do CPC que a petição inicial será indeferida quando: for inepta; a parte for manifestamente ilegítima; o autor carecer de interesse processual; não atendidas as prescrições dos arts. 106 e 321.

É inepta a petição inicial quando: lhe faltar pedido ou causa de pedir; o pedido for indeterminado, ressalvadas as hipóteses legais em que se permite o pedido genérico; da narração dos fatos não decorrer logicamente a conclusão; contiver pedidos incompatíveis entre si (art. 330, § 1º, do CPC).

Calmon de Passos observa que o indeferimento é uma forma obstativa da eficácia, pois "enquanto a nulidade faz cessar os efeitos que já se produziram, o indeferimento sanciona o ato com a ineficácia, antes mesmo que os efeitos por ele perseguidos se tenham produzido. A petição inicial, ato processual típico, pode, consequentemente, ser defeituosa. E se o defeito que apresenta é relevante, isto é, capaz de obstar o fim específico a que o ato se propõe ou de dificultar ou impedir o alcance dos fins de justiça a que o próprio processo, como fenômeno global, se lança, deve o defeito da petição inicial acarretar o seu indeferimento, vale dizer, a sanção de invalidade do ato, chamada de indeferimento, por seu caráter obstativo"[42].

---

42 PASSOS, José Joaquim Calmon de. *Comentários ao Código de Processo Civil*. Rio de Janeiro: Forense, 1998, v. III. p. 213.

A inépcia da petição inicial pode também ser alegada pelo réu na contestação (CPC, art. 337, IV), arguindo falta de pedido ou de causa de pedir, ou insuficiência na descrição dos fatos, a dificultar ou mesmo impossibilitar a defesa, caso em que o juiz determinará a emenda da inicial (art. 321 do CPC), sob pena de extinção do processo.

Sendo emendada a inicial, o juiz restituirá ao réu o prazo para oferecer contestação, determinando sua intimação. Não há necessidade de renovar-se a citação.

O princípio da sanação atua também no caso de pedidos incompatíveis, devendo o juiz determinar que o autor emende a inicial, optando por um deles.

▶ **APROFUNDANDO**

Destaque do capítulo
Acesse também pelo *link*: https://somos.in/TGP0616

Precedente relevante
Acesse também pelo *link*: https://somos.in/TGP0615

CAPÍTULO IX

Os Planos da Existência, Validade e Eficácia

A norma jurídica contém a previsão de fatos (suporte fático), dos quais decorrem *efeitos* jurídicos (preceito). O suporte fático é dito *hipotético* (ou abstrato), enquanto visualizado meramente como parte integrante da norma abstrata. É a "hipótese de incidência", à qual se liga o preceito. Fala-se de suporte fático *concreto* quando a hipótese ocorre no mundo fático.

Ao se concretizar, o suporte fático sofre a incidência da norma jurídica, surgindo então o fato jurídico.

A incidência da norma se dá sobre fatos que ocorrem em um tempo e espaço determinados. Como o tempo não para de fluir, pode-se afirmar que o suporte fático concreto é transeunte, extinguindo-se assim que concretizado, permanecendo, porém, o fato jurídico. Observa Marcos Bernardes de Mello "que o suporte fático se concretiza, sofre a incidência da norma jurídica, dando ensejo ao surgimento do fato jurídico, e se extingue. Há, portanto, uma determinação espaço-temporal do suporte fático, que faz dele, por isso mesmo, transeunte. Diferentemente, o fato jurídico permanece no mundo jurídico, independentemente da permanência dos elementos de seu suporte fático. Formado o suporte fático de um contrato, as vontades negociais manifestadas que o compuseram permanecem vivas, mesmo

TEORIA GERAL DO PROCESSO

que aquelas que as manifestaram morram. O contrato existe a despeito de não existirem os seus figurantes"[1].

Com efeito, desde Pontes de Miranda, vê-se o mundo jurídico distribuído por três planos: o da existência, o da validade e o da eficácia.

Note-se que, aí, o existir já é existir no mundo jurídico. Não se trata, pois, de um fato apenas ocorrido no mundo fático, mas de um fato que, sofrendo a incidência de norma jurídica, entrou no mundo jurídico.

Um fato é jurídico porque produz efeitos jurídicos. Pode ocorrer, contudo, que outra norma o prive de eficácia.

O fato jurídico *stricto sensu*, o ato-fato jurídico e o fato ilícito *lato sensu*[2] transitam diretamente do plano da existência para o plano da eficácia, isto é, existem (juridicamente) ou não existem, e são eficazes (ou ineficazes).

Tratando-se, todavia, de ato jurídico (negócio jurídico e ato jurídico *stricto sensu*[3]), em cujo cerne se encontra a vontade de praticá-lo, introduz-se, entre os dois planos – da existência e da eficácia – o da validade. Como diz Marcos Bernardes de Mello: "Na análise das vicissitudes por que podem passar os fatos jurídicos, no entanto, é possível encontrar situações em que o ato jurídico (negócio jurídico e ato jurídico *stricto sensu*) (a) existe, é válido e eficaz (casamento de homem e mulher capazes, sem impedimentos dirimentes, realizado perante autoridade competente), (b) existe, é válido e é ineficaz (testamento de pessoa capaz, feito com observância das formalidades legais, antes da ocorrência da morte do testador), (c) existe, é inválido e é eficaz (casamento putativo, negócio jurídico anulável, antes da decretação da anulabilidade), (d) existe, é inválido e é ineficaz (doação feita, pessoalmente, por pessoas absolutamente incapazes)"[4].

---

1 MELLO, Marcos Bernardes. *Teoria do fato jurídico*. 8. ed. São Paulo: Saraiva, 1998. p. 52.

2 MELLO, Marcos Bernardes. *Teoria do fato jurídico*. 8. ed. São Paulo: Saraiva, 1998. p. 109.

3 MELLO, Marcos Bernardes. *Teoria do fato jurídico*. 8. ed. São Paulo: Saraiva, 1998. p. 165.

4 MELLO, Marcos Bernardes. *Teoria do fato jurídico*. 8. ed. São Paulo: Saraiva, 1998. p. 79.

CAPÍTULO IX – OS PLANOS DA EXISTÊNCIA, VALIDADE E EFICÁCIA

1. INEXISTÊNCIA

Caio Mário da Silva Pereira informa que a teoria do ato inexistente nasceu de um raciocínio de Zacchariae, a propósito do matrimônio, quando falte o consentimento. Partindo do art. 146 do Código Napoleão, que proclamava não haver matrimônio sem consentimento, concluiu o civilista germânico que, na falta dele, há inexistência, e não a nulidade, do casamento. Ao passo que a nulidade exige *ação* para ser pronunciada, a inexistência pode ser declarada pelo juiz, de ofício e a qualquer tempo, sem necessidade de ação específica. É lícito, ademais, mesmo a terceiros, desconhecer, de direito e de fato, o vínculo meramente aparente. Em suma, o casamento inexistente não produz efeitos, nem mesmo provisoriamente.

A teoria prosperou, sobretudo porque a doutrina, em matéria de casamento, não admitia *nulidades virtuais* (isto é, não previstas expressamente), dizendo que este somente se invalidava nos casos e nas condições definidas em lei, inextensíveis por analogia ou mesmo por força de compreensão. Com ela se resolviam problemas doutro modo insolúveis, em face do princípio de que, em matéria matrimonial, inexistia nulidade sem previsão legal.

A ideia do ato juridicamente inexistente estendeu-se a outros campos do Direito, para distingui-lo do ato nulo, que pode produzir efeitos, levando ao abandono do aforismo romano *quod nullum est nullum producit efectum* (o que é nulo não produz efeitos).

As sentenças, sem embargo de quaisquer "nulidades" que possam conter, produzem efeitos, *se* e *enquanto* não desconstituídas. Obrigam não apenas as partes, mas quaisquer autoridades. Sentiu-se, então, a necessidade de um termo para designar as que são ainda menos sentenças do que as nulas, a ponto de poder afirmar-se que carecem de imperatividade, até mesmo para os particulares. São as sentenças ditas inexistentes. Sua inexistência pode ser declarada de ofício, a qualquer tempo, incidentemente, sem necessidade de ação ou exceção.

1.1 Inexistência material e inexistência jurídica

Diz Aroldo Plínio Gonçalves que "a inexistência do ato pode ser concebida no plano fático e no plano jurídico, referindo-se a atos que

Teoria Geral do Processo

não se materializaram e assim inexistiram no plano dos fatos, ou àqueles que se constituíram sem requisito essencial previsto na norma processual"[5].

Fazendo, ainda, distinção entre as duas espécies de inexistência, diz que "o ato pode ser inexistente pela ausência de sua própria constituição material ou por defeito essencial de sua formação, ou de sua situação no processo"[6]. "A violação da norma, pela prática da conduta proibida ou pela omissão da conduta exigida, pode ter como consequência o não reconhecimento de qualquer efeito jurídico ao ato que, existindo no plano fático, não chega a adquirir significado jurídico. A consequência jurídica da irregularidade do ato pode consistir na recusa pela lei em reconhecer a própria existência do ato no plano do direito."[7]

A rigor, a distinção entre inexistência material e inexistência jurídica não tem razão de ser, porque, quando se fala de ato jurídico existente ou inexistente, já estamos no plano jurídico. A distinção, assim, apenas atende à circunstância de que, no primeiro caso, não se realizou nenhum elemento da hipótese de incidência, ao passo que, no segundo, algum elemento ocorreu no mundo fático, mas insuficiente para que se possa haver por concretizado o suporte fático.

1.2 Regime jurídico do ato inexistente

Observa Aroldo Plínio Gonçalves que "o ato inexistente não poderá ter seus efeitos suprimidos porque nunca os possuiu e não pode ser considerado válido, como o ato passível de nulidade, que, entretanto, não chega a ser decretada, porque a lei não lhe confere qualquer efeito. Se a inexistência atinge a própria sentença, por falta de requisito essencial, esta não passa em julgado, porque se é juridicamente inexistente não

---

5   GONÇALVES, Aroldo Plínio. *Nulidades no processo*. Rio de Janeiro: Aide, 1993. p. 71.

6   GONÇALVES, Aroldo Plínio. *Nulidades no processo*. Rio de Janeiro: Aide, 1993. p. 71.

7   GONÇALVES, Aroldo Plínio. *Nulidades no processo*. Rio de Janeiro: Aide, 1993. p. 70.

CAPÍTULO IX – OS PLANOS DA EXISTÊNCIA, VALIDADE E EFICÁCIA

pode produzir efeitos no Direito. O ato inexistente, entretanto, pode ser suprido, como a falta de citação, pelo comparecimento do réu"[8].

Marcos Bernardes de Mello explica: "Ao sofrer a incidência de norma jurídica juridicizante, a parte relevante do suporte fático é transportada para o mundo jurídico, ingressando no plano da existência. Neste plano, que é o plano do ser, entram todos os fatos jurídicos, lícitos ou ilícitos. No plano da existência não se cogita de invalidade ou eficácia do fato jurídico, importa, apenas, a realidade da existência. Tudo, aqui, fica circunscrito a se saber se o suporte fático suficiente se compôs, dando ensejo à incidência. Naturalmente, se há falta, no suporte fático, de elemento nuclear, mesmo completante do núcleo, o fato não tem entrada no plano da existência, donde não haver fato jurídico. O casamento realizado perante quem não tenha autoridade para casar, um delegado de polícia, por exemplo, não configura fato jurídico e, simplesmente, não existe"[9].

Se um ato produz efeitos *jurídicos*, necessariamente existe no plano jurídico.

Mesmo uma sentença pode ser juridicamente inexistente. Um caso que não suscita dúvidas maiores é o da "sentença" proferida por quem não é juiz. "Sobre sentenças inexistentes, não pesa autoridade de coisa julgada", com razão afirma Teresa Arruda Alvim.

A sentença inexistente não produz nenhum efeito *jurídico*. Se produz algum efeito *jurídico*, necessariamente existe no plano jurídico. É a sentença *nula* que, como a lei inconstitucional, produz efeitos jurídicos, não obstante sua nulidade.

2. NULIDADE

Observa Antônio Janyr Dall'Agnol que "a invalidade não se identifica com o vício, mas é o 'estado' consequente à decretação judicial. Realmente, a nulidade não existe antes de sua pronunciação pelo juiz. De

---

8 GONÇALVES, Aroldo Plínio. *Nulidades no processo*. Rio de Janeiro: Aide, 1993. p. 76.

9 MELLO, Marcos Bernardes de. *Teoria do fato jurídico*. 8. ed. São Paulo: Saraiva, 1998. p. 80.

TEORIA GERAL DO PROCESSO

um ponto de vista jurídico, não há atos inválidos senão os assim qualificados por decisão judicial passada em julgado. E esse consiste não apenas em reconhecer (= declarar) a existência de vício invalidante, mas em *desconstituir* o ato e seus efeitos. A nulidade não é a pronunciação do juiz, mas constitui-se com ela, nasce com ela"[10].

A mesma observação é feita por Aroldo Plínio Gonçalves, ao distinguir o vício, que é a imperfeição do ato, com a nulidade, que é a eventual sanção imponível. Diz o autor: "As sanções atuam como garantia da eficácia dos preceitos normativos e podem consistir na privação de um bem, como a vida, a liberdade, o patrimônio, ou atingir o próprio ato praticado contra lei ou com omissão da forma ou das condições por ela estabelecidas, para lhes negar efeitos jurídicos. Admitem elas diversas classificações, por múltiplos pontos de referência, mas, quando toma como referencial o critério da finalidade, a doutrina as separa em duas grandes classes: a das sanções que se destinam a provocar o cumprimento da norma, que consistem em um evento desfavorável a ser aplicado ao autor da violação, e a das sanções que tendem a reparar ou neutralizar os efeitos de uma conduta ou de um ato contrário ao direito ou irregular perante ele, e visam a restabelecer, na medida do possível, a situação anterior à violação. Dentre essas situam-se as nulidades dos atos jurídico"[11].

Nulidade, diz o autor, é a consequência jurídica prevista para o ato praticado em desconformidade com a lei e implica a supressão dos efeitos jurídicos que ele se destinava a produzir. Como consequência jurídica que é, enquadra-se a nulidade na categoria das sanções[12]. Assim, "a situação das nulidades no quadro das sanções é suficiente para que se afaste o equívoco de se tratar a nulidade como se fosse o próprio defeito do ato"[13].

Sanável, pois, é a irregularidade, o vício, o defeito, a imperfeição, e não a nulidade. Corretamente, o art. 938, § 1º, do CPC estabelece que,

---

10 DALL'AGNOL JR., Antônio Janyr. *Invalidades processuais*. Porto Alegre: Le Jur, 1989. p. 43.

11 GONÇALVES, Aroldo Plínio. *Nulidades no processo*. Rio de Janeiro: Aide, 1993. p. 13.

12 GONÇALVES, Aroldo Plínio. *Nulidades no processo*. Rio de Janeiro: Aide, 1993. p. 12.

13 GONÇALVES, Aroldo Plínio. *Nulidades no processo*. Rio de Janeiro: Aide, 1993. p. 17.

CAPÍTULO IX – OS PLANOS DA EXISTÊNCIA, VALIDADE E EFICÁCIA

"constatada a ocorrência de vício sanável, inclusive aquele que possa ser conhecido de ofício, o relator determinará a realização ou a renovação do ato processual, no próprio tribunal ou em primeiro grau de jurisdição, intimadas as partes".

A consequência jurídica será aplicável ou inaplicável, pronunciável ou não pronunciável, acolhida ou afastada pelo juiz, mas nunca sanável ou insanável.

No processo, "ato nulo somente existe depois que a nulidade, como consequência jurídica, é pronunciada, e jamais antes da declaração judicial"[14].

Quando a lei afirma que algum ato é nulo, não nos encontramos ante uma afirmação ontológica, mas ante um comando normativo, a determinar que se decrete a nulidade do ato. Em verdade, "o ato que potencialmente pode ser declarado como nulo é o ato irregular. Mas a irregularidade pode ser apenas motivo que autoriza a imposição da sanção, e não força motriz para seu automático desencadeamento, e a sanção subordina-se às condições legais de sua aplicação. Assim, o ato só se torna nulo depois que a decisão judicial declara sua nulidade, aplicando, pois, a nulidade, como consequência normativa"[15].

A nulidade é sanção para o ato desviado de seu modelo legal, que não se restringe à sua forma. A nulidade alcança a forma e todas as demais condições de regularidade do processo[16] (como se verá adiante, é controvertido o enquadramento da nulidade na categoria das sanções).

A nulidade supõe a existência do ato. O que se pode é suprir a falta do ato inexistente, como ocorre, por exemplo, com o comparecimento do réu, que supre a falta de citação.

Entende Aroldo Plínio Gonçalves não haver diferença entre declarar e decretar nulidade. "O efeito *ex tunc* acompanha todo pronunciamento de nulidade, não havendo a mínima diferença entre decretação e decla-

---

14 GONÇALVES, Aroldo Plínio. *Nulidades no processo*. Rio de Janeiro: Aide, 1993. p. 19.

15 GONÇALVES, Aroldo Plínio. *Nulidades no processo*. Rio de Janeiro: Aide, 1993. p. 20.

16 GONÇALVES, Aroldo Plínio. *Nulidades no processo*. Rio de Janeiro: Aide, 1993. p. 35.

ração de nulidade no processo."[17] Como, todavia, a nulidade não se confunde com o vício do ato, sendo, na realidade, sanção que o juiz deve (ou não) aplicar, é mais apropriado falar-se em decretação ou pronúncia da nulidade (o que de modo algum implica a atribuição de efeitos apenas *ex nunc*).

Em síntese: a nulidade é sanção imponível como consequência de vício contido em ato jurídico; o ato processual nulo produz efeitos, *se e enquanto* não desconstituído[18]; a desconstituição opera *ex tunc*. A decretação da nulidade pode ou não depender de provocação do interessado; pode ou não se sujeitar a prazo preclusivo, conforme determine a lei.

Seguindo a doutrina tradicional, consideramos a nulidade uma espécie de sanção. Não há, contudo, unanimidade a respeito do assunto.

Segundo Herbert Hart (*The concept of law*), sanção supõe ilicitude, o que não ocorre com a nulidade, que é consequência de uma ação permitida.

Há normas jurídicas, como as penais, que impõem deveres que, descumpridos, autorizam a aplicação de uma sanção.

Outras, no entanto, apenas dispõem sobre requisitos para que se alcance determinado resultado. Assim, por exemplo, quem faz testamento, sem observar a forma prescrita em lei, pratica ato inválido, mas não viola qualquer dever ou obrigação; age no exercício de sua liberdade.

A prova de que a nulidade não é sanção decorre da circunstância de que a norma impositiva de dever pode ser concebida como primária, sendo secundária a que estabelece uma sanção ou penalidade para o caso de descumprimento. Ora, no caso de norma potestativa, essa distinção não é possível. Se a inobservância de requisito essencial não implicasse nulidade, a existência da própria regra "primária" não poderia ser afirmada de modo inteligível, mesmo como regra jurídica. A estatuição de nulidade é parte integrante desse tipo de norma, o que não ocorre com a pena associada ao descumprimento de um dever.

---

17 GONÇALVES, Aroldo Plínio. *Nulidades no processo*. Rio de Janeiro: Aide, 1993. p. 41.

18 No mesmo sentido a lição de Roque Komatsu: "O ato processual suspeito de invalidade (que pode ser 'convalidado' pela coisa julgada) continua, no entanto, válido até que sobrevenha decisão do juiz declarando-o e decretando-o nulo" (KOMATSU, Roque. *Da invalidade no processo civil*. São Paulo: Revista dos Tribunais, 1991. p. 279).

CAPÍTULO IX – Os Planos da Existência, Validade e Eficácia

Em síntese, a nulidade não é sanção, porque esta supõe ilicitude. As normas potestativas são regras técnicas: estabelecem os requisitos necessários para a obtenção de um resultado. Sua inobservância não implica ilicitude; apenas não se alcança a finalidade desejada. A nulidade expressa a inidoneidade de um ato para alcançar as consequências jurídicas pretendidas pelo agente[19].

Também Roque Komatsu nega à nulidade a natureza de sanção. Aponta, entre os autores que lhe atribuem essa natureza, Lopes da Costa, Rezende Filho, Calmon de Passos, José Frederico Marques e outros mais. Entre os que negam, Carnelutti, Chiovenda, Tereza Arruda Alvim Wambier[20] e Carlos Alberto de Oliveira. Argumenta: "Decisivo parece, a propósito, o relevo que vê na sanção um *quid* qualificável como reação a um comportamento proibido pelo ordenamento, e, especificamente, o efeito típico ligado à integração dos esquemas do ilícito: tentar uma aproximação da inobservância de um dever ou de uma obrigação à insatisfação do ônus, sob o plano dos efeitos, reconhecendo na invalidade e em cada uma das suas formas uma sanção, constitui não apenas um desfiguramento do conceito de sanção, mas sobretudo uma confusão entre dois planos em tudo diversos. O ato ilícito, com efeito, realiza uma *fatispecie*; o ato inválido não realiza nenhuma *fatispecie*, antes é inválido justamente por esta razão"[21].

Refere-se, depois, à teoria de Hart, com sua contraposição entre normas de dever (ou imperativas) e normas potestativas, cuja inobservância não constitui ilícito: no máximo, pratica-se ato inválido, como no caso do testamento celebrado sem observância das formalidades legais[22].

---

19 Sobre o assunto: OLIVEIRA, Carlos Alberto Álvaro de. Notas sobre o conceito e a função normativa da nulidade. In: OLIVEIRA, Carlos Alberto Álvaro de. *Saneamento do processo*. Porto Alegre: Sergio Antonio Fabris Ed., 1989. p. 131-139.

20 WAMBIER, Teresa Arruda Alvim. *Nulidades do processo e da sentença*. 4. ed. São Paulo: Revista dos Tribunais, 1997. p. 115.

21 KOMATSU, Roque. *Da invalidade no processo civil*. São Paulo: Revista dos Tribunais, 1991. p. 184.

22 KOMATSU, Roque. *Da invalidade no processo civil*. São Paulo: Revista dos Tribunais, 1991. p. 184.

Seguindo, porém, a doutrina tradicional, continuamos neste livro a considerar a nulidade como uma espécie de sanção, no sentido de consequência jurídica do descumprimento de uma norma jurídica.

Não nos parece correto vincular a invalidade ao desatendimento de um ônus processual ou à inobservância de uma norma "potestativa", porque de ônus somente cabe falar-se com relação às partes. O juiz tem o *dever*, e não apenas o ônus, de *fundamentar suas decisões*, sob pena de nulidade, como dispõem os arts. 11 e 489, § 1º, do CPC.

3. INEFICÁCIA

Um ato é jurídico porque produz ou se destina a produzir efeitos jurídicos.

Alguns poucos exemplos, como o do testamento que, embora existente e válido, somente se torna eficaz com a morte do testador, bem como o da sentença que existe e vale, mas não para o litisconsorte que não foi validamente citado, é fácil compreender-se o que se pretende significar com o conceito de ato válido, mas ineficaz.

Em lição que permanece atual, diz Antônio Janyr Dall'Agnol Júnior: "Atos há válidos que não produzem desde logo efeitos (*v.g.*, editais regularmente publicados que não foram juntados aos autos), como os há, inválidos que produzem efeitos (*v.g.*, ato nulo que não prejudicou a parte). Em se cuidando de validade, analisa-se a *suficiência* (= existir juridicamente) e a ausência de *deficiência*. A questão da eficácia não se confunde com a qualidade de eficiência; esta está antes. Ademais, não decorre a eficácia, muita vez, exclusivamente da suficiência e não deficiência do ato. Para gerar efeitos, o ato deve ser suficiente e não deficiente, por certo, mas nem sempre apenas isso (o ato existe e tem validade, mas há necessidade de um *plus*). No direito privado, lembra Pontes de Miranda o testamento. Com efeito, tal ato jurídico, existente e válido, apenas após a ocorrência de outro fato jurídico – a morte do testador – irradiará efeitos. No direito processual, invocável o exemplo dos editais que se publicaram regularmente e que aos autos não foram, ou ainda não foram, juntados. Existem, são váli-

CAPÍTULO IX – OS PLANOS DA EXISTÊNCIA, VALIDADE E EFICÁCIA

dos, mas a eficácia, que há de se irradiar no e para o processo, depende de ato processual posterior, qual seja o de juntada. (...) Citação que se realiza em outra pessoa que não o legitimado passivo *ad causam* não é ato inexistente, como já se pretendeu; é ato ineficaz, *quanto ao legitimado passivo*. (...) Existência e validade dizem respeito com o próprio ato, independentemente de liame com qualquer sujeito de direito. O ato não existe para 'A', ou é válido para 'A', 'B' e 'C'. O ato jurídico é ou não é; qualifica-se como válido ou como inválido, conforme atenda, ou não, às prescrições de lei. Seus efeitos, sim, podem atingir 'A', ou 'A', 'B' e 'C', ou um grupo, ou todos. Tais precisões evidenciam-se indispensáveis, principalmente em terreno que não oferece a mínima facilidade, como o da teoria das nulidades"[23].

Há *ineficácia* de um ato quando, embora válido, não produz efeitos por certo tempo (como a sentença relativa a relação jurídica sujeita a condição ou termo) ou para determinadas pessoas, não obstante aparência em contrário.

Segundo Barbosa Moreira, eficácia de um ato "é a sua aptidão para produzir efeitos no mundo do direito. As mais das vezes, se o ato (além de existir) vale, tem essa aptidão. Um contrato válido, normalmente, faz nascer para as partes os direitos e obrigações nele previstos. Reciprocamente, se o ato não vale, em regra não produz os efeitos normais. Esses princípios, todavia, não são absolutos. Pode suceder que, apesar de válido, o ato deixe de produzir efeitos por certo tempo, ou para determinadas pessoas. Assim, *v.g.*, o ato válido praticado sob condição suspensiva é ineficaz enquanto não sobrevenha o acontecimento a que ficou condicionado (CC, art. 118); a alienação *a non domino* – ao contrário do que com frequência se supõe, vale, posto que não produza efeitos para o verdadeiro *dominus*. Em compensação, pode a lei, a título excepcional, atribuir efeitos a ato inválido"[24].

---

23 DALL'AGNOL JR., Antônio Janyr. *Comentários ao Código de Processo Civil.* Porto Alegre: Le Jur, 1985, v. III. p. 424-425.

24 BARBOSA MOREIRA, José Carlos. Citação de pessoa já falecida. *Ajuris*, Porto Alegre, v. 58, p. 85-94, jul. 1993.

TEORIA GERAL DO PROCESSO

4. SENTENÇA INEXISTENTE, NULA E INEFICAZ; RESCINDÍVEL E ANULÁVEL

A rescindibilidade da sentença liga-se, em nosso Direito, às seguintes ideias fundamentais: o trânsito em julgado da sentença, a necessidade de ação para que se decrete a rescisão, a existência de prazo decadencial para propô-la e a enumeração taxativa dos casos de cabimento (art. 966 do CPC). O juiz não pode, pois, decretar, de ofício, a rescisão; nem se obtém rescisão por via de exceção. Exige-se ação.

Insiste-se em que rescindir não é o mesmo que anular, porque há casos de rescisão por fato superveniente. Ora, o vício que justifica a decretação da nulidade há de ser contemporâneo ao do ato anulado. Assim, "qualquer que seja a causa da invalidade, o vício é dirimente e contemporâneo da formação do ato, quer se trate de nulidade ou de anulabilidade"[25].

Diferentemente da *rescisão*, a *inexistência* da sentença pode ser declarada de ofício e, portanto, também por ação ou por exceção. Não há prazo para que se argua a inexistência da sentença. A possibilidade de alegação é perpétua.

A nulidade da sentença que transitou em julgado – atenção! – não pode ser decretada de ofício. Mas é perpétua e pode ser alegada não só por ação, como também por exceção, podendo, pois, ser decretada incidentemente.

Como Pontes de Miranda, estamos a utilizar a expressão "decretar a nulidade", porquanto a sentença nula existe e produz efeitos no mundo jurídico, enquanto não advém sentença (constitutiva negativa) que, pronunciando a nulidade, a retire do mundo jurídico, fazendo cessar seus efeitos (*ex tunc*).

A ineficácia da sentença pode, às vezes, ser decretada de ofício; outras vezes, depende de pedido do interessado. Pode ou não ser perpétua. Declara-se, não se decreta a ineficácia, porque não se trata de retirar a sentença do mundo jurídico, mas apenas de declarar que não produz

---

25 GONÇALVES, Aroldo Plínio. *Nulidades no processo*. Rio de Janeiro: Aide, 1993. p. 80.

CAPÍTULO IX – Os Planos da Existência, Validade e Eficácia

efeitos. Pode haver ineficácia, porque a sentença ainda não produz efeitos, porque já não produz efeitos, ou porque não produz efeitos em relação a esta ou àquela pessoa.

Cabe falar em sentença anulável? O art. 966, § 4º, do CPC estabelece que "os atos de disposição de direitos, praticados pelas partes ou por outros participantes do processo e homologados pelo juízo, bem como os atos homologatórios praticados no curso da execução, estão sujeitos à anulação, nos termos da lei". Tem-se utilizado, para essas ações, a denominação de anulatórias, para distingui-las da rescisória, que só cabe nos casos do art. 966 do CPC, que, aliás, somente se refere a sentenças de mérito. O termo "anular" apresenta-se próprio, face à existência de prazo para o exercício do direito, diferentemente do que ocorre com a sentença nula, em que o vício se apresenta como perpétuo.

A ação anulatória tem como alvo, em regra, os atos praticados pelas partes ou por terceiros, e não pelo juízo. O art. 966, § 4º, do CPC estabelece que os atos de disposição de direitos, praticados pelas partes ou por outros participantes do processo e homologados pelo juízo, bem como os atos homologatórios praticados no curso da execução, estão sujeitos à anulação, nos termos da lei. Objeto, pois, da ação de anulação é o ato das partes, que apenas reflexamente atinge a decisão judicial homologatória.

Independentemente, contudo, de homologação, a confissão judicial pode ser objeto de ação anulatória[26].

---

26 AMARAL, Guilherme Rizzo. *Comentários às alterações do novo CPC*. São Paulo: Revista dos Tribunais, 2015. p. 986.

▶ APROFUNDANDO

Destaque do capítulo
Acesse também pelo *link*: https://somos.in/TGP0618

Precedente relevante
Acesse também pelo *link*: https://somos.in/TGP0617

CAPÍTULO X

Das Nulidades em Geral

Assim como, no Direito Civil, a teoria das nulidades[1] matrimoniais diverge da teoria das nulidades[2] dos negócios jurídicos, no campo do processo, temos uma teoria dos atos viciados, em processo pendente, e outra, dos vícios[3] da sentença, em processo findo, isto é, transitada em julgado.

Iniciamos pelo estudo da primeira, observando, desde logo, haver, no Brasil, várias doutrinas a respeito das nulidades[4] processuais, com diversidade de soluções[5] e de terminologia.

Efetivamente, isso pode fazer que se chegue a diferentes soluções para as questões que envolvam as nulidades, partindo de matrizes conceituais diferentes, mas que, na prática, muitas vezes com igual resultado.

---

1   Sobre o tema das nulidades e rescisão das sentenças, vale conferir BARBOSA, Ruy. *Nulidade e rescisão de sentenças*. Rio de Janeiro: Typ. do Jornal do Comércio, 1911.

2   CAMUSSO, Jorge. *Nulidades procesales*. Buenos Aires: Ediar, 1976. p. 9; MAURINO, Alberto Luis. *Nulidades procesales*. Buenos Aires: Editorial Astrea, 1982. p. 12; RESK, Lloveras de. *Tratado teórico-práctico de las nulidades*. Buenos Aires: Depalma, 1985. p. 4.

3   BIDART, Adolfo Gelsi. *De las nulidades en los actos procesales*. Montevideo: Ediciones Jurídicas Amalio M. Fernandez, 1981. p. 61.

4   Cf.: CAVANI, Renzo. *La nulidad en el proceso civil*. Lima: Palestra Editores, 2014. p. 81-162.

5   WAMBIER, Teresa Arruda Alvim. *Nulidades do processo e da sentença*. 6. ed. rev., atual. e ampl. São Paulo: Revista dos Tribunais, 2007. p. 136.

TEORIA GERAL DO PROCESSO

1. A DOUTRINA DE GALENO LACERDA

Começamos com a doutrina de Galeno Lacerda, exposta na vigência do CPC de 1939, em seu *Despacho Saneador*[6], divulgada por Egas Moniz de Aragão na vigência do CPC de 1973[7]; adotada, entre outros, por Antônio Janyr Dall'Agnol, em seu livro *Invalidades processuais*[8], e por Roque Komatsu, em *Da invalidade no processo civil*[9], e expressamente referida em numerosos acórdãos.

Lacerda tomou como ponto de partida uma lição de Carnelutti, no tronco da teoria geral do Direito: "Carnelutti, adotando a divisão clássica dos vícios essenciais em nulidades absolutas, relativas e anulabilidades, considera a nulidade absoluta insanável e sanáveis a nulidade relativa e a anulabilidade"[10]. Distingue-as desta forma: "O ato relativamente nulo, ao contrário do absolutamente nulo, que não produz efeito algum, pode produzi-lo, desde que se realize determinada condição; em outras palavras, ao contrário da nulidade absoluta, a nulidade relativa significa que a eficácia do ato está sujeita à condição constituída pelo evento que sane o vício. Essa condição é suspensiva. Diz-se, então, que o vício convalesce"[11].

E como se distingue a nulidade relativa da anulabilidade?

"Enquanto o ato relativamente nulo está sob condição suspensiva da confirmação ou da aquiescência, o ato anulável está sob condição resolutiva da reação. A conduta transcendente para a eficácia do ato, no primeiro caso, é comissiva; no segundo, omissiva. Na anulabilidade, não cabe

---

6   LACERDA, Galeno. *Despacho saneador*. Porto Alegre: La Salle, 1953.

7   ARAGÃO, Egas Moniz de. *Comentários ao Código de Processo Civil*. 9. ed. Rio de Janeiro: Forense, 1998, v. II. p. 264 e s.

8   DALL'AGNOL JR., Antônio Janyr. *Invalidades processuais*. Porto Alegre: Le Jur, 1989.

9   KOMATSU, Roque. *Da invalidade no processo civil*. São Paulo: Revista dos Tribunais, 1991. p. 209.

10   Essa tripartição é feita com frequência na doutrina processual. Assim, por exemplo, com relação ao Direito espanhol, Francisco Ramos Méndez trata da nulidades absoluta (= insanável), relativa (= sanável) e da anulabilidade (dependente de arguição do interessado, como a incompetência relativa).

11   LACERDA, Galeno. *Despacho saneador*. Porto Alegre: La Salle, 1953. p. 70.

CAPÍTULO X – DAS NULIDADES EM GERAL

dizer que os efeitos do ato se suspendam até a produção da reação, mas que eles se produzem desde logo, apesar do vício. Portanto, a reação não os constitui, mas os extingue. Isto significa que a conditio iuris age não como suspensiva, senão como resolutiva."[12]

Essa análise aguda e brilhante, embora figure no Sistema de Direito Processual Civil, situa-se em pura Teoria Geral do Direito. Pertencendo ao universo jurídico, claro está que esses conceitos se aplicam ao tema dos vícios essenciais do ato processual, os quais se classificarão, assim, em vícios insanáveis, constituídos pelas nulidades absolutas, e vícios sanáveis, onde se distinguem as nulidades relativas e as anulabilidades.

Carecem, portanto, de razão, os que sustentam, indistintamente, serem relativas e sanáveis as nulidades processuais[13].

Tendo exposto as ideias de Carnelutti, no campo da Teoria Geral do Direito, passa Lacerda a expor as suas, no campo mais limitado do processo civil.

Assim, "em nosso entender, o que caracteriza o sistema das nulidades processuais é que elas se distinguem em razão da natureza da norma violada, em seu aspecto teleológico. Se nela prevalecerem fins ditados pelo interesse público, a violação provoca a nulidade absoluta, insanável, do ato. Vício dessa ordem deve ser declarado de ofício, e qualquer das partes o pode invocar. Quando, porém, a norma desrespeitada tutelar, de preferência, o interesse da parte, o vício do ato é sanável. Surgem aqui as figuras da nulidade relativa e da anulabilidade. O critério que as distinguirá repousa, ainda, na natureza da norma. Se ela for cogente, a violação produzirá nulidade relativa. Como exemplo, podemos apontar a ilegitimidade processual provocada pela falta de representação, assistência ou autorização. Sendo imperativa a norma que ordena a integração da capacidade, não pode o juiz tolerar-lhe o desrespeito. Como ela visa proteger o interesse da parte, a consequência é que o vício poderá ser sanado. Daí decorre a faculdade de o juiz proceder de ofício, ordenando o saneamento, pela repetição ou ratificação do ato, ou pelo supri-

---

12 LACERDA, Galeno. *Despacho saneador*. Porto Alegre: La Salle, 1953. p. 70.
13 LACERDA, Galeno. *Despacho saneador*. Porto Alegre: La Salle, 1953. p. 70 e s.

Teoria Geral do Processo

mento da omissão. A anulabilidade (...) é vício resultante da violação de norma dispositiva"[14].

Com efeito, "por este motivo, como o ato permanece na esfera de disposição da parte, a sua anulação só pode ocorrer mediante reação do interessado, vedada ao juiz qualquer provisão de ofício. Essa reação, provados seus fundamentos, tem a virtude de tornar, para o juiz, o vício insanável, quando se tratar de ilegitimidade do próprio órgão judicial, como na incompetência relativa e no desrespeito ao compromisso. Quando, porém, houver possibilidade de saná-lo por ato da parte contrária, deverá o juiz ordenar o suprimento, como na falta de caução, ou de pagamento de despesas de processo anterior. Ao contrário do que ocorre com a nulidade relativa, em todos estes casos o saneamento depende pura e simplesmente de omissão do interessado (nas hipóteses figuradas, dependerá da não oponibilidade da exceção)"[15].

Saliente-se que, segundo essa doutrina "os vícios passíveis de se constituírem em nulidade absoluta são, por definição, *insanáveis*"[16].

Como já se observou, Lacerda estabelece vinculação entre o regime das nulidades e a natureza da norma violada. Esse é exatamente o ponto em que sua doutrina se apresenta como original. Carnelutti distinguia interesse público e interesse privado. Galeno Lacerda acrescenta o critério da natureza cogente ou dispositiva da norma violada.

Ora, é certo que a nulidade somente pode decorrer de violação de uma norma. É forma de sanção prevista em lei para o caso de violação de uma norma. Ora, enquanto *dispositiva*, uma norma não pode ser violada. Por definição, a norma dispositiva permite disposição em contrário. E é claro que, praticando ato permitido por lei, a parte não viola norma alguma e, por isso mesmo, não cabe se falar em sanção de nuli-

---

14 Diz Sílvio Rodrigues que, tendo em vista sua força obrigatória, as normas distinguem--se em regras cogentes (ou de ordem pública), e regras dispositivas (também chamadas supletivas e interpretativas). RODRIGUES, Sílvio. *Direito Civil*: Parte Geral. 34. ed. São Paulo: Saraiva, 2007, v. I. p. 16-17.

15 LACERDA, Galeno. *Despacho saneador*. Porto Alegre: La Salle, 1953. p. 70 e s.

16 DALL'AGNOL JR., Antônio Janyr. *Invalidades processuais*. Porto Alegre: Le Jur, 1989. p. 54.

CAPÍTULO X – DAS NULIDADES EM GERAL

dade por violação de norma dispositiva. Assim, de nulidade somente caberia se falar a propósito de violação de norma cogente.

O Código é expresso no sentido de que há casos de preclusão, ou seja, casos em que a decretação da nulidade depende de tempestiva alegação da parte. É o que ocorre, por exemplo, no caso de indeferimento de perguntas formuladas a testemunha. Conformando-se a parte com o indeferimento, não poderá posteriormente alegar nulidade por cerceamento de defesa.

Como a preclusão supõe ato de interesse da parte e somente cabe se falar em nulidade por violação de norma cogente, a conclusão que se impõe é que a nulidade sujeita à preclusão é a decorrente de violação de norma cogente tuteladora de interesse da parte. Mas, nesse caso, segundo Galeno Lacerda, a nulidade é decretável de ofício, não havendo, portanto, preclusão, no que se revela inconsistente essa doutrina.

Ademais, a vinculação que por ela se estabelece entre nulidade absoluta e insanabilidade desconsidera princípio fundamental em matéria de nulidades, qual seja o da sanação, sempre que possível.

Constitui equívoco afastar-se o princípio da sanação quando violada norma tuteladora de interesse público. Qualquer que seja a hipótese de nulidade, deve o juiz providenciar, se possível, na sanação do vício, a fim de que não seja necessário decretá-la[17].

2. A DOUTRINA DE AROLDO PLÍNIO GONÇALVES

Contrariando a doutrina de Galeno Lacerda, Aroldo Plínio Gonçalves afirma que, no processo, não há normas contemplando o interesse particular, mas normas imperativas, disciplinando a atuação do juiz e garantindo a participação das partes no desenvolvimento do procedimento regular. Assim, o interesse privado, em razão da natureza do processo, não pode servir de base para a anulação de atos processuais. Diz: "Carnelutti teve uma visão absolutamente correta dessa questão

---

17   DIDIER JR., Fredie. *Curso de direito processual civil*: introdução ao direito processual civil, parte geral e processo de conhecimento. 17. ed. Salvador: JusPodivm, 2015. p. 401.

277

quando ressaltou que há base para a anulação do ato viciado quando o vício atingir o interesse da parte, prejudicando-a. Tal concepção não leva à conclusão de que a *norma* que autorize a declaração de nulidade é instituída no *interesse* da parte. É o desvio do ato de seu modelo legal que constitui o vício e é ele que pode provocar o prejuízo. Se o vício do ato praticado contra a norma não trouxer prejuízo, não se anula o ato, ainda que a parte interessada por quaisquer motivos na nulidade a requeira"[18].

A disciplina legal das nulidades envolve dois momentos distintos: no primeiro, trata-se de prever ou não a sanção de nulidade, conforme a essencialidade do ato; no segundo, trata-se de disciplinar sua aplicação: se deve ser decretada de ofício, se necessita de requerimento, quem pode requerê-la, em que circunstâncias deve ser decretada ou, pelo contrário, não ser pronunciada, e quais os efeitos de sua declaração[19].

Em qualquer caso, seja de nulidade cominada como de não cominada, há que se observar os princípios que condicionam sua decretação, que podem ser reduzidos a dois: o da finalidade e o da ausência de prejuízo[20].

Assim, "no processo, não basta a existência do vício para que o ato seja passível de ser anulado ou declarado nulo. Tanto nos casos de nulidade cominada como nos de nulidade não cominada, pode-se afirmar que não há nulidade sem prejuízo"[21].

Em verdade, "a nulidade dita absoluta, que se contrapõe a qualquer outra espécie, sob a denominação de nulidade relativa ou de anulabilidade, nada mais é do que a nulidade *cominada*, que o juiz pode declarar de ofício, em qualquer fase do processo, e a parte pode alegar, no momento processual oportuno. As nulidades que se designam por nulidade relativa ou por anulabilidade são sempre as não cominadas, que podem ser declaradas apenas em razão da alegação da parte que não concorreu

---

18 GONÇALVES, Aroldo Plínio. *Nulidades no processo.* Rio de Janeiro: Aide, 1993. p. 93.

19 GONÇALVES, Aroldo Plínio. *Nulidades no processo.* Rio de Janeiro: Aide, 1993. p. 46.

20 GONÇALVES, Aroldo Plínio. *Nulidades no processo.* Rio de Janeiro: Aide, 1993. p. 58.

21 GONÇALVES, Aroldo Plínio. *Nulidades no processo.* Rio de Janeiro: Aide, 1993. p. 64.

CAPÍTULO X – DAS NULIDADES EM GERAL

para o ato viciado e que, em razão do vício, tenha prejudicada sua atuação no procedimento"[22].

3. DOUTRINA DE JOSÉ JOAQUIM CALMON DE PASSOS

Em 2002 foi publicado o livro *Esboço para uma teoria das nulidades aplicada às nulidades processuais*, de Calmon de Passos[23].

Propôs-se o jurista a revisitar tudo quanto pensou no passado em termos de saber jurídico, para realizar o que chamou de "testemunho intelectual". Afirma ele: "(...) tento transmitir aos que prosseguirão as migalhas que acumulei. Mesmo, sendo pouco, não quero reter nada, pois tudo quanto retemos é como se nunca o tivéssemos possuído. Se migalhas não alimentam os homens, elas matam a fome dos pássaros que, leves e alados, delas se nutrem e são um belo ornamento na paisagem dos homens"[24].

Trata-se de estudo de notável importância: com clareza, expõe suas conclusões, logicamente deduzidas das premissas.

Diz-se convencido de que nada é, ontologicamente, lícito ou ilícito, proibido, devido ou permitido, porque, para isso, é necessário um dizer do homem a respeito. A vida social depende de regulação, a fim de gerar a segurança necessária para viver. Assim, o valer jurídico decorre do que foi produzido pelos homens, segundo o "processo para isso institucionalizado na organização do grupo social". Da mesma forma, o não valer jurídico. Essa expressão do homem decorre do querer, da vontade. Tudo para demonstrar que o direito regula a vida social, seja por meio de normas genéricas (expressas sob a forma de categorias sem qualquer individualização de sujeitos, bens ou comportamentos) ou de normas particulares ("vinculada a determinado sujeito ou sujeitos como decorrência da atividade que desenvolvem nos vários papéis sociais que desempenham

---

22 GONÇALVES, Aroldo Plínio. *Nulidades no processo*. Rio de Janeiro: Aide, 1993. p. 99.

23 PASSOS, José Joaquim Calmon. *Esboço de uma teoria das nulidades aplicada às nulidades processuais*. Rio de Janeiro: Forense, 2002.

24 PASSOS, José Joaquim Calmon. *Esboço de uma teoria das nulidades aplicada às nulidades processuais*. Rio de Janeiro: Forense, 2002. p. 3.

TEORIA GERAL DO PROCESSO

tendo em vista suas necessidades, interesses e objetivos que os mobilizam no seu viver cotidiano").

Segundo o autor: "(...) o ser ou não ser direito é compreensão só suscetível de ocorrer a partir de um prévio dizer sobre a juridicidade do fato. O que enseja a compreensão do fato social como fato jurídico é sua apropriação por uma norma com os atributos de norma jurídica, segundo já exposto precedentemente. Destarte, por coerência, devemos concluir que sem um dizer prévio sobre a licitude ou ilicitude da conduta, impossível será cogitar-se de sua juridicidade. Para valer como direito, qualquer prescrição reclama sua prévia institucionalização, possibilitando seja considerado o fato social como fato jurídico"[25].

A norma jurídica, do ponto de vista estritamente formal, é igual a todas as outras, podendo expressar-se como dado "A" deve ser "B", em que "A" é o suposto, a conduta que, uma vez afirmada em sua existência material, deve justificar ou fundamentar a consequência "B". Em razão disso, vale-se do estudo tipo (*tatbestand*, *fattispecie*) para distinguir a conduta ou o ato colocado como suposto e suficiente, por si só, para legitimar a exigibilidade da consequência, de outros atos ou condutas por si só insuficientes para tanto[26].

Apresenta as distinções entre fato jurídico, como gênero, e suas espécies: o fato natural e o fato do homem (ou ato em sentido estrito) e ambos do negócio jurídico. Acrescenta o tipo, que atua na determinação de qual ato ou quais atos são exigidos como suposto normativo necessário para que determinada consequência jurídica seja exigível. Daí afirmar que a tipicidade é da essência mesma do jurídico[27].

Com essas premissas, vem a conceituar o que seja validade no campo da dogmática jurídica: "Vale como direito o que como direito foi produzido segundo o processo para isso politicamente institucio-

---

25 PASSOS, José Joaquim Calmon. *Esboço de uma teoria das nulidades aplicada às nulidades processuais*. Rio de Janeiro: Forense, 2002. p. 16.

26 PASSOS, José Joaquim Calmon. *Esboço de uma teoria das nulidades aplicada às nulidades processuais*. Rio de Janeiro: Forense, 2002. p. 21.

27 PASSOS, José Joaquim Calmon. *Esboço de uma teoria das nulidades aplicada às nulidades processuais*. Rio de Janeiro: Forense, 2002. p. 21.

CAPÍTULO X – DAS NULIDADES EM GERAL

nalizado na organização do grupo social"[28]. Ressalva que não importa ao seu estudo o problema da validade ou invalidade na norma geral (lei, em sentido amplo), isto é, não vai discorrer sobre a constitucionalidade ou inconstitucionalidade, legalidade ou ilegalidade da norma posta como integrante do sistema, somente interessa a validade ou invalidade da norma particular resultante da aplicação da norma geral ao caso concreto[29].

O ato, como fragmento de toda atividade, reclama, para sua própria classificação como fato: (1) seja considerado o que ocorreu antes dele e é significativa sua compreensão, (2) o que é posterior a ele e, também, (3) tudo o quanto constitui sua estrutura executiva. Pressuposto é o que precede o ato e é para ele juridicamente relevante; requisito, tudo o que integra a estrutura executiva do ato; condição, tudo o que a ele se segue e é exigido para a produção de efeitos. Há pressupostos subjetivos (sujeito), objetivos e formais para precisar o que é exigido, a fim de que o ato se tipifique ou se caracterize como ato jurídico perfeito e específico. Atendidos os pressupostos, há adequação, que ainda necessita de correspondência entre a estrutura executiva do ato invocado e a do previsto normativamente. Satisfeitos os pressupostos e os requisitos, tem-se a validade do ato. Normalmente, com a validade tem-se a eficácia. Entretanto, existem casos em que a eficácia só ocorre após a prática de algum ato ou da ocorrência de um fato posterior (condição), o que serve para distinguir validade e eficácia[30].

Atos processuais são "atos jurídicos praticados no processo, pelos sujeitos da relação processual ou pelos sujeitos do processo, capazes de produzir efeitos processuais e que só no processo podem ser praticados"[31].

---

28 PASSOS, José Joaquim Calmon. *Esboço de uma teoria das nulidades aplicada às nulidades processuais*. Rio de Janeiro: Forense, 2002. p. 21.

29 PASSOS, José Joaquim Calmon. *Esboço de uma teoria das nulidades aplicada às nulidades processuais*. Rio de Janeiro: Forense, 2002. p. 22-23.

30 PASSOS, José Joaquim Calmon. *Esboço de uma teoria das nulidades aplicada às nulidades processuais*. Rio de Janeiro: Forense, 2002. p. 35-40.

31 PASSOS, José Joaquim Calmon. *Esboço de uma teoria das nulidades aplicada às nulidades processuais*. Rio de Janeiro: Forense, 2002. p. 53.

Fundamental é o entendimento do processo como tipo complexo de formação sucessiva: o "ato processual não é um fato qualquer ocorrido no espaço, no tempo e no processo, sim um fato ocorrido no processo e nas condições preestabelecidas em lei"[32]. O processo forma-se com sucessivos atos preestabelecidos em lei (tipo procedimento), isto é, tem-se uma série de elementos necessários e suficientes, legalmente previstos, para determinar um efeito jurídico, qual seja a prestação da tutela jurisdicional. O processo supõe uma predeterminação da atividade que deve ser desenvolvida para que o Estado se desincumba do seu poder – dever jurisdicional[33].

Os atos praticados no processo envolvem o estudo de seus pressupostos, requisitos e condições para que, imediatamente, produzam efeitos na relação processual. Todo procedimento *fattispecie* é reflexo da formação complexa em que um ato resulta do adimplemento de uma obrigação nascida de um outro fato do procedimento. Assim, a citação é um tipo, que é pressuposto da resposta[34].

Quando um pressuposto se refere a todos os atos do procedimento, fala-se em pressuposto processual (de existência ou de validade).

Para que a relação processual exista juridicamente, alguns pressupostos são reclamados – a existência de órgão com jurisdição, a capacidade de ser parte dos sujeitos e a postulação. Faltando qualquer deles, pode existir materialmente algo, inexistirá, contudo, algo tipificável como processo. São eles os pressupostos processuais de existência. Não basta, entretanto, que a relação processual exista juridicamente, exige-se ainda que seja válida. Para a validade da relação processual são necessários fatos e qualificações que a doutrina denomina de pressupostos processuais de desenvolvimento válido do processo. Os sujeitos dizem respeito à pessoa do juiz, que deve ser competente e compatível (livre de

---

32 PASSOS, José Joaquim Calmon. *Esboço de uma teoria das nulidades aplicada às nulidades processuais*. Rio de Janeiro: Forense, 2002. p. 79.

33 PASSOS, José Joaquim Calmon. *Esboço de uma teoria das nulidades aplicada às nulidades processuais*. Rio de Janeiro: Forense, 2002. p. 71-88.

34 PASSOS, José Joaquim Calmon. *Esboço de uma teoria das nulidades aplicada às nulidades processuais*. Rio de Janeiro: Forense, 2002. p. 80-86.

CAPÍTULO X – DAS NULIDADES EM GERAL

suspeição ou de impedimento) ou às partes (a capacidade processual). Além desses pressupostos subjetivos, há os objetivos: (a) positivos (que devem existir) demanda apta, isto é, petição inicial não eivada de inépcia nem de irregularidades e defeitos relevantes; ao lado deles, (b) os negativos (que não devem existir), que são a litispendência e a coisa julgada. Pode-se, ainda, aceitar a categoria dos denominados impedimentos processuais, denominação dada pela doutrina a certos pressupostos definidos em lei que os coloca na dependência de arguição da parte. Por fim, cabe mencionar os pressupostos específicos que só dizem respeito a determinados tipos de procedimento[35].

Passos trata do que chama admissibilidade (ou inadmissibilidade) da relação processual, a fim de adaptar as condições da ação à sua teoria[36]. Afirma que, em um Estado de Direito Democrático, existe a garantia de que ninguém poderá sofrer interferência, em seu patrimônio ou em sua liberdade, por parte do Poder Público, sem o atendimento prévio pela autoridade do devido processo constitucional de produção do direito. Assim, o magistrado – que tem o dever de velar pelo regular andamento do processo – deve proferir juízo sobre a validade do processo antes de decidir sobre a tutela pretendida pelos litigantes (mérito). Daí seu dever de extinguir o processo sem julgamento do mérito, realizando um juízo de inadmissibilidade. Esse saneamento deverá ser realizado quanto aos pressupostos de existência de validade do processo (anteriormente mencionados) e quanto às denominadas condições da ação.

O magistrado deve efetuar o juízo de (in)admissibilidade não apenas quanto aos pressupostos de natureza processual ou às condições da ação, deve, também, atender aos elementos que constituem o devido processo constitucional de produção do direito. Esses elementos impli-

---

35 PASSOS, José Joaquim Calmon. *Esboço de uma teoria das nulidades aplicada às nulidades processuais*. Rio de Janeiro: Forense, 2002. p. 87-88.

36 O autor não aceita a teoria de Liebman, que procurou distinguir processo, ação e mérito. Tem-na como indefensável, sendo esse o objeto de tese que concorreu à cátedra na Faculdade de Direito da Universidade Federal da Bahia (PASSOS, José Joaquim Calmon. *A ação no direito processual civil brasileiro*. Bahia: Ed. Progresso, 1961) (PASSOS, José Joaquim Calmon. *Esboço de uma teoria das nulidades aplicada às nulidades processuais*. Rio de Janeiro: Forense, 2002. p. 115-117).

TEORIA GERAL DO PROCESSO

cam as seguintes garantias: (a) do juiz natural, (b) do contraditório, (c) da publicidade, (d) da fundamentação das decisões e (e) do controle e da validade e legalidade das decisões[37].

Acolhe a categoria dos atos inexistentes, na relação processual: a inexistência advém da irreconhecibilidade processual do ato. A inexistência processual é o não ato: a) ou porque sem agente processualmente reconhecível; b) ou porque sem objeto processualmente reconhecível[38]; c) ou porque sem forma processualmente reconhecível. Explica que o ato inexistente significa um *quid* incapaz de gerar qualquer efeito, pois lhe faltam elementos que são da essência do ato. Em razão disso, o ato inexistente não pode ser convalidado, nem necessita ser invalidado, "com relação a ele, não se faz necessário um ato posterior, que o prive de validade, nem é possível que atos posteriores o confirmem ou homologuem, emprestando-lhe eficácia"[39].

O ato processual imperfeito difere do inexistente na medida em que, embora imperfeito (atípico), possui aptidão para ser reconhecido juridicamente como ato processual da categoria ou espécie em que se integraria validamente, se perfeito. "O ato, quando atípico, é apenas um ato imperfeito, não ainda um ato nulo. Enquanto imperfeito, desviado do tipo, é ato que produz efeitos. E enquanto produz efeitos, válido."

Adentra então, no estudo específico das nulidades em atos processuais[40].

A nulidade processual é sanção, pois a regra sancionatória é instrumento de que se vale o sistema para garantir obediência aos imperativos da ordem jurídica. Necessita de pronunciamento do magistrado, que decrete a nulidade e retire a eficácia do ato maculado por sua imperfeição relevante. Se o ato, mesmo atípico, atender aos fins previstos

---

37 PASSOS, José Joaquim Calmon. *Esboço de uma teoria das nulidades aplicada às nulidades processuais*. Rio de Janeiro: Forense, 2002. p. 118-119.

38 PASSOS, José Joaquim Calmon. *Esboço de uma teoria das nulidades aplicada às nulidades processuais*. Rio de Janeiro: Forense, 2002. p. 102-103.

39 PASSOS, José Joaquim Calmon. *Esboço de uma teoria das nulidades aplicada às nulidades processuais*. Rio de Janeiro: Forense, 2002. p. 95-96.

40 PASSOS, José Joaquim Calmon. *Esboço de uma teoria das nulidades aplicada às nulidades processuais*. Rio de Janeiro: Forense, 2002. p. 107.

CAPÍTULO X – DAS NULIDADES EM GERAL

na norma processual, não deve o magistrado decretar a nulidade. Se sua imperfeição o incapacitou para alcançar o fim que lhe era atribuído pelo sistema, deve o magistrado pronunciar a nulidade e retirar-lhe seus efeitos. Assim, sem haver prejuízo para os fins de justiça do processo, nenhuma nulidade deve ser decretada. Atipicidade sem prejuízo constitui irregularidade[41].

Distingue o ato inexistente do nulo e ambos do irregular, nos seguintes termos:

(A) O ato processualmente inexistente nem é típico nem atípico. É um não ato, seja porque materialmente jamais ocorreu, seja porque, um *quid facti*, é juridicamente irreconhecível como ato processual. (B) O ato nulo é ato atípico, cuja imperfeição o incapacitou para alcançar o fim que lhe era atribuído pelo sistema. Ato, porque revestido das condições de existência do ato processual. Imperfeito, porque atípico. Inválido por sua incapacidade de alcançar o fim que processualmente lhe foi imputado. (C) O ato processual irregular é ato atípico, cuja imperfeição, entretanto, escapa da sanção de sua invalidade. É ato e é imperfeito pelas mesmas razões do ato nulo. Mas é preservado em sua validade e eficácia porque o fim que processualmente se perseguia com o ato perfeito foi alcançado[42].

Ao tratar das nulidades sanáveis e insanáveis, Calmon de Passos reafirma que a nulidade nasce com o pronunciamento do magistrado, surge com ele e existe somente depois dele. Assim, é incorreto falar-se em sanção da nulidade. Na realidade, o que importa é a repercussão que, no procedimento, a decretação da nulidade determina, acarretando a invalidade, por contaminação, de outros atos subsequentes[43].

Se a imperfeição do ato é relevante, deve o magistrado decretar sua invalidade. Invalidado o ato, passa ele a faltar no procedimento. Diante desse

---

41 PASSOS, José Joaquim Calmon. *Esboço de uma teoria das nulidades aplicada às nulidades processuais*. Rio de Janeiro: Forense, 2002. p. 106-114.

42 PASSOS, José Joaquim Calmon. *Esboço de uma teoria das nulidades aplicada às nulidades processuais*. Rio de Janeiro: Forense, 2002. p. 114.

43 PASSOS, José Joaquim Calmon. *Esboço de uma teoria das nulidades aplicada às nulidades processuais*. Rio de Janeiro: Forense, 2002. p. 137-141.

resultado, avaliará o magistrado as consequências dessa falta. Se ela repercutiu sobre os atos subsequentes, atingindo-os de modo a inviabilizar o prosseguimento feito, de duas uma – pode-se voltar a praticar o ato no procedimento, sanando-se os efeitos de sua repercussão, ou isso é impossível. Na primeira hipótese, há sanabilidade. Na segunda, insanabilidade se cuida[44].

Em síntese:

Independentemente de a lei prescrever determinada forma, sob pena de nulidade, o juiz a decretará de ofício e a qualquer tempo sempre que houver imperfeição relevante na realização de ato que importe em prejuízo aos fins de justiça de processo. Não será decretada a nulidade se o ato processual, mesmo imperfeito, alcançar os fins que lhe foram atribuídos. A alegação de nulidade de ato processual não preclui, exceto quando se tratar de formalidade estabelecida no exclusivo interesse da parte. É nulo o processo quando o Ministério Público não for intimado a acompanhar o feito em que deva intervir. Se o processo tiver ocorrido sem conhecimento do Ministério Público, o juiz determinará sua intimação, sanando-se o vício com seu pronunciamento, desde que não arguida e comprovada a existência de prejuízo para aquele que legítima a intervenção.

4. A DOUTRINA DE TERESA ARRUDA ALVIM

Teresa Arruda Alvim é autora de *Nulidades do processo e da sentença*[45], contudo, para expor seu pensamento, valemo-nos aqui de seus *Primeiros comentários ao Novo Código de Processo Civil*, escrito em coautoria com Maria Lúcia Lins Conceição, Leonardo Ferres da Silva Ribeiro e Rogério Licastro Torres de Mello[46].

---

44 PASSOS, José Joaquim Calmon. *Esboço de uma teoria das nulidades aplicada às nulidades processuais*. Rio de Janeiro: Forense, 2002. p. 137.

45 WAMBIER, Teresa Arruda Alvim. *Nulidades do processo e da sentença*. 7. ed. São Paulo: Revista dos Tribunais, 2014.

46 WAMBIER, Teresa Arruda Alvim; CONCEIÇÃO, Maria Lúcia Lins; RIBEIRO, Leonardo Ferres da Silva; MELLO, Rogério Licastro Torres de. *Primeiros comentários ao Novo Código de Processo Civil*. São Paulo: Revista dos Tribunais, 2015.

CAPÍTULO X – DAS NULIDADES EM GERAL

A nulidade consiste em um defeito do ato, que pode ser intrínseco ou extrínseco, este quando anterior à prática do ato. Os vícios mais graves geram nulidades absolutas; os menos graves, nulidades relativas.

Há as nulidades de fundo, ligadas aos elementos e às estruturas fundamentais do processo, que são absolutas, e há as nulidades de forma, que são relativas[47].

Nulidades absolutas do processo são as que dizem respeito aos pressupostos genéricos de admissibilidade de apreciação do mérito – categoria que reúne pressupostos processuais e condições da ação – somada às nulidades cominadas. Podem ser conhecidas de ofício e não geram preclusão.

Pelo contrário, não podem ser conhecidas de ofício e geram preclusão as nulidades relativas, vinculadas a defeitos de forma.

Uma coisa é a existência do vício; outra, se a nulidade deve ou não ser decretada, sendo relevantíssimo o princípio do aproveitamento, do que decorre que todas as nulidades podem, em princípio, ser sanadas. Aplica-se esse princípio em todos os graus de jurisdição, quer se trate de vício de fundo, quer de forma.

Por expressa disposição legal, a falta de intimação do Ministério Público gera nulidade absoluta (nulidade cominada). Trata-se, mesmo assim, de nulidade sanável, porquanto só pode ser decretada se o Ministério Público, após ser devidamente intimado, afirmar a existência de prejuízo (art. 279, § 2º).

Também geram nulidade absoluta as citações e intimações feitas sem observância das prescrições legais (art. 280). Contudo, são sanáveis, como todos os vícios do processo.

Do princípio da concatenação (art. 281) decorre que, anulado o ato, restem sem efeito os subsequentes que dele dependam.

---

47 WAMBIER, Teresa Arruda Alvim et al. *Primeiros comentários ao Novo Código de Processo Civil.* São Paulo: Revista dos Tribunais, 2015. p. 459.

5. A DOUTRINA DE ANTONIO DO PASSO CABRAL

Referimo-nos aqui à segunda edição (2010) da obra de Antonio do Passo Cabral, *Nulidades no processo moderno: contraditório, proteção da confiança e validade* prima facie *dos atos processuais*[48].

O autor constrói, com características próprias, uma teoria "comunicativa" das nulidades, com base nas interações entre os sujeitos, na perspectiva da teoria geral do direito[49].

No primeiro capítulo, apresenta uma exposição geral do tema, tal como compreendido pela doutrina atual, tanto no Brasil quanto no Direito comparado; no capítulo segundo, expõe sua crítica às teorias mais atuais; no terceiro, desenvolve o conceito de contraditório a partir da ideia de reflexividade, analisando as interações decorrentes desse princípio no quadro do exercício do poder; no quarto, aborda, a partir do formalismo moderno, a compreensão do devido processo legal, trabalhando com o que pode ser identificado como princípio de validade *prima facie* dos atos do processo, do que resulta, para o julgador, o ônus argumentativo para invalidar o ato. Essa técnica, diferentemente da denominada instrumentalidade das formas, destaca o aspecto participativo no exame das invalidades, ampliando o controle sobre as opções do juiz e permitindo maior racionalidade nas decisões de invalidação.

Conclui:

"O esquema tradicional, voltado para a regra legislada, partindo da separação das nulidades a partir de diversos critérios antitéticos entre si, fulcrado numa graduação dos vícios que inexiste na teoria ou na prática, demonstrou-se claramente insuficiente. A ele se somou um regime de legalidade temperada pela instrumentalidade das formas, o

---

48 CABRAL, Antonio do Passo. *Nulidades no processo moderno*: contraditório, proteção da confiança e validade *prima facie* dos atos processuais. Rio de Janeiro: Forense, 2010.

49 CABRAL, Antonio do Passo. *Nulidades no processo moderno*: contraditório, proteção da confiança e validade *prima facie* dos atos processuais. Rio de Janeiro: Forense, 2010. p. 17.

CAPÍTULO X – DAS NULIDADES EM GERAL

qual, ao invés de 'modernizar' a aplicação das nulidades, inflou os poderes do juiz, um sujeito imune às preclusões e que poderia decidir quase livremente, desprezando as partes e sem necessidade de justificar racionalmente suas escolhas, decretando com base em fórmulas fluidas como o 'prejuízo' ou um abstrato 'cerceamento de defesa'"[50].
Afirma:
"Faz-se necessário, nos dias de hoje, um tratamento que inclua todos os sujeitos na descoberta da invalidação, em clima de participação, reconhecimento do outro e boa-fé. Todo esse quando é permeado pela influência mútua e reflexiva que caracteriza o contraditório moderno, trazendo o processo para uma era comunicativa de interações intersubjetivas em torno da argumentação e do convencimento"[51].

Diz impor-se, sobretudo, "frisar a excepcionalidade da invalidação pela validade *prima facie* dos atos processuais. Os atos do processo devem ser sempre considerados válidos aprioristicamente. Para inverter a preferência normativa e pronunciar a invalidade, pesa sobre o magistrado o ônus argumentativo, uma força da qual deve se depreender com uma fundamentação mais acentuada. A validade *prima facie* dos atos do processo é uma alternativa à aplicação da instrumentalidade das formas, atualmente decretada pelo magistrado sem cientificidade e com desprezo à participação dos demais sujeitos. Ao exigir o ônus argumentativo, a abordagem aqui proposta promove um retorno às partes, equilibrando os poderes processuais, e torna o sistema de nulidades um modelo de controle das escolhas do juiz, devidamente fundamentadas e com referência inafastável às circunstâncias concretas"[52].

---

50   CABRAL, Antonio do Passo. *Nulidades no processo moderno*: contraditório, proteção da confiança e validade *prima facie* dos atos processuais. Rio de Janeiro: Forense, 2010. p. 365.

51   CABRAL, Antonio do Passo. *Nulidades no processo moderno*: contraditório, proteção da confiança e validade *prima facie* dos atos processuais. Rio de Janeiro: Forense, 2010. p. 365.

52   CABRAL, Antonio do Passo. *Nulidades no processo moderno*: contraditório, proteção da confiança e validade *prima facie* dos atos processuais. Rio de Janeiro: Forense, 2010. p. 265-366.

Busca traçar uma perspectiva orientada "não para os defeitos do ato ou uma pretensa graduação das nulidades (absolutas, relativas, cominadas, não cominadas etc.) Ao contrário, a teoria comunicativa das invalidades aqui sustentada se volta para a repercussão dos vícios no curso da relação processual. O critério que justifica a invalidação é a significação comunicativa do defeito, vale dizer, se a atipicidade formal causou uma repercussão particularmente relevante para interferir nas condições de comunicação do debate processual"[53].

Nesse contexto de funcionalização valorativa das formalidades, procura "critérios para guiar o juízo de invalidação tanto para atos comissivos quanto para as condutas omissivas, especialmente quando geram expectativas apreendidas pelos demais envolvidos no litígio, cuja confiança legítima deve ser protegida. Diferenciamos também o exame da validade nos atos originários e finais, sem deixar de destacar a relevância dos juízos de eficiência. Por fim, tecemos algumas considerações acerca do processo penal, que podem diferenciar a cognição judicial sobre as invalidades. Essas devem ser as bases para fundar uma teoria comunicativa das nulidades adequada ao processo contemporâneo. Porém, é certo que devemos, ao lado das proposições no campo das ideias, incentivar uma profunda mudança de atitude de todos aqueles que lidam com a teoria dos atos do processo e das nulidades. Num contexto em que o contraditório-influência transcorra tranquilamente, em que a cooperação e o respeito mútuo sejam assegurados e fomentados, será tanto mais simples a aplicação prática das regras sobre as invalidades"[54].

6. A ESCALA DA INEXISTÊNCIA ÀS MERAS IRREGULARIDADES

Os arts. 276 a 283 do CPC não dizem respeito nem às hipóteses de inexistência nem às meras irregularidades. Regulam, entre esses dois

---

53 CABRAL, Antonio do Passo. *Nulidades no processo moderno*: contraditório, proteção da confiança e validade *prima facie* dos atos processuais. Rio de Janeiro: Forense, 2010. p. 366.

54 CABRAL, Antonio do Passo. *Nulidades no processo moderno*: contraditório, proteção da confiança e validade *prima facie* dos atos processuais. Rio de Janeiro: Forense, 2010. p. 366.

CAPÍTULO X – DAS NULIDADES EM GERAL

extremos da escala, apenas as hipóteses intercalares, correspondentes às nulidades.

7. NULIDADES DE FUNDO E DE FORMA

Observa Tereza Arruda Alvim Wambier que se trata, aí, apenas das nulidades de forma; não, das nulidades de fundo[55]; compreendidas como tais as decorrentes da falta de condição da ação ou de pressuposto processual, das quais o juiz conhece de ofício, em qualquer tempo e grau de jurisdição, conforme dispõe o art. 485, § 3º, do CPC.

Com essa distinção, entre nulidades de fundo e nulidades de forma, a autora enlaça os temas conexos dos pressupostos processuais e das nulidades.

8. NULIDADES COMINADAS E NÃO COMINADAS

Cominadas são as nulidades expressamente previstas, como as das citações e intimações sem observância das prescrições legais (art. 280 do CPC).

Nos termos do art. 276, quando a lei prescreve determinada forma, sob pena de nulidade, sua decretação não pode ser requerida pela parte que lhe deu causa, o que deixa claro que mesmo nulidades cominadas podem não ser decretadas.

Caso de nulidade cominada é a decorrente da falta ou nulidade da citação (CPC, art. 239). Entretanto, se o réu comparece, sem argui-la, não se decreta a nulidade (art. 239, § 1º). Suponha-se que uma das partes seja intimada da juntada de documento aos autos por intimação nula, nos termos do art. 272, § 2º. Faltou, por exemplo, o nome de seu advogado. Realiza-se a audiência. A parte é vencida e apela, pedindo a reforma da sentença, sem aludir à nulidade daquela intimação. O tribunal não deverá decretá-la, de ofício, ainda que cominada.

---

55 Também Humberto Theodoro Júnior refere-se às nulidades de fundo, relacionadas aos pressupostos processuais e condições da ação, em oposição às nulidades de forma (THEODORO JÚNIOR, Humberto. As nulidades no Código de Processo Civil. *Revista de Processo*, v. 30, p. 38-59).

Por outro lado, nulidade não cominada pode ser decretada de ofício. Considere-se, por exemplo, a hipótese de recurso não conhecido por intempestividade, independentemente de alegação do recorrido. Ao não conhecer do recurso, está o Tribunal a afirmar a nulidade do ato de interposição do recurso, negando-lhe efeitos. Também não cominada, mas decretável de ofício, é a decorrente da falta de contestação oferecida por curador especial, inerte em todo o processo.

A regra de que não se decreta nulidade por vício de forma, se atingida a finalidade do ato, aplica-se também às nulidades cominadas, pois "do princípio da instrumentalidade das formas e dos atos do processo, decorre a irrelevância dos vícios do ato processual, mesmo em caso de nulidade absoluta, se o ato atingir o fim a que se achava destinado no processo"[56].

O art. 282, § 1º, sem distinguir entre nulidades cominadas e não cominadas, dispõe que o ato não se repetirá nem se lhe suprirá a falta quando não prejudicar a parte. Seria, aliás, ilógico exigir-se a repetição do ato ou o suprimento de sua falta, ainda que alcançada a finalidade do ato.

Reafirma-se, pois, que a circunstância de tratar-se ou não de nulidade cominada nada nos diz sobre a possibilidade de ser ou não decretada de ofício[57] e que, em qualquer dos casos, a existência de prejuízo constitui requisito para que seja pronunciada.

A afirmação da existência de nulidades não cominadas implica rejeição da tese de que, sendo a nulidade uma sanção, somente poderia ser aplicada nos casos expressos em lei.

9. SANAÇÃO DO VÍCIO E SANAÇÃO DA NULIDADE

Pode-se distinguir sanação do vício e sanação da nulidade.

A rigor, a ausência de prejuízo não sana a nulidade. O que, na verdade, ocorre é que, por ausência de prejuízo, não se compõe o suporte

---

56 THEODORO JÚNIOR, Humberto. As nulidades no Código de Processo Civil. *Revista de Processo*, v. 30, p. 51.

57 Humberto Theodoro Júnior, com razão, observa que "não há coincidência entre nulidade absoluta e nulidade insanável, ou entre nulidade cominada e nulidade insanável" (THEODORO JÚNIOR, Humberto. As nulidades no Código de Processo Civil. *Revista de Processo*, v. 30, p. 47).

CAPÍTULO **X** – DAS NULIDADES EM GERAL

fático para a imposição da sanção de nulidade, não obstante a existência do vício. A essa hipótese refere-se o art. 277 do CPC: porque, embora realizado de outro modo, o ato alcançou a sua finalidade, é ele válido.

A sanação da nulidade supõe que ela haja sido pronunciada. A ela refere-se o art. 282: "Ao pronunciar a nulidade, o juiz declarará que atos são atingidos e ordenará as providências necessárias a fim de que sejam repetidos ou retificados". A nulidade é pronunciada, mas não implica a extinção do processo, porquanto é sanada, mediante a repetição ou a retificação do ato, ou ainda, por outra forma, como no caso da incompetência absoluta, em que há sanação pela remessa dos autos ao juiz competente.

Observa Calmon de Passos:

"A sanabilidade ou insanabilidade da nulidade é uma apreciação posterior ao pronunciamento judicial que a constitui. Nulidade sanável, portanto, não é mais do que aquela cujas consequências sobre o processo podem ser obviadas, mediante a repetição de atos ou realização de atos que faltaram na série de atos do procedimento. Insanável, por conseguinte, é a nulidade que repercute sobre o processo como um todo e importa em sua extinção. Suas consequências são extensas e definitivas. A repetição de um ato não pode ser vista como sanação de defeito desse mesmo ato, e sim das repercussões que sua invalidade determina no processo. O ato é nulo. O juiz pronuncia sua nulidade e manda repeti-lo, impedindo, com isso, a extensão dos efeitos da nulidade do ato, extensão que normalmente ocorreria, não fosse o ato repetível. É a projeção da nulidade no processo que se corta, não a nulidade. Ela existe e deve ser decretada"[58].

É o que ocorre, por exemplo, quando o juiz determina a emenda da inicial, ou o tribunal insta o advogado que subscreveu o recurso a exibir o instrumento de mandato, ou permite a ratificação de atos praticados por advogado impedido.

---

58 PASSOS, José Joaquim Calmon de. *Comentários ao Código de Processo Civil.* 9. ed. Rio de Janeiro: Forense, 2004, v. III. p. 414-415.

10. SÍNTESE CONCLUSIVA

As nulidades processuais decorrem da violação de norma processual. Trata-se, por suposto, de violação de norma cogente, porque não há violação de norma dispositiva, quando as partes convencionam em sentido diverso ao nela estatuído. Não viola a lei, por conseguinte, quem faz o que ela permite.

A existência de uma norma violada põe como questão prévia a relativa à existência, como diria Chiovenda, de uma vontade da lei. Em outras palavras, a interpretação da norma e a fixação de seu sentido têm de ser feitas antes de se pôr em jogo o regime jurídico das nulidades. Assim, por exemplo, somente depois de se afirmar que a lei exige, efetivamente, a intimação das partes, para o julgamento de reexame necessário, é que cabe indagar se a falta implica mera irregularidade, nulidade sanável ou insanável, nulidade decretável de ofício ou dependente de arguição da parte.

O processo é regulado basicamente por normas cogentes, cuja aplicação não pode ser afastada nem pelas partes, nem pelo juiz. As nulidades decorrem de sua violação, diga-o a lei expressamente ou não, donde as referências a nulidades cominadas e não cominadas.

Ao juiz compete a direção do processo e, portanto, zelar por sua regularidade. Por isso, as nulidades são, de regra, decretáveis de ofício, haja ou não, na lei, cominação expressa de nulidade.

Quer se trate de nulidade cominada ou não cominada, o juiz só deve pronunciá-la se ocorreu prejuízo e, pronunciando-a, providenciar, se possível, em sua sanação, mediante repetição, retificação ou ratificação do ato.

Em casos raros, desconsidera-se o requisito do prejuízo; por exemplo, não se cogita de prejuízo no caso de sentença proferida por juiz absolutamente incompetente. A nulidade, aí, sana-se, mas com a remessa dos autos ao juiz competente.

Em que casos a pronúncia da nulidade depende de alegação da parte, sujeitando-se, pois, à preclusão, por não ter sido alegada na primeira oportunidade em que lhe coube falar nos autos?

CAPÍTULO X – DAS NULIDADES EM GERAL

Não é por ausência de expressa cominação que a nulidade exige arguição da parte[59]. Nem por se tratar de norma dispositiva, pois somente norma cogente pode ser violada. A necessidade de alegação da parte não se vincula sequer à circunstância de estar em jogo direito disponível. É que o fato de um direito ser disponível para a parte não quer dizer que o seja para o juiz. Ao proprietário é dado vender o bem pelo preço que bem entenda, mas ao juízo é vedado aliená-lo por preço vil; ainda que se sustente que o devedor pode indicar à penhora bem impenhorável, renunciando, assim, ao chamado "benefício de competência", certo é que é vedado ao juízo penhorar bem impenhorável.

As nulidades que se sujeitam à preclusão são as decorrentes de ação ou omissão ilegal, que haja impedido a parte de, no momento oportuno, requerer, alegar, produzir prova ou simplesmente presenciar ato do processo.

Explica-se: às partes são assegurados, no processo, os direitos de requerer, de produzir alegações, provas e de estar presente em atos do processo. Mas elas são livres, podendo, pois, não requerer, não alegar, não produzir provas, não comparecer. O fato de, por ato ilegal, haver a parte sido impedida de praticar ou presenciar ato processual, não lhe retira essa liberdade, motivo por que lhe é dado optar por não alegar a nulidade[60]. É nessas hipóteses que opera a preclusão.

---

59 Está visto que não concordamos com Humberto Theodoro Júnior, ao afirmar que "sempre que o ato processual inobservar a forma traçada na lei, sem contudo violar preceito que contenha expressa previsão de nulidade, nem chegar a atingir os pressupostos de validade da relação processual, o caso será de simples anulabilidade. E o ato não será anulado senão a requerimento da parte prejudicada" (THEODORO JÚNIOR, Humberto. As nulidades no Código de Processo Civil. *Revista de Processo*, v. 30, p. 50). A fórmula, demasiado ampla, restringe excessivamente os poderes do juiz, ao qual compete conduzir o processo de conformidade com as normas legais, haja ou não expressa cominação de nulidade.

60 Enquadra-se, aí, a hipótese, apontada por Rogério Lauria Tucci e José Rogério Cruz e Tucci, de ser o réu impedido de apresentar o seu memorial depois de conhecer o do autor (TUCCI, Rogério Lauria; TUCCI, José Rogério Cruz e. Indevido processo legal decorrente da apresentação simultânea de memoriais. *Revista dos Tribunais*, São Paulo, v. 662, p. 25-30, dez. 1990). Podendo nem sequer oferecer memorial, pode o réu concordar com o oferecimento simultâneo. Não se trata, de modo algum, de nulidade "insanável".

Tem-se, aí, uma extensão da regra de que o comparecimento supre a falta de citação. O réu, nulamente citado, comparecendo, pode arguir a nulidade, oferecer contestação ou simplesmente receber o processo no estado em que se encontra. A opção é sua. A parte, a quem não se deu vista de documento junto aos autos pelo adversário, pode arguir a nulidade ou ignorá-la. Impedida de tempestivamente depositar em cartório o rol de testemunhas, porque intimada apenas na véspera da realização da audiência, pode a parte optar por comparecer, sem arguir a nulidade. Impedida de produzir prova pericial, por decisão equivocada do juiz, fica a critério da parte a interposição ou não do recurso de agravo.

Observe-se que, assim como no caso de falta ou nulidade da citação, a nulidade da intimação pode ser decretada pelo juiz, de ofício, enquanto não sanada pelo comparecimento.

O que eventualmente pode ser difícil de determinar é qual terá sido a primeira oportunidade que a parte teve para falar nos autos. Juntou-se aos autos documento, sem lhe ter sido dada vista. Em que momento se poderá razoavelmente presumir que efetivamente dele tomou conhecimento? No caso de julgamento sem prévia intimação da parte, qual o primeiro momento para a alegação da nulidade: o dos embargos de declaração ou o do recurso cabível?

Aplica-se a mesma doutrina ao Ministério Público.

Devendo intervir, sua intimação para acompanhar o feito impõe-se, sob pena de nulidade (art. 279). Todavia, assim como à parte, é lícito ao Ministério Público requerer ou deixar de requerer, produzir ou não produzir alegações e provas, comparecer ou não aos atos do processo. Por isso mesmo, se, por ação ou omissão, é impedido de praticar ato ou de estar presente em ato processual, precisa alegar a nulidade, na primeira oportunidade em que lhe é dado falar nos autos, sob pena de preclusão.

Por essa mesma razão, verificando o juiz que o Ministério Público não foi intimado para acompanhar o feito, não deve de logo pronunciar a nulidade. O que deve é determinar sua intimação (CPC, art. 279, § 2º). Cabe ao Ministério Público alegar ou não a nulidade, conforme entenda que houve ou não prejuízo para os interesses que foi chamado a defender. Assim como pode o Ministério Público recusar-se a intervir, por entender não ser o caso, no que tem a última palavra, assim lhe compete provocar ou não o pronunciamento da nulidade, conforme entenda que, sem sua intervenção, o processo atingiu ou não sua finalidade.

Podendo o Ministério Público o *mais*, que é recusar-se a intervir, não se lhe pode negar o *menos*, qual seja intervir no processo sem alegar a nulidade, porque assim como tem poderes para negar a existência de interesse público que justifique sua intervenção, assim há de tê-los para dizer que de sua falta não decorreu prejuízo.

▶ **APROFUNDANDO**

Destaque do capítulo
Acesse também pelo *link*: https://somos.in/TGP0620

Precedente relevante
Acesse também pelo *link*: https://somos.in/TGP0619

CAPÍTULO XI

Das Nulidades em Espécie

1. CITAÇÃO

O art. 238 do CPC define a citação como o ato pelo qual são convocados o réu, o executado ou o interessado para integrar a relação processual. Nos termos do art. 246, a citação é feita pelo correio; por oficial de justiça; pelo escrivão ou chefe de secretaria, se o citando comparecer em cartório; por edital; por meio eletrônico, conforme regulado em lei.

A citação é feita pelo correio para qualquer comarca do país, exceto: I – nas ações de estado, observado o disposto no art. 695, § 3º; II – quando o citando for incapaz; III – quando o citando for pessoa de direito público; IV – quando o citando residir em local não atendido pela entrega domiciliar de correspondência; V – quando o autor, justificadamente, a requerer de outra forma (art. 247).

A citação é feita por meio de oficial de justiça nas hipóteses previstas no Código ou em lei, ou quando frustrada a citação pelo correio (art. 249).

Faz-se por edital a citação: I – quando desconhecido ou incerto o citando; II – quando ignorado, incerto ou inacessível o lugar em que se encontrar o citando; III – nos casos expressos em lei (art. 256).

Para a validade do processo, diz o art. 239, é indispensável a citação do réu ou do executado, ressalvadas as hipóteses de indeferimento da petição inicial ou de improcedência liminar do pedido. Sem ela, a sentença que venha a ser proferida é nula, não se necessitando de ação rescisória para que seja declarada a nulidade, um dos raros casos em que se pode verdadeiramente falar de sentença nula, pois, de regra, a sentença, não obstante o vício de que esteja revestida, é válida, podendo apenas ser rescindida.

Para a compreensão do tema das nulidades do CPC, norma das mais importantes é a contida no § 1º do art. 239: "O comparecimento espontâneo do réu ou do executado supre a falta ou a nulidade da citação, fluindo a partir desta data o prazo para apresentação de contestação ou de embargos à execução".

Embora seja a citação um ato essencial, a nulidade decorrente de sua falta sana-se pelo comparecimento.

Trata-se, aí, de aplicação do princípio geral da sanação das nulidades, que é também o da instrumentalidade das formas.

Comparecendo o réu não citado ou nulamente citado, inicia-se o prazo para o oferecimento de contestação ou de embargos (art. 239, § 1º).

1.1 Citação de pessoa física pelo correio

Dispõe o art. 248 que, deferida a citação pelo correio, o escrivão ou o chefe de secretaria remeterá ao citando cópias da petição inicial e do despacho do juiz e comunicará o prazo para resposta, o endereço do juízo e o respectivo cartório.

A carta deverá ser registrada para entrega ao citando, exigindo-lhe o carteiro, ao fazer a entrega, que assine o recibo (art. 248, § 1º).

Sendo o citando pessoa jurídica, vale a entrega do mandado a pessoa com poderes de gerência geral ou de administração ou, ainda, a funcionário responsável pelo recebimento de correspondências (art. 248, § 2º).

A carta de citação no processo de conhecimento deve conter os nomes do autor e do citando e seus respectivos domicílios ou residências; a finalidade da citação, com todas as especificações constantes da petição inicial, bem como a menção do prazo para contestar, sob

CAPÍTULO **XI** – D**AS** N**ULIDADES EM** E**SPÉCIE**

pena de revelia, ou para embargar a execução; a aplicação de sanção para o caso de descumprimento da ordem, se houver; se for o caso, a intimação do citando para comparecer, acompanhado de advogado ou de defensor público, à audiência de conciliação ou de mediação, com a menção do dia, da hora e do lugar do comparecimento; a cópia da petição inicial, do despacho ou da decisão que deferir tutela provisória; e, por fim, a assinatura do escrivão ou do chefe de secretaria e a declaração de que o subscreve por ordem do juiz (arts. 248, § 3º, e 250, combinados).

Nos condomínios edilícios ou nos loteamentos com controle de acesso, vale a entrega do mandado a funcionário da portaria responsável pelo recebimento de correspondência, que, entretanto, pode recusar o recebimento, declarando, por escrito, sob as penas da lei, que o destinatário está ausente (art. 248, § 4º).

É enorme o risco de se fazer a citação pelo correio na pessoa do porteiro do edifício ou loteamento, que pode não entregar a carta ao destinatário ou assinar o aviso de recebimento sem se dar conta da ausência do destinatário. São casos em que o réu pode sem dúvida alegar a nulidade da citação, sendo seu, porém, o ônus da prova.

Se o porteiro se recusa tanto a assinar a carta quanto a declaração de que o destinatário está ausente, frustra-se a citação pelo correio, devendo proceder-se a citação por oficial de justiça.

A solução é a mesma, se o próprio destinatário se recusa a receber a carta ou a assinar o aviso de recebimento, porque o carteiro não tem poderes para certificar a entrega.

Situação inteiramente diversa é a de entrega da carta a pessoa não legalmente autorizada.

Nula é a citação, se a carta não é entregue ao destinatário ou à pessoa autorizada, como em caso em que constatou o tribunal que os autógrafos do contrato de locação e da procuração constantes dos autos não correspondiam ao lançado no Aviso de Recebimento.

Decidiu o Superior Tribunal de Justiça:

"(...) tratando-se de citação de pessoa física, o AR deve ser entregue diretamente ao destinatário, que assinará o recibo, como estipula o dis-

301

positivo legal. É claro que caberá ao autor, o que não aconteceu neste caso, provar que o réu recebeu efetivamente a citação. O encargo de provar que houve a efetiva citação é do autor, não do réu. Seria um enorme risco que poderia levar a gravosas consequências, diversamente do que ocorre com as pessoas jurídicas em que possível uma interpretação ampliativa considerando mesmo a redação do dispositivo e a organização das empresas que dispõem de pessoal para o especial fim de receber a correspondência, mediante protocolo, como antes já assinalei. Presente que a regra para as pessoas físicas tem conteúdo estreito, exigindo que o próprio destinatário assine o aviso de recebimento e impondo ao carteiro que assim o faça, não me parece pertinente deixar ao citando que prove o desvio, presumindo-se, em caso negativo, que a citação foi efetivamente realizada. (...) 'subscrito o aviso por outra pessoa que não o réu, o autor tem o ônus de provar que o réu, embora sem assinar o aviso, teve conhecimento da demanda que lhe foi ajuizada'[1].

É pacífico na doutrina e na jurisprudência que, na citação pelo correio, com aviso de recepção, exige-se seja a entrega feita, contrarrecibo, pessoalmente ao citando ou a quem tenha poderes para receber a citação em seu nome"[2].

1.2 Citação de pessoa jurídica pelo correio

O art. 248 trata da citação pelo correio. Seu § 2º estabelece que, "sendo o citando pessoa jurídica, será válida a entrega do mandado a pessoa com poderes de gerência geral ou de administração ou, ainda, a funcionário responsável pelo recebimento de correspondências"[3]. Teria sido mais

---

1 EREsp 117.949/SP, Corte Especial, rel. Min. Carlos Alberto Menezes Direito, j. 3-8-2005, *DJ* 26-9-2005, p. 161.

2 STJ, REsp 57.370-0, 1ª T., rel. Min. Demócrito Reinaldo, 26-4-1995, *RJTJRGS*, v. 172, ano XXX, out. 1995, p. 28.

3 STJ, EREsp 156.970/SP, Corte Especial, rel. Min. Vicente Leal, j. 2-8-2000, *DJ* 22-10-2001, p. 261, v.m., e STJ, AgRg nos EREsp 205.275/PR, Corte Especial, rel. Min. Eliana Calmon, j. 18-9-2002, *DJ* 28-10-2002, p. 209, v.u.

claro o Código se houvesse dito "entrega da carta", em vez de "entrega do mandado". Não há dúvida, contudo, que o parágrafo diz respeito à citação pelo correio, porquanto a ela se refere o *caput* do artigo e porque já tradicional em nosso direito essa forma de citação de pessoa jurídica.

O Código é claro no sentido de que a carta não precisa ser entregue a quem tenha poderes de gerência ou administração, bastando que seja entregue a funcionário "responsável pelo recebimento de correspondência". Presume-se autorizado o funcionário que, estando na empresa, haja recebido a carta (presunção *hominis*).

A decretação ou não da nulidade depende muitas vezes de cuidadosa análise de fatos, como no caso que segue, decidido pelo Superior Tribunal de Justiça:

"Consoante a jurisprudência pacificada desta Corte, é possível a citação da pessoa jurídica pelo correio, desde que entregue no domicílio da ré e recebida por funcionário, ainda que sem poderes expressos para isso. – Em hipóteses nas quais a empresa só fornece, nos documentos e correspondências enviados aos seus consumidores, o endereço de uma caixa postal, dificultando-lhes a sua localização, é válida a citação judicial enviada, por correio, para o endereço dessa caixa postal, notadamente tendo em vista a afirmação, contida no acórdão recorrido, de que esse expediente é utilizado para que a empresa se furte do ato processual. – O dever de informação e de boa-fé devem ser sempre colocados em primeiro plano, tanto no desenvolvimento da relação de consumo como no posterior julgamento de processos relacionados à matéria. – Se a caixa postal é apresentada como único endereço para o qual o consumidor possa se dirigir para expor as questões que de seu interesse, é incoerente pensar que tal endereço não sirva, em contrapartida, para alcançar a empresa nas hipóteses em que é o interesse dela que está em jogo. – A revelia da empresa citada na caixa postal é apenas mais um indício do descaso com que trata as correspondências que recebe nesse endereço (...)"[4].

---

4   REsp 981.887/RS, 3ª T., rel. Min. Nancy Andrighi, j. 23-3-2010, *DJe* 1º-7-2010.

1.3 Citação por oficial de justiça

É a forma mais segura de citação. O oficial de justiça recebe o mandado de citação, assinado pelo escrivão com declaração de que o fez por ordem do juiz. Incumbe ao oficial de justiça[5] (art. 251) procurar o citando e, onde o encontrar, citá-lo, lendo-lhe o mandado e entregando-lhe a contrafé; portando por fé se recebeu ou recusou a contrafé; obtendo a nota de ciente ou certificando que o citando não a apôs no mandado.

É relativa a presunção de que o citando realmente recebeu a citação certificada por oficial de justiça. A propósito, recorda-se o primeiro dos autores desta obra de uma ação de reintegração de posse, cuja sentença, de procedência, confirmada pelo tribunal, foi anulada pelo juiz, em embargos à execução (em princípio incabíveis), por se haver comprovado que, à data em que o oficial de justiça teria citado o réu em sua casa, ele se encontrava, não só hospitalizado como incapacitado. E a apelação interposta dessa decisão versava apenas sobre a condenação em honorários.

1.3.1 Citação com hora certa

No caso de suspeita de ocultação, o oficial de justiça, observados os arts. 252 e 253, procede à citação com hora certa, forma de citação presumida, que deve ser complementada por carta, telegrama ou correspondência eletrônica, expedida no prazo de dez dias contado da juntada do mandado de citação aos autos.

Observa Guilherme Rizzo Amaral[6] que, sob a égide do Código anterior, o STJ pacificou o entendimento de que a falta dessa comunicação implicava a nulidade da citação com hora certa, entendimento que com maior razão deve ser mantido em face do CPC, tendo em

---

5   REsp 805.592, rel. Min. Mauro Campbell Marques, *DJ* 22-8-2008.

6   AMARAL, Guilherme Rizzo. *Comentários às alterações do novo CPC*. São Paulo: Revista dos Tribunais, 2015. p. 353.

CAPÍTULO XI – DAS NULIDADES EM ESPÉCIE

vista a introdução do referido prazo que, desatendido, demanda a repetição da citação.

1.4 Citação por edital

A citação por edital é forma de citação ficta ou presumida. Não seria exagero se dizer que, na citação por edital, a presunção *hominis* é exatamente no sentido de que o destinatário dela não tomou conhecimento.

Exatamente por isso, os tribunais são rigorosos no cumprimento das formalidades previstas em lei.

É interessante assinalar a vinculação que existe entre o formalismo exacerbado e a ignorância dos resultados. Não se sabendo se o fim foi ou não atingido, se do eventual vício resultou ou não prejuízo, por necessidade, abandona-se a essência, fazendo-se da forma o essencial. A forma do ato torna-se sacramental.

Faz-se por edital a citação (art. 256), quando desconhecido ou incerto o citando; quando ignorado, incerto ou inacessível o lugar em que se encontrar o citando; e, por fim, nos casos expressos em lei.

Considera-se inacessível, para efeito de citação por edital, o país que recuse o cumprimento de carta rogatória (art. 256, § 1º).

Sendo inacessível o lugar em que se encontra o réu, a notícia de sua citação deve ser divulgada pelo rádio, havendo na comarca emissora de radiodifusão (art. 256, § 2º).

Considera-se que o réu se encontra em local ignorado ou incerto, se infrutíferas as tentativas de sua localização, inclusive mediante requisição pelo juízo de informações sobre seu endereço nos cadastros de órgãos públicos ou de concessionárias de serviços públicos (art. 256, § 3º).

Sobre os requisitos da citação por edital, dispõe o art. 257.

Pode o juiz determinar que a publicação do edital seja feita também em jornal local de ampla circulação ou por outros meios, considerando as peculiaridades da comarca, da seção ou da subseção judiciárias (art. 257, parágrafo único).

TEORIA GERAL DO PROCESSO

A parte que dolosamente requer a citação por edital incorre em multa de cinco vezes o salário mínimo, em benefício do citando (art. 258 e seu parágrafo único).

1.5 Citação por meio eletrônico

Segundo art. 246, V, do CPC, a citação será feita por meio eletrônico, conforme regulado em lei. Destarte, com exceção das microempresas e das empresas de pequeno porte, as empresas públicas e privadas são obrigadas a manter cadastro nos sistemas de processo em autos eletrônicos, para efeito de recebimento de citações e intimações, as quais serão efetuadas preferencialmente por esse meio, assim como determina o art. 246, § 1º, do CPC. Assim, o disposto no § 1º aplica-se à União, aos Estados, ao Distrito Federal, aos Municípios e às entidades da administração indireta.

1.6 Citação pelo escrivão ou chefe de secretaria, se o citando comparecer em cartório

Segundo art. 246, III, do CPC, a citação será feita pelo escrivão ou chefe de secretaria, se o citando comparecer em cartório, visando dar maior celeridade ao processo. Mesmo que o citando compareça de forma espontânea no processo, relevante que lhe seja franqueado o acesso às informações constantes no art. 250, quais sejam: "I – os nomes do autor e do citando e seus respectivos domicílios ou residências; II – a finalidade da citação, com todas as especificações constantes da petição inicial, bem como a menção do prazo para contestar, sob pena de revelia, ou para embargar a execução; III – a aplicação de sanção para o caso de descumprimento da ordem, se houver; IV – se for o caso, a intimação do citando para comparecer, acompanhado de advogado ou de defensor público, à audiência de conciliação ou de mediação, com a menção do dia, da hora e do lugar do comparecimento; V – a cópia da petição inicial, do despacho ou da decisão que deferir tutela provisória; VI – a assi-

306

CAPÍTULO **XI** – DAS NULIDADES EM ESPÉCIE

natura do escrivão ou do chefe de secretaria e a declaração de que o subscreve por ordem do juiz".

Assim, caso se recuse o citando a receber tais informações e documentação, bastará ao escrivão certificar tal circunstância nos autos para que, então, se efetive a citação.

2. INTIMAÇÕES

O regime das nulidades por falta ou nulidade de intimação é análogo ao decorrente da falta ou nulidade da citação. Significa isso que, antes de ocorrer manifestação da parte, o juiz pode e deve decretar de ofício a nulidade, verificando que faltou ou foi nulamente feita a citação. Mas incumbe à parte, sob pena de preclusão, alegar a nulidade na primeira oportunidade que lhe couber falar nos autos (art. 278 do CPC). Se não argui a nulidade, já não pode pronunciá-la o juiz.

É que as intimações são feitas para que as partes possam praticar atos processuais ou estar presentes em atos processuais. Todavia, elas são livres, podendo praticá-los ou não os praticar, comparecer ou não comparecer.

A mesma liberdade tem a parte para arguir ou não a nulidade, como se depreende do art. 278 do CPC. Não se sentindo prejudicada pelo ato que deixou de praticar ou por sua ausência em solenidade a que podia comparecer, não há motivo para argui-la.

As demais nulidades, ou seja, as que não se vinculam à prática de ato processual da parte, podem sempre ser decretadas de ofício pelo juiz. Pode ocorrer sanação do vício, mas não por preclusão.

Em qualquer caso, contudo, sujeita ou não à preclusão, a nulidade somente deve ser decretada se estiver presente o requisito do prejuízo. Se, apesar de tudo, foi atingida a finalidade, não faz sentido o pronunciamento da nulidade (art. 277 do CPC).

Examinamos, a seguir, alguns casos de nulidade decorrentes da falta ou nulidade da intimação.

O art. 280 do CPC estabelece que as citações e intimações são nulas, quando feitas sem observância das prescrições legais. E, regulando

TEORIA GERAL DO PROCESSO

a forma da publicação das intimações no órgão oficial, estabelece o art. 272, § 2º, ser indispensável, sob pena de nulidade, que da publicação constem os nomes das partes e de seus advogados, com o respectivo número de inscrição na Ordem dos Advogados do Brasil, ou, se assim requerido, da sociedade de advogados. Decidiu-se que erro de grafia, insuficiente para impossibilitar a identificação do feito, não acarreta nulidade.

Segundo o STJ, "a existência de erros insignificantes na publicação do nome dos advogados, que não dificultam a identificação do feito, não enseja a nulidade da intimação"[7-8]. Assim, "não se deve declarar a nulidade da publicação de acórdão do qual conste, com grafia incorreta, o nome do advogado se o erro é insignificante (troca de apenas uma letra) e é possível identificar o feito pelo exato nome das partes e número do processo"[9-10].

Não se decreta, pois, a nulidade, mesmo que cominada, se o ato atingiu a sua finalidade.

Tendo-se juntado documento aos autos, expediu-se intimação, para "ciência da parte contrária", não para "se manifestar" sobre o documento juntado aos autos. Não se decretou a nulidade por falta de prejuízo concreto.

O Superior Tribunal de Justiça decidiu: "Documento exibido sem audiência da parte contrária. Cerceamento de defesa. Não se reconhece a nulidade arguida, se a juntada do documento nenhum gravame acarretou ao litigante"[11].

---

7   STJ, AgRg no AREsp 375.744/PE 2013/0240195-8, 3ª T., rel. Min. João Otávio de Noronha, j. 5-11-2013, *DJe* 12-11-2013.

8   STF, RHC 122.336/SC, 2ª T., rel. Min. Cármen Lúcia, j. 10-6-2014, *DJe*-194, Divulg. 3-10-2014, Public. 6-10-2014.

9   STJ, AgRg nos EDcl nos EAREsp 140.898/SP 2013/0108010-0, Corte Especial, rel. Min. Eliana Calmon, j. 2-10-2013, *DJe* 10-10-2013.

10   REsp 254.267/SP, 2ª T., rel. Min. Eliana Calmon, *DJ* 8-4-2002.

11   STJ, REsp 34.152-1, 4ª T., rel. Min. Barros Monteiro, 20-10-1993, *RSTJ*, v. 55, ano 6, mar. 1994, p. 225.

CAPÍTULO **XI** – DAS NULIDADES EM ESPÉCIE

Em outros casos: "A decretação da nulidade por ausência de intimação da parte adversa sobre documentos juntados não se opera de forma automática. Esse juízo, em verdade, sempre será refém do contexto da causa e, sobretudo, da ocorrência de demonstrado prejuízo à parte contrária"[12]. "É firme a jurisprudência do Superior Tribunal de Justiça no sentido de que não há falar em violação ao art. 398 do CPC quando a parte não houver sido intimada para se pronunciar sobre documento novo acostado aos autos, se este for desinfluente para o julgamento da controvérsia, não acarretando prejuízo para os litigantes."[13] Mesmo em sede de antecipação dos efeitos da tutela, "não compromete a validade da decisão, a falta de oitiva da parte a respeito da juntada de documento novo que não teve influência no julgado"[14].

Tendo-se juntado aos autos documento, sem intimação da ré, abriu-se posteriormente vista às partes (5 dias para cada uma), para fins de razões finais. Embora não houvesse o demandado retirado os autos do cartório, para esse fim, entendeu o Tribunal – à luz do CPC/1973 – ter ocorrido preclusão.

Decidiu o Superior Tribunal de Justiça que, para a intimação e publicidade do julgamento, é indispensável a inclusão dos nomes do advogado e das partes na pauta. A omissão acarreta a nulidade do julgamento:

"Essa compreensão é prestigiada pelo ínclito Barbosa Moreira, averbando que:

Também é nulo o julgamento se na publicação da pauta se omitir o nome de alguma das partes, ou do advogado de qualquer delas. Incide a regra sancionatória do art. 236, § 1º (Coments. CPC – Forense, 6ª edição – n. 352, p. 570).

Inexiste, nos autos, qualquer alusão à presença dos advogados na sessão de julgamento, hipótese que o validaria.

---

12 STJ, AgRg no AREsp 111.000/DF 2012/0002129-3, 1ª T., rel. Min. Arnaldo Esteves Lima, j. 3-12-2013, *DJe* 12-12-2013.

13 REsp 438.188/MG, 5ª T., da minha relatoria, *DJ* 11-12-2006. No mesmo sentido: EREsp 1.121.718/SP, Corte Especial, da minha relatoria, *DJe* 1º-8-2012.

14 STJ, REsp 801.600/CE 2005/0199552-8, 3ª T., rel. Min. Sidnei Beneti, j. 15-12-2009, *DJe* 18-12-2009.

Alinhado à motivação, não vingando o argumento de que, a foco de remessa oficial não se impõem aqueles ordenamentos, prejudicada a apreciação do mérito, destarte, com a anotação de desobediência ao art. 552, CPC, e incidindo a regra sancionatória do art. 236, § 1º, além de manifesta discrepância com o entendimento doutrinário e jurisprudencial, nulo o julgamento, voto provendo o recurso, a fim de que outro seja realizado, com inteira submissão às pertinentes determinações processuais na elaboração e publicação da pauta"[15].

No exame de eventual nulidade, há duas questões que não devem ser confundidas: a primeira, consistente em determinar a existência da norma no sistema jurídico; a segunda, a de verificar, no caso afirmativo, se de sua violação decorreu nulidade. No caso examinado, entendeu o Tribunal que, em nosso sistema processual, exige-se a intimação das partes, mesmo em reexame necessário. Respondida afirmativamente a questão e afirmada também a existência de prejuízo, por haver a parte ficado impedida de estar presente à sessão de julgamento, impunha-se a decretação da nulidade.

"(...) evidenciado o prejuízo do recorrente, pela falta de intimação da nova data do julgamento, necessária a anulação do acórdão, para que outro seja proferido, com respeito ao devido processo legal. Tal fato caracteriza grave violação dos princípios da ampla defesa e do *due process of law*, com ofensa aos arts. 552, 554 e 565 do CPC. Decisão anulada para assegurar ao recorrente, com a intimação da nova sessão de julgamento, o direito de realizar sustentação oral."[16]

"(...) em regra, sendo vários os advogados regularmente constituídos, será válida a intimação, surtindo os efeitos legais, quando constar da mesma o nome de apenas um deles. Entretanto, havendo designação prévia e expressa do advogado que receberá as intimações, o nome desse deverá constar das publicações sob pena de nuli-

---

15 STJ, Recurso em Mandado de Segurança 5.128-5/PA, 1ª T., rel. Min. Milton Luiz Pereira, 22-3-1995. *RJTJMG*, v. 132/133, ano 46, abr.-set. 1995, p. 493.

16 STJ, REsp 1.384.428/PE 2012/0027540-0, 2ª T., rel. Min. Herman Benjamin, j. 6-5-2014, *DJe* 18-6-2014.

CAPÍTULO XI – DAS NULIDADES EM ESPÉCIE

dade e cerceamento do direito de defesa, ainda que existam outros patronos constituídos. Questão de mérito prejudicada. Recurso conhecido e provido para que, anulado o v. aresto hostilizado, seja efetuada nova intimação."[17-18]

"(...) após o julgamento do Recurso Especial, veio aos autos petição alertando para a irregularidade da intimação publicada apenas em nome do advogado que havia renunciado ao mandato. Embora não se tenha localizado o efetivo entranhamento dessa manifestação nos autos (art. 45 CPC), houve requerimento do advogado remanescente para que se publicassem as intimações em seu nome, o que, *in casu*, não ocorreu. Viola o art. 236, § 1º, do CPC a intimação que não contém o nome do advogado que efetivamente representa a parte. Precedentes. Nulidade reconhecida. Julgamento anulado."[19]

"Havendo designação prévia e expressa do advogado que receberá as intimações, o nome desse deverá constar das publicações sob pena de nulidade e cerceamento do direito de defesa, ainda que existam outros patronos constituídos."[20]

"Hipótese em que a intimação da pauta de julgamento do Recurso Especial foi feita em nome de advogada que já não tinha poderes para atuar no feito. Embargos de Declaração acolhidos, com efeitos infringentes, para anular o julgamento do Recurso Especial, desde a sessão ocorrida em 12 de dezembro de 2006, assegurando-se ao embargante, via publicação de nova pauta, o direito de apresentar memoriais e realizar sustentação oral."[21]

---

17 STJ, REsp 127.369/SP 1997/0025114-4, 2ª T., rel. Min. Francisco Peçanha Martins, j. 17-2-2000, *DJ* 27-3-2000, p. 84; *RSTJ*, v. 132, p. 230; Revista dos Tribunais, v. 779, p. 182.

18 Nesse sentido, confira-se: STJ, REsp 1.008.730/SP 2007/0277218-6, 2ª T., rel. Min. Eliana Calmon, j. 20-4-2010, *DJe* 5-5-2010.

19 STJ, PET no REsp 1.306.322/MG 2012/0012691-2, 2ª T., rel. Min. Herman Benjamin, j. 27-8-2013, *DJe* 11-10-2013.

20 STJ, REsp 127.369/SP 1997/0025114-4, 2ª T., rel. Min. Francisco Peçanha Martins, j. 17-2-2000, *DJ* 27-3-2000, p. 84; *RSTJ*, v. 132, p. 230; Revista dos Tribunais, v. 779, p. 182.

21 STJ, EDcl no REsp 724.026/SC 2005/0022941-7, 2ª T., rel. Min. Herman Benjamin, j. 21-8-2008, *DJe* 17-3-2009.

Em outro caso, interposto recurso adesivo, sem que dele fosse intimado o recorrido para o oferecimento de suas razões, subiram os autos à instância superior, que negou provimento à apelação e proveu, em parte, o recurso adesivo. A nulidade foi arguida em embargos declaratórios, que foram providos, com decretação da nulidade do acórdão.

Não se esclarece, no acórdão, se o embargado foi intimado para o julgamento desses embargos declaratórios, com efeitos rescindentes. No caso negativo, esse próprio julgamento poderia ter sua nulidade pronunciada, por desrespeito ao mesmo princípio que levou à decretação da nulidade do acórdão embargado.

A omissão de intimação deve ser alegada pela parte, na primeira oportunidade em que lhe cabe falar nos autos. Ocorre preclusão se posteriores intimações deixam certo que a parte tomou conhecimento da intimação omitida, nada alegando. Decidiu o Superior Tribunal de Justiça:

"Processo civil. Intimação pela Imprensa. Ausência do nome do novo patrono da parte. Quatro intimações posteriormente endereçadas à parte adversa. Constância nessas publicações dos nomes corretos de ambas as partes e de seus patronos. Suscitação da nulidade pela recorrente apenas quando publicada intimação comum às duas partes. Preclusão. Art. 245, CPC. Peculiaridades do caso concreto. Processo como instrumento ético. Recurso desacolhido"[22].

O notável, no caso *supra*, é que as intimações posteriores, que determinaram a preclusão, tinham por destinatário a parte adversa.

Se a decisão da sentença foi objeto de intimação de um dos patronos constituídos, não havendo pedido expresso de intimação exclusiva a determinado advogado, será plenamente suficiente e validade, não sendo caso de decretação de nulidade, havendo decidido o Superior Tribunal de Justiça que "a intimação realizada em nome de um dos advogados constituídos nos autos pela parte, e desde que não haja pedido expresso de intimação exclusiva em nome de qualquer outro, é suficiente para a eficácia do ato"[23].

---

22   STJ, REsp 65.906, 4ª T., rel. Sálvio de Figueiredo Teixeira, j. 25-11-1997; *Lex* – Jurisprudência do Superior Tribunal de Justiça e Tribunais Regionais Federais, v. 107, p. 119.

23   STJ, AgRg no REsp 969.286/PR 2007/0164998-7, 1ª T., rel. Min. Denise Arruda, j. 20-10-2009, *DJe* 13-11-2009; AgRg no Ag 578.962/RJ, Corte Especial, *DJ* 24-3-2006 (REsp 1.016.677/

CAPÍTULO **XI** – **D**AS **N**ULIDADES EM **E**SPÉCIE

Finalmente, "é nula a intimação da sentença realizada durante a suspensão do processo, sobretudo quando no ato processual consta apenas o nome de advogado falecido, sendo irrelevante o fato de que outros profissionais representavam a mesma parte, se os dados dos demais procuradores não constou da respectiva publicação"[24].

3. DEFESA POR CURADOR ESPECIAL

O art. 72 exige que se nomeie curador especial: ao incapaz, se não tiver representante legal, ou se os interesses de um e outro colidirem; ao preso revel, bem como ao revel citado por edital ou com hora certa, enquanto não constituírem advogado.

Observa Nelson Nery Júnior:

"Esse curador especial exerce múnus público de defender o réu, sendo de seu dever apresentar contestação, bem como qualquer outra defesa direta ou indireta no processo civil (exceções de direito material: prescrição, decadência, compensação, *non adimpleti contractus* etc.; exceções processuais: incompetência, suspeição etc.; requerer e produzir provas, acompanhar as audiências etc. É opinião dominante que o curador especial de ausentes é substituto processual do réu revel citado com hora certa ou por edital (art. 6º do CPC)"[25].

A Súmula 196 do Superior Tribunal de Justiça estabelece: "ao executado que, citado por edital ou por hora certa, permanecer revel, será nomeado curador especial, com legitimidade para a apresentação de embargos".

RJ, 1ª T., rel. Min. Luiz Fux, *DJe* 17-12-2008). Precedentes desta Corte Superior: AgRg no Ag 647.942/PR, 4ª T., rel. Min. Luis Felipe Salomão, *DJe* 1º-6-2009; REsp 1.016.677/RJ, 1ª T., rel. Min. Luiz Fux, *DJe* 17-12-2008; REsp 1.074.668/MG, 2ª T., rel. Min. Eliana Calmon, *DJe* 27-11-2008; AgRg no Ag 578.962/RJ, 2ª T., rel. Min. Francisco Peçanha Martins, *DJ* 24-3-2006.

24 STJ, REsp 769.935/SC 2005/0124245-7, 4ª T., rel. Min. Raul Araújo, j. 2-10-2014, *DJe* 25-11-2014.

25 NERY JR., Nelson. A citação com hora certa e a contestação do curador especial. *Ajuris*, Porto Alegre, v. 47, p. 76-89, nov. 1989.

Teoria Geral do Processo

A falta de nomeação de curador especial, nos casos exigidos por lei, determina a nulidade do processo, desde o momento em que exigida sua atuação.

4. MINISTÉRIO PÚBLICO COMO FISCAL DA ORDEM JURÍDICA

O Ministério Público pode atuar, no processo civil, como autor; raramente, como réu[26], como na hipótese de rescisória de sentença proferida em ação de nulidade de casamento por ele promovida.

Pode atuar como curador especial de incapaz, de réu preso ou de revel fictamente citado (CPC, art. 72).

Nossa atenção volta-se especialmente para outra forma de sua atuação em processo civil, ou seja, como fiscal da ordem jurídica (*custos legis*), conforme previsão do art. 178 do CPC.

Qual a natureza dessa espécie de atuação? Qual o regime da nulidade decorrente da falta de sua intervenção?

Diz a Constituição que o Ministério Público é instituição permanente, essencial à função jurisdicional do Estado, incumbindo-lhe a defesa da ordem jurídica, do regime democrático e dos interesses sociais e individuais indisponíveis (art. 127).

São funções institucionais do Ministério Público, conforme dispõe o art. 129 da Constituição:

"I – promover, privativamente, a ação penal pública, na forma da lei;

II – zelar pelo efetivo respeito dos Poderes Públicos e dos serviços de relevância pública aos direitos assegurados nesta Constituição, promovendo as medidas necessárias a sua garantia;

III – promover o inquérito civil e a ação civil pública, para a proteção do patrimônio público e social, do meio ambiente e de outros interesses difusos e coletivos;

---

26 Destaque-se que a atuação do Ministério Público como parte é regida pela Constituição, tendo, nesses casos, direito à tutela jurisdicional, podendo postular em juízo (STJ, REsp 749.988/SP, 1ª T., rel. Min. Luiz Fux, j. 8-8-2006, *DJ* 18-9-2006, p. 275).

CAPÍTULO XI – DAS NULIDADES EM ESPÉCIE

IV – promover a ação de inconstitucionalidade ou representação para fins de intervenção da União e dos Estados, nos casos previstos nesta Constituição;

V – defender judicialmente os direitos e interesses das populações indígenas;

VI – expedir notificações nos procedimentos administrativos de sua competência, requisitando informações e documentos para instruí-los, na forma da lei complementar respectiva;

VII – exercer o controle externo da atividade policial, na forma da lei complementar mencionada no artigo anterior;

VIII – requisitar diligências investigatórias e a instauração de inquérito policial, indicados os fundamentos jurídicos de suas manifestações processuais;

IX – exercer outras funções que lhe forem conferidas, desde que compatíveis com sua finalidade, sendo-lhe vedada a representação judicial e a consultoria jurídica de entidades públicas".

A intervenção do Ministério Público, nas ações em que sejam partes os índios, suas comunidades e organizações, é exigida pelo art. 232 da Constituição.

No processo civil, o Ministério Público exerce suas funções institucionais atuando como parte (CPC, art. 177), como substituto processual (ao atuar como curador especial – CPC, art. 72) e como fiscal da ordem jurídica (CPC, art. 178).

"Dois princípios básicos informam, tradicionalmente, a instituição do Ministério Público: a) o da unidade; b) o da independência funcional. Ser una e indivisível a instituição significa que todos os seus membros fazem parte de uma só corporação e podem ser indiferentemente substituídos um por outro em suas funções, sem que com isso haja alguma alteração subjetiva nos processos em que oficiam. Ser independente significa que cada um de seus membros age segundo sua própria consciência jurídica."[27]

---

27 CINTRA, Antônio Carlos Araújo; GRINOVER, Ada Pellegrini; DINAMARCO, Cândido Rangel. *Teoria geral do processo*. 2. ed. São Paulo: Revista dos Tribunais, 1979. p. 177.

Estabelece o art. 178 que o Ministério Público será intimado para, no prazo de 30 dias, intervir como fiscal da ordem jurídica nas hipóteses previstas em lei ou na Constituição Federal e nos processos que envolvam: a) interesse público ou social; b) interesse de incapaz; c) litígios coletivos pela posse de terra rural ou urbana.

O art. 179 estabelece que, intervindo como fiscal da ordem jurídica, o Ministério Público tem vista dos autos depois das partes, sendo intimado de todos os atos do processo; pode produzir provas, requerer as medidas processuais pertinentes e recorrer.

Segundo Antônio Cláudio Machado, a indisponibilidade é o fundamento da atuação do Ministério Público:

"O ser indisponível ou inalienável é qualidade que a ordem jurídica atribui a certos direitos independentemente de sua natureza, isto é, independentemente da natureza da relação jurídica em cujo ventre tais direitos são gerados. A indisponibilidade não discrimina. Tanto é indisponível o direito privado como o direito público regido por lei de ordem pública. O que importa é a essencialidade social do direito, o que não é exclusividade de nenhum ramo jurídico. Logo, qualquer direito indisponível merece a tutela processual do Ministério Público"[28].

Os direitos podem ser objetiva ou subjetivamente indisponíveis:

"Uma coisa é a lei criar a indisponibilidade de um interesse ante a sua intrínseca e inerente essencialidade social (*v.g.* os interesses ligados à família, ao processo eleitoral, aos registros públicos etc.), outra é a lei criar a indisponibilidade geral de interesses por causa da condição de incapacidade do seu titular. Na primeira hipótese, como não importa a titularidade do interesse – que é relevantíssimo socialmente e, por isso, indisponível –, o Ministério Público é chamado a participar imparcialmente do processo, colaborando com o juiz e com as partes, tudo no intuito de permitir a mais perfeita definição jurisdicional do interesse; a

---

28 CINTRA, Antônio Carlos de Araújo; GRINOVER, Ada Pellegrini; DINAMARCO, Cândido. *Teoria Geral do Processo*. 2. ed. São Paulo: Revista dos Tribunais, 1979. p. 52.

CAPÍTULO XI – DAS NULIDADES EM ESPÉCIE

defesa da indisponibilidade, nesse caso, significa lugar pelo reconhecimento tanto da existência, como da inexistência do interesse. Já na segunda, por se tratar de interesses que só se tornam relevantes e, via de consequência, indisponível por causa da incapacidade do seu titular – o que se traduz, também, numa hipossuficiência processual –, tudo se transforma: o *parquet* deixa a sua imparcialidade e passa a atuar como um assistente da parte incapaz"[29].

A intervenção do Ministério Público motivada pela existência de interesse público é certamente diversa da motivação decorrente da existência de interesse de incapaz.

A nota da indisponibilidade objetiva está, sem dúvida, presente no primeiro caso. No segundo, cabe perguntar: há realmente indisponibilidade – ainda que subjetiva – nas ações patrimoniais envolvendo interesses de incapaz? É impossível transação, versando a lide sobre direitos de incapaz?

Constata-se que o motivo determinante da intervenção do Ministério Público, nos processos em que haja interesse de incapaz, é a *incapacidade*, e não a *indisponibilidade* dos direitos controvertidos.

Na verdade, o fundamento da intervenção do Ministério Público em processo civil é a existência de interesse público ou social, como decorre da fórmula geral contida no art. 178, I, do CPC.

A qualidade da parte não é suficiente, por si só, para que se exija e justifique a intervenção do Ministério Público.

Quanto às causas em que haja interesse de incapazes, a circunstância de versarem sobre direitos disponíveis não afasta o interesse público em que não sejam esbulhados de seus direitos, por causa de sua incapacidade.

Lendo-se o art. 178 do CPC, constata-se haver casos em que, indubitavelmente, o Ministério Público intervém imparcialmente, para a defesa do interesse público ou social, sobretudo nos litígios coletivos pela

---

29 CINTRA, Antônio Carlos de Araújo; GRINOVER, Ada Pellegrini; DINAMARCO, Cândido. *Teoria Geral do Processo*. 2. ed. São Paulo: Revista dos Tribunais, 1979. p. 64-65.

posse de terra rural ou urbana, bem como nos casos em que há interesse de incapaz.

Como fiscal da ordem jurídica, o Ministério Público não exerce o direito de ação, pois não provoca o exercício da jurisdição nem formula pedido algum. Dizer que pede a aplicação da lei é fórmula imprecisa, porque, tecnicamente, pedido é o formulado pelo autor que, com ele, determina o objeto da sentença. Ora, o pedido que faça o Ministério Público, de aplicação da lei, em nada altera o objeto do processo.

Intervindo como fiscal, o Ministério Público pode produzir provas, requerer as medidas processuais pertinentes e recorrer (CPC, art. 179, II). Isso, porém, é mais autorização legal do que realidade processual, porquanto, via de regra, o Ministério Público nada sabe sobre os fatos que ocorreram fora do processo, apenas conhecendo, como o juiz, das versões oferecidas pelas partes.

Usualmente, limita-se o Ministério Público a apresentar seu parecer, para o que tem vista dos autos depois das partes (CPC, art. 179, I). Trata-se de um projeto de sentença, com valoração das alegações e provas produzidas e indicação do direito aplicável. É um exame do *thema decidendum,* que oferece ao juiz, da perspectiva dos interesses gerais da sociedade, como contraponto aos interesses essencialmente particularizados das partes.

Como fiscal da ordem jurídica, o Ministério Público é um terceiro, mas legitimado a intervir no processo, com poderes exclusivamente processuais. Dentre eles, o mais importante é, sem dúvida, o de recorrer (CPC, art. 996, bem como o art. 179, II).

O Ministério Público não é um "agente do rei". Verificando que o juiz deixou de aplicar a lei, não oferece representação ao Chefe do Poder Executivo, nem ao Poder Legislativo. O que pode e deve é recorrer à superior instância. Sob esse aspecto, poder-se-ia dizer que o Ministério Público atua como instrumento de controle das instâncias inferiores. Mas ele é mais do que isso, porque, emitindo parecer tam-

CAPÍTULO XI – DAS NULIDADES EM ESPÉCIE

bém nos tribunais superiores, participa dos julgamentos, sem voto, mas com voz.

O fiscal não é parte, nem é juiz, mas atua no processo, primeiro como se fosse parte e, depois, como se fosse juiz. São dois momentos distintos. Antes de encerrada a instrução, cabe ao Ministério Público requerer diligências e produzir provas. Encerrada a instrução, emite parecer.

No momento de emitir parecer, o Ministério Público age como se juiz fosse. Nos demais momentos processuais, age como parte. Por isso, o Ministério Público pode emitir parecer contrário ao interesse do incapaz, mas não tem legítimo interesse para recorrer em defesa de direito disponível da parte adversa.

O só fato de figurar pessoa jurídica de direito público em um dos polos da relação processual não implica necessária intervenção do Ministério Público, como deixa claro o parágrafo único do art. 178: "A participação da Fazenda Pública não configura, por si só, hipótese de intervenção do Ministério Público".

A intervenção do Ministério Público condiciona-se a uma dupla apreciação: do juiz, que determina sua intimação, e do próprio Ministério Público, com poderes para decidir, conclusivamente, não ser caso de intervenção. Inversamente, se é o Ministério Público que voluntariamente intervém, cabe ao juiz decidir sobre sua legitimidade: "Não bastará o agente entender que tem de intervir, para não ser obstado; ou não bastará o juiz determinar para que o agente tenha de submeter-se, ingressando no feito. Se o Ministério Público entender que deve intervir e o juiz (em regra o incidente é no primeiro grau) indeferir, o caso somente será solvido se houver recurso e, então, valerá o pronunciamento superior; em caso contrário, transitando em julgado a decisão, a intervenção não poderá ocorrer"[30].

Constatando o juiz ou o tribunal que o processo esteve a tramitar sem a necessária presença do Ministério Público, não deve precipitada-

---

30 LIMA, Alcides de Mendonça. *Processo de conhecimento e processo de execução*. Rio de Janeiro: Forense, 1992. p. 200.

mente pronunciar a nulidade, dada a possibilidade de o Ministério Público entender não ser caso de sua intervenção no processo ou de não ter havido prejuízo. É o que decorre do art. 279, § 2º: "A nulidade só pode ser decretada após a intimação do Ministério Público, que se manifestará sobre a existência ou não de prejuízo".

Se o Ministério Público não interveio no primeiro grau de jurisdição, deve o Procurador de Justiça pronunciar-se, em seu parecer, sobre a existência ou não de prejuízo.

É difícil situar, no processo, a atuação do Ministério Público como fiscal da ordem jurídica, nos termos do art. 179 do CPC. Na relação processual triangular – autor, juiz, réu –, seria o Ministério Público o "quarto ângulo" do triângulo?

Mauro Pinto Marques critica essa "função interventiva fiscalizadora" do Ministério Público, afirmando ser necessário repensar a denominada "parte pública autônoma". Como entender que essa incumbência não acorde com a etiologia da instituição? Como entendê-la, se não regrada explicitamente, e parece que nem implicitamente, pela *lex maxima*? A disposição constitucional não coloca como função institucional do Ministério Público a de "fiscal da lei". Essa atribuição, prevista no Código de Processo Civil e em leis extravagantes, estaria compreendida na definição "defesa da ordem jurídica" do art. 127 da Constituição, ou caberia no amplo regaço do inciso IX do mesmo art. 129, ou, finalmente, estaria revogada por incompatível com o novo texto constitucional? "Defesa da ordem jurídica" não será exatamente "promover" (processar), tão só, quem investir contra ela?

Prossegue o Articulista, falando da sobrecarga de atribuições do Ministério Público. Pergunta para que seria necessário um "parecer", se o juiz conhece o Direito (*iura novit curia*). E conclui:

"Sendo a deformalização – não só dos instrumentos e procedimentos, mas de toda uma estrutura judicial – um fim a ser buscado, dispense-se o 'parecer', embora competente e interessado, do agente do Ministério Público, intervenção que não faz sentido. Não faz sentido também porque a notável instituição tem preocupações outras, mais urgentes e

CAPÍTULO XI – DAS NULIDADES EM ESPÉCIE

tão mais significativas, a exigir sua imprescindível presença como 'parte'. A experiência, habilidade, competência, desassombro e idoneidade de seus membros precisam estar onde for necessário preencher vazios, porque o cidadão não pode.

Na feitura do 'parecer', na causa cível que já tem o tripé segundo a modelar teoria da ação, ele, Ministério Público, não é mais que um auxiliar qualificado do Juiz (que não precisa, e, ao demais, significa uma atuação secundária para o Órgão Ministerial)"[31].

De um ponto de vista estatístico, é desprezível a intervenção do Ministério Público na instrução do processo, pela simples razão de que desconhece os fatos vividos pelas partes. O que realmente prepondera, em sua atuação como fiscal da ordem jurídica, é o parecer que oferece ao juiz como projeto de sentença.

Considerado apenas o valor *celeridade do processo*, apresenta-se o parecer do Ministério Público apenas como um ato a mais, eventualmente inútil, a retardar a entrega da prestação jurisdicional.

Considerado o valor *qualidade dos julgamentos*, o parecer do Ministério Público, acolhido ou não pelo juiz, aumenta o percentual de acertos, isto é, de decisões socialmente desejáveis. Inestimável a ajuda que pode prestar ao juiz o parecer de um órgão independente, sem interesse pessoal no resultado do processo. Um mau parecer não impede uma boa sentença, mas um bom parecer pode impedir uma sentença ruim.

5. IMPEDIMENTOS E EXCEÇÕES PROCESSUAIS

Segundo Galeno Lacerda, são pressupostos processuais extrínsecos à relação processual a convenção de arbitragem, a perempção, a litispendência, a coisa julgada, a caução e o depósito prévio das custas.

A perempção, a litispendência e a coisa julgada constituem impedimentos processuais. A exigência de caução e de pagamento de despesas de ação anterior constituem exceções processuais.

---

31 MARQUES, Mauro Pinto. A custódia da lei. *Ajuris*, Porto Alegre, v. 65, p. 279-84, nov. 1995.

Estabelece o art. 485, VII, do CPC que o juiz não resolverá o mérito quando acolher a alegação de existência de convenção de arbitragem ou quando o juízo arbitral reconhecer sua competência. Tem-se, aí, hipótese, não de pressuposto processual, mas de exceção processual, porque se trata de defesa de que o juiz não pode conhecer de ofício.

Nos termos da Lei n. 9.307, de 23 de setembro de 1996, a convenção de arbitragem compreende a cláusula compromissória e o compromisso arbitral (art. 3º). Cláusula compromissória é a convenção pela qual as partes em um contrato comprometem-se a submeter à arbitragem os litígios que possam vir a surgir relativamente a tal contrato (art. 4º). O compromisso arbitral é a convenção pela qual as partes submetem um litígio à arbitragem de uma ou mais pessoas, podendo ser judicial ou extrajudicial (art. 9º).

A cláusula compromissória é *promessa de contrato*. O compromisso, que deve atender ao disposto no art. 10 da Lei de Arbitragem, é *contrato*.

Havendo as partes optado por solução extrajudicial do litígio, o juiz extingue o processo. Apresenta-se, assim, a convenção de arbitragem como um obstáculo ao prosseguimento do processo. Trata-se, porém, de matéria que depende de alegação da parte (CPC, art. 337, §§ 5º e 6º), sujeitando-se, pois, à preclusão.

Ocorre perempção no caso do art. 486, § 3º, do CPC: havendo o autor dado causa, por 3 (três) vezes, a sentença fundada em abandono da causa, não poderá propor nova ação contra o réu com o mesmo objeto, ficando-lhe ressalvada, entretanto, a possibilidade de alegar em defesa o seu direito.

"A perempção não extingue o direito material objeto do processo em que se deu o desfazimento da relação processual. E nisso ela se distingue da decadência. Nem alcança, também, a pretensão de direito material, como ocorre com a prescrição. Ela obsta o exercício da pretensão à prestação da atividade jurisdicional do Estado (ação). Por isso mesmo é suscetível de ser conhecida de ofício, independendo de provocação do interessado. E também, por esse mesmo motivo, subsistem o direito e a

CAPÍTULO **XI** – **D**AS **N**ULIDADES EM **E**SPÉCIE

pretensão de natureza substancial, oponíveis como defesa."[32] Nesse contexto, segundo o STJ, "são passíveis de ser conhecidas de ofício pela segunda instância as matérias referentes às condições da ação, pressupostos processuais, *perempção*, litispendência e coisa julgada"[33].

Há litispendência quando se repete ação, que está em curso (CPC, art. 337, § 3º).

Tanto a perempção quanto a litispendência configuram impedimento à continuação do processo. Embora o Código autorize o juiz a decretar, de ofício, a extinção do processo, em ambos os casos (art. 337, § 5º) não cabe ação rescisória, se vem a ser proferida sentença de mérito (CPC, art. 966, IV, *a contrario sensu*). Nem, à evidência, caberá decretar-se, em outro processo, a nulidade da sentença proferida. Têm-se, aí, duas hipóteses em que a preclusão decorre do trânsito em julgado da sentença.

Diferentemente, a existência de coisa julgada não só constitui motivo para a decretação da extinção do processo quanto motivo para a rescisão da sentença de mérito que eventualmente venha a ser proferida, por força do art. 966, IV, do CPC.

Havendo o juiz decretado a extinção do processo sem resolução de mérito, o autor não pode renovar a ação sem pagar ou depositar em cartório as despesas e os honorários em que foi condenado (CPC, art. 92), e o autor, brasileiro ou estrangeiro, que residir fora do Brasil ou deixar de residir no país ao longo da tramitação de processo prestará caução suficiente ao pagamento das custas e dos honorários de advogado da parte contrária nas ações que propuser, se não tiver no Brasil bens imóveis que lhes assegurem o pagamento (CPC, art. 83).

A caução, depósito ou pagamento de custas e honorários constituem exceções processuais. Exige-se, nesse caso, alegação da parte, sob

---

32 PASSOS, José Joaquim Calmon de. *Comentários ao Código de Processo Civil*. Rio de Janeiro: Forense, 1998, v. III. p. 263.

33 STJ, REsp 967.727/PE 2007/0151690-0, 5ª T., rel. Min. Arnaldo Esteves Lima, j. 16-12-2008, *DJe* 16-2-2009.

TEORIA GERAL DO PROCESSO

pena de preclusão. Nada alegando a parte, é inatacável a sentença de mérito que venha a ser proferida.

Constituído o processo com seus pressupostos subjetivos, objetivos, formais e extrínsecos, desenvolve-se ele com atos concatenados das partes e do juiz, eventualmente com vícios autorizadores da decretação de sua nulidade. São temas tratados a seguir.

6. MORTE DE UMA DAS PARTES

Os arts. 313 e 314 do CPC estabelecem que o processo se suspende por morte de qualquer das partes, sendo defesa a prática de atos processuais durante a suspensão, excetuados os casos de arguição de impedimento e de suspeição.

No caso que segue, à luz do CPC/1973, o processo teve prosseguimento. Mas o Tribunal não pronunciou a nulidade, por não haver o fato sido alegado na primeira oportunidade e por ausência de prejuízo.

"Nulidade – Inocorrência – Não suspensão do feito em decorrência do falecimento do réu – Fato não alegado na primeira oportunidade em que possível – Inteligência do artigo 245 do Código de Processo Civil – Preclusão – Ausência, ademais, de prejuízo ao espólio apelante – Preliminar rejeitada.

A nulidade invocada agora no apelo não foi suscitada na primeira oportunidade em que o apelante falou nos autos, mercê do que, a teor do artigo 245 do Código de Processo Civil, ficou ela preclusa.

Além disso, constata-se que nenhum prejuízo suportou o apelante, agora espólio, com a não suspensão do processo, pois, o digno sentenciante não praticou qualquer ato no período de tempo em que o feito foi levado à conclusão e a publicação da sentença recorrida.

Incide, portanto, a velha parêmia: *pas de nullité sans grief*, pois, o espólio-apelante não suportou qualquer prejuízo.

Anote-se ainda que, no caso, trata-se de hipótese de litisconsórcio passivo necessário unitário, onde a sentença deverá decidir uniformemente a lide em relação aos litisconsortes. Assim, estando

CAPÍTULO **XI** – DAS NULIDADES EM ESPÉCIE

todos os demais litisconsortes presentes no processo, regularmente representados, jamais haveria a possibilidade de o espólio-apelante vir a suportar qualquer prejuízo derivado da não suspensão do feito.

Não bastasse isto, de se ressaltar que seria de nenhuma utilidade prática a anulação do processo e o seu retorno ao Primeiro Grau, apenas para se regularizar a representação processual do espólio-apelante, pois, isto já foi providenciado, conforme procuração de fls. 938, outorgada pelo inventariante do espólio-apelante ao mesmo Advogado que já representava os interesses do *de cujus*.

Afasta-se, dessarte, a preliminar de nulidade do processo, invocada com supedâneo no art. 265, inciso I, e 266, ambos do Código de Processo Civil."[34]

Decidiu o Superior Tribunal de Justiça que a continuação do processo, não obstante a morte da parte, não impõe a decretação da nulidade, não tendo havido prejuízo[35].

Em outro caso, decidiu o mesmo Tribunal que a suspensão do processo por morte de uma das partes, ocorrida posteriormente à sessão de julgamento, enseja nulidade apenas relativa, sendo válidos os atos praticados, desde que não haja prejuízo aos interessados[36].

O art. 485, IX, do CPC estabelece que o juiz não resolverá o mérito quando, em caso de morte da parte, a ação for considerada intransmissível por disposição legal. Nesse caso, a consequência será a extinção do processo sem resolução de mérito.

Intransmissível é a ação de divórcio. Assim, a morte de uma das partes, ainda que na pendência de recurso especial ou extraordinário, extingue o processo, o que pode ter enorme repercussão, no que diz respeito

---

34   TJSP, Ap. Cív. 247.458-2, 16ª Câm. Civ., rel. Pereira Calças, 20-12-1994.

35   STJ, REsp 1.315.080/GO 2011/0158672-3, 4ª T., rel. Min. Luis Felipe Salomão, j. 7-3-2013, *DJe* 14-3-2013.

36   STJ, EDcl no REsp 1.204.647/PR 2010/0134320-5, 3ª T., rel. Min. Paulo de Tarso Sanseverino, j. 27-8-2013, *DJe* 30-8-2013.

à transmissão de bens por herança, não tendo o falecido descendentes ou ascendentes.

7. PROCURADOR DA PARTE

Decidiu o Superior Tribunal de Justiça:

"Advogado. Inscrição em outra seção. Falta de comunicação. A ausência da comunicação prescrita no § 2º do art. 56 do Estatuto da Ordem dos Advogados do Brasil não acarreta a nulidade prevista no art. 76 da mesma lei, nem qualquer prejuízo para a parte, configurando-se apenas mera irregularidade, cujo saneamento cabe à própria Ordem"[37].

A referência constante do acórdão é ao art. 56, § 2º, do antigo Estatuto (Lei n. 4.215/1963): "Constitui condição de legitimidade do exercício temporário da advocacia em outra Seção, a comunicação ao Presidente desta do ingresso em juízo, com a indicação: a) do nome e endereço do constituinte e da parte contrária; b) da natureza da causa; c) do cartório e instância em que corre o processo; d) do endereço permanente do advogado".

O atual Estatuto (Lei n. 8.906/1994) exige inscrição suplementar no Conselho Seccional em cujo território passe a exercer habitualmente a profissão, considerando-se habitualidade a intervenção judicial que exceder de cinco causas por ano.

Seja como for, não seria razoável punir-se a parte por desobediência do advogado ao estatuto de sua profissão.

O STJ sedimentou o entendimento de que, nas instâncias ordinárias, a ausência da procuração é vício sanável[38-39].

Em embargos de divergência, afirmou que, na instância ordinária, não apresentando o signatário do recurso o instrumento do mandato, deve o juiz marcar prazo razoável para o suprimento da falta.

---

37 STJ, REsp 6.168, 3ª T., rel. Min. Cláudio Santos, 10-12-1990; *RSTJ*, v. 24, ano 3, ago. 1991, p. 422.

38 STJ, AgRg no REsp 1.269.709/PE.

39 EREsp 74.101/MG, Corte Especial, rel. Min. Edson Vidigal, *DJ* 14-10-2002; REsp 711.056/AL, 2ª T., rel. Min. Castro Meira, *DJ* 5-4-2006.

CAPÍTULO **XI** – D**AS** N**ULIDADES EM** E**SPÉCIE**

Contudo, fixou regra diferente para o recurso especial, tendo editado a Súmula 115: "Na instância especial é inexistente recurso interposto por advogado sem procuração nos autos".

Essa orientação deverá ser revista, tendo em vista o disposto no art. 932, parágrafo único, do CPC: "Antes de considerar inadmissível o recurso, o relator concederá o prazo de 5 (cinco) dias ao recorrente para que seja sanado vício ou complementada a documentação exigível".

A morte do procurador da parte determina a suspensão do processo, independentemente de seu conhecimento pelo juiz, sendo, por consequência, nulos os atos subsequentes, o que atende ao princípio do contraditório[40-41].

É nula a intimação da sentença realizada durante a suspensão do processo, sobretudo quando no ato processual consta apenas o nome de advogado falecido, sendo irrelevante o fato de que outros profissionais representavam a mesma parte, se os dados dos demais procuradores não constaram da respectiva publicação[42].

O falecimento do procurador caracteriza a justa causa prevista no art. 223, § 2º, do CPC, de modo a autorizar a restituição do prazo recursal, visto que a intimação do acórdão não foi possível após a sua morte[43].

8. PERITO SEM HABILITAÇÃO LEGAL

Na sistemática do CPC, seguindo a diretriz do art. 156, o juiz será assistido por perito quando a prova do fato depender de conhecimento técnico ou científico. Nesse contexto, os peritos serão nomeados entre

---

40 STJ, REsp 49.307-2, 3ª T., rel. Min. Fontes de Alencar, 13-9-1994; *RSTJ*, v. 73, ano 7, set. 1995, p. 363.

41 STJ, REsp 769.935/SC 2005/0124245-7, 4ª T., rel. Min. Raul Araújo, j. 2-10-2014, *DJe* 25-11-2014.

42 STJ, REsp 769.935/SC 2005/0124245-7, 4ª T., rel. Min. Raul Araújo, j. 2-10-2014, *DJe* 25-11-2014.

43 STJ, EDcl nos EDcl no AgRg no REsp 1.123.022/SP 2009/0124234-9, 2ª T., rel. Min. Humberto Martins, j. 12-4-2011, *DJe* 26-4-2011.

os profissionais legalmente habilitados e os órgãos técnicos ou científicos devidamente inscritos em cadastro mantido pelo tribunal ao qual o juiz está vinculado (art. 156, § 1º, do CPC).

Como se pode notar, preserva-se, portanto, a especialidade técnica do perito, buscando dentre profissionais habilitados.

Para formação do cadastro, os tribunais devem realizar consulta pública, por meio de divulgação na rede mundial de computadores ou em jornais de grande circulação, além de consulta direta a universidades, a conselhos de classe, ao Ministério Público, à Defensoria Pública e à Ordem dos Advogados do Brasil, para a indicação de profissionais ou de órgãos técnicos interessados. Os tribunais realizarão avaliações e reavaliações periódicas para manutenção do cadastro, considerando a formação profissional, a atualização do conhecimento e a experiência dos peritos interessados (art. 156, §§ 2º e 3º, do CPC).

Segundo prevê o art. 156, § 4º, do CPC, para verificação de eventual impedimento ou motivo de suspeição, nos termos dos arts. 148 e 467 do CPC, o órgão técnico ou científico nomeado para realização da perícia informará ao juiz os nomes e os dados de qualificação dos profissionais que participarão da atividade, visando garantir o conhecimento do profissional que poderá realizar a perícia, assim como para se ter conhecimento de suas atribuições técnico-científicas.

Destarte, na localidade onde não houver inscrito no cadastro disponibilizado pelo tribunal, a nomeação do perito é de livre escolha pelo juiz e deverá recair sobre profissional ou órgão técnico ou científico comprovadamente detentor do conhecimento necessário à realização da perícia (art. 156, § 5º, do CPC). Isso se dá pelo fato de ser imprescindível que o perito tenha habilidade técnico-científica, bem como deve estar habilitado para a realização da perícia.

O Código exige que o perito seja "legalmente habilitado" (art. 156, § 1º). Não basta, o conhecimento técnico. Exige-se, quando for o caso, habilitação legal.

CAPÍTULO **XI** – DAS NULIDADES EM ESPÉCIE

Da inobservância dessa regra resulta nulidade, que se sana apenas com a repetição do ato[44].

9. FUNDAMENTAÇÃO DAS DECISÕES

O art. 93, IX, da Constituição estabelece que todas as decisões dos órgãos do Poder Judiciário devem ser fundamentadas. Significa isso que o juiz deve não só decidir racionalmente, mas também tornar público o seu raciocínio, submetendo-se, assim, à crítica da comunidade.

Adota-se, pois, o sistema da persuasão racional, ficando afastado o sistema da livre convicção (ou da íntima convicção), bem como o das provas legais.

a) O sistema da íntima convicção impera, todavia, no tribunal do júri. Sigilosas as votações (Constituição, art. 5º, XXXVIII), não importa a razão ou pura emoção que hajam levado o jurado a optar pelo sim ou pelo não.

"No sistema da livre convicção, também chamado da 'íntima convicção', o juiz é soberanamente livre quanto à indagação da verdade e apreciação das provas. A verdade jurídica é a formada na consciência do juiz, que não é, para isso, vinculado a qualquer regra legal, quer no tocante à espécie de prova, quer no tocante à sua avaliação. A convicção decorre não das provas, ou melhor, não só das provas colhidas, mas também do conhecimento pessoal das suas impressões pessoais, e à vista destas lhe é lícito repelir qualquer ou todas as demais provas. Além do que não está obrigado a dar os motivos em que funda a sua convicção, nem os que o levaram a condenar ou absolver."[45]

b) O sistema das provas legais exclui, no todo ou em parte, o raciocínio do juiz. Observa Chiovenda: "O princípio de que a prova se desti-

---

44   STJ, REsp 1.127.949/SP 2009/0119125-1, 2ª T., rel. Min. Eliana Calmon, j. 3-11-2009, *DJe* 17-11-2009.

45   SANTOS, Moacyr Amaral. *Primeiras linhas de direito processual civil.* 3. ed. São Paulo: Saraiva, 1977, v. 2. p. 306.

TEORIA GERAL DO PROCESSO

na a formar o convencimento do juiz, que deve extrair a decisão da conscienciosa observação e valoração dos fatos, é essencialmente romano. Não se pode imaginar um contraste mais forte com a função do juiz romano do que a do juiz no processo germânico da Alta Idade Média. Em um processo que se decide com os 'juízos de Deus', isto é, com experimentos em cujo resultado se vê a manifestação do juízo divino, a função do juiz consiste em estabelecer qual dos litigantes deve sujeitar-se à prova e com que meio: depois disso, o juiz se limita a assistir passivamente a prática probatória e a constatar mecanicamente seu resultado. Desapareceram lentamente os juízos de Deus, mas permaneceu o caráter formal das provas que eles substituíram. Formou-se, assim, o sistema da prova legal, isto é, um conjunto de regras preestabelecidas, segundo as quais se deviam valorar as diversas provas, em particular a testemunhal"[46].

Em um sentido ligeiramente diverso, cabe falar, mesmo agora, em prova legal, em oposição à prova livre, tendo-se em mira as normas jurídicas que limitam o poder do juiz de formar livremente a sua convicção, como as que estabelecem presunções legais ou que exigem determinada forma para que repute existente ou provado o ato.

A sentença não constitui prova legal. É que ela não define propriamente os fatos, mas as relações jurídicas. A linha de separação entre a prova legal e a coisa julgada é a mesma que separa o juízo de fato do juízo de direito[47].

c) No sistema da persuasão racional, o juiz, em princípio, forma o seu convencimento, devendo, contudo:

1) atender aos fatos e às circunstâncias dos autos;

2) fundamentar o seu convencimento.

---

46 CHIOVENDA, Giuseppe. La idea romana en el proceso civil moderno. *Ensayos de derecho procesal civil.* Trad. Santiago Sentís Melendo. Buenos Aires: EJEA, 1949, v. I. p. 359-361.

47 FURNO, Carlo. *Contributo alla teoria della prova legale.* Padova: CEDAM, 1940. p. 176 e 195.

CAPÍTULO XI – DAS NULIDADES EM ESPÉCIE

Visa-se, com essas limitações, afastar o puro subjetivismo, obtendo--se decisão o quanto possível independentemente da pessoa do julgador. No sistema da persuasão racional, o juiz, conforme destaca o art. 371 do CPC, aprecia a prova constante dos autos, independentemente do sujeito que a promoveu, devendo indicar na decisão as razões da formação de seu convencimento.

O art. 11 do CPC reitera a norma constitucional: todos os julgamentos dos órgãos do Poder Judiciário serão públicos, e fundamentadas todas as decisões, sob pena de nulidade.

Decidiu o Superior Tribunal de Justiça:

"A decisão judicial que não apresenta a necessária motivação, por deixar de explicitar o Direito e os fatos determinantes da convicção do julgador, mesmo que sucintamente, afronta o devido processo legal – garantia do Estado Democrático de Direito –, a par de acarretar o cerceamento de defesa dos litigantes, por impedir o embasamento de eventuais recursos. Desta feita, se a sentença não expôs, de forma clara, as razões do não acolhimento da pretensão da autora, havendo flagrante falta de fundamentação, forçoso reconhecer, assim, a sua nulidade."[48]

"Ausência de fundamentação evidenciada. Nulidade. Alcance. Reconhecido que tanto o acórdão como a sentença não indicam a necessária fundamentação quanto à conclusão da questão posta a julgamento, o acolhimento do recurso especial deve declarar a nulidade não apenas do acórdão, mas também da sentença deficientemente fundamentada."[49]

O CPC é rigoroso no que diz respeito à fundamentação da sentença. O § 1º de seu art. 489 considera não fundamentada qualquer decisão judicial, seja ela interlocutória, sentença ou acórdão que:

---

48 STJ, AgRg no REsp 517.871/PE 2003/0043923-1, 4ª T., rel. Min. Jorge Scartezzini, j. 28-6-2005, *DJ* 15-8-2005, p. 319; STJ, REsp 215.278/SP 1999/0044156-7, 1ª T., rel. Min. Milton Luiz Pereira, j. 6-12-2001, *DJ* 25-3-2002, p. 181.

49 STJ, REsp 547.743/PI 2003/0112495-0, 3ª T., rel. Min. Carlos Alberto Menezes Direito, j. 16-10-2003, *DJ* 8-3-2004, p. 252.

"I – se limitar à indicação, à reprodução ou à paráfrase de ato normativo, sem explicar sua relação com a causa ou a questão decidida; II – empregar conceitos jurídicos indeterminados, sem explicar o motivo concreto de sua incidência no caso; III – invocar motivos que se prestariam a justificar qualquer outra decisão; IV – não enfrentar todos os argumentos deduzidos no processo capazes de, em tese, infirmar a conclusão adotada pelo julgador; V – se limitar a invocar precedente ou enunciado de súmula, sem identificar seus fundamentos determinantes nem demonstrar que o caso sob julgamento se ajusta àqueles fundamentos; VI – deixar de seguir enunciado de súmula, jurisprudência ou precedente invocado pela parte, sem demonstrar a existência de distinção no caso em julgamento ou a superação do entendimento".

Decreta-se, de ofício, da nulidade da decisão que não se pronuncia sobre relevante fundamento da sentença.

A fundamentação da decisão é requisito essencial, nos termos dos arts. 11 e 498, § 1º, do CPC, e 93, IX, da Constituição. Não se cogita, na hipótese de ausência de prejuízo, por não se poder adivinhar que rumo teria tomado a decisão, se tivesse considerado a defesa cuja apreciação omitiu.

10. DENUNCIAÇÃO DA LIDE

Decretou-se a nulidade do ato do juiz que determinou a citação do denunciado à lide, embora houvesse o denunciante se conformado com ato anterior que havia declarado saneado o processo, sem apreciar o requerimento de denunciação da lide. Afirmou-se que, não havendo a parte interposto recurso da decisão que declarou saneado o processo, sem apreciar requerimento de denunciação da lide, era vedado ao juiz anular posteriormente o processo, para fins de citação do denunciado.

Decidiu o Superior Tribunal de Justiça que é nula a condenação de "litisdenunciado", tendo antes sido indeferida a denunciação à lide, por decisão irrecorrida.

CAPÍTULO XI – DAS NULIDADES EM ESPÉCIE

Esses acórdãos confirmam a ideia de que há normas dispositivas no CPC. Efetivamente, a denunciação da lide fica inteiramente ao arbítrio da parte. Não tendo ela se insurgido contra o despacho omissivo da determinação de citação do denunciado, ocorreu preclusão. A nulidade foi assim corretamente decretada, por haver o magistrado desatendido à preclusão.

É certo, porém, que, deixando de denunciar a lide ou de recorrer da decisão que a indefere, a parte não viola norma alguma. Não há nulidade por violação de norma *dispositiva*.

Já o provimento do agravo, interposto da decisão que indeferiu a denunciação da lide, implica a nulidade dos atos praticados no processo posteriormente ao indeferimento.

11. CERCEAMENTO DE DEFESA

Nos termos do art. 357 do CPC, o prazo para a apresentação do rol de testemunhas é fixado pelo juiz, não devendo ser superior a 15 dias, contados da intimação da decisão saneadora (art. 357, § 4º). Se designada audiência de saneamento, nela é que devem as partes apresentar o respectivo rol (art. 357, § 5º).

Não sendo arroladas testemunhas e não havendo outras provas a ser produzidas, o juiz julga antecipadamente o pedido (art. 355).

Daí não decorre nulidade por cerceamento de defesa, ainda que a parte haja protestado pela produção de provas na inicial ou na contestação.

Se necessária perícia, nulo o julgamento antecipado da lide.

Nos termos do art. 357, III, na decisão de saneamento do processo, deve o juiz definir a distribuição do ônus da prova. Nada dizendo a respeito, há de se entender aplicável a regra geral de que cabe ao autor o ônus de provar os fatos constitutivos e, ao réu, o fato impeditivo, modificativo ou extintivo do direito do autor.

A inversão do ônus da prova precisa ser expressa e comunicada às partes, não podendo ser decretada na sentença, sob pena de nulidade, por cerceamento de defesa e grave ofensa ao princípio do contraditório.

Se, na audiência de instrução e julgamento, o juiz obsta pergunta ou resposta feita à testemunha, deve o prejudicado requerer que o fato se

333

registre em ata, para posterior alegação de cerceamento de defesa, na apelação ou nas contrarrazões.

Observa Guilherme Rizzo Amaral[50] que o juiz tem o dever de registrar em ata todos os requerimentos apresentados em audiência, com exatidão, independentemente de sua análise quanto à pertinência do registro. Registra, ainda, que qualquer das partes (ou seus procuradores) pode gravar, em vídeo ou em áudio, a audiência, independentemente de autorização judicial (art. 367, § 6º). Tal gravação poderá, posteriormente, comprovar o descumprimento do dever de registro, assim como o descumprimento do dever de urbanidade ou e quaisquer outras ocorrências da audiência.

12. VIOLAÇÃO DO PRINCÍPIO DA PUBLICIDADE

O princípio da publicidade está expresso no art. 93, IX, da Constituição: "Todos os julgamentos dos órgãos do Poder Judiciário serão públicos, e fundamentadas todas as decisões, sob pena de nulidade, podendo a lei limitar a presença, em determinados atos, às próprias partes e a seus advogados, ou somente a estes, em casos nos quais a preservação do direito à intimidade do interessado no sigilo não prejudique o interesse público à informação". De outro lado, o art. 5º, LX, estabelece: "a lei só poderá restringir a publicidade dos atos processuais quando a defesa da intimidade ou o interesse social o exigirem".

O princípio da publicidade vige, no Brasil, desde 1828. Antes, vigorava o direito português, fundado no princípio do segredo. Na França, as deliberações dos órgãos colegiados são secretas, e os juízes até juram manter o sigilo. Nas decisões não se deixa transparecer a existência de eventuais votos discordantes. Também, nos países an-

---

50 AMARAL, Guilherme Rizzo. *Comentários às alterações do novo CPC*. São Paulo: Revista dos Tribunais, 2015. p. 482.

CAPÍTULO **XI** – Das Nulidades em Espécie

glo-saxões, as deliberações são secretas, mas se admite a publicação de *dissenting opinions*[51].

Há duas espécies de publicidade: a de ato presente e a de ato passado. A publicidade conferida pelos registros públicos é publicidade de atos passados. A publicidade de julgamento *coram populo* (na frente do povo) é publicidade de ato presente.

O art. 93, IX, da Constituição refere-se à publicidade de ato presente, pois aí se fala na possibilidade de se limitar a presença, em determinados atos, às próprias partes e a seus advogados, ou somente a estes.

Todavia, do princípio da publicidade dos atos processuais (publicidade de ato presente) decorre, como corolário, a publicidade dos termos processuais que os documentem (publicidade de ato passado).

O princípio da publicidade se coordena com o da persuasão racional, porque a publicidade dos julgamentos envolve a publicidade de seus fundamentos. A oposição se faz com os julgamentos secretos e imotivados.

Também a fundamentação, a que se refere o art. 93, IX, é a contemporânea do ato: a que efetivamente determina a decisão. A fundamentação que se agregue a um ato já praticado pode ser uma explicação, mas não é fundamentação.

Segue-se, daí, que a fundamentação feita oralmente, em público, na sessão de julgamento, atende ao princípio do art. 93, IX. A redução a escrito dos motivos é, no entanto, exigível, existindo grau superior de jurisdição a que se deva explicação da decisão tomada.

Conforme leciona Humberto Theodoro Júnior, "o princípio da publicidade obrigatória do processo pode ser resumido no direito à discussão ampla das provas, na obrigatoriedade de motivação da sentença, bem como na faculdade de intervenção das partes e seus advogados em todas as fases do processo. Como se vê – prossegue o mesmo jurista –, este

---

51 BARBOSA MOREIRA, José Carlos. Publicité et secret du délibéré dans la justice brésilienne. *Temas de direito processual*. Quarta série. São Paulo: Saraiva, 1989. p. 194-199.

TEORIA GERAL DO PROCESSO

princípio muito se aproxima e até mesmo se entrelaça aos do devido processo legal e do contraditório. Na prática, constituem violação ao princípio da publicidade do processo: a) a concessão de medidas liminares em possessórias, mediante justificação testemunhal realizada sem citação prévia do réu; b) autorização para levantamento da penhora ou arresto sem prévia audiência do credor; c) a realização de praças e leilões, sem regular divulgação dos competentes editais; ou fora dos locais e horários constantes dos editais; ou, ainda, sem a intimação pessoal do devedor; d) a autorização ao inventariante para alienar bens do espólio sem prévia audiência dos demais sucessores etc."[52].

O art. 11 do CPC reitera a regra constitucional: *todos os julgamentos dos órgãos do Poder Judiciário serão públicos*, e fundamentadas todas as decisões, *sob pena de nulidade*.

Decidiu o Superior Tribunal de Justiça ser nulo o julgamento, por violação do princípio da publicidade, não sendo permitida a presença do acusado ou de seu defensor no momento da votação[53].

A parte tem o direito de estar presente no momento do julgamento. Trata-se de direito que exerce, querendo. Trata-se, pois, de nulidade dependente de arguição da parte.

13. ERRADA INDICAÇÃO DO NOME DA PARTE NA SENTENÇA

Erro material, facilmente identificável, é corrigível a qualquer tempo, não implicando nulidade da sentença.

Decidiu o Superior Tribunal de Justiça:

"Os equívocos de pequena monta, como a troca ou o acréscimo de apenas uma letra no nome ou sobrenome do advogado ou da par-

---

52 THEODORO JÚNIOR, Humberto. Princípios gerais... *Ajuris*, Porto Alegre, v. 34, p. 161-84, jul. 1985.

53 STJ, Recurso em Mandado de Segurança 1.932-9, 5ª T., rel. Min. Costa Lima, 10-2-1993; *RSTJ*, v. 48, ano 5, ago. 1993, p. 525.

CAPÍTULO **XI** – DAS NULIDADES EM ESPÉCIE

te, não se prestam à anulação do ato processual, sobretudo quando é possível identificar-se o feito pelo exato nome das partes e número do processo"[54].

14. DECISÃO *CITRA PETITA*

A sentença que não julga todas as questões cumuladas em um mesmo processo é inoperante, decide aquém do pedido, sendo, portanto, nula.

A decisão *citra petita* representa omissão parcial da prestação jurisdicional, o que constitui causa de sua nulidade.

Embora idêntico o pedido, cada causa de pedir configura uma ação. Havendo, nesses termos, cumulação de ações, deve o juiz julgá-las todas; caso contrário, profere sentença *citra petita*.

"A jurisprudência do STJ é tranquila em afirmar que a nulidade da sentença decorrente de julgamento *citra petita* pode ser reconhecida até mesmo de ofício."[55]

É *citra petita* a sentença que não se manifesta acerca da compensação[56].

15. SENTENÇA *ULTRA PETITA*

Sentença *ultra petita* não é nula, devendo, todavia, ser reformada, para excluir o capítulo excedente.

"Mostra-se *ultra petita* a decisão que apreciou ponto além dos postulados no instrumento, devendo ser reduzida aos limites da agravante."[57]

---

54 STJ, AgRg no REsp 1.356.168/RS 2012/0252031-4, 2ª T., rel. Min. Castro Meira, j. 7-3-2013, *DJe* 14-3-2013.

55 STJ, AgRg no AREsp 164.686/DF 2012/0072344-7, 4ª T., rel. Min. Luis Felipe Salomão, j. 15-5-2014, *DJe* 21-5-2014.

56 STJ, AgRg no REsp 1.395.999/SP 2013/0249395-0, 2ª T., rel. Min. Mauro Campbell Marques, j. 20-5-2014, *DJe* 26-5-2014.

57 TJRS, ED 70048546527/RS, 1ª Câm. Especial Cível, rel. Laura Louzada Jaccottet, j. 4-5-2012, *DJ* 8-5-2012.

Teoria Geral do Processo

Magistrados aos quais se impôs a pena de aposentadoria compulsória, com vencimentos proporcionais, impetraram mandado de segurança, para que se declarasse a nulidade da punição, porque aplicada por maioria inferior a 2/3 dos componentes do órgão. O Tribunal local concedeu a segurança, com a ressalva, porém, de prosseguimento do processo administrativo, para aplicação de outra pena. Entendeu o Superior Tribunal de Justiça incabível a ressalva, porque *ultra petita*.

16. SENTENÇA *EXTRA PETITA*

É nula a sentença *extra petita*[58], pois o juiz deve decidir o mérito nos limites propostos pelas partes (princípio da congruência), sendo-lhe vedado conhecer de questões não suscitadas a cujo respeito a lei exige iniciativa da parte (CPC, art. 141).

É vedado ao juiz proferir decisão de natureza diversa da pedida, bem como condenar a parte em quantidade superior ou em objeto diverso do que lhe foi demandado (CPC, art. 492).

"A sentença *extra petita* padece do vício de nulidade absoluta, por violação ao princípio da congruência entre o pedido e a decisão."[59]

17. EXECUÇÃO

17.1 Título executivo inexistente ou deficiente

Na vigência do Código de 1973, vinha-se admitindo exceção ou objeção de pré-executividade, como forma de defesa do executado, independentemente de embargos, que, então, só podiam ser oferecidos após seguro o juízo.

---

58 STJ, REsp 991.872/MS 2007/0240993-1, 3ª T., rel. Min. Nancy Andrighi, j. 6-4-2010, *DJe* 22-4-2010.

59 TJRN, AC 68.302/RN 2010.006830-2, 1ª Câm. Cív., rel. Des. Amílcar Maia, j. 16-11-2010.

CAPÍTULO **XI** – Das Nulidades em Espécie

Agora, o art. 914 estabelece que "o executado, independentemente de penhora, depósito ou caução, poderá se opor à execução por meio de embargos", o que deverá afastar a necessidade daquela exceção ou objeção.

Não há dúvida, no entanto, de que é nula a execução fundada em título inexistente, nulo ou ineficaz, nulidade que pode e deve ser decretada de ofício.

"É nula a execução se o título executivo extrajudicial não corresponder a obrigação certa, líquida e exigível."[60]

17.2 Penhora

Pode o devedor indicar a penhora bem impenhorável, renunciando, assim, à impenhorabilidade estabelecida por lei em seu benefício?

O caso de penhora de bem impenhorável é expressivo: ou se afirma que ocorreu preclusão e não se decreta a nulidade, ou se nega a preclusão e se a pronuncia. Se, apesar da preclusão, o Tribunal decreta a nulidade, presta um favor ao devedor. Ora, prestar favores a uma das partes é a própria negação da justiça.

Estando o juiz autorizado a decretar de ofício a nulidade, não pode deixar de pronunciá-la, a pretexto de que faltou tempestiva alegação da parte.

Não há preclusão, por não estar em jogo ato que a parte pudesse assim praticar como não praticar. É irrenunciável o *beneficium competentiae*.

Admitida a renunciabilidade, teria lugar a preclusão. Sendo dado ao devedor renunciar ao benefício, tanto poderia fazê-lo expressamente, indicando à penhora bem impenhorável, como implicitamente, conformando-se com o ato praticado.

Decidiu o Superior Tribunal de Justiça:

"Penhora. Bem de família. Indicação voluntária. O executado indicou voluntariamente o imóvel, bem de família, à penhora, com o intuito de embargar a execução para a discussão de seus direitos. A Turma de-

---

60 STJ, REsp 837.553/RS 2006/0080303-5, 1ª T., rel. Min. Luiz Fux, j. 20-11-2008, *DJe* 17-12-2008.

TEORIA GERAL DO PROCESSO

cidiu, por maioria, que esta indicação não significa renúncia ao direito à impenhorabilidade assegurado pela Lei n. 8.009/90, por tratar-se de dispositivo legal de ordem pública, que protege a moradia da família, se sobrepondo à livre disposição de seu proprietário."[61]

"Como demonstram os autos, em execução que lhe é movida pelo banco agravado, foi constritado o caminhão devidamente individuado no auto de penhora e depósito (fl. 12). De outra banda, as declarações de fls. 14, 15 e 16 comprovam satisfatoriamente que o referido veículo é utilizado pela agravante no desempenho de sua atividade profissional, fazendo a entrega de hortifrutigranjeiros a comerciantes de Júlio de Castilhos. As declarações, aliás, salientam, que o caminhão é utilizado apenas para o transporte de tais mercadorias. Assim sendo, é absolutamente impenhorável o veículo em questão, nos termos do art. 649, VI, do estatuto processual, que veda a constrição judicial sobre 'os livros, as máquinas, os utensílios e os instrumentos, necessários ou úteis ao exercício de qualquer profissão.' Na decisão agravada, sustenta o digno magistrado que a matéria estaria preclusa, por se tratar de nulidade relativa, não tendo sido alegada em tempo oportuno. Não lhe assiste razão, porém. A impenhorabilidade constitui matéria de ordem pública, acarretando nulidade absoluta. Consequentemente, pode ser alegada a qualquer tempo, não se operando sobre ela a preclusão."[62]

"Há que ser reconhecida nulidade absoluta da penhora quando esta recai sobre bens absolutamente impenhoráveis. Cuida-se de matéria de ordem pública, cabendo ao magistrado, de ofício, resguardar o comando insculpido no artigo 649 do CPC. Tratando-se de norma cogente que

---

61 Precedente citado: REsp 178.317/SP, *DJ* 1º-2-1999. REsp 201.537/PR, rel. Min. Ruy Rosado de Aguiar, julgado em 13-4-1999 (STJ, Informativo 14 – 12 a 16-4-1999).

62 Tribunal de Alçada do Estado, Agravo de Instrumento 196210538, Porto Alegre, 4ª Câm. Cív., rel. Manuel Martinez Lucas, 27-3-1997.

340

CAPÍTULO **XI** – DAS NULIDADES EM ESPÉCIE

contém princípio de ordem pública, sua inobservância gera nulidade absoluta consoante a jurisprudência assente neste STJ."[63]

17.3 Avaliação

Da avaliação é intimado o executado, na pessoa de seu advogado, por nota de expediente. "É indispensável que da publicação constem os nomes das partes e de seus advogados, com o respectivo número de inscrição na Ordem dos Advogados do Brasil, ou, se assim, requerido, da sociedade de advogados" (CPC, art. 272, § 2º).

Tendo o devedor procurador constituído nos autos, sem dúvida deve ele ser intimado dos atos do processo.

Se da publicação não constou o nome do advogado do executado, o juiz pode decretar, de ofício, a nulidade da intimação, mas somente *se* e *enquanto* não sanada pelo comparecimento.

Por isso, antes de pronunciar a nulidade, deve determinar que se renove a intimação, porquanto o silêncio do executado, mesmo depois de devidamente intimado, sana o vício.

17.4 Excesso de execução

O excesso de execução não constitui causa de nulidade do processo, mas apenas enseja o acolhimento de embargos para ajustar o pedido ao *quantum* legitimamente devido.

17.5 Falta de assinaturas no auto de arrematação

Os arts. 901 e 903 do CPC estabelecem que a arrematação constará de auto que será lavrado de imediato e poderá abranger bens penhorados em mais de uma execução, nele mencionadas as condições nas quais foi alienado o bem. Qualquer que seja a modalidade de leilão, assinado o auto pelo

---

63 STJ, AgRg no AREsp 55.742/RS 2011/0159153-0, 3ª T., rel. Min. Sidnei Beneti, j. 13-12-2011, *DJe* 1º-2-2012; REsp 864.962/RS, rel. Min. Mauro Campbell Marques, *DJe* 18-2-2010.

TEORIA GERAL DO PROCESSO

juiz, pelo arrematante e pelo leiloeiro, a arrematação será considerada perfeita, acabada e irretratável, ainda que venham a ser julgados procedentes os embargos do executado ou a ação autônoma de que trata o § 4º do art. 903, assegurada a possibilidade de reparação pelos prejuízos sofridos.

Decidiu-se que a ausência das assinaturas do juiz e do leiloeiro apenas comprovam a desídia do escrivão, sendo irrelevante a circunstância de não ser o auto lavrado no prazo legal, não havendo, pois, nulidade, certamente por ausência de prejuízo.

17.6 Arrematação por preço vil

Estabelece o Código que a arrematação pode ser invalidada, quando realizada por preço vil.

Após a expedição da carta de arrematação, somente por ação autônoma pode ser invalidada a arrematação, citado o arrematante como litisconsorte necessário (CPC, art. 903, § 4º).

Não se decreta a nulidade – já se decidiu – quando a parte, ciente do valor da avaliação, permanece no mais eloquente mutismo, sem nada requerer, em especial, a atualização do valor da avaliação ou a sustação do leilão.

17.7 Prescrição

É nula a sentença que, em processo de execução, acolhe incidentemente, sem observância do contraditório, preliminar de prescrição da execução, extinguindo-a.

17.8 Obrigação de fazer

A execução de obrigação inicia-se pela citação do executado para satisfazê-la no prazo designado pelo juiz, se outro não estiver determinado no título executivo (CPC, art. 815).

Descumprido o preceito, incide a regra do art. 816 do CPC. É lícito ao exequente, nos próprios autos do processo, requerer a satisfação da obrigação à custa do executado ou perdas e danos, hipótese em que se converte em indenização. O valor das perdas e danos é apurado em li-

342

quidação, seguindo-se a execução para cobrança de quantia certa (CPC, art. 816, parágrafo único).

Há nulidade, se iniciada desde logo a execução como de quantia certa.

▶ **APROFUNDANDO**

Destaque do capítulo
Acesse também pelo *link*: https://somos.in/TGP0622

Precedente relevante
Acesse também pelo *link*: https://somos.in/TGP0621

CAPÍTULO XII

Sentença

1. INTRODUÇÃO

A jurisdição contenciosa visa tutelar interesses públicos, difusos ou coletivos, assim como direitos individuais, através de ação.

Essa tutela pode ser definitiva ou provisória, podendo, em quaisquer dos casos, ser prestada mediante cognição, isto é, por sentença de mérito, ou mediante execução (definitiva ou provisória).

2. SENTENÇA PROCESSUAL E DE MÉRITO

Quanto ao conteúdo, é usual distinguirem-se três espécies de sentenças: de mérito, de carência de ação e meramente processual.

Na sentença[1] de mérito, o juiz poderá: acolher ou rejeitar o pedido formulado na ação ou na reconvenção; decidir, de ofício ou a requerimento, sobre a ocorrência de decadência ou prescrição; homologar o reconhecimento da procedência do pedido formulado na ação ou na reconvenção, a transação, ou, ainda, a renúncia à pretensão formulada na ação ou na reconvenção.

---

1 Sobre a sentença, relevante conferir ROCCO, Alfredo. *La sentenza civile*. Milano: Giuffrè, 1962. p. 28; GOLDSCHMIDT, James. *Derecho procesal civil*. Trad. Leonardo Prieto Castro. Barcelona: Labor, 1936. p. 302-303.

Com a sentença de carência de ação, o juiz não resolve o mérito, decreta a extinção do processo, por falta de alguma condição da ação.

A sentença meramente processual extingue o processo em função de outro pressuposto processual, como a capacidade da parte, a inépcia da petição inicial, a litispendência, a coisa julgada ou, simplesmente, porquanto a ação se exauriu, como no caso da sentença que extingue a execução.

3. CONCEITO DE MÉRITO

Na teoria do direito abstrato e incondicionado de agir, tem-se o binômio "pressupostos processuais – mérito". Portanto, será causa de mérito todo juízo concernente a questão alheia à relação processual.

Na teoria de Liebman, teoria do direito abstrato de agir, mas condicionado, tem-se o trinômio "pressupostos processuais, condições da ação, mérito". Surgem, assim, destacadas do mérito, as condições da ação, dentre as quais o interesse de agir. A sentença que afirma a falta de condição da ação não é de mérito e, por conseguinte, não produz coisa julgada. Daí extraindo-se a ilação de que sentença de mérito é a que produz coisa julgada material.

Examinemos, a seguir, duas questões: I) se cabe o trinômio proposto por Liebman; II) se é correta a ilação de que sentença de mérito é a que produz coisa julgada material.

Primeira questão. Trata-se de questionar se há, em alguma das condições da ação, algo de irredutível, que obrigue a um tratamento jurídico diferenciado, diverso do atribuído ao juízo ou inexistência do direito subjetivo alegado pelo autor.

Temos, no entanto, por certo que há, no interesse de agir, algo de irredutível a exigir um tratamento diferenciado.

Se o autor pede mandado judicial contra o Poder Público, para que se lhe forneça determinado documento, sem dúvida há coisa julgada, se a sentença nega o direito subjetivo invocado. Se, todavia, o juiz rejeita o pedido, afirmando possível a obtenção da certidão, sem percalços, na via administrativa, parece claro que se deva admitir que o autor renove a ação, provando a negativa da administração.

CAPÍTULO **XII** – SENTENÇA

Suposto, então, que o interesse de agir integre o mérito, tem-se que a parcela do mérito a respeito da qual não se produz coisa julgada. E é por essa particularidade que Liebman propõe que se destaque do mérito, com a expressão "carência de ação".

Justifica-se, pois, do ponto de vista lógico, pelo menos quanto ao interesse de agir, o trinômio "pressupostos processuais, condições da ação, mérito".

Segunda questão. Trata-se de indagar se é correta a ilação de que sentença de mérito é a que produz coisa julgada material. Parece-nos que não.

As condições da ação que, segundo Liebman, eram três (possibilidade jurídica, legitimação para a causa e interesse de agir), acabaram reduzindo-se a duas, por exclusão da possibilidade jurídica que, como se observou, nada mais significa do que manifesta improcedência do pedido, matéria de mérito, portanto.

Indaguemos se há mérito em tutela provisória.

Proposta a ação, temos de considerar seus requisitos: o *periculum in mora* e o *fumus boni juris*.

Com relação ao perigo, facilmente podemos enquadrá-lo no interesse de agir. Se não há perigo de dano, é desnecessária a tutela jurisdicional.

Suponham-se, então, presentes as condições da ação: há o *periculum*: o autor tem legitimação para a causa, e o pedido é, por exemplo, o de sequestro, por conseguinte, juridicamente possível. Isso basta para a concessão da tutela? Evidentemente, não. Para isso é preciso mais: a probabilidade de existência do direito subjetivo que o autor pretende ver tutelado. Ora, esse mais, não sendo pressuposto processual, nem condição da ação, somente pode ser matéria de mérito.

Por outro lado, como juízo de probabilidade, não pode, por definição, constituir juízo de certeza; dessa forma, não se produzirá coisa julgada. Há, pois, sentenças de mérito que não são definitivas, isto é, que não produzem coisa julgada.

Temos, assim, quatro categorias de sentenças:

a) sentenças de mérito definitivas, proferidas em processos de conhecimento, que produzem coisa julgada material;

b) sentenças de mérito provisórias, proferidas em tutela provisória;

c) sentenças de carência de ação;

d) sentenças meramente processuais.

4. SENTENÇA DECLARATÓRIA

Quanto aos efeitos, distinguem-se as seguintes espécies de sentenças: declaratórias, constitutivas, condenatórias, mandamentais e executivas.

Sentença declaratória é aquela em que o juiz se limita a declarar a existência, a inexistência ou o modo de ser de uma relação jurídica; a autenticidade ou falsidade de documento.

Por longo tempo, diz Alfredo Rocco, a ciência do direito processual concentrou sua atenção sobre uma só categoria de sentenças: a sentença de condenação. Não que a existência de outras espécies de decisões fosse totalmente ignorada; sob o nome de ações prejudiciais, os jurisconsultos romanos examinaram ações meramente declaratórias. Mas sendo o caso mais frequente, o caso típico, aquele da ação tendente a obter do réu uma prestação, a doutrina concentrou-se no estudo da sentença correspondente, que condenava o réu a entregar a prestação. Mas, especialmente depois de promulgada a ordenação germânica de 1877, que no § 231 reconhecia, em caráter geral, a possibilidade de ações de mera declaração, a atenção da doutrina voltou-se para aquela categoria de sentenças que se limitava a declarar a existência ou inexistência de uma relação ou de um fato jurídico[2].

O estudo da sentença declaratória, contraposta à sentença de condenação, é que levantou o problema da classificação das sentenças pelo critério de seus efeitos, relegando-se para um segundo plano as classificações tradicionais.

5. SENTENÇA CONSTITUTIVA

É a que cria, modifica ou extingue relação jurídica.

---

2   ROCCO, Alfredo. *La sentenza civile...* cit., p. 123.

CAPÍTULO XII – SENTENÇA

O mérito de haver elaborado, de modo preciso e completo, a construção jurídica dessa categoria de sentenças pertence a Hellwig, que as conectou aos direitos formativos ou potestativos[3].

De vários modos, observa Hellwig, pode exercer-se o direito à mudança de uma relação jurídica existente: 1) por declaração unilateral e extrajudicial de vontade do titular do direito; 2) mediante uma sentença em ação proposta pelo titular do direito; 3) mediante uma declaração de vontade do adversário, exigida por ele. Nessa última hipótese, tem-se a pretensão a uma prestação do adversário; e a sentença correspondente é condenatória. Nos dois outros, encontramo-nos diante de direitos formativos diversamente regulados. De regra, para o exercício de tais direitos basta uma declaração de vontade do titular, que produz imediatamente a mudança da situação jurídica. Mas, em outros casos, a mudança deve ser conseguida mediante ação: isso implica que só declaração do titular do direito não é suficiente, mas é necessária a sentença que, transitada em julgado, modifica a situação jurídica. Nos casos em que o exercício do direito formativo ou potestativo precisa ser exercitado por via de ação, há um direito de ação, que tem por objeto a emissão de uma sentença constitutiva[4].

A sentença é ato jurídico e, como tal, ou declara, ou cria, ou modifica, ou extingue relação jurídica. Não há outra hipótese. Sob esse aspecto, poder-se-iam reduzir as sentenças às duas categorias apontadas: as declaratórias e as constitutivas.

Diz José Zafra que no pensamento jurídico de diversos processualistas reina a ideia de que a sentença de condenação tem natureza constitutiva, porquanto cria, para o vencedor, o direito de obter a atuação de seu crédito mediante a ulterior execução forçada. Esse conceito foi claramente visto por Hellwig[5]. Segundo esse famoso processualista, com a sentença de condenação consegue o vencedor o direito de promover a execução; direito público, dirigido contra os órgãos estatais da

---

3   ROCCO, Alfredo. *La sentenza civile...* cit., p. 126.

4   ROCCO, Alfredo. *La sentenza civile...* cit., p. 126-127.

5   Cf. HELLWIG, Konrad. *Lehrbuch des Deutschen Zivil prozessrechts*. Verlagsort: Leipzig, 1903, v. 1. p. 47.

TEORIA GERAL DO PROCESSO

execução. Esse direito é criado pela sentença que, por essa razão, é, no âmbito do direito processual, constitutiva. Na doutrina francesa podemos citar Leon Mazeaud[6], para quem a sentença de condenação é constitutiva, porquanto "cria um direito que antes não existia: o direito à execução forçada". Na doutrina italiana são de notar as possibilidades de Betti[7].

Diz Calamandrei que o réu, antes da condenação, não é senão um obrigado, isto é, o sujeito passivo de uma relação jurídica substancial, vinculado, por força dela, a observar voluntariamente um certo comportamento. Mas, depois da condenação, a vontade do devedor, sobre a qual até então o direito substancial confiava para obter o adimplemento do obrigado, transforma-se, de sujeito ativo de vontade em objeto passivo de uma vontade alheia. Nessa transformação da obrigação, para o cumprimento da qual o direito contava com a vontade ativa do obrigado, em sujeição passiva à força alheia, contra a qual a vontade do condenado já quando tem valor, parece-nos que consiste a característica essencial da condenação, comum à condenação civil e à penal. Segundo essa concepção, pode-se verdadeiramente dizer que a sentença de condenação tem natureza constitutiva[8].

No Brasil, pronunciamento no mesmo sentido fez Lopes da Costa: "A sentença proferida na ação condenatória oferece 'um aspecto também de sentença constitutiva, pois cria o direito à execução'"[9].

Não existe apenas sentença declaratória. Existe ato declaratório também no direito material.

O negócio jurídico declarativo – diz Pontes de Miranda – é de construção recente. Mas ele, como fato da vida jurídica, vem de longe. A doutrina foi que despertou tarde para explorar-lhe a estrutura.

---

6   MAZEAUD, Leon. De la distinction des jugements constitutifs de droits. *Revue Rimestrielle de Droit Civil*, 1929, p. 19.

7   VALVERDE, José Zafra. *Sentencia constitutiva y sentencia dispositiva*. Madrid: Rialp, 1962. p. 76.

8   CALAMANDREI, Piero. *Estudios...* cit., p. 560-561.

9   COSTA, Alfredo de Araújo Lopes da. *Direito processual civil brasileiro*. 2. ed. Rio de Janeiro: Forense, 1959, v. 1. p. 143.

CAPÍTULO **XII** – SENTENÇA

No negócio jurídico declarativo, o objeto é outra relação jurídica ou situação. Não são o mesmo ter por objeto outra relação ou situação e ter o mesmo objeto que outra relação ou situação. Por isso, não se confunde o negócio jurídico declarativo com a renovação de negócio jurídico.

O negócio jurídico declarativo não substitui, nem nova, nem renova, nem prorroga: declara.

A estrutura, o conteúdo e a eficácia da relação ou situação jurídica anterior passam a ser objeto do negócio jurídico declarativo. O que emite a declaração unilateral de vontade, ou os que emitem as declarações de vontade concordantes, superpõem declaração e declarado: há, na base das declarações de vontade, ou da declaração unilateral de vontade, enunciado de fato sobre a existência, estrutura, conteúdo e eficácia de relação ou situação jurídica anterior.

Os elementos eliminação de incerteza, que se pretende introduzir, é de ordem subjetiva e somente provável: pode não haver, no espírito do declarante, ou dos declarantes, ou nos outros espíritos, qualquer incerteza. A sua função é mais preventiva contra dúvidas do que destruidora de dúvidas existentes. Negócios jurídicos ou relações ou situações, que são claras, são suscetíveis de declaração. Por isso mesmo, não é impossível a conclusão de negócio jurídico declarativo *menos claro* que o próprio negócio jurídico nele declarado.

Se o negócio jurídico declarativo modificou, deixou de ser, nesse ponto, declarativo, ainda que se diga tal. Se essa discordância entre o nome e o negócio jurídico tem importância quanto à sua validade, total ou parcial, depende dos princípios gerais, ou dos princípios especiais ao negócio modificado, e das circunstâncias. Seja como for, a modificarão é anormalidade com que não se há de raciocinar para se fixarem a estrutura e a função do negócio jurídico declarativo[10].

O que justifica a existência de outras categorias de sentenças, além das declaratórias e constitutivas, é a circunstância de haver sentenças

---

10   PONTES DE MIRANDA, Francisco Cavalcanti. *Tratado de direito privado*. Rio de Janeiro: Borsoi, 1954, t. 3. § 276.

TEORIA GERAL DO PROCESSO

(constitutivas) incompletas, no sentido de que, para a satisfação do autor, exige-se ato ulterior: o adimplemento da obrigação ou a execução ou o cumprimento da ordem (mandamento) contida na sentença.

6. SENTENÇA CONDENATÓRIA

É a que, além de afirmar devida pelo réu uma prestação (elemento declaratório da sentença), cria, para o autor, o poder de sujeitá-lo à execução.

Enquanto a sentença declaratória não produz outro efeito que a determinação de uma relação jurídica concreta, a sentença condenatória, além desse efeito, produz outro: o de constituir um título para a execução forçada da relação declarada. A diferença entre as duas espécies de sentença está, pois, em que da simples declaração não pode jamais derivar execução forçada; ao passo que a possibilidade de sobrevir execução forçada caracteriza a sentença condenatória. Uma vez que a diferença prática substancial entre ambas se encontra em seu nexo com a execução, aí é que também se deve buscar a distinção conceitual entre elas. Se a sentença condenatória dá lugar à execução forçada e a declaratória não, isso significa que na primeira existe algum elemento que torna possível a execução e que falta na segunda. Esse elemento é a condenação[11].

Ao passo que, na ação declaratória, o que se busca é a simples declaração de uma situação jurídica preexistente, a ação condenatória visa a mais: não se quer apenas que se declare obrigado o vencido a entregar determinada prestação, mas também a criação do título executivo, para que se possa proceder à execução, na eventualidade de inadimplemento[12].

A sentença condenatória transforma uma relação de crédito e débito em outra, de poder e sujeição. Uma crítica antecipada a esse ponto de vista encontramos em Barbosa Moreira:

---

11 ROCCO, Alfredo. *La sentenza civile...* cit., p. 123.

12 VALVERDE, José Zafra. *Sentencia...* cit., p. 68-70.

■ 352

CAPÍTULO XII – SENTENÇA

"Volvamos os olhos, de novo, para a sentença condenatória. Que a constituição do título executivo lhe seja traço peculiar é ponto que não nos inclinaríamos em dúvida. Apenas reconhecer-lhe como constante o efeito executório não importa, nem deve importar que se defina por ele a sentença condenatória. Justa seria a crítica segundo a qual, assim, se identifica a nota característica da condenação *'non tanto in quello che essa e, quanto in quello che essa prepara'*, e por conseguinte a definição *'viene a basarsi su un elemento che sta all'infuori della nozione da definire'*.

Ora, na sentença constitutiva, ao aceitar-se o esquema exposto, é fácil remontar do efeito à causa. Ao estabelecimento da nova situação jurídica (efeito) corresponde, na estrutura da sentença, um elemento inidentificável como causa: a modificação operada pela potência judicial (anulação do contrato, decretação do divórcio etc.). Isso permite definir a sentença constitutiva e distingui-la, com toda a nitidez, da meramente declaratória, não só por sua eficácia, mas por seu próprio conteúdo.

Enorme dificuldade se teria, contudo, em aplicar raciocínio análogo ao problema das relações entre a sentença condenatória e a declaratória. Ao condenar uma das partes, sem dúvida cria o juiz, para a outra, a possibilidade de desencadear sobre ela a atividade de execução; mas essa modificação não é consequente ao reconhecimento de algum direito potestativo do vencedor à formação do título executório, antes de mais nada pela simples e bastante razão de que não é tal a *res in iudicium deducta*, não é tal o objeto do processo encerrado pela condenação. Se o órgão judicial diz: 'condeno Tício a pagar a importância x a Caio', seria manifestamente arbitrária a análise que pretendesse discernir na estrutura de semelhante decisão, a exemplo da sentença constitutiva, um elemento declaratório consistente na afirmação do direito de Caio à obtenção do poder de promover a execução forçada contra Tício, e um elemento constitutivo representado pela modificação da preexistente situação jurídica, em ordem a atribuir a Caio o mencionado poder, e a Tício a correspondente sujeição. Ninguém de juízo são reconheceria nesse bizantino retrato a imagem conceptual da sentença condenatória..."[13].

---

13 BARBOSA MOREIRA, José Carlos. *Temas de direito processual*. Primeira série. 2. ed. São Paulo: Saraiva, 1988. p. 79.

Pensamos, todavia, que é exatamente isso o que acontece. Ao pedir a condenação do réu, não pede o autor outra coisa senão que o juiz lhe atribua o poder de executá-lo. Se todos os credores dispusessem de ação executiva, não haveria pedidos de condenação; se o autor não pretendesse transformar a relação jurídica de crédito e débito em relação de poder e sujeição, bastaria a formulação de pedido declaratório.

7. SENTENÇA EXECUTIVA

Execução é o conjunto de atos pelos quais o juiz entrega ao credor a prestação devida pelo devedor. Não há que se confundir execução com efeito executivo. Execução é fato jurídico, e não efeito.

A sentença condenatória produz efeito executivo, isto é, cria título executivo. Dizer-se, então, que uma sentença é executiva, porque dá margem a posterior ação de execução, importa em tornar sinônimas as expressões sentença condenatória e sentença executiva.

Pode também definir-se como sentença executiva aquela que contém, imanente em si mesma, como eficácia interna que lhe é própria, a entrega ao credor da prestação devida pelo devedor. Executiva será, então, a sentença que importa, ela própria, em entrega ao credor da prestação devida pelo devedor.

Por exclusão, somente cabe falar-se em efeito executivo da sentença em virtude de sentença que admita execução no próprio processo em que foi proferida, independentemente de nova ação. Teremos, então, como condenatória a sentença que se completa por ação de execução e por executiva a que se completa por atos executivos praticados na mesma relação processual em que foi prolatada a sentença. "Com a ação de despejo, por exemplo, que tem natureza executiva, o demandante não se limita a pedir que o juiz declare rescindido o contrato de locação e lhe reconheça o direito a recobrar a posse da coisa locada, direito esse que seria exercido numa subsequente ação executória, sendo que, já no pedido inicial, ao invés de pedir que o demandado seja condenado a entregar-lhe a coisa, pede logo a expedição do mandado de evacuando. A tal

CAPÍTULO **XII** – SENTENÇA

eficácia chama-se efeito executivo da demanda e, pois, da respectiva sentença que a acolhe."[14]

No sistema atual, a execução constitui nova fase do processo, posterior à condenação. Contudo, ela depende de requerimento, motivo por que constitui nova ação.

8. SENTENÇA MANDAMENTAL

É a que se completa por ato quando definível como executivo.

Como mandamental foi primeiramente definida a sentença que contém um mandado dirigido a outro órgão do Estado[15], apontando-se como exemplo típico a que contém ordem dirigida a oficial do Registro Público, para que proceda ao registro de um ato.

Conforme Pontes de Miranda, "o conteúdo da ação de mandamento é obter mandado do juiz, que se não confunde com o efeito executivo da sentença de condenação"[16].

Fora do processo, "são atos jurídicos mandamentais aqueles em que o manifestante da vontade impõe ou proíbe, tais como a manifestação de vontade do marido à mulher desquitada, para que não use o seu nome, a manifestação de vontade do locador contra o uso indevido da coisa pelo locatário, ou para que repare o prédio ou conserte o muro"[17].

Encontramos em Ovídio A. Baptista da Silva a melhor explicação da sentença mandamental: "O direito moderno conhece, como aliás o conhecia o direito romano, inumeráveis hipóteses de atividade jurisdicional nas quais o juiz, em vez de condenar, emite uma ordem para que se faça ou se deixe de fazer alguma coisa, ordem essa que se origina da própria estabilidade da função jurisdicional e nada tem a ver com a ati-

---

14 SILVA, Ovídio A. Baptista da. *Sentença e coisa julgada*. 2. ed. Porto Alegre: Sergio A. Fabris Editor, 1988. p. 101.

15 GOLDSCHMIDT, James. *Derecho procesal civil*. Trad. Leonardo Prieto Castro. Barcelona: Labor, 1936. p. 113.

16 PONTES DE MIRANDA, Francisco Cavalcanti. *Comentários ao Código de Processo Civil*. Rio de Janeiro: Forense, 1974. p. 145.

17 PONTES DE MIRANDA, Francisco Cavalcanti. *Tratado...* cit., t. 2, p. 461.

TEORIA GERAL DO PROCESSO

vidade privada do demandado. Tal o resultado, por exemplo, de uma ação de mandado de segurança, ou de uma ação de manutenção de posse. Nestes casos, diversamente do que ocorreria nas hipóteses em que o demandado, condenado a fazer ou não fazer alguma coisa, não o fizesse e como consequência de sua omissão ficasse sujeito a indenizar perdas e danos – o resultado da insubmissão ao comando jurisdicional, o não cumprimento da ordem contida na sentença jamais conduzirá ao sucedâneo do ressarcimento por perdas e danos. Aqui a consequência será a responsabilidade criminal por desobediência, ou outra sanção de natureza publicística, tal como ocorre nos casos de não cumprimento da ordem judicial contida na sentença de mandado de segurança que pode determinar a responsabilidade penal da autoridade desobediente, ou a própria intervenção federal, com prevê a Constituição. As consequências fundamentalmente diversas previstas para os casos em que o condenado a fazer alguma coisa, como seria o caso de condenar-se o pintor a executar a pintura a que se obrigara, e as hipóteses em que o juiz determine que outra autoridade ou mesmo um particular faça ou deixe de fazer alguma coisa, em razão do império contido na jurisdição, tal como ocorre no exemplo da ordem contida na sentença de acolhimento do mandado de segurança, definem a diferença entre sentença condenatória e sentença mandamental e entre execução forçada e mandamento, como resultado da atividade jurisdicional.

O resultado tanto das ações executivas como das ações mandamentais é uma transformação da realidade. A distinção entre ambas, porém, é nítida: o ato executivo é originariamente ato privado que o juiz executa substituindo-se ao demandado; o que se ordena em virtude de uma sentença mandamental é ato essencialmente estatal que não poderia ser praticado originariamente pelos particulares, fora ou antes do surgimento do Estado"[18].

Anote-se, no entanto, que o crime de desobediência, previsto no art. 330 do Código Penal, supõe ato de particular ou de funcionário público fora do exercício de sua função: "Pratica o crime em apreço quem deso-

---

18 SILVA, Ovídio A. Baptista da. *Sentença...* cit., p. 103-104.

CAPÍTULO **XII** – SENTENÇA

bedece à ordem legal emanada de autoridade competente. Em regra, portanto, será o particular, mesmo porque está o ilícito incluído entre os crimes praticados por este contra a Administração em geral. A lei, porém, não faz distinção, e o funcionário público também pode ser sujeito ativo do crime de desobediência (*RT* 418/249). É necessário, porém, que não esteja no exercício da função. Não se configura o citado ilícito se tanto o autor da ordem como o agente se achavam no exercício da função quando da sua ocorrência (*RT* 395/315, 487/289; *RF* 276/249; *JTACrSP* 12)"[19].

Muitos dos processualistas apenas reconhecem a existência das sentenças declaratórias, condenatórias e constitutivas. É a classificação adotada, entre outros, por Gabriel José de Rezende Filho[20], Celso Agrícola Barbi[21], Moacyr Amaral Santos[22] e José Frederico Marques[23].

Restringido, todavia, o conceito de execução aos atos pelos quais o juiz entrega ao credor a prestação devida pelo devedor (como é usual na doutrina do processo civil), torna-se eliminável a categoria das sentenças mandamentais, porque há sentenças que se completam por atos que não se definem como executivos.

Há cumprimento de mandado, e não execução, nos seguintes casos, entre outros:

a) pelo oficial do Registro de Imóveis, ao atender a ordem de retificação de registro;

b) pelo oficial de justiça, ao tirar uma criança da mãe, para entregá-la ao pai. O ato não recai sobre o patrimônio da mãe. A criança não é objeto de uma prestação devida pela mãe;

---

19 MIRABETE, Júlio Fabbrini. *Manual de direito penal*: parte especial. 4. ed. São Paulo: Atlas, 1989. p. 343-344.

20 REZENDE FILHO, Gabriel José de. *Curso de direito processual civil*. São Paulo: Saraiva, 1965, v. 1. p. 174.

21 BARBI, Celso Agrícola. *A ação declaratória no processo civil brasileiro*. Belo Horizonte: B. Álvares, 1962. p. 15.

22 SANTOS, Moacyr Amaral. *Primeiras linhas...* cit., p. 35.

23 MARQUES, José Frederico. *Instituições de direito processual civil*. 2. ed. Rio de Janeiro: Forense, 1962, v. 3. p. 528.

Teoria Geral do Processo

c) pelo oficial de justiça, ao cumprir mandado de arresto ou sequestro. Tais atos não visam satisfazer o credor, mas apenas a acautelar direito seu;

d) pela autoridade administrativa, embora sendo parte, ao atender a ordem de reintegração de funcionário. Há, aí, cumprimento de dever e não sujeição a ato executivo.

Pontes de Miranda, mais claramente do que qualquer outro processualista, viu e proclamou que não há sentenças puras: "Não há nenhuma ação, nenhuma sentença, que seja pura. Nenhuma é somente declarativa. Nenhuma é somente constitutiva. Nenhuma somente mandamental. Nenhuma é somente executiva"[24].

Assim, por exemplo, a sentença condenatória é também declaratória de que o réu deve determinada prestação, cria o estado de subjeção do devedor ao poder de executar do credor e é mandamental, no que nela se contém de ordem dirigida ao órgão da execução.

Pondo-se em conta os conceitos supra-adotados, originários todos da doutrina processual civil, a sentença penal condenatória é mandamental e não condenatória; tampouco há execução penal, mas cumprimento de mandamento.

Em termos de teoria geral do processo, haveria que se redefinir execução como todo ato de exercício de poder, não consistente em declaração de vontade. Ainda assim, não se prescindiria da categoria das sentenças mandamentais. Ao determinar o registro de um documento, no Registro Público, o juiz pratica ato consistente em declaração de vontade e, portanto, não definível como executivo; por outro lado, o ato do oficial do Registro, que não tem natureza declarativa, não representa o exercício de poder seu; trata-se de cumprimento do mandamento contido na sentença.

9. EXECUÇÃO E MANDAMENTO CONFORME ARAKEN DE ASSIS

Embora com pontos comuns, há diferenças importantes entre os conceitos de execução e mandamento acima apresentados e as lições de Araken de Assis.

---

24 PONTES DE MIRANDA, Francisco Cavalcanti. *Comentários...* cit., p. 222.

CAPÍTULO **XII** – SENTENÇA

Araken de Assis recolheu, das lições de Pontes de Miranda e de Ovídio Baptista da Silva, a classificação quinária das sentenças por seus efeitos no plano do Direito material: declaratórias, constitutivas, condenatórias, mandamentais e executivas.

As sentenças declaratória e constitutiva são autossuficientes, no sentido de que não exigem qualquer ato ulterior. A sentença declaratória, por si só, produz certeza jurídica, e a sentença constitutiva, por si só, cria, modifica ou extingue relação jurídica.

Eficácia declaratória. "Mediante a força declaratória, objetiva o demandante extirpar incerteza."[25] Conhecem-se o efeito e a eficácia desde a perspectiva do autor da demanda: se o que ele *quer* (e pede) é somente certeza, então a eficácia é declaratória, por aplicação do princípio da demanda.

Eficácia constitutiva. Esta "(...) implica mudança (criação, modificação ou extinção) na relação jurídica"[26], sendo despicienda qualquer mudança fática.

Pelo contrário, as sentenças condenatórias, executivas e mandamentais exigem um ato ulterior.

Dá-se o nome de "cumprimento da sentença" a esse ato ulterior.

Execução tem sentido mais restrito, porque exclui o cumprimento espontâneo.

"É condenatória a sentença que, para entregar o bem da vida ao vencedor, necessita retirar bens (penhoráveis) do patrimônio do vencido para satisfazê-lo, hipótese em que opera o princípio da responsabilidade patrimonial e, inexistindo tais bens, o provimento (antecipado ou final) restará inexequível"[27] (Comentários).

"É executiva a sentença que recupera bem do vencedor no patrimônio do vencido, hipótese em que, por definição, tal bem existiu, embora possa ter sido destruído. Os limites práticos da execução, no último caso, são bem menores do que no primeiro. (A circunstância de a execu-

---

25 ASSIS, Araken de. *Manual da execução.* 10. ed. rev., atual. e ampl. São Paulo: Revista dos Tribunais, 2006. p. 76.

26 ASSIS, Araken de. *Manual da execução.* 10. ed. rev., atual. e ampl. São Paulo: Revista dos Tribunais, 2006. p. 77.

27 ASSIS, Araken de. *Manual da execução.* 10. ed. rev., atual. e ampl. São Paulo: Revista dos Tribunais, 2006. p. 76 e s.

ção se realizar no mesmo processo, assunto confiado à técnica processual, não transforma todas as sentenças em executivas)."[28]

Sentença mandamental: "O mandado, incrustado no núcleo de eficácias da sentença, irradia efeitos bem discerníveis no campo executivo: primeiro, a estatalidade imanente, tutelada através de medida coercitiva contra a pessoa do sujeito passivo; ademais, o ato executivo ocorre ulteriormente ao provimento, porém dentro da mesma estrutura ('processo')"[29]. Note-se que essa eficácia, de maneira semelhante à condenatória, está orientada à transformação material – prática – da realidade. Mas, diversamente, o destinatário dos mecanismos executivos é não patrimonial, mas pessoal e infungível, exigindo, para a efetividade da realização da tutela executiva, meios de alta densidade de estatalidade – *ordem* com *imperium* – e medidas coercitivas. É, pois, eficácia afeta à *transformação material estatal e pessoalmente orientada*.

Execução: operações práticas no mundo sensível, consistente na extração de valores da esfera jurídica de alguém, para satisfazer o direito litigioso.

É preciso executar quando a resolução do juiz, em si mesma, carece de aptidão para satisfazer o vitorioso, dependendo a realização cabal do direito litigioso de atos materiais posteriores e externos àquele comando.

▶ **APROFUNDANDO**

Destaque do capítulo
Acesse também pelo *link*: https://somos.in/TGP0624

Precedente relevante
Acesse também pelo *link*: https://somos.in/TGP0623

---

28   ASSIS, Araken de. *Manual da execução*. 10. ed. rev., atual. e ampl. São Paulo: Revista dos Tribunais, 2006. p. 76 e s.

29   ASSIS, Araken de. *Manual da execução*. 10. ed. rev., atual. e ampl. São Paulo: Revista dos Tribunais, 2006. p. 84.

CAPÍTULO XIII

Preclusão e Coisa Julgada

1. PRECLUSÃO

O conceito de preclusão, assim como o próprio emprego do vocábulo, é devido a Giuseppe Chiovenda[1], que, de forma direta, influenciou o tema. Antes se falava apenas em decadência para significar o que hoje, no processo, se prefere denominar "preclusão temporal".

"No sentido técnico ou substantivo, preclusão exprime a ideia de: a) extinção de um poder, para o juiz ou o tribunal; e b) perda de uma faculdade, para a parte."[2]

"A preclusão", diz Manoel Caetano Ferreira Filho, "é um dos institutos de que se pode servir o legislador para tornar o processo mais rápido, impondo ao procedimento uma rígida ordem entre as atividades que o compõem." Por visar à celeridade do processo, o instituto da preclusão "é totalmente descomprometido com a justiça ou injustiça da decisão: o que se pretende com a preclusão é apenas abreviar ao máximo possível a duração do processo, pouco importando que isto impli-

---

1   FERREIRA FILHO, Manoel Caetano. *A preclusão no direito processual civil.* Curitiba: Juruá, 1991. p. 19.

2   ARAGÃO, E. D. Moniz de. Preclusão. In: OLIVEIRA et al. *Saneamento do processo.* Estudos em homenagem ao Prof. Galeno Lacerda. Porto Alegre: Sergio A. Fabris Editor, 1989. p. 141-183.

TEORIA GERAL DO PROCESSO

que uma sentença injusta. Precisamente por isso é que a preclusão tem encontrado terríveis críticos, principalmente na doutrina italiana"[3].

"A preclusão surge no processo como resultado da ausência de ato (inércia durante o tempo útil destinado ao desempenho de certa atividade); ou como consequência de determinado fato, que, por ter sido praticado na ocasião oportuna, consumou a faculdade (para a parte) ou o poder (para o juiz) de praticá-lo uma segunda vez; ou ainda como decorrência de haver sido praticado (ou não) algum ato, incompatível com a prática de outro."[4]

Temos, assim, três espécies de preclusão:

a) Preclusão temporal (perda do direito de praticar um ato processual pelo decurso do prazo fixado para o seu exercício). Sob esse aspecto, a preclusão se identifica com a decadência, com a diferença, contudo, de que esta importa na extinção definitiva do direito, ao passo que a preclusão só diz respeito ao processo em que ocorreu. Renovada a ação, "renasce" o direito de praticar o ato. A regra é que, "decorrido o prazo, extingue-se o direito de praticar ou emendar o ato processual, independentemente de declaração judicial, ficando assegurado, porém, à parte provar que o não realizou por justa causa".

Sobre a distinção entre preclusão e decadência, transcreve-se a lição de Manoel Caetano Ferreira Filho:

"(...) é imperioso, antes de mais, que se aceite a identidade ontológica entre preclusão e decadência. Na essência trata-se de um único fenômeno: perda de um direito por não ter sido ele exercido dentro do prazo estabelecido.

Realmente, tanto a decadência quanto a preclusão temporal têm em comum o extintivo de direito.

Todavia, distinguem-se perfeitamente quanto ao objeto, a finalidade e aos efeitos.

Objeto da decadência são os direitos substanciais; da preclusão, os direitos (como também faculdades ou poderes) processuais. O mesmo

---

3   FERREIRA FILHO, Manoel Caetano. *A preclusão...* cit., p. 14-15.
4   ARAGÃO, E. D. Moniz de. Preclusão. In: OLIVEIRA et al. *Saneamento do processo...* cit.

fenômeno, decorrência do prazo, pode caracterizar a decadência ou a preclusão, segundo opere fora ou dentro do processo.

No que concerne à finalidade, vale o que se disse sobre prescrição e preclusão. A decadência, semelhante à prescrição, visa à paz e à harmonia social, ao que é indispensável a certeza das relações jurídicas. A preclusão, como já repetido, tem finalidade diversa: tornar o processo mais ordenado, impondo-lhe uma ordem lógica.

Os efeitos da decadência verificam-se fora do processo, impedindo que, para conhecimento do direito em relação ao qual se verificou, inicie-se um processo. A decadência extingue o próprio direito material – a pretensão – tornando, por assim dizer, consolidada a situação jurídica, anteriormente litigiosa.

A preclusão tem seus efeitos limitados ao processo em que ocorreu, não atingindo a pretensão do autor. Aliás, fala-se em decadência sempre em relação ao autor, enquanto a preclusão pode operar tanto para o autor quanto para o réu"[5].

b) Preclusão consumativa (decorrente de já haver sido praticado o ato). "Realizado o ato, não será possível pretender tornar praticá-lo, ou acrescentar-lhe elementos que ficaram de fora e nele deveriam ter sido incluídos, ou retirar os que, inseridos, não deveriam tê-lo sido"[6]. Por exemplo, art. 329, I, do CPC/2015, nos seguintes termos: "até a citação, aditar ou alterar o pedido ou a causa de pedir, independentemente de consentimento do réu" (no mesmo sentido, o art. 294 do CPC/1973). Conforme Manoel Caetano Ferreira Filho, a interposição do recurso contra uma parte da sentença implica aquiescência em relação à outra parte não impugnada e, portanto, a preclusão da faculdade de impugná-la[7].

c) Preclusão lógica (decorrente da prática de ato incompatível). "A parte que aceitar expressa ou tacitamente decisão não poderá recorrer. Considera-se aceitação tácita a prática, sem qualquer reserva, de ato in-

---

5   FERREIRA FILHO, Manoel Caetano. *A preclusão...* cit., p. 65-66.

6   ARAGÃO, E. D. Moniz de. Preclusão. In: OLIVEIRA et al. *Saneamento do processo...* cit.

7   FERREIRA FILHO, Manoel Caetano. *A preclusão...* cit., p. 35.

TEORIA GERAL DO PROCESSO

compatível com a vontade de recorrer." "Também configura-se esta espécie de preclusão se a parte, em ação de despejo por falta de pagamento, requer prazo para purgação da mora, ficando-lhe preclusa, por isso, a faculdade de contestar o pedido."[8]

Conforme Moniz de Aragão, a preclusão diz respeito não só aos direitos e às faculdades das partes, mas também aos poderes do juiz.

Sustenta, outrossim, que a expressão "coisa julgada formal" deve ser usada apenas com referência à sentença. Em suma, decisões interlocutórias ficam sujeitas à preclusão; a sentença produz coisa julgada formal (e, eventualmente, também coisa julgada material). Na mesma linha de pensamento, Ferreira Filho afirma: "As decisões que extinguem o processo, decidindo ou não o mérito da causa; fazem coisa julgada, material ou formal, segundo tenham ou não solucionado a lide, sendo, pois, errôneo falar-se de preclusão em relação a elas"[9].

Sente-se, então, a falta de uma expressão própria para designar os casos em que ocorre preclusão para a parte, sem que haja imutabilidade para o juiz, como no caso em que a parte deixa de recorrer de decisão indeferitória de perícia. Há preclusão para a parte, mas não imutabilidade para o juiz, que pode, de ofício, determinar a realização da perícia anteriormente indeferida, por vir a entender essencial essa prova para a apuração da verdade dos fatos.

Propomos que, nesses casos, se fale em preclusão parcial (preclusão para a parte), em oposição à preclusão plena (para as partes e para o juiz).

2. COISA JULGADA

2.1 Histórico

A ideia de coisa julgada remonta à antiga Roma. Refere Giuseppe Chiovenda que os romanos acabaram por observar o instituto, atribuin-

---

8   FERREIRA FILHO, Manoel Caetano. *A preclusão...* cit., p. 34.

9   FERREIRA FILHO, Manoel Caetano. *A preclusão...* cit., p. 27.

do-lhe certa importância em relação à condenação ou absolvição, e não no poder de convencimento da decisão. Havia somente coisa julgada material, que reconhecia um bem da vida a um dos demandantes[10].

A concepção de coisa julgada que os romanos empregavam está intimamente ligada à noção de segurança nas relações sociais, em que se dava um cunho prático ao instituto[11].

A construção teórica da coisa julgada passou por diversos estágios.

Ulpiano sustentou que a coisa julgada vale como verdade (*resiudicata pro veritate habetur*), tratando-a como uma presunção, pois, o que havia sido decidido pelo juiz equivaleria à verdade dos fatos e da vida.

Para os juristas da Idade Média, o fundamento da autoridade da coisa julgada estava na *presunção de verdade* contida na sentença, sendo base para essa compreensão a filosofia escolástica que via como finalidade do processo a busca da verdade[12].

Postura similar foi adotada por Robert Joseph Pothier[13], que entendia a coisa julgada a partir de uma presunção absoluta (*iuris et de iure*) em favor do conteúdo da sentença, sendo a postura que influenciou o Código Napoleônico, como se pode ver do art. 1.350, influenciando vários ordenamentos jurídicos.

Outra ideia foi a da *ficção da verdade*, de Friedrich Carl von Savigny[14], que atribuía à sentença uma verdade fictícia, fazendo com que a sentença viesse a possuir autoridade de coisa julgada, gerando-se, dessa forma, maior estabilidade e segurança nas relações jurídicas.

---

10 CHIOVENDA, Giuseppe. *Principi di diritto processuale civile*. Napoli: Casa Editrice E. Jovene, 1980. p. 907.

11 CHIOVENDA, Giuseppe. *Instituições de direito processual civil*: os conceitos fundamentais – a doutrina das ações. São Paulo: Saraiva, 1965, v. 1. p. 370.

12 PONTES DE MIRANDA, Francisco Cavalcanti. *Comentários ao Código de Processo Civil*. Rio de Janeiro: Forense, 1974, t. V. p. 140 e s.

13 POTHIER, Robert Joseph. *Traité dês obligations, selon les règles, tant du for de la conscience, que du for extérieur*. Paris: Letellier, 1813, t. II. p. 256-283.

14 COUTURE, Eduardo J. *Fundamentos do direito processual civil*. Trad. Benedicto Giaccobini. Campinas: RED Livros, 1999. p. 408. Para quem conhece a língua alemã, relevante conferir SAVIGNY, Friedrich Carl von Savigny. *System des heutigen römischen rechts*. Berlin: Veit & Comp, 1840, v. V.

Posteriormente, Max Pagenstecher[15] afirmou a *força legal, substancial, da sentença*[16], sendo entendimento desse autor que toda sentença, por mais que meramente declaratória, cria direito, sendo, por essa razão, constitutiva de direito[17].

A teoria da *eficácia da declaração* foi defendida por Konrad Hellwig[18], Binder, Stein e outros, fundamentando a autoridade da coisa julgada na eficácia da declaração de certeza contida na sentença[19]. A sentença conteria declaração de certeza, impondo-se às partes bem como ao juiz[20] que proferiu a sentença e aos demais juízes[21], não como criação do direito, mas como declaração que gera certeza do direito.

Ugo Rocco[22] construiu a teoria da *extinção da obrigação jurisdicional*, partindo da premissa de que a sentença e, pois, a coisa julgada, prendem-se, natural e necessariamente, aos conceitos de ação e jurisdição. A coisa julga-

---

15 Para quem conhece a língua alemã, vale conferir a doutrina da *res iudicata* de PAGENSTECHER, Max. *Zur Lehre von der materiellen Rechtskraft*. Berlin: Franz Vahlen, 1905. No Brasil, pode-se conferir PORTO, Sérgio Gilberto. *A coisa julgada civil*. 4. ed. rev., atual. e ampl., com notas do Projeto de Lei do Novo CPC. São Paulo: Revista dos Tribunais, 2011. p. 54.

16 Sobre essa teoria, muito relevante para sua época, pode-se conferir COUTURE, Eduardo J. *Fundamentos do direito processual civil*. Trad. Benedicto Giaccobini. Campinas: RED Livros, 1999. p. 409.

17 Sobre essa teoria, conferir SANTOS, Moacyr Amaral. *Primeiras linhas de direito processual civil*. São Paulo: Saraiva, 1989-1992. p. 47.

18 Sobre essa teoria, para quem leia alemão, coerente conferir HELLWIG, Konrad. *Wesen und subjektive begrenzung der rechtskraft*. Leipzig: A. Deichert, 1901. No Brasil, entre outros autores, a teoria pode ser conferida em PORTO, Sérgio Gilberto. *A coisa julgada civil*. 4. ed. rev., atual. e ampl., com notas do Projeto de Lei do Novo CPC. São Paulo: Revista dos Tribunais, 2011. p. 54.

19 COUTURE, Eduardo J. *Fundamentos do direito processual civil*. Trad. Benedicto Giaccobini. Campinas: RED Livros, 1999. p. 409.

20 Sobre a posição do Juiz diante da norma jurídica, conferir MENDEZ, Francisco Ramos. *Derecho y proceso*. Barcelona: Libreria Bosch, 1979. p. 193 e s.

21 NEVES, Celso. *Contribuição ao estudo da coisa julgada civil*. São Paulo: Revista dos Tribunais, 1970. p. 335-336.

22 ROCCO, Ugo. *Trattato di diritto processuale civile*. Torino: Utet, 1957, v. II. p. 306-308. Também conferir obra de Ugo Rocco totalmente dedicada ao tema ROCCO, Ugo. *L'autoritá della cosa giudicata e i suoi limiti soggettivi*. Roma: Athaeneum, 1917, t. I. p. 29-187. Também pode ser conferido o estudo de PORTO, Sérgio Gilberto. *A coisa julgada civil*. 4. ed. rev., atual. e ampl., com notas do Projeto de Lei do Novo CPC. São Paulo: Revista dos Tribunais, 2011. p. 54.

CAPÍTULO XIII – PRECLUSÃO E COISA JULGADA

da é, naturalmente, um fenômeno processual e precisa, por isso, ser estudada em conjunto com a ação, a jurisdição. A sentença é o ato do processo, utilizado pelo Estado, para declarar o direito aplicável à espécie prestando sua obrigação jurisdicional. Estando a obrigação jurisdicional satisfeita, extingue-se, por conseguinte, o direito de ação. Estando extintos o direito de ação e a obrigação jurisdicional, a relação de direito material não poderá mais ser rediscutida, produzindo, consequentemente, a coisa julgada.

O ponto-chave dessa teoria, observa Moacyr Amaral Santos[23], está no fundamento de que a coisa julgada resulta da extinção da obrigação jurisdicional, o que importa também na extinção do direito de ação.

Giuseppe Chiovenda[24] aponta como fundamento da coisa julgada a vontade do Estado, que dota de autoridade a decisão do magistrado, fazendo com que essa decisão não seja uma mera manifestação sem maiores poderes e obrigatoriedade. A sentença, por ser ato de vontade do Estado, tem força obrigatória, não constituindo mero posicionamento de um jurisconsulto. Ao tratar pela primeira vez da matéria em dezembro de 1905, em Napoli, asseverou que a coisa julgada consistia na indiscutibilidade da existência da vontade concreta da lei afirmada[25].

Para Chiovenda, a coisa julgada é caracterizada pela sentença que expressa ou é resultado de um ato de vontade do Estado[26]. O juiz, enquanto razoa, não representa o Estado, representa-o quando lhe afirma a vontade. Assim, a sentença é afirmação ou negação de uma vontade do Estado que garante a alguém um bem de vida no caso concreto, e só isto se pode entender como autoridade do julgado[27].

---

23   SANTOS, Moacyr Amaral dos. *Primeiras linhas de direito processual civil*. São Paulo: Saraiva, 1989-1992. p. 49.

24   CHIOVENDA, Giuseppe. *Instituições de direito processual civil*. 2. ed. São Paulo: Bookseller, 2002, v. 1. p. 7 e s..

25   CHIOVENDA, Giuseppe. *Principi di diritto processuale civile*. Napoli: Casa Editrice E. Jovene, 1980. p. 906.

26   CHIOVENDA, Giuseppe. *Instituições de direito processual civil*. 2. ed. São Paulo: Saraiva, 1969, v. 1. p. 369 e s..

27   CHIOVENDA, Giuseppe. *Instituições de direito processual civil*. 2. ed. São Paulo: Saraiva, 1969, v. 1. p. 372.

Divergindo, Francesco Carnelutti afirma que o comando da sentença pressupõe o existente na lei, não constituindo a coisa julgada uma lei paralela[28].

Enrico Tullio Liebman[29] distingue eficácia da sentença e autoridade da coisa julgada. A autoridade da *res iudicata* não é efeito da sentença, como então se ensinava, mas modo de manifestarem-se e produzirem-se os efeitos da sentença, algo que a esses efeitos se ajunta para qualificá-los e reforçá-los em sentido bem determinado[30]. A autoridade da coisa julgada "não é efeito da sentença, mas uma qualidade, um modo de ser e de manifestar-se dos seus efeitos, quaisquer que sejam, vários e diversos, consoante as diferentes categorias das sentenças"[31].

2.2 Definição de coisa julgada

Coisa julgada é a imutabilidade (e, consequentemente, a indiscutibilidade) do conteúdo de uma decisão de mérito. Não de seus efeitos. Podemos renunciar a um direito declarado por sentença, por exemplo. Assim agindo, afastamos os efeitos da sentença, sem, contudo, modificar o seu conteúdo.

Distinguem-se coisa julgada formal e coisa julgada material.

A sentença, não mais sujeita a recurso ordinário ou extraordinário, transita formalmente em julgado. A coisa julgada formal importa em imutabilidade restrita ao processo em que a sentença foi proferida. A sentença a que não se interpôs o recurso cabível transita formalmente

---

28 BOMFIM JÚNIOR, Carlos Henrique de Moraes et al. *O ciclo teórico da coisa julgada*: de Chiovenda a Fazzalari. Coord. Rosemiro Pereira Leal. Belo Horizonte: Del Rey, 2007. p. 260; CARNELUTTI, Francesco. *Sistema de direito processual civil*. São Paulo: Editora ClassicBook, 2000, v. I. p. 412-415.

29 LIEBMAN, Enrico Tullio. *Eficácia e autoridade da sentença*. 2. ed. Rio de Janeiro: Forense, 1981. p. 46-47.

30 LIEBMAN, Enrico Tullio. *Eficácia e autoridade da sentença*. Trad. Alfredo Buzaid e Benvindo Aires. Rio de Janeiro: Forense, 1945. p. 36.

31 LIEBMAN, Enrico Tullio. *Eficácia e autoridade da sentença*. Trad. Alfredo Buzaid e Benvindo Aires. Rio de Janeiro: Forense, 1945. p. 16.

CAPÍTULO **XIII** – P**RECLUSÃO** E C**OISA** J**ULGADA**

em julgado e não mais pode ser modificada, no mesmo processo, pela simples razão de que este se extinguiu.

Com efeito, parcela da doutrina assim tem compreendido o instituto da *res iudicata*. Todavia, pensamos que a coisa julgada formal não passa de efetiva preclusão, pois a verdadeira coisa julgada é a material, ou seja, substancial.

Ugo Rocco alerta que a distinção entre coisa julgada formal e material é relevante, para que não haja confusão. Assim, afirma o autor que *"la distinzione tra cosa giudicata formale e sostanziale non è perciò soltanto inutile ma anche dannosa, perché può, troppo spesso, generar confusione"*[32].

Crítica apurada é feita por Eduardo Arruda Alvim ao referir que: "É cediço que o processo se desenvolve por um sistema de preclusões. Àquilo que mais propriamente se poderia denominar de 'preclusão máxima', isto é, o esgotamento de todos os recursos cabíveis, denomina-se, com alguma impropriedade, de coisa julgada formal"[33].

Concordamos com a posição e crítica apontada pelo autor.

Ademais, coisa julgada material é algo mais. É imutabilidade do conteúdo da decisão no mesmo ou em outro processo. Imutabilidade que se impõe a quem quer que seja: autoridade judicial, administrativa ou mesmo legislativa.

A sentença produz preclusão, por alguns chamada de coisa julgada formal, desde o momento em que se torna irrecorrível. Contudo, nem toda sentença produz coisa julgada material. Para que se produza coisa julgada material, o conteúdo da decisão não pode ser desprezado ou modificado mesmo em outro processo, em outra ação (exceto a rescisória, que se destina precisamente a desconstituir coisa julgada material).

Não produzem coisa julgada material:

a) a decisão meramente processual;

---

32 ROCCO, Ugo. *L'autorità della cosa giudicata e i suoi limiti soggettivi*. Roma: Athaeneum, 1917, t. I. p. 7.

33 ALVIM, Eduardo Arruda. *Direito processual civil*. 5. ed. rev., atual. e ampl. São Paulo: Revista dos Tribunais, 2013. p. 687.

TEORIA GERAL DO PROCESSO

b) a decisão de carência de ação;

c) a decisão proferida em tutela provisória (art. 304, § 6º, do CPC/2015);

d) a execução.

Assim:

a) Extinto o processo por falta de capacidade processual do autor, a ação pode ser renovada, quer obtenha o autor o suprimento de sua capacidade, quer teimosamente insista em propor de novo a mesma ação, nas mesmas condições da anterior.

b) Extinto o processo por falta de legitimação ativa do autor, a ação pode ser renovada, podendo o mesmo ou outro juiz afirmar então a legitimidade antes negada.

c) Na execução, como tal, não há julgamento e, portanto, dela não decorre coisa julgada. Há que se considerar, porém, a tese da preclusão *pro judicato*, de que se falará adiante. Por outro lado, a sentença que extingue a execução, declarando satisfeita a obrigação, a remissão total da dívida ou a renitência do credor, produz, sim, coisa julgada material.

A jurisdição voluntária não é declaratória de direitos, motivo por que se haveria de excluir a produção de coisa julgada. Todavia, o novo Código, ao estabelecer o cabimento de ação rescisória de sentença proferida em procedimento de jurisdição voluntária, implicitamente atribui-lhe a imutabilidade característica da coisa julgada.

De acordo com a teoria processualista, adotada por Celso Neves, a coisa julgada limita-se a eliminar a incerteza jurídica decorrente da controvérsia dos litigantes, sem alteração do direito material: "O que a sentença elimina é, precisamente, a incerteza quanto às consequências decorrentes da composição do conflito de interesses – já pré-composto pelo direito objetivo que também não altera a relação jurídica, em si mesma. A visão incoincidente das partes quanto às consequências próprias da composição do conflito é que gera a incerteza que a sentença elimina. Se a solução é também incoincidente com a composição – caso em que se qualifica de injusta a sentença –, isso não altera a relação jurídica que permanece a mesma, pois a sentença, embora

CAPÍTULO XIII – PRECLUSÃO E COISA JULGADA

errônea, elimina para o futuro, tão somente, a controvérsia e a incerteza que dela decorre"[34].

Segundo a teoria substancialista, adotada por Adroaldo Furtado Fabrício, a sentença, que julga total ou parcialmente a lide, não tem apenas força de lei. Ela "toma o lugar da lei, substituindo-a no que diz com a particular relação considerada. Lei do caso concreto, prevalecerá a sentença sobre a norma abstrata, se discordantes. Isso, é bem de ver, já não diz respeito à sentença e ao processo, mas à relação de Direito material que fora *res iudicanda*, e que já não se governa pela regra genérica emanada dos órgãos legiferantes, mas pela *lex speciallis*, concreta como o próprio caso, que a jurisdição produziu. (...) como consequência do trânsito em julgado (e, pois, como seu efeito), produz-se um fenômeno fora do processo e do Direito Processual, a saber: a relação de Direito Material entre as partes subtrai-se à regência da norma genérica (se é que existia alguma) e submete-se com exclusividade à força do comando específico contido na sentença. Esse fenômeno, mais visível quando a sentença é constitutiva, em verdade ocorre sempre (até mesmo por ser toda sentença em alguma medida constitutiva)"[35].

A teoria substancialista explica melhor o fenômeno da coisa julgada, em especial nas hipóteses de sentença injusta (desconforme com o direito preexistente) e de preenchimento de lacunas da lei.

A coisa julgada impede a renovação da mesma ação (mesmas partes, mesmo pedido, mesma causa de pedir). Mas não só. Também impede ação contrária, de modo que, julgada procedente ação de cobrança, não pode o réu propor ação declaratória da inexistência do débito, tampouco, apto ao pagamento, propor ação de repetição do indébito.

"A coisa julgada material é mais do que a sua face negativa (vedação judicial da mesma lide); é também, e até principalmente, o dado positivo da introdução de um componente novo na relação jurídico-material sobre a qual recaiu sua autoridade."[36]

---

34 NEVES, Celso. *Coisa julgada civil*. São Paulo: Revista dos Tribunais, 1971. p. 441.

35 FABRÍCIO, Adroaldo Furtado. A coisa julgada nas ações de alimentos. *Ajuris*, Porto Alegre, v. 52, p. 5-33.

36 FABRÍCIO, Adroaldo Furtado. A coisa julgada... *Ajuris*, Porto Alegre, v. 52, p. 5-33.

Ademais, nesse estágio, é preciso que se distinga eficácia da sentença e autoridade de coisa julgada.

Ensina José Carlos Barbosa Moreira que a eficácia da sentença diz respeito aos efeitos da sentença que a lei pode determinar que se produzam desde o momento em que é prolatada, ou desde momento anterior, ou posterior. A autoridade de coisa julgada diz respeito ao conteúdo da sentença. Consiste na imutabilidade da norma jurídica concreta nela contida. A eficácia da sentença e a sua imutabilidade suscitam duas ordens de questões inconfundíveis e, em linha de princípio, autônomas: podem deixar de manifestar-se ou ver-se tolhidos ou alterados os efeitos de um ato jurídico, não obstante permaneça este, em si, intacto, assim como podem subsistir, no todo ou em parte, os efeitos de um ato jurídico que se modifica ou se desfaz. A subsistência de fato e a subsistência dos efeitos são coisas distintas, sem obrigatória implicação recíproca. Os efeitos da sentença, mesmo passada em julgado, não se destinam a perdurar indefinidamente. O efeito executivo da sentença condenatória exaure-se com a execução. A situação jurídica decorrente de sentença constitutiva é suscetível de modificação, por fato posterior. Imutável, porém, é o conteúdo da sentença passada em julgado, mesmo em se tratando de relação jurídica continuativa. O condenado à prestação alimentar não pode pleitear a declaração judicial de que, já ao tempo da primeira sentença, nada devia a esse título. A imutabilidade reveste todo o conteúdo decisório, e não apenas o elemento declaratório. Se a sentença, por exemplo, é constitutiva, não se poderá contestar que a modificação se operou, muito embora possa cessar ou alterar-se a situação constituída pela sentença. A coisa julgada é uma situação jurídica: precisamente a situação que se forma no momento em que a sentença se converte de instável em estável[37].

A respeito do alcance da coisa julgada, esclarecedor é o debate travado entre dois mestres eminentes, José Carlos Barbosa Moreira e Ovídio A. Baptista da Silva[38].

---

37 BARBOSA MOREIRA, José Carlos. Eficácia da sentença e autoridade de coisa julgada. *Ajuris*, v. 28, p. 15-31.

38 BARBOSA MOREIRA, José Carlos. Coisa julgada e declaração. *Temas de direito processual... cit.*, p. 81 e s.; SILVA, Ovídio A. Baptista da. Eficácia da sentença e coisa julgada. *Sen-*

CAPÍTULO XIII – PRECLUSÃO E COISA JULGADA

À medida que para Barbosa Moreira a coisa julgada envolve todo o conteúdo da sentença, como anteriormente referido, para Ovídio apenas o efeito declaratório é envolvido pela coisa julgada.

Ao passo que para Barbosa Moreira a modificação (no caso das sentenças constitutivas) integra o conteúdo da sentença, para Ovídio a modificação é efeito da sentença constitutiva.

A controvérsia obrigou Barbosa Moreira a marcar com precisão a diferença entre conteúdo e efeitos da sentença. Explicou:

"Todo ato jurídico tem um conteúdo, onde se podem discernir notas essenciais, pelas quais ele se distingue dos outros atos jurídicos, e por isso mesmo fornecem elementos para sua definição. Assim, por exemplo, o conteúdo do contrato de compra e venda consiste em dupla manifestação de vontade: do vendedor, no sentido de transferir o domínio de certa coisa, e do comprador, no de pagar-lhe certo preço em dinheiro. O conteúdo é algo que não pode faltar ao ato, sob pena de comprometer-lhe a existência. Se não houver as duas manifestações de vontade, a do vendedor e a do comprador, simplesmente não haverá compra e venda.

Por outro lado, todo ato jurídico é, em tese, suscetível de produzir efeitos no mundo do direito – característica pela qual, justamente, se distinguem os atos jurídicos dos que não o são. Os efeitos podem ser considerados em potência (como passíveis de produzir-se) ou em ato (como realmente produzidos).

Considerados em potência, os efeitos são essenciais à configuração do ato jurídico; noutras palavras, a aptidão para produzir os efeitos típicos não pode deixar de existir naquele, sem desnaturá-lo. Considerados em ato, podem os efeitos faltar, no todo ou em parte, definitiva ou temporariamente, sem tal consequência: uma compra e venda nula, por exemplo, não vincula comprador, nem devedor, sem que por isso deixe de enquadrar-se com absoluta exatidão no conceito de compra e venda.

---

tença... cit., p. 93 e s.; BARBOSA MOREIRA, José Carlos. Eficácia da sentença... *Ajuris*, Porto Alegre, v. 28, p. 15-31, jul. 1983; SILVA, Ovídio A. Baptista da. Conteúdo da sentença. *Sentença...* cit., p. 1.991 e s.; BARBOSA MOREIRA, José Carlos. Conteúdo e efeitos da sentença. Variações sobre o tema. *Ajuris*, Porto Alegre, v. 35, p. 204-212, nov. 1985.

É natural que se estabeleça relação íntima entre o conteúdo e os efeitos de um ato jurídico. O ordenamento atribui a cada ato jurídico, em princípio, efeitos correspondentes ao respectivo conteúdo, sem embargo da possibilidade de que, eventualmente, se atribuam efeitos iguais a atos de diferentes conteúdos, ou vice-versa. (...)

De modo algum significa isso que o efeito produzido pelo ato se identifique ou se confunda com o respectivo conteúdo, ou faça parte desse conteúdo. O efeito é algo que está necessariamente, por definição, fora daquilo que o produz, quer se trate de fato natural, quer de ato jurídico. Padece de contradição a ideia de um efeito 'incluso' no ato jurídico. O que nele está incluso são os elementos de seu conteúdo. Pode-se legitimamente indagar a que elemento do conteúdo de um ato corresponde o efeito x, que a esse ato se atribui; ou, inversamente, qual dos seus vários efeitos corresponde ao elemento y, que lhe integra o conteúdo. Não se pode, todavia, fazer tábua rasa da distinção entre as duas realidades, para localizar no conteúdo do ato os efeitos, ou qualquer dos efeitos, a este atribuído.

Os juristas tecnicamente mais escrupulosos sublinham a diferença. Alude-se à exigência de distinguir nitidamente entre o conteúdo do negócio e o tratamento jurídico – os chamados efeitos jurídicos – dele; e a advertência vale, a bem dizer, dentro e fora do estrito campo negocial. Aquilo que integra o ato não resulta dele; aquilo que dele resulta não o integra.

Nalguns casos é tão óbvia a distinção que se torna quase ridículo dar ênfase ao ponto. Há consenso, por assim dizer, universal, *v.g.*, em atribuir à sentença condenatória o essencial efeito de ensejar a execução. Ninguém situa esse efeito, contudo, no interior da própria sentença. Supõe-se, isso sim, que ele corresponda a algo do conteúdo da sentença condenatória, a algo que existe nela e não existe nas outras sentenças, desprovidas daquele efeito. Muito se tem discutido sobre tal *quid* específico, e não é este o lugar próprio para recapitular, nem para retomar o debate; mas parece evidente que, seja como for, o elemento característico da sentença condenatória (reações: do seu conteúdo) não se identifica com o efeito executivo que ela irradia.

CAPÍTULO XIII – PRECLUSÃO E COISA JULGADA

Nem sempre se manifesta o fenômeno, porém, com tanta nitidez. Para enevoá-lo concorre certa equivocidade da própria linguagem doutrinária. Em se tratando, por exemplo, da declaração, se é transparente o sentido da expressão como 'conteúdo declaratório' ou 'elemento declaratório' da sentença, pode ao contrário suscitar perplexidade a referência ao 'efeito declaratório' desta. (...) Deveria ser cristalino que o efeito não se confunde com a declaração mesma. (...)

A questão reveste maior sutileza no que tange à sentença constitutiva, e afigura-se oportuno reservar um tópico especial para expor esse ângulo. É pacífica a noção de que o traço característico das sentenças da classe reside na modificação jurídica que por meio delas se opera. Sucede que a palavra 'modificação' é, em certa medida, equívoca: pode indicar o ato pelo qual se modifica alguma coisa, ou o estado consequente a esse ato. Cumpre ter em vista, no estado da sentença constitutiva, a dualidade de significações.

A nosso ver, a modificação enquanto ato situa-se no conteúdo da sentença. Semelhante conteúdo é duplo: desdobra-se no reconhecimento do direito à modificação e na atuação desse mesmo direito. O segundo elemento é o que ressalta no teor da decisão, em que o órgão judicial diz: 'Anulo o contrato', 'decreto o divórcio', 'homologo a sentença estrangeira', 'exonero o autor do dever de alimentar a ré' e assim por diante. As formas verbais 'anulo', 'decreto', 'homologo', 'exonero' etc. expressam a modificação enquanto ato.

Já a modificação enquanto efeito é evidentemente exterior à sentença. Consiste ela na situação nova, consequente ao ato modificativo. As partes achavam-se ligadas por vínculos resultantes do contrato; anulado este, cessam os direitos e obrigações contratuais. (...)

Parece escusado insistir em que o efeito (situação nova) não pode estar incluído no conteúdo da sentença. Trata-se de algo que a ela se segue, que dela resulta, e que, portanto, necessariamente, fora dela se situa. O que a sentença contém é o ato de modificar a situação anterior"[39].

Precisamente essa distinção entre conteúdo e efeitos da sentença é que Ovídio custa a aceitar. Diz:

---

[39] BARBOSA MOREIRA, José Carlos. Conteúdo... *Ajuris*, Porto Alegre, v. 35, p. 204-208, nov. 1985.

"Na sentença declaratória não existe 'conteúdo' de declaração que lhe seja interna, e 'efeito' declaratório estranho ao 'conteúdo' da sentença. O que se quer com a pretensão declaratória é precisamente que o juiz declare a existência ou a inexistência da relação jurídica e o verbo declarar é conteúdo e efeito da sentença"[40].

Em *Coisa julgada e declaração*, Barbosa Moreira, para mostrar que a autoridade de coisa julgada envolve todo o conteúdo da sentença, e não apenas seu elemento declaratório, lança mão do seguinte exemplo, que considera frisante: "Por sentença trânsita em julgado, mediante ação proposta por A contra B, anulou-se contrato entre ambos celebrado. Noutro processo, B exige de A o cumprimento da obrigação contratual e argumenta: 'Não discuto que A tivesse direito à anulação do contrato; ora, só isso é que ficou coberto pela autoridade da coisa julgada. A anulação mesma, em si, essa não goza de igual proteção; logo, posso contestá-la, para afirmar subsistente o contrato, e por conseguinte demandar-lhe o cumprimento, sem ofender a *res iudicata*'. Andaria bem o juiz que acolhesse semelhante argumentação?"[41].

Ouçamos a resposta de Ovídio:

"O argumento (...) não nos convence. (...)

Em última análise, a segunda demanda, em que o primitivo demandado, que tivera o contrato contra si anulado, postular o cumprimento da obrigação contratual, não será, como à primeira vista poderia parecer, apenas condenatória, mas visivelmente constitutiva de sinal contrário, a provocar, contra a primeira declaração trânsita em julgado. Agora uma segunda em que o Juiz haveria de condenar o vencedor ao 'cumprimento da obrigação', depois de refazer o contrato, declarando, sem dúvida, o direito do vencido ao restabelecimento da relação contratual, pois seria impensável a simples condenação ao cumprimento de uma obrigação contratual sem antes restaurar-se o contrato anulado. E com base em que fundamentos o faria? Certamente decidindo novamente,

---

40 SILVA, Ovídio A. Baptista da. *Sentença...* cit., p. 210.

41 BARBOSA MOREIRA, José Carlos. *Temas de direito processual*. Primeira série... cit., p. 83.

CAPÍTULO **XIII** – PRECLUSÃO E COISA JULGADA

agora em sentido inverso, o direito à anulação do contrato que, agora, haveria de ser repelido pela segunda sentença"[42].

O artificialismo da explicação de Ovídio parece evidente. Quem quer que, ignorando a primeira ação, lesse a petição inicial da segunda chegaria à conclusão de se encontrar perante demanda condenatória (pedido de condenação do réu a cumprir obrigação). Todavia, depois de ler a defesa do réu, noticiando a desistência da primeira ação, já julgada, dever-se-ia concluir, conforme Ovídio, que a demanda não seria apenas condenatória, mas que haveria um pedido (implícito!) de restabelecimento do contrato. Ora, as ações se classificam de conformidade com o pedido formulado pelo autor e não tendo em conta a defesa posta pelo réu. Portanto, a segunda demanda não será apenas aparentemente condenatória.

Sê-lo-á realmente, ainda que o autor sucumba, precisamente por comprovar o réu o trânsito em julgado da sentença desconstitutiva do contrato.

3. LIMITES SUBJETIVOS DA COISA JULGADA

Os limites subjetivos da coisa julgada comportam controvertidas posições doutrinárias das mais diversas, discutindo, inclusive, qual a sua extensão e o que nesta se torna indiscutível ou imutável. Sérgio Gilberto Porto[43] refere que "(...) uma das questões que mais vêm preocupando a doutrina, relativamente ao instituto da coisa julgada, diz com sua extensão ou, mais precisamente, com seus limites, sejam objetivos ou subjetivos".

Trata-se de apontar os que ficam sujeitos não só aos efeitos da sentença, mas também à autoridade da coisa julgada.

Observe-se que a sentença pode atingir terceiros (eficácia da sentença), mas sem a autoridade de coisa julgada (efeitos subjetivos reflexos).

---

42 SILVA, Ovídio A. Baptista da. *Sentença...* cit., p. 213-214.

43 PORTO, Sérgio Gilberto. *Comentários ao Código de Processo Civil*. Do processo de conhecimento, arts. 444 a 495. Coleção coordenada por Ovídio A. Baptista da Silva. São Paulo: Revista dos Tribunais, 2000, v. 6. p. 170.

Enrico Tullio Liebman[44] observou que a sentença pode produzir efeitos sobre terceiros, mas sendo estes secundários, ou indiretos, os chamados *efeitos reflexos* da sentença[45] (*eficácia reflexa*). A eficácia da sentença pode atingir a terceiros, com maior ou menor intensidade. A autoridade da coisa julgada é restrita às partes, a seus sucessores e ao substituído processual. *Aliter* nas ações coletivas, em que pode haver coisa julgada *ultra partes* e *erga omnes*[46].

4. LIMITES OBJETIVOS DA COISA JULGADA

Os limites objetivos da coisa julgada dizem respeito às questões que, no mesmo ou em outro processo, devem ser consideradas como definitivamente resolvidas pela sentença, não podendo mais ser objeto de controvérsia.

O estudo dos limites objetivos da coisa julgada presta-se para estabelecer o que da sentença se reveste da qualidade de imutabilidade[47], ou, por outras palavras, destina-se a separar das múltiplas questões decididas pela sentença aquelas que restam protegidas pelo manto da coisa julgada[48].

Na vigência do Código de Processo Civil de 1973, a coisa julgada era restrita ao dispositivo, isto é, à resposta do juiz ao pedido feito pelo autor.

O Código vigente estendeu a coisa julgada à questão prejudicial, suposto que a decisão de mérito seja delas dependente, observados os requisitos da competência do juiz para conhecer da matéria como questão

---

44 LIEBMAN, Enrico Tullio. *Eficácia e autoridade da sentença e outros escritos sobre a coisa julgada*. 3. ed. Rio de Janeiro: Forense, 1984. p. 81.

45 LIEBMAN, Enrico Tullio. *Eficácia e autoridade da sentença e outros escritos sobre a coisa julgada*. 3. ed. Rio de Janeiro: Forense, 1984. p. 84.

46 TESHEINER, José Maria Rosa. *Elementos para uma teoria geral do processo*. São Paulo: Saraiva, 1993. p. 187.

47 CHIOVENDA, Giuseppe. *Principi di diritto processuale civile*. Napoli: E. Jovene, 1980. p. 918.

48 LIMA, Paulo Roberto de Oliveira. *Contribuição à teoria da coisa julgada*. São Paulo: Revista dos Tribunais, 1997. p. 30.

CAPÍTULO **XIII** – PRECLUSÃO E COISA JULGADA

principal e do contraditório efetivo (não se aplicando no caso de revelia e no de restrições probatórias ou cognitivas impedientes de seu exame em profundidade), devendo, pois, ter havido controvérsia efetiva e decisão do juiz a respeito.

A extensão da coisa julgada às questões prejudiciais decorre da lei, independentemente de requerimento da parte.

5. LIMITES TEMPORAIS DA COISA JULGADA

Othmar Jauernig, professor da Universidade de Heidelberg (Ruprecht-Karls-Universität Heidelberg) na Alemanha, foi um dos primeiros autores a trabalhar sobre a temática, assim como Remo Caponi[49], professor da Universidade de Florença (Università degli Studi di Firenze) na Itália[50]. No Brasil, podem-se citar Egas Dirceu Moniz de Aragão[51] e Sérgio Gilberto Porto[52].

A relação jurídica, observa Sérgio Porto[53], somente é normada nos limites da situação substancial posta à apreciação, vez que pode, com o transcurso do tempo, sofrer alterações fáticas. Por isso[54], é possível afirmar que a autoridade da coisa julgada tem sua capacidade eficacial, também limitada pelo tempo da decisão e dos fatos que foram apreciados. Assim, a decisão tem limitação determinada pelo tempo dos fatos, que foram considerados ou que deveriam ter sido considerados pela decisão, portanto, preexistentes a esta, não abrangendo questões e fatos posteriores à sentença.

---

49 CAPONI, Remo. *L'efficacia del giuducato civile nel tempo*. Milano: Giuffrè, 1991.

50 PORTO, Sérgio Gilberto. *Coisa julgada civil*. 4. ed. rev., atual. e ampl., com notas do Projeto de Lei do Novo CPC. São Paulo: Revista dos Tribunais, 2011. p. 86-90.

51 ARAGÃO, Egas Dirceu. *Sentença e coisa julgada*. Rio de Janeiro: Aide, 1992. p. 199 e s.

52 PORTO, Sérgio Gilberto. *Coisa julgada civil*. 4. ed. rev., atual. e ampl., com notas do Projeto de Lei do Novo CPC. São Paulo: Revista dos Tribunais, 2011. p. 85.

53 PORTO, Sérgio Gilberto. *Coisa julgada civil*. 4. ed. rev., atual. e ampl., com notas do Projeto de Lei do Novo CPC. São Paulo: Revista dos Tribunais, 2011. p. 88.

54 PORTO, Sérgio Gilberto. *Coisa julgada civil*. 4. ed. rev., atual. e ampl., com notas do Projeto de Lei do Novo CPC. São Paulo: Revista dos Tribunais, 2011. p. 89.

TEORIA GERAL DO PROCESSO

Em última análise, os chamados limites temporais do caso julgado reconduzem-se aos limites objetivos decorrentes da causa de pedir.

No caso de relações jurídicas continuativas, admite-se a revisão da sentença, havendo modificação no estado de fato ou de direito.

Como observa Jorge Neiva Fenoll, a coisa julgada não é eterna[55].

6. EFICÁCIA PRECLUSIVA DA COISA JULGADA MATERIAL

Transitada em julgado a decisão de mérito, consideram-se deduzidas e repelidas todas as alegações e defesas que a parte poderia opor assim ao acolhimento como à rejeição do pedido. Tem-se, aí, o que se denomina "eficácia preclusiva da coisa julgada material", "coisa julgada implícita" ou "julgamento implícito".

Se o réu se defendeu alegando prescrição apenas, não pode, depois, encontrando recibo passado pelo autor, propor ação de repetição de indébito fundada em que pagou duas vezes. Tem-se por rejeitada a alegação de pagamento, juntamente com a de prescrição. Mais difícil é determinar-se que alegações poderiam ter sido feitas pelo autor e que se têm como implicitamente rejeitadas. É preciso que se trate de alegações relativas à mesma *causa petendi*, porque a regra fundamental é a de que, rejeitada uma ação, pode o autor propor outra, com diversa causa de pedir.

José Carlos Barbosa Moreira, ainda sobre a égide do CC/1916 e do CPC/1973, apresenta o seguinte exemplo de rejeição implícita de alegação do autor: "Em ação proposta por X contra Y, para revogar doação por ingratidão, com fundamento em que o donatário, não obstante pudesse ministrá-los, recusou ao doador os alimentos de que este necessitava (Código Civil, art. 1.183, IV), é obviamente capaz de influir no resultado do processo a alegação de que Y recebera vultosa herança: caso provada, tal alegação forneceria um dos pressupostos da procedência do

---

55 NEIVA FENOLL, Jordi. *La cosa juzgada*: el fin de un mito. Problemas actuales del proceso iberoamericano. Málaga: Centro de Ediciones de la Diputación Provincial, 2006. p. 246 e s.

■ 380

CAPÍTULO XIII – PRECLUSÃO E COISA JULGADA

pedido, a saber, a possibilidade de Y alimentar X. Se, porém, se rejeitou o pedido, e a sentença transitou em julgado, a questão perde toda a relevância, quer haja X deduzido, quer não haja deduzido o fato. Nesta última hipótese, não aproveitará a X, em novo processo eventualmente instaurado com o mesmo objeto, argumentar que no feito anterior não se levara em conta a herança deixada a Y e, se se houvesse levado em conta, seria outra a conclusão do Juiz: do ponto de vista prático, não há diferença entre essa situação e a que ocorreria caso X tivesse alegado, no primeiro processo, o recebimento da herança por Y, e o órgão judicial tivesse desprezado a alegação, *v.g.*, por não a julgar provada".

"Quase desnecessário advertir", anota o mesmo autor, "que a situação será de todo em tudo diferente se no segundo processo se vier a alegar outro fato que configure diversa *causa petendi*: assim, por exemplo, se X pedir de novo a revogação da doação com base em atentado contra a sua vida, ou ofensa física, ou injúria grave, ou calúnia, por parte de Y (Código Civil, art. 1.133, I, II e III). A *res judicata* formada sobre a primeira sentença de improcedência não constitui óbice à apreciação de tal pedido, e portanto não há que cogitar de eficácia preclusiva em relação a quaisquer *quaestiones facti* agora suscitadas."[56]

Com base em Chiovenda[57], pode-se acrescentar este outro exemplo de rejeição de alegação do autor, embora não deduzida: passageiro de ônibus, lesionado em acidente de trânsito, aciona a companhia transportadora, afirmando culpa de seu preposto, donde o seu dever de indenizar. Julgada improcedente a ação, não poderá o autor renovar a ação, aduzindo que antes argumentara com base na culpa e agora pretende fazê-lo com a responsabilidade objetiva, decorrente do contrato de transporte.

Outro exemplo semelhante ao anterior. Afirmando que deixou de participar de grupo consorciado para a aquisição de bens, por culpa da empresa responsável pelo consórcio, o autor a aciona, pedindo a devolu-

---

56   BARBOSA MOREIRA, José Carlos. *Temas de direito processual*. Primeira série... cit., p. 103-104.

57   CHIOVENDA, Giuseppe. *Instituições...* cit., v. 1, p. 111 e s.

ção das quantias pagas. Embora não provada a culpa da ré, pode o juiz julgar procedente a demanda, porque devida a devolução, pelo só fato de haver o autor abandonado o grupo, independentemente de culpa da ré. Em contrapartida, julgada improcedente a ação, não poderá o autor, em ação posterior, alegar que antes fundara seu pedido na culpa e, agora, no só fato do abandono.

A revisão da sentença, em decorrência de modificação no estado de fato ou de direito em relação jurídica continuativa, não implica alteração do conteúdo da sentença revista.

7. COISA JULGADA NAS RELAÇÕES JURÍDICAS CONTINUATIVAS

A possibilidade de revisão do estatuído na sentença, ocorrendo modificação no estado de fato ou de direito, não afasta a coisa julgada.

Na verdade, as sentenças relativas a relações jurídicas continuativas produzem coisa julgada material como qualquer outra. É evidente que fatos novos, supervenientes, não são alcançados pelo julgamento anterior. Assim, a improcedência de ação reivindicatória, por exemplo, não impede que o autor mova outra igualmente reivindicatória, contra o mesmo réu, se houver posteriormente adquirido a propriedade.

Como bem observa Adroaldo Furtado Fabrício, "o processo e a sentença apanham sempre, como se fotografassem, imobilizando, determinado momento da relação jurídica (momento que pode ser o da propositura da demanda, o do litisconsórcio, o do saneamento, o da própria sentença ou outro, segundo variáveis que não cabem analisar aqui e de todo modo estarão cristalizadas em disposição legislativa). Tudo o que venha a ocorrer depois desse momento – visto que do Juiz não se pode esperar poderes divinatórios – está fora do alcance da sentença e da coisa julgada, por tratar-se de dados a cujo respeito, por hipótese, não se exerceu *cognitio* e ainda menos *iudicium*.

(...) não há necessidade alguma de se buscarem fórmulas dificultosas ou exceções aberrantes dos princípios gerais atinentes ao caso julgado para explicar-se a chamada ação de revisão. Rigorosamente, todas as sentenças contêm implícita a cláusula *rebus sic stantibus*, pelos critérios que vêm de ser expostos quanto à superveniência de fatos

CAPÍTULO XIII – PRECLUSÃO E COISA JULGADA

novos e até mesmo por simples aplicação dos critérios de identificação das demandas.

Com efeito, todo o falso problema resulta de não levar-se em conta que a impropriamente dita ação de modificação (para redução, majoração, exoneração ou mesmo inversão) é outra demanda, fundada em *causa petendi* diversa da que estivera presente no processo anteriormente julgado.

A ação de modificação claramente põe sob exame judicial, por hipótese, outra lide e propõe questões diversas das examinadas no processo anterior, a saber, as pertinentes às alterações intercorrentemente verificadas na situação de fato"[58].

8. EXECUÇÃO E PRECLUSÃO *PRO JUDICATO*

Na execução como tal não há julgamento e, portanto, dela não decorre coisa julgada material, podendo esta exsurgir apenas em decorrência de embargos à execução, que constituem processo de conhecimento.

A execução é sucedâneo do adimplemento e, não sendo embargada, é admissível posterior pedido de repetição de indébito.

Há, todavia, quem sustente que a execução produz uma denominada preclusão *pro judicato*, de modo que só por meio de tempestivos embargos poderia o devedor fazer alegações.

A expressão "preclusão *pro judicato*" foi cunhada por Redenti, para abranger os casos em que há efeitos análogos ao da coisa julgada, sem que exista julgamento. Trata-se de expressão algo teratológica, na medida em que se afirma que os efeitos da preclusão se limitam ao processo em que ocorreu. Tem-se, então, que a "preclusão *pro judicato*" não constitui espécie de preclusão[59]. Essa ressalva terminológica não impede que se admita a possibilidade de existir o fenômeno que se quer significar com a expressão criticada.

---

58 FABRÍCIO, Adroaldo Furtado. A coisa julgada. *Ajuris*, Porto Alegre, v. 52, p. 5-33, jul. 1991.

59 Sobre o assunto, pode-se consultar a obra de FERREIRA FILHO, Manoel Caetano. *A preclusão...* cit., p. 36 e s.

No caso específico da execução embargada, temos que não ocorre a denominada "preclusão *pro judicato*". Humberto Theodoro Júnior bem observa que "Não é admissível, com base no simples silêncio da Lei, e sem um argumento sólido de direito, afirmar que o mero fato do encerramento da execução, sem que o devedor tenha oposto embargos, seja causador de efeitos jurídicos análogos aos que provêm da sentença de mérito transitada em julgado, com efetivo acertamento positivo do direito do credor"[60].

Não se revogará, no entanto, a arrematação de bem penhorado, feita por terceiro, ainda que injusta a execução não embargada[61].

▶ **APROFUNDANDO**

Destaque do capítulo
Acesse também pelo *link*: https://somos.in/TGP0626

Precedente relevante
Acesse também pelo *link*: https://somos.in/TGP0625

---

60 THEODORO JÚNIOR, Humberto. *Processo de execução.* 4. ed. São Paulo: Ed. Universitária de Direito, 1978. p. 477.
61 THEODORO JÚNIOR, Humberto. *Processo de execução.* 4. ed. São Paulo: Ed. Universitária de Direito, 1978. p. 478.

CAPÍTULO XIV

Efeitos do Trânsito em Julgado sobre os Vícios Processuais

O trânsito em julgado da sentença provoca alterações no regime das invalidades processuais.

Se exigida alegação (CPC, art. 278), de regra, terá ocorrido preclusão. Pode ocorrer, contudo, que a parte não tenha tido oportunidade de alegar o vício. É o que acontece, por exemplo, na hipótese de o advogado não ser intimado para a sessão de julgamento. Nesse caso, não prevalece a preclusão (art. 278, parágrafo único, *in fine*), e a nulidade converte-se em rescindibilidade.

A nulidade, que no curso do processo podia ser decretada de ofício, já não pode sê-lo depois de proferida a sentença, pois, com sua publicação, o juiz acaba o ofício jurisdicional (CPC, art. 494). A nulidade transforma-se em rescindibilidade, dependente, portanto, de arguição pelo interessado.

Em casos raros, como o de falta ou nulidade da citação em processo que correu à revelia, o vício pode ser arguido mesmo depois do decurso do prazo para a propositura de ação rescisória. Em outras palavras, a nulidade (ou a ineficácia) persiste, não se convertendo em mera rescindibilidade. Poderá ser pronunciada em outro processo, mediante provocação do interessado, por embargos à execução ou por outro meio cabível.

Aroldo Plínio Gonçalves afirma ser logicamente impossível passar em julgado sentença absolutamente nula. Isso por entender que somente se pode falar em nulidade havendo ela sido decretada. Ora, o trânsito em julgado impede essa decretação[1]. Discordamos, porque, embora a nulidade não possa ser decretada no mesmo processo, que por suposto findou, pode ser decretada em outro.

Toda sentença, desde que existente, somente é retirada do mundo jurídico por ação desconstitutiva. Aqui, o nulo produz efeitos, enquanto não ocorre sua desconstituição, contrariando-se o aforismo *quod nullum est nullum producit efectum* (o que é nulo não produz nem efeito).

A desconstituição de sentença de mérito, por nulidade ou por outro motivo previsto no art. 966 do CPC, dá-se por ação rescisória, sujeita a prazo de decadência.

A sentença inexistente, como a proferida por quem não é juiz, pode ser declarada tal, incidentemente, em outro processo, a qualquer tempo e até de ofício. Não se cogita de decadência, nem é preciso que se proponha ação declaratória da inexistência.

Outros atos processuais eventualmente nulos, como a arrematação, podem ser desconstituídos por *ação anulatória*, enquanto não ocorrer a decadência do direito; inexistentes, podem ser incidentemente declarados tais, a qualquer tempo.

Em suma, os atos processuais, embora nulos, produzem efeitos, enquanto não desconstituídos pela forma prevista em lei. Podem ademais admitir a sanação do vício, inclusive por decurso do tempo.

A inexistência é apenas declarada, ao passo que a nulidade resulta de sentença constitutiva negativa. É a sentença que retira o ato do mundo jurídico. Nisso estamos, a seguir lição de Pontes de Miranda: "Só se declara inexistência, ou ineficácia. Para os romanos, o nulo não existia; mas isso acabou; tanto o nulo como o anulável tem de ser desconstituído – decreta-se a nulidade, o que faz o que é nulo passar a ser inexistente, e decreta-se a anulação, deixando assim de existir o que era existente e relativamente inválido"[2].

Outra categoria a considerar é a da sentença ineficaz. É o que ocorre, a nosso ver, no caso do art. 535, I, isto é, no caso de sentença proferi-

---

1 GONÇALVES, Aroldo Plínio. *Nulidades no processo*. Rio de Janeiro: Aide, 1993. p. 73.

2 PONTES DE MIRANDA, Francisco Cavalcanti. *Tratado da ação rescisória*. Atual. por Vilson Rodrigues Alves. Campinas: Bookseller, 1998. p. 83.

CAPÍTULO XIV – EFEITOS DO TRÂNSITO EM JULGADO SOBRE OS VÍCIOS PROCESSUAIS

da em processo que correu à revelia, com falta ou nulidade da citação. A sentença é ineficaz em relação ao réu não citado ou que foi nulamente citado, podendo ser válida e eficaz em relação a outros réus validamente citados, como no caso de ação proposta contra vários réus em litisconsórcio passivo simples.

A ineficácia, embora suponha a existência do ato, tem com ela de comum a circunstância de poder ser declarada incidentemente e a qualquer tempo. Mas, ao passo que a inexistência pode ser sempre declarada de ofício, a declaração de ineficácia pode depender de declaração de vontade do interessado. Assim, o revel, nulamente citado, pode aceitar a sentença, o que ocorre se, intimado para o cumprimento, não oferece impugnação ou, impugnando, não argui a nulidade.

Uma aparente dificuldade resulta do art. 239 do CPC, ao dispor que, para a validade do processo, é indispensável a citação do réu ou do executado, ressalvadas as hipóteses de indeferimento da petição inicial ou de improcedência liminar do pedido. Todavia, o mesmo raciocínio, considerando-se a possibilidade de litisconsórcio passivo simples, leva à conclusão de que *validade* está, aí, em lugar de *eficácia*.

No estudo intitulado "A sentença e a preterição de litisconsorte necessário", Nelson Azevedo Jobim apresenta conclusões que se afinam com as assertivas supraconstruídas, no sentido de que a falta de citação acarreta a ineficácia, e não a inexistência ou nulidade da sentença, havendo, no caso de ineficácia relativa, necessidade de arguição pelo interessado. Diz:

"a) A litisconsorciação necessária é pressuposto de eficácia da sentença e não de sua validade ou existência.

b) Na hipótese de litisconsórcio necessário simples, a sentença será ineficaz relativamente ao preterido, e somente este tem legitimação para provocar a declaração de ineficácia.

c) Na hipótese de litisconsórcio necessário unitário, em que o interesse litigioso seja disponível, a sentença será ineficaz relativamente ao preterido, sendo este o único legitimado para promover a declaração de ineficácia. A promoção de tal declaração pelo litisconsorte preterido aproveita aos demais litisconsortes que forem unitários.

d) Na hipótese de litisconsórcio necessário unitário, em que o interesse litigioso seja indisponível, teremos uma ineficácia absoluta da sentença (ineficaz em relação a todos, inclusive àqueles que foram partes), razão pela qual todos são legitimados para a promoção da declaração de ineficácia"[3].

Só em casos raros pode-se falar em sentença inexistente, tais como a proferida por não juiz, a que o juiz não chegou a escrever ou a assinar ou a entregar em cartório para ser publicada.

1. VÍCIOS PRECLUSIVOS, RESCISÓRIOS E TRANSRESCISÓRIOS

Já se assinalou a existência de vícios que se desconsideram uma vez transitada em julgado a sentença; outros que persistem, mas autorizam a rescisão da sentença; outros, ainda, que resistem até mesmo ao decurso do prazo para a propositura de ação rescisória, podendo motivar, a qualquer tempo, a declaração da inexistência ou da ineficácia da sentença ou a decretação de sua nulidade.

Com base nesses elementos, construímos a seguinte classificação: *vícios preclusivos*, *vícios rescisórios* e *vícios transrescisórios*[4], agora com a observação de que, em alguns casos, a ação cabível não é a rescisória, mas a anulatória (veja-se o art. 966, § 1º, do CPC) ou que se trata não de anular sentença, mas ato outro, como a arrematação.

Passamos a apontar casos enquadráveis em cada uma das categorias, alguns já indicados, de passagem, quando do exame dos pressupostos processuais de existência, validade e regularidade do processo.

1.1 Meras irregularidades e vícios preclusivos

Denominam-se meras irregularidades vícios de mínima importância para os fins do processo. Um exemplo frequentemente apontado é a falta de rubrica do escrivão nas folhas dos autos.

---

3   JOBIM, Nelson de Azevedo. A sentença e a preterição de litisconsorte necessário. *Ajuris*, Porto Alegre, v. 28, p. 32-46, jul. 1983.

4   TESHEINER, José Maria Rosa. *Elementos para uma teoria geral do processo*. São Paulo: Saraiva, 1993. p. 131 e s.

CAPÍTULO **XIV** – EFEITOS DO TRÂNSITO EM JULGADO SOBRE OS VÍCIOS PROCESSUAIS

Os vícios preclusivos, embora apresentem maior gravidade, somente autorizam a decretação da nulidade, havendo prejuízo e alegação da parte prejudicada. Se esta não argui a nulidade na primeira oportunidade em que lhe cabe falar nos autos, ocorre preclusão e ela já não pode ser pronunciada.

– A competência do juiz para conhecer da ação é pressuposto processual. Todavia, a incompetência, quando relativa, deve ser arguida no prazo legal, sob pena de prorrogação da competência (CPC, art. 65).

– Se o advogado de réu incapaz, validamente citado, apresenta-se com procuração passada por absolutamente incapaz, ou por relativamente incapaz não assistido, há defeito de representação que, não sanado (CPC, art. 76, § 1º, II), acarreta a revelia, considerando-se não oferecida a contestação.

– Também há revelia, e não nulidade, se o réu, sem o *jus postulandi*, oferece contestação por ele próprio subscrita (CPC, art. 76, § 1º, II).

– A inobservância de pressupostos formais constitui, de regra, mera irregularidade ou sujeita-se à preclusão. Assim, atos processuais como a petição inicial, intimações e recursos, praticados em feriados ou férias forenses (falta de pressuposto formal referente ao tempo), não são nulos. Apenas têm sua eficácia diferida para o primeiro dia útil subsequente.

– A decisão interlocutória que rejeite a alegação de inadequação do procedimento (erro de forma do processo – CPC, art. 283) preclui e não autoriza a rescisão da sentença.

– Da decisão que indefere a produção de provas decorre preclusão, se o prejudicado nada argui na apelação ou nas contrarrazões.

– A falta ou nulidade da intimação da sentença apenas impede o seu trânsito em julgado.

– A alegação de compromisso sujeita-se à preclusão (CPC, art. 337, § 5º). Também se sujeitam à preclusão: a decisão que rejeita a alegação de perempção ou a de litispendência; a que dispensa a caução prevista no art. 83 do CPC ou o depósito das custas e ho-

Teoria Geral do Processo

norários a que se refere o art. 486, § 2º; a que determina o prosseguimento da ação, embora não tendo havido mediação ou tentativa de conciliação.

– Não cabe ação rescisória por ofensa à litispendência. Por outro lado, dela pode o juiz conhecer de ofício. É um caso em que a preclusão decorre do mero trânsito em julgado da sentença.

1.2 Vícios rescisórios

Denominamos "rescisórios" os vícios que sobrevivem ao trânsito em julgado da sentença, autorizando sua rescisão por ação própria.

– A forma escrita da petição inicial, quando exigida, é da essência do ato. Se o juiz recebe petição oral e determina a citação do réu, há nulidade decretável a qualquer tempo, no curso do processo. Cabível rescisória por violação de literal disposição de lei, salvo se reduzidas a termo as declarações do autor, caso em que, embora por outra forma, ter-se-á atingido o fim colimado pela norma.

– No caso de petição inicial firmada pessoalmente pelo autor, sem o *jus postulandi*, há nulidade, nos termos do art. 4º do Estatuto da OAB (Lei n. 8.906, de 4-7-1994), que pode ser decretada em qualquer tempo e grau de jurisdição, conforme dispõe o art. 485, § 2º. Cabe rescisória, por erro de fato ou por violação de literal disposição de lei, conforme o juiz tenha ou não percebido a circunstância.

– A incompetência absoluta sana-se com a remessa ao juiz competente (CPC, art. 63, § 3º). Não há preclusão. A incompetência absoluta pode ser declarada a qualquer tempo, no curso do processo, e autoriza a rescisão da sentença, conforme dispõe o art. 966, II, do CPC.

– Também o vício decorrente de impedimento do juiz se sana com a remessa dos autos ao substituto legal (CPC, art. 146, § 1º). Igualmente não há preclusão. O impedimento pode ser declarado a qualquer tempo, no curso do processo, e autoriza a rescisão da sentença, conforme dispõe o art. 966, II, do CPC.

CAPÍTULO XIV – EFEITOS DO TRÂNSITO EM JULGADO SOBRE OS VÍCIOS PROCESSUAIS

– A procuração passada ao seu advogado, por autor menor, relativamente incapaz, sem a devida assistência, é anulável. A ratificação é possível. Não ocorrendo a ratificação, o processo será extinto (CPC, art. 76, § 1º, I).

– A falta de intervenção do Ministério Público autoriza ação rescisória (CPC, art. 967, III).

– Sentença sem o relatório ou sem a fundamentação (CPC, art. 489, I e II) é desconstituível por ação rescisória fundada no art. 966, V, do CPC.

– A falta de pedido, na petição inicial, não impede a constituição da relação processual, com a eventual condenação do autor nas custas e, se o réu chegou a ser citado, também em honorários advocatícios. A sentença que o juiz profira (afirmando-se autorizado a agir de ofício ou dizendo bastar pedido genérico e implícito de aplicação da lei) é rescindível, com fundamento no art. 966, V, do CPC.

– Cabe rescisória, se a sentença é *ultra petita* ou *extra petita*. É rescindível, diz José Carlos Barbosa Moreira, a sentença que, "ao arrepio do preceito insculpido no art. 128, julgue *ultra petita* ou *extra petita*"[5], o que se coaduna com o disposto no art. 141 do CPC.

– O mesmo ocorre no caso de sentença que acolha pedido formulado sem indicação da causa de pedir.

– A existência de coisa julgada anterior autoriza ação rescisória, como expressamente dispõe o art. 966, IV.

1.3 Vícios transrescisórios

Aqui o grupo diminuto, porém importante, dos vícios correspondentes a pressupostos cuja falta autoriza a declaração da inexistência ou ineficácia da sentença, ou a decretação de sua nulidade, ainda que decorrido o prazo para a propositura de ação rescisória.

---

5   BARBOSA MOREIRA, José Carlos. *Comentários ao Código de Processo Civil*. Rio de Janeiro: Forense, 1974, v. 5. p. 116.

- Prescinde de rescisão, observa Adroaldo Furtado Fabrício, a sentença inexistente, assim como aquela cuja eficácia não alcança determinado lugar, ou certa pessoa, ou não se opera em dadas circunstâncias[6].

- A falta de jurisdição determina a inexistência jurídica da sentença que profira o pretenso juiz.

- No caso de não ser ratificada a inicial, por haver o advogado proposto a ação, sem exibir procuração (CPC, art. 104, *caput* e § 1º), a sentença, acaso proferida, será ineficaz com relação a quem podia ter ratificado a inicial, mas não o fez. Ineficácia declarável a qualquer tempo, independentemente de ação rescisória.

- A hipótese de petição inicial firmada por advogado com procuração passada por absolutamente incapaz é equiparável à de ausência de mandato. A ratificação, pelo representante do incapaz, é possível (CPC, art. 76). Sem ela, a sentença será ineficaz relativamente ao autor absolutamente incapaz. O decurso do prazo para a ação rescisória não torna invulnerável a sentença.

- No caso de ação proposta contra quem não tenha capacidade de ser parte (p. ex., ação contra órgão de pessoa jurídica), o processo existe e deve ser desconstituído por sentença, com a condenação do autor nas custas. A sentença de procedência, acaso proferida, é ineficaz (lembremo-nos de que pode haver outros réus, em litisconsórcio facultativo simples). Essa ineficácia pode ser declarada a qualquer tempo, independentemente de ação rescisória.

- Se o demandado, absolutamente incapaz, não foi citado na pessoa de seu representante ou se, relativamente incapaz, seu pai, mãe ou tutor não foi intimado da citação, há nulidade desta, o que acarreta a ineficácia da sentença, cuja declaração independe de ação rescisória, por força dos arts. 71, 239, *caput*, e 803, II, do CPC.

---

6 FABRÍCIO, Adroaldo Furtado. Réu revel não citado, *"querela nullitatis"* e ação rescisória. *Ajuris*, Porto Alegre, v. 42, p. 7-32, mar. 1988.

CAPÍTULO **XIV** – Efeitos do Trânsito em Julgado sobre os Vícios Processuais

– Da inexistência ou nulidade da citação, em processo que corra à revelia, decorre a ineficácia da sentença em relação à parte que não foi citada ou foi nulamente citada. Desnecessária a ação rescisória (CPC, art. 525, § 1º, I). No caso de litisconsórcio passivo necessário, essa ineficácia é absoluta, significando isso que não apenas os interessados cuja citação se omitiu, ou se fez deficientemente, mas também os demais permanecem aptos a resistir à execução (*latissimo sensu*, no sentido de imposição de efeitos) do julgado, pela via dos embargos, se cabíveis, ou por outras que a essa equivalham[7], como, hoje, por via de impugnação.

– Sentença não escrita, não assinada ou sem o dispositivo é sentença inexistente.

– A incompatibilidade de pedidos sana-se com a opção do autor por um deles ou mesmo com a sentença que, interpretando um como principal e o outro como subsidiário, acolha um único. Se o dispositivo da sentença contém contradição invencível (como a decretação da nulidade do contrato e a condenação do réu em prestação dele decorrente), há ineficácia.

– A declaração da inexistência ou ineficácia, ou a decretação da nulidade da sentença, pode ser obtida, conforme o caso, por decisão interlocutória, por impugnação ao cumprimento da sentença, por *habeas corpus*, por mandado de segurança, por ação declaratória e até incidentemente. Também por ação rescisória, não obstante certa impropriedade do meio.

A classificação apresentada – vícios preclusivos, rescisórios e transrescisórios – de certo modo sintetiza o presente estudo, que iniciou com o conceito de inexistência e passou em revista os pressupostos processuais e os atos do processo, do ponto de vista dos vícios que podem apresentar.

---

7   FABRÍCIO, Adroaldo Furtado. Réu revel não citado, *"querela nullitatis"* e ação rescisória. *Ajuris*, Porto Alegre, v. 42, p. 7-32, mar. 1988.

▶ **APROFUNDANDO**

 Destaque do capítulo
Acesse também pelo *link*: https://somos.in/TGP0628

Precedente relevante
Acesse também pelo *link*: https://somos.in/TGP0627

CAPÍTULO XV

Jurisdição e Tutela Coletiva

1. INTRODUÇÃO

O processo civil foi recentemente enriquecido com institutos apropriados à tutela coletiva de direitos e à tutela de interesses difusos, apartados do modelo tradicional, marcadamente individualista. Há ações coletivas relativas a direitos individuais homogêneos e ações prepostas à tutela de interesses difusos ou coletivos *stricto sensu*. Não se trata de um novo ramo do Direito, mas de um novo capítulo do Direito Processual Civil. Há normas comuns e normas diferenciadas[1]. Claro, os princípios constitucionais do processo são invocáveis.

O Código de Defesa do Consumidor estabelece:

"Art. 81. A defesa dos interesses e direitos dos consumidores e das vítimas poderá ser exercida em juízo individualmente, ou a título coletivo.

Parágrafo único. A defesa coletiva será exercida quando se tratar de:

---

[1] Registra-se a posição de Ada Pellegrini Grinover que entende que estamos diante de um novo ramo da ciência processual, não sendo o Processo Coletivo uma decorrência do Processo Civil. Nesse sentido, conferir GRINOVER, Ada Pellegrini. *Direito processual coletivo e o anteprojeto de código de processos coletivos...* cit., p. 11. Nesse sentido, também ALMEIDA, Gregório Assagra de. *Direito processual coletivo brasileiro:* um novo ramo do direito processual. São Paulo: Saraiva, 2003.

I – interesses ou direitos difusos, assim entendidos, para efeitos deste código, os transindividuais, de natureza indivisível, de que sejam titulares pessoas indeterminadas e ligadas por circunstâncias de fato;

II – interesses ou direitos coletivos, assim entendidos, para efeitos deste código, os transindividuais, de natureza indivisível de que seja titular grupo, categoria ou classe de pessoas ligadas entre si ou com a parte contrária por uma relação jurídica base;

III – interesses ou direitos individuais homogêneos, assim entendidos os decorrentes de origem comum".

Os direitos difusos e coletivos são transindividuais e de natureza indivisível, restando a diferença no sentido de que o primeiro está ligado a número indeterminado de pessoas enquanto o segundo está ligado a um grupo ou classe que pode ser determinável[2].

A indivisibilidade é a característica própria das ações relativas a interesses difusos e coletivos. Há ações individuais tradicionalmente admitidas, tendo por objeto prestação que beneficia toda uma comunidade, isto é, uma prestação individual. Tem-se, então, ação individual com eficácia coletiva reflexa.

As ações relativas a direitos individuais homogêneos destinam-se à tutela coletiva de direitos individuais[3]. Supõem prestações divisíveis. Essas ações assumem uma coloração coletiva no caso de direitos individuais de valores individualmente inexpressivos.

2. TUTELA COLETIVA

Referimo-nos, aqui, às ações a que se refere o art. 81, parágrafo único, do Código de Defesa do Consumidor, isto é, as ações relativas a interesses ou direitos difusos, coletivos e individuais homogêneos.

---

2   WATANABE, Kazuo et al. *Código de Defesa do Consumidor comentado pelos autores do anteprojeto*. 8. ed. Rio de Janeiro: Forense Universitária, 2004. p. 625.

3   ZAVASCKI, Teori Albino. *Processo coletivo*: tutela de direitos coletivos e tutela coletiva de direitos. São Paulo: Revista dos Tribunais, 2006. p. 42.

Para designá-las, usa-se também a expressão "ação civil pública", particularmente quando propostas pelo Ministério Público. Não é, todavia, coletiva, a ação proposta pelo Ministério Público em prol de pessoa determinada.

"Ações coletivas" é expressão algo equívoca, porque utilizada tanto para indicar o gênero, ou seja, o conjunto das três ações supraindicadas, como para significar precipuamente as ações relativas a direitos individuais homogêneos[4].

Feita essa observação relativa à terminologia, destacam-se, de um lado, as ações transindividuais (as relativas a interesses difusos e as coletivas *stricto sensu*) e, de outro, as ações relativas a direitos individuais homogêneos.

Trata-se de uma divisão fundamental, porquanto os chamados direitos transindividuais constituem algo de novo e substancialmente diferente como objeto da tutela jurisdicional, ao passo que a tutela de direitos individuais homogêneos apenas tem novo a forma coletiva de protegê-los[5].

Essa divisão, embora clara e inafastável, não exclui a existência de uma "zona cinza", como ocorre nas ações relativas a direitos individuais homogêneos de valor economicamente expressivo, em que o valor da condenação é recolhido a um fundo, em vez de ser pago a cada um dos prejudicados.

Interesses ou direitos difusos e coletivos *stricto sensu* são indivisíveis. Não podem ser gozados ou apropriados individualmente. Direitos individuais homogêneos são divisíveis, cabendo a cada integrante do grupo, categoria ou classe a parcela que lhe é própria. Interesses ou direitos difusos e coletivos *stricto sensu* não podem ser reivindicados senão coletivamente; direitos individuais homogêneos podem ser objeto de ações individuais.

---

4   Sobre o tema, ver: SAVIO, Manuela Pereira. *Ação civil pública e ação coletiva – Problema terminológico*. Disponível em: http://www.processoscoletivos.net/ve_artigo.asp?id=11. Acesso em: 6-11-2011.

5   ZAVASCKI, Teori Albino. *Processo coletivo*. Tutela de direitos coletivos e tutela coletiva de direitos. São Paulo: Revista dos Tribunais, 2006. Contra DIDIER JR., Fredie; ZANETI JR., Hermes. *Curso de direito processual civil – processo coletivo*. 5. ed. Salvador: JusPodivm, 2010, v. 4. p. 81.

O caso mais claro de interesse difuso é o relativo ao meio ambiente.

No caso de pedido de indenização, o fim pretendido (recolhimento a um Fundo ou distribuição entre os prejudicados) determina a natureza da ação correspondente (ação transindividual ou ação relativa a direitos individuais homogêneos). Se o valor pago a título de dano moral se destina a ser distribuído entre os prejudicados, a hipótese não é de dano moral *coletivo*, podendo configurar *bis in idem* (dupla condenação por dano moral individual).

3. INTERESSES DIFUSOS E APLICAÇÃO DO DIREITO OBJETIVO

A tutela jurisdicional de interesses difusos é mais bem definida como aplicação (às vezes, criação) do direito objetivo, abrindo-se mão de qualquer ideia de subjetivação. Trata-se de bens protegidos pelo Direito, nada importando no interesse de quem.

O Direito protege os animais; nem por isso devemos pensar em direitos subjetivos dos animais. O Direito protege as florestas; nem por isso devemos pensar em legitimação para a causa das florestas.

Só os homens são titulares de direitos subjetivos, porque só eles, dotados de razão e de vontade, podem ter sua conduta regulada pelo Direito.

O Direito protege as futuras gerações que, por inexistentes, não podem ser havidas como titulares de direitos; nem por isso por elas se desinteressa o Direito.

É certo que o direito objetivo, ao incidir sobre um fato, por isso qualificado como jurídico, de algum modo se subjetiva, originando para alguém um direito ou poder. Entretanto, essa incidência nem sempre determina o surgimento de um direito subjetivo, como ocorre, por exemplo, quando se pratica um crime, do que decorre o poder, não o direito, de punir.

A ideia de direito subjetivo envolve a de um interesse juridicamente protegido de um indivíduo, de uma corporação ou de uma associação.

É irrelevante a indicação dos interessados, quando se trata de aplicação (eventualmente, de criação) do direito objetivo.

Sobre esse aspecto, observa Arruda Alvim:

CAPÍTULO XV – JURISDIÇÃO E TUTELA COLETIVA

"A ação civil pública nasceu para proteger novos bens jurídicos, referindo-se a uma nova pauta de bens ou valores, marcados pelas características do que veio a ser denominado de interesses e direitos difusos ou coletivos, dos quais se pode dizer, serem profundamente diferentes ou 'opostas' às da categoria clássica dos direitos subjetivos, que marcaram o direito privado e o processo civil tradicional"[6].

"A ideia central do direito subjetivo" – diz o autor – "é a sua rigorosa individuação e atribuição de poder subjetivo a uma pessoa ou ente jurídico, em si mesmo e em relação à titularidade, o que se projetou no CPC, encontrando o direito subjetivo sua *longa manus* no art. 6º desse diploma, marcadamente individualista."[7]

O direito subjetivo é um poder de vontade conferido a alguém ou um interesse *individual* juridicamente protegido. Não há tutela de direitos subjetivos, mas aplicação do direito objetivo quando se protegem florestas e animais em prol das gerações futuras. Não se diga que se trata de direitos subjetivos das florestas ou dos animais ou de gerações ainda inexistentes. Basta dizer-se que se trata de aplicação do direito objetivo.

Álvaro Luiz Valery Mirra e Edis Milaré já assinalaram que a ação civil pública não se funda em direito subjetivo: "A ação civil pública rompe com esse princípio tradicional, tendo natureza especialíssima: não é direito subjetivo, mas direito atribuído a entes públicos e privados para a tutela de interesses não individuais *stricto sensu*"[8]. Complementa-se essa observação, com a afirmação de que se trata de ação que visa à aplicação do direito objetivo, proposta por entes públicos e privados que assim exercem *função pública*.

---

6   ARRUDA ALVIM. Ação civil pública – sua evolução normativa significou crescimento em prol da proteção às situações coletivas. In: ASSIS, Araken de; MOLINARO, Carlos Alberto; GOMES JUNIOR, Luiz Manoel; MILHORANZA, Mariângela Guerreiro. *Processo coletivo e outros temas de direito processual* – homenagem: 50 anos de docência do Professor José Maria Rosa Tesheiner e 30 anos de docência do Professor Sérgio Gilberto Porto. São Paulo: Livraria do Advogado, 2012.

7   Nesse sentido, conferir art. 18 do CPC/2015.

8   MILARÉ, Édis. *Direito do ambiente* – a gestão ambiental em foco. 7. ed. São Paulo: Revista dos Tribunais, 2011. p. 1.409.

Explica Antônio Lenza que "a doutrina clássica (...) prefere utilizar a terminologia *direito* somente quando a titularidade do interesse juridicamente protegido pertencer a um sujeito perfeitamente *determinável*"[9].

O entendimento de que há direitos subjetivos da titularidade de "pessoas indeterminadas e ligadas por circunstâncias de fato"[10] não é errôneo, já que resulta de uma opção terminológica, mas constitui indevida transposição, para o âmbito dos processos coletivos e serve antes para obscurecer o fenômeno de que as ações relativas a interesses difusos visam à aplicação do direito objetivo, e não à tutela de supostos direitos individuais. Reflete o preconceito de que o Poder Judiciário somente poderia atuar para a tutela de direitos subjetivos, impondo-se a ampliação desse conceito para justificar sua atuação em prol de interesses difusos.

4. DIREITOS SUBJETIVOS DE GRUPOS, CATEGORIAS OU CLASSES DE PESSOAS

A distinção entre direitos coletivos *stricto sensu* e direitos individuais homogêneos apresenta alguma dificuldade. Em ambos os casos, há um grupo, categoria ou classe de pessoas, mas, tratando-se de direitos coletivos *stricto sensu*, há mais do que uma soma de interesses individuais, como ocorre na tutela de direitos individuais homogêneos. Suponha-se, para exemplificar, uma ação que vise proibir a prestação de horas extras. Essa proibição pode atender o interesse de uma categoria profissional, ainda que contrária ao interesse de alguns trabalhadores individualmente considerados. Trata-se de ação coletiva *stricto sensu*. Já uma ação que vise à condenação do empregador no pagamento, como horas extras até então não consideradas como tais, diz respeito a uma simples soma de valores. Repare-se, ademais, que, no primeiro caso, um trabalhador não

---

9   LENZA, Pedro. *Teoria geral da ação civil pública*. 2. ed. São Paulo: Revista dos Tribunais, 2005. p. 47; MORAIS, Jose Luis Bolzan de Morais. *Do direito social aos interesses transindividuais*: o Estado e o direito na ordem contemporânea. Porto Alegre: Livraria do Advogado, 1996. p. 109.

10   Conferir Código de Defesa do Consumidor, art. 81, parágrafo único, I.

CAPÍTULO XV – JURISDIÇÃO E TUTELA COLETIVA

teria, individualmente, legitimidade para pleitear proibição para toda a categoria, ao passo que, no segundo, cada trabalhador pode pleitear individualmente o valor que lhe cabe. As ações relativas a direitos coletivos *stricto sensu* visam à criação de uma norma jurídica abstrata, limitada ao grupo, categoria ou classe. As ações relativas a direitos individuais homogêneos visam à criação de uma norma concreta, consistente, na maioria das vezes, em condenação no pagamento de quantia de dinheiro, dividida igual ou desigualmente entre os integrantes do grupo, na medida do direito individual de cada um.

Ao contrário do que ocorre nas ações relativas a interesses difusos, nas relativas a interesses ou direitos coletivos *stricto sensu*, é importante indicar a titularidade do interesse ou do direito: um grupo, categoria ou classe de pessoas ligadas entre si ou com a parte contrária por uma relação jurídica base.

José Carlos Barbosa Moreira aponta como exemplo os interesses de um condomínio, composto de uma coletividade determinada, unida pelo vínculo de copropriedade de um imóvel[11].

Outro exemplo é o de uma categoria de trabalhadores que, por seu sindicato, pleiteia uma revisão geral de salários (dissídio coletivo de natureza econômica). Trata-se de um interesse que se transforma em direito da categoria, se acolhido o pedido.

"Em sede trabalhista", diz Carlos Henrique Bezerra Leite, "o interesse coletivo *stricto sensu* é revelado historicamente pelo conceito de categoria. Exemplos: o piso salarial da categoria; a realização de exames médicos admissionais, periódicos e demissionais; a eliminação e redução de insalubridade ou periculosidade no âmbito da empresa etc."[12]

O direito de greve é um direito coletivo. Não há greve de um homem só, assim como não há exército de um homem só. A paralisação

---

11 BARBOSA MOREIRA, José Carlos. *Ação popular do direito brasileiro como instrumento de tutela jurisdicional dos chamados interesses difusos*. Temas de direito processual. São Paulo: Saraiva, 1977.

12 LEITE, Carlos Henrique. Tendências do direito processual do trabalho e a tutela dos interesses metaindividuais. *Revista de Direito do Trabalho*, v. 105, p. 24, jan. 2002.

TEORIA GERAL DO PROCESSO

do trabalho por um só trabalhador, em defesa de sua saúde e de sua segurança, pode caracterizar-se como direito de resistência individual[13].

No caso de direito da categoria dos advogados, como, por exemplo, o relativo ao quinto constitucional, tem-se, certamente, direito coletivo *stricto sensu*, ainda que, na hipótese, não haja relação jurídica dos advogados entre si, nem com a parte contrária (o Tribunal, por exemplo, que haja violado a regra do quinto constitucional).

Da indivisibilidade do interesse coletivo decorre que a sentença favorece ou prejudica também os futuros integrantes do grupo, categoria ou classe, havendo produção de coisa julgada *pro e contra*, salvo improcedência por insuficiência de provas (CDC, art. 103, II).

Diz a lei que os efeitos da coisa julgada não prejudicam os interesses e direitos individuais dos integrantes do grupo, categoria ou classe (CDC, art. 103, § 1º). A referência, aí, é a algum possível direito individual, porquanto a coisa julgada não pode deixar de prejudicar o interesse coletivo, dada a indivisibilidade.

5. AÇÕES RELATIVAS A DIREITOS INDIVIDUAIS HOMOGÊNEOS

Não basta a existência de direitos individuais homogêneos para autorizar ação coletiva. É preciso a existência de fatores que "recomendem tutela conjunta, aferida por critérios como facilitação do acesso à Justiça, economia processual, preservação da isonomia processual, segurança jurídica ou dificuldade na formação do litisconsórcio" (art. 2º, III, do Substitutivo).

Como observa Pedro Lenza, "a prevalência das questões de direito e de fato comuns sobre as questões de direito e de fato individuais e da superioridade da tutela coletiva sobre a individual" constitui requisito para as ações relativas a direitos individuais homogêneos[14].

---

13   Sobre o tema: AIRES, Mariella Carvalho de Farias. Direito de greve ambiental no ordenamento jurídico brasileiro. *Revista de Direito do Trabalho*, v. 129, p. 147, jan. 2008.

14   LENZA, Pedro. Efetividade do processo coletivo – o código-modelo de processos coletivos para Ibero-América e o Direito Brasileiro. *Revista Jurídica Logos*, São Paulo, n. 3, p. 233-249, 2007.

CAPÍTULO XV – JURISDIÇÃO E TUTELA COLETIVA

Se a sentença coletiva em nada contribuir para o deslinde de ações individuais que precisarão ser propostas, a ação não deve ser admitida, por ausência de interesse na tutela coletiva.

Suponha-se acidente de ônibus de que resultem numerosos mortos e feridos. Não haveria utilidade em uma ação coletiva para declaração da culpa do motorista e da responsabilidade da empresa de transportes, em um sistema, como o nosso, de responsabilidade objetiva do transportador. Nada se ganharia com a sentença coletiva.

Nas ações relativas a direitos difusos, está o Judiciário a exercer função cuja matéria outrora era reservada à Administração Pública. Nas ações relativas a direitos individuais homogêneos, o Judiciário continua a exercer sua função mais tradicional, qual seja a de dirimir conflitos de interesses entre particulares, mas coletivamente e sem que estejam no processo todos os interessados. Em lugar deles, um substituto processual que, no sistema brasileiro, é indicado na lei.

Os direitos individuais homogêneos (aqui, não cabe falar em "interesses") são direitos individuais, motivo por que podem ser objeto de ações individuais.

Se um sindicato pede a condenação do réu no pagamento de uma quantia em dinheiro a ser recolhida ao Fundo de Amparo ao Trabalhador, a hipótese é de interesse (ou direito) coletivo *stricto sensu*. Se o sindicato pede a condenação do réu no pagamento da mesma quantia em dinheiro para ser dividida entre os trabalhadores, trata-se de direitos individuais homogêneos.

Em algumas circunstâncias, a caracterização de um direito como individual ou coletivo pode depender da interpretação que se dê ao direito correspondente. Assim, o pedido de anulação de uma cláusula contratual relativa a um consórcio para a aquisição de algum bem móvel ou imóvel dirá respeito a um direito coletivo do grupo consórtil, somente se adotado o entendimento de que a cláusula deverá ser válida ou inválida para todos (critério da indivisibilidade). Em nosso atual sistema jurídico, ainda marcadamente individualista, nada impede que uma cláusula seja declarada válida em uma ação homogeneizante e nula, em ações individuais.

6. AÇÕES INDIVIDUAIS COM EFICÁCIA REFLEXA COLETIVA

Em algumas circunstâncias, a sentença (não a coisa julgada) pode beneficiar terceiros, como observa Ada Pellegrini Grinover:

"(...) é certo também que, por intermédio de uma demanda individual, podem ser protegidos direitos e interesses coletivos *lato sensu*.

Veja-se o seguinte exemplo: numa demanda individual, o autor pede à autoridade pública a interdição de um local noturno, vizinho à sua residência, que infringe o direito ao silêncio, tutelado pela lei. Trata-se de uma demanda individual, mas de efeitos coletivos, porquanto a interdição – ou não – do local vai ter efeitos sobre todos os membros da comunidade que vivem na vizinhança. A ação individual serviu para a tutela de um direito difuso"[15].

São, diz Watanabe, "ações pseudoindividuais", argumentando com as ações do sócio para anular deliberação de assembleia-geral, de qualquer do povo para fazer cessar poluição gerada por determinada indústria e dos usuários de serviços telefônicos impugnando tarifas de assinatura[16]. Discordam Didier e Zanetti, afirmando tratar-se de casos de direito e ação individuais.

Observa-se que as hipóteses apresentadas por Watanabe não são homogêneas. Tarifas de assinaturas podem ser exigidas de uns e não de outros, nada impedindo sentenças discrepantes, pois há divisibilidade. Há indivisibilidade, no caso de ação para fazer cessar poluição gerada por determinada indústria. No caso de deliberação de assembleia-geral, a indivisibilidade depende do que se haja decidido. Ela ocorre no caso, por exemplo, de se haver deliberado alienar imóvel da empresa, mas se a deliberação foi de pagamento de dividendos, nada impede que, por efeito de sentenças discrepantes, uns recebam e outros não[17].

---

15 GRINOVER, Ada Pellegrini. O controle de políticas públicas pelo Poder Judiciário. *Revista de Direito Bancário e do Mercado de Capitais*, v. 42, p. 11, out. 2008.

16 WATANABE, Kazuo. Relação entre demanda coletiva e demandas individuais. *Revista de Processo*, São Paulo, n. 139, 2006, p. 29-35.

17 A nulidade da deliberação da assembleia-geral será, nesse caso, declarada como questão prejudicial, não produzindo coisa julgada.

CAPÍTULO XV – JURISDIÇÃO E TUTELA COLETIVA

Pseudoindividuais são apenas as ações (individuais) que tenham por objeto prestação indivisível, em prol ou em prejuízo de um grupo, categoria ou classe, ou de pessoas indeterminadas.

7. RELEVÂNCIA DO PEDIDO PARA A QUALIFICAÇÃO

É ao pedido que se deve prestar atenção, porque do mesmo fato podem derivar pretensões de diversa natureza. Assim, o pedido de proibição da produção e comercialização de um produto, porquanto nocivo, diz respeito a um interesse difuso; o pedido de indenização a ser paga individualmente aos prejudicados diz respeito a direitos individuais homogêneos.

O pedido de reajuste de proventos à categoria dos aposentados configura ação relativa a direitos coletivos *stricto sensu*; o pedido de pagamento de proventos de aposentadoria aos aposentados, ação relativa a direitos individuais homogêneos.

Observa Nelson Nery Júnior:

"O que determina a classificação de um direito como difuso, coletivo, individual puro ou individual homogêneo é o tipo de tutela jurisdicional que se pretende quando se propõe a competente ação judicial. Ou seja, o tipo de pretensão que se deduz em juízo. O mesmo fato pode dar ensejo à pretensão difusa, coletiva e individual. O acidente com o Bateau Mouche IV, que teve lugar no Rio de Janeiro no final de 1988, poderia abrir oportunidade para a propositura de ação individual por uma das vítimas do evento pelos prejuízos que sofreu (direito individual), ação de indenização em favor de todas as vítimas ajuizada por entidade associativa (direito individual homogêneo), ação de obrigação de fazer movida por associação das empresas de turismo que têm interesse na manutenção da boa imagem desse setor na economia (direito coletivo), bem como ação ajuizada pelo Ministério Público, em favor da vida e segurança das pessoas, para que seja interditada a embarcação a fim de se evitarem novos acidentes (direito difuso). Em suma, o tipo de pretensão é que classifica um direito ou interesse como difuso, coletivo ou individual"[18].

---

18 NERY JUNIOR, Nelson. *Princípios do processo civil na Constituição Federal*. 4. ed. São Paulo: Revista dos Tribunais, 1997. p. 114-115.

Pode haver cumulação de pedidos de diversa natureza, como o de suspender, em caráter geral, a cobrança ou o recebimento de mensalidades escolares que contenham parcela indevida (direito coletivo *stricto sensu*) cumulado com o de devolver os valores pagos a maior a quem os efetuou (direitos individuais homogêneos).

Essa é uma razão para que, sem forte fundamento legal, não se limite a atuação dos legitimados aos interesses difusos, aos coletivos *stricto sensu*, ou aos individuais homogêneos.

8. FUNÇÃO PÚBLICA E PRESENTAÇÃO

O titular da ação relativa a interesses difusos exerce função pública. Não há substituição processual, mas legitimação autônoma, pela simples razão de que, tratando-se de aplicação (eventualmente, criação) do direito objetivo, não há "substituídos". Não importa quais sejam os interessados indeterminados.

No caso de interesses ou direitos coletivos *stricto sensu*, o legitimado ativo, ou exerce função pública (caso, por exemplo, as ações propostas pelo Ministério Público do Trabalho, para a tutela do meio ambiente do trabalho), ou "presenta", o grupo, categoria ou classe (caso, por exemplo, do sindicato), tanto quanto o diretor de uma empresa atua, em juízo, como a voz da própria empresa. Rigorosamente, não há representação, mas "presentação", muito menos substituição processual.

9. SUBSTITUIÇÃO PROCESSUAL

No âmbito dos processos individuais, são ordinariamente legitimados para a causa: ativamente aquele que se autoafirma titular de um direito subjetivo e passivamente aquele que aponta como devedor, no caso de afirmado direito de crédito ou como sujeito passivo, no caso de afirmação de direito formativo. Excepcionalmente, a Lei legitima para a causa alguém que não é sujeito da relação material afirmada. É o que ocorre, por exemplo, no caso de alienação da coisa ou direito litigioso, em que o alienante (autor ou réu) permanece no processo, embora transmitida a coisa ou o direito para o adquirente.

CAPÍTULO XV – JURISDIÇÃO E TUTELA COLETIVA

Diz-se, então, no primeiro caso, que a legitimação é ordinária; no segundo, que é extraordinária.

Não é outra a ideia de "substituição processual": o substituto está em juízo a defender, em nome próprio, direito que não é seu, mas do substituído.

Na substituição processual clássica, supõe-se uma conexão entre os interesses do substituto, isto é, um interesse também do substituto, como no caso da alienação do direito litigioso, em que o alienante, que permanece no processo como substituto processual, responde pela evicção. Era também o caso da ação movida pelo marido, para a defesa dos bens dotais da mulher[19].

Antônio Carlos de Araújo Cintra, com base na doutrina italiana, assevera que o substituto precisa ter um interesse próprio na vitória do substituído. Diz:

"(...) do reconhecimento da legitimação do substituto decorre sua possibilidade de exercer a ação sem anuência do substituído, independentemente de sua vontade e até contra sua vontade, tanto mais que sua legitimação decorre da circunstância de o substituto postular a tutela de um interesse alheio, mas visando, através deste, à proteção de um interesse material próprio[20]. Esse interesse material do substituto, embora constitua condição indispensável da substituição processual, não é por si só bastante para legitimá-lo[21]. A lei estipula, hipótese por hipótese, os casos em que a intensidade do interesse secundário (do substituto) merece a tutela especial de autorizar a substituição processual"[22].

---

19 Ver: SANTOS, Alfeu Gomes dos. Aspectos peculiares da substituição processual no direito do trabalho. *Âmbito Jurídico*, Rio Grande, n. 79, ago. 2010. Disponível em: http://www.ambito-juridico.com.br/site/index.php?n_link=revista_artigos_leitura&artigo_id=8174. Acesso em: 1º-2-2012.

20 CINTRA, Antônio Carlos de Araújo. Estudo sobre a substituição processual no direito brasileiro. *Revista dos Tribunais*, v. 809, p. 743, mar. 2003; MOSCONE, Cesare. Verbete "Sostituzione Processuale". *Enciclopedia Forense*. Milão: Casa Editrice Dr. Francesco Vallardi, 1962.

21 ALLORIO, Enrico. *Problemi di diritto*. Milano: Giuffrè, 1957, v. 2. p. 419; ROSENBERG, Leo. *Tratado de derecho procesal civil*. Trad. Angela Romera Vera. Buenos Aires: Ediciones Jurídicas Europa-América, 1955, v. I.

22 CINTRA, Antônio Carlos de Araújo. Estudo sobre a substituição processual no direito brasileiro. *Revista dos Tribunais*, v. 809, p. 743, mar. 2003.

Também J. J. Calmon de Passos refere a exigência de interesse do substituto:

"(...) somente na substituição processual se defere a alguém o poder de, em nome próprio, postular direito alheio, isto ocorrendo não em virtude de incapacidade jurídica ou hipossuficiência econômica do titular do direito, nem por motivo de outorga negocial de poderes, sim em razão de haver um interesse juridicamente protegido do substituto que, sem a outorga legal da legitimação extraordinária, poderia sofrer prejuízo jurídico. Em nome da economia processual e da segurança dos direitos próprios, a ordem jurídica defere, como bem situado por Allorio, um modo técnico de proteção, mediante o exercício da pretensão de outrem apta a refletir, também em termos de tutela, na esfera jurídica do substituto"[23].

A existência de interesse do substituto é apontada por José Augusto Delgado como interesse do substituído:

Não se pode deixar de enxergar nos casos excepcionais de substituição processual a presença de um interesse conexo da parte processual como da parte material, como bem identificou Humberto Theodoro Júnior[24]. Esse liame é ditado pela norma positiva, conforme já afirmado no art. 6º, em haver a restrição de só ser admitida a substituição processual quando a própria lei reconhecer ao terceiro uma condição especial para demandar direito alheio[25].

Exigido o requisito do interesse do substituto ou o de algum vínculo jurídico com o substituído, não são casos de substituição processual a ação de nulidade de casamento proposta pelo Ministério Público (Código Civil, art. 1.549) e a ação popular, que são mais propriamente casos de exercício de função pública, voltada primordialmente à aplicação do direito objetivo.

---

23 PASSOS, J. J. Calmon de. Especificidade das ações coletivas e das decisões de mérito nelas proferidas. *Revista de Direito do Trabalho*, v. 123, p. 284, jul. 2006.

24 THEODORO JÚNIOR, Humberto. *Processo de conhecimento*. São Paulo: Forense, 1978. p. 83.

25 DELGADO, José Augusto. Substituição processual. *Revista de Processo*, v. 47, p. 240, jul. 1987.

CAPÍTULO XV – JURISDIÇÃO E TUTELA COLETIVA

Nessa linha de pensamento, o Ministério Público não é um substituto processual nem mesmo nas ações relativas a direitos individuais homogêneos, podendo-se dizer que é "fiscal da Lei", mesmo quando atua como parte e ainda que de sua ação possa resultar a satisfação de algum direito individual. Exerce função pública, com vistas à aplicação do direito objetivo. A consequente tutela de direitos individuais é apenas um subproduto.

Já se foram os tempos em que a tutela de direitos individuais era sempre dependente da iniciativa da parte. Em certas situações, como a da existência de muitos lesados, o Estado, por ação proposta pelo Ministério Público ou por outro legitimado, impõe a observância da lei e a obrigação de indenizar os prejudicados.

10. AÇÕES TRANSINDIVIDUAIS E TEORIA GERAL DO PROCESSO

A doutrina processual foi construída à luz dos direitos individuais, visando à tutela dos direitos subjetivos de pessoas físicas e jurídicas, indivíduos, corporações e fundações.

O aumento da população e das ações determinou a necessidade de tratamento coletivo de ações individuais, donde as ações coletivas relativas a direitos individuais homogêneos, introduzidas pelo Código de Consumidor.

Mas, aí, estamos ainda no plano da tutela jurisdicional de direitos individuais, com possível invocação da doutrina tradicional, sujeita apenas a algumas adaptações pontuais.

Entretanto, a tutela jurisdicional de interesses transindividuais constitui fenômeno novo, iniciado no Brasil com a Lei da Ação Civil Pública de 1985, ainda que se possa apontar o antecedente da ação popular.

De início, tentou-se transplantar para o âmbito das ações transindividuais ideias próprias das ações individuais, em particular as de substituição processual e a de coisa julgada.

É preciso, todavia, ter o cuidado de não introduzir vinho novo em odres velhos.

A tutela jurisdicional de interesses transindividuais constitui fenômeno novo, que não pode ser explicado apenas com as lições da doutrina tradicional.

Por isso, repudiamos a ideia de direitos "difusos", de que, por necessidade, lançou-se mão para justificar a atuação do Poder Judiciário, cuja razão de ser, em matéria cível, confinava-se até então à tutela de direitos subjetivos. Por isso mesmo, negava-se natureza jurisdicional a jurisdição voluntária, definida como administração pública de interesses privados.

Tampouco cabe reduzir a legitimação, nas ações transindividuais, a um simples caso de substituição processual. No plano das ações individuais, a legitimação para a causa decorre naturalmente da titularidade do direito subjetivo. A substituição processual constitui uma exceção: defesa de direito alheio por um substituto processual com interesse em sua defesa. No plano das ações transindividuais, a legitimidade decorre da lei, não de um direito subjetivo, sequer de um interesse próprio. Trata-se de exercício, eventualmente privado, de uma função pública.

A proteção constitucional da coisa julgada, juntamente com a do direito adquirido e a do ato jurídico perfeito, está deveras relacionada com a tutela jurisdicional de direitos subjetivos. Nas ações transindividuais, trata-se, às vezes, de estabelecer uma norma geral e abstrata, ainda que de âmbito limitado. São casos de criação de direito objetivo, como na hipótese, por exemplo, de se proibir ou permitir uma atividade nociva, não se podendo atribuir a essas decisões a imutabilidade própria da coisa julgada, devendo tratar-se antes como leis (direito objetivo), mutáveis, de acordo com as cambiantes necessidades sociais, embora sem retroatividade. São situações que se assemelham às relações jurídicas continuativas, sujeitas à revisão, com a diferença importante de que sequer se supõe a existência de uma relação jurídica.

Exige-se do juiz, nas ações transindividuais, uma visão holística, particularmente quando se trata de atuar em políticas públicas, muito distinta da que tem o juiz tradicional, funcionalmente obrigado a ter como que viseiras nos olhos, para não considerar senão o caso individual, concreto, e tal como retratado nos autos.

Isso tudo não significa que se deva criar uma "teoria geral das ações coletivas". Há demasiados princípios e regras comuns às ações individuais e às transindividuais para se justificar uma separação. Quem se especializa demais acaba por não compreender coisa nenhuma.

CAPÍTULO XV – JURISDIÇÃO E TUTELA COLETIVA

11. AÇÃO POPULAR

Nossa ação popular remonta à Constituição de 1934: "Qualquer cidadão será parte legítima para pleitear a declaração de nulidade ou a anulação dos atos lesivos do patrimônio da União, dos Estados ou dos Municípios" (art. 38, inc. 113).

Tratava-se de resguardar o patrimônio público, mas apenas por ação declaratória de nulidade ou de anulação.

A mesma restrição encontra-se na vigente Constituição: "Qualquer cidadão é parte legítima para propor ação popular que vise a anular ato lesivo ao patrimônio público ou de entidade de que o Estado participe, à moralidade administrativa, ao meio ambiente e ao patrimônio histórico e cultural, ficando o autor, salvo comprovada má-fé, isento de custas judiciais e do ônus da sucumbência" (Constituição de 1988, art. 5º, LXXIII).

A restrição consta também da vigente Lei n. 4.717/1985:

"Art. 1º Qualquer cidadão será parte legítima para pleitear a anulação ou a declaração de nulidade de atos lesivos ao patrimônio da União, do Distrito Federal, dos Estados, dos Municípios, de entidades autárquicas, de sociedades de economia mista (Constituição, art. 141, § 38), de sociedades mútuas de seguro nas quais a União represente os segurados ausentes, de empresas públicas, de serviços sociais autônomos, de instituições ou fundações para cuja criação ou custeio o tesouro público haja concorrido ou concorra com mais de cinquenta por cento do patrimônio ou da receita ânua, de empresas incorporadas ao patrimônio da União, do Distrito Federal, dos Estados e dos Municípios, e de quaisquer pessoas jurídicas ou entidades subvencionadas pelos cofres públicos".

É afastada, contudo, nos arts. 11 e 12, para admitir-se, pelo menos, condenação:

"Art. 11. A sentença que, julgando procedente a ação popular, decretar a invalidade do ato impugnado, condenará ao pagamento de perdas e danos os responsáveis pela sua prática e os beneficiários dele, ressalvada a ação regressiva contra os funcionários causadores de dano, quando incorrerem em culpa.

Art. 12. A sentença incluirá sempre, na condenação dos réus, o pagamento, ao autor, das custas e demais despesas, judiciais e extrajudiciais, diretamente relacionadas com a ação e comprovadas, bem como o dos honorários de advogado".

Na verdade, todas as técnicas de tutela devem ser admitidas: a declaratória, a constitutiva, a condenatória, a mandamental e a executiva por coerção ou por sub-rogação.

Passemos, agora, ao exame da Lei n. 4.717/1965, destacando especialmente as normas que dificilmente extrair-se-iam do texto constitucional. Ficará ressaltada, assim, a importância da regulamentação infraconstitucional.

O art. 1º define patrimônio público: os bens e direitos de valor econômico, artístico, estético, histórico ou turístico da União, do Distrito Federal, dos Estados, dos Municípios e de entidades autárquicas (definidas estas no art. 20) e das entidades com participação do Estado, a saber: sociedades de economia mista, sociedades mútuas de seguro nas quais a União represente os segurados ausentes, empresas públicas, serviços sociais autônomos, instituições ou fundações para cuja criação ou custeio o tesouro público haja concorrido ou concorra com mais de cinquenta por cento do patrimônio ou da receita ânua, empresas incorporadas ao patrimônio da União, do Distrito Federal, dos Estados e dos Municípios, e quaisquer pessoas jurídicas ou entidades subvencionadas pelos cofres públicos. No caso de instituições ou fundações, para cuja criação ou custeio o tesouro público concorra com menos de cinquenta por cento do patrimônio ou da receita ânua, bem como de pessoas jurídicas ou entidades subvencionadas, as consequências patrimoniais da invalidez dos atos lesivos têm por limite a repercussão deles sobre a contribuição dos cofres públicos.

Não é pouco o grau de precisão que daí resulta.

O § 4º e seguintes do art. 1º dispõem sobre o requerimento e a requisição de documentos que devem instruir a inicial, mas que se encontram com o réu. Dispensam, com menor formalismo, ação preparatória de exibição de documento. O desatendimento constitui crime de desobediência (art. 8º).

Os arts. 2º, 3º e 4º, definidores dos casos de nulidade e de anulabilidade, são de enorme importância, mas não constituem normas proces-

CAPÍTULO XV – JURISDIÇÃO E TUTELA COLETIVA

suais. O mesmo pode-se dizer do art. 21, que estabelece o prazo prescricional (na verdade, decadencial) de 5 anos.

Para a determinação do juiz competente, o art. 5º, § 1º, equipara aos atos das pessoas jurídicas de direito público os das pessoas por elas criadas ou mantidas, bem como os das sociedades de que elas sejam acionistas e os das pessoas ou entidades por elas subvencionadas ou em relação às quais tenham interesse patrimonial.

Os §§ 2º, 3º e 4º do art. 5º repetem normas processuais gerais: competência da Justiça Federal, havendo interesse da União; prevenção do juízo pela propositura da ação e possibilidade de medida liminar.

O art. 6º, *caput*, aponta como legitimados passivos para a causa: 1) as pessoas jurídicas indicadas no art. 1º; 2) as pessoas físicas responsáveis pelo ato ou omissão (as autoridades, funcionários ou administradores que autorizaram, aprovaram, ratificaram, praticaram ou deixaram de praticar o ato impugnado; 3) os beneficiários diretos.

É curiosa a situação das pessoas jurídicas indicadas no art. 1º, porque a ação popular é proposta, em tese, para beneficiá-las, isto é, para que seu patrimônio não seja prejudicado. Confirma-se, aí, a assertiva de Chiovenda de que réu não é somente aquele contra quem, mas também aquele em virtude do qual é proposta a ação. Não se trata, todavia, de situação própria da ação popular. Ação pauliana, proposta por quem é prejudicado por fraude contra credores (Cód. Civil, art. 158 e s.), deve ser proposta em face tanto do alienante quanto do adquirente, nada importando que o primeiro seja beneficiado pelo retorno da coisa alienada ao seu patrimônio. O § 3º do art. 6º permite que a pessoa jurídica de direito público ou de direito privado, cujo ato seja objeto de impugnação, não só reconheça a procedência do pedido, como passe a atuar ao lado do autor. Permite-se, em suma, que um dos réus passe a atuar como assistente do autor. É uma consequência do fato de que a ação visa resguardar o patrimônio de uma das pessoas em face da qual é proposta.

A atuação do Ministério Público como fiscal da Lei, com a possível apresentação de denúncia por fato criminoso, segue as regras dos processos em geral.

413

TEORIA GERAL DO PROCESSO

A possibilidade de qualquer cidadão habilitar-se como litisconsorte ou assistente do autor (art. 6º, § 9º) decorre naturalmente da legitimidade concorrente.

A ação popular obedece ao rito ordinário, com algumas poucas alterações, entre as quais se destacam: 1) a citação dos beneficiários por edital, por opção do autor (inc. II); 2) a possibilidade de introdução, no curso do processo, de novos réus (inc. III), à semelhança do que ocorre no litisconsórcio necessário; 3) o prazo de 20 dias para contestar, que é comum a todos os réus (inc. IV).

Se o autor desiste da ação ou dá causa à extinção do processo, pode dar-lhe continuidade o Ministério Público ou qualquer cidadão (art. 9º).

Não há exigência de preparo para a prática de atos processuais; as custas são pagas apenas ao final (art. 10) e somente pelo réu vencido, tendo em vista o texto constitucional. O autor é condenado no décuplo das custas, se declarada temerária sua ação (art. 13).

Como já se observou, a Lei prevê apenas sentença constitutiva, decretando a invalidade do ato, e condenatória (art. 11). É de se admitir, porém, também sentença mandamental, sendo esta a técnica de tutela adequada.

Impõe-se ao juiz o dever de, na sentença, determinar a comunicação aos órgãos competentes da prática de crime ou de falta disciplinar a que se comine a pena de demissão ou a de rescisão de contrato de trabalho (art. 15).

A sentença de 1º grau que condene à restituição de bens ou valores autoriza sequestro e penhora imediatos (art. 14, § 4º).

A sentença de improcedência, assim como a que decreta a carência de ação, submete-se a reexame necessário (art. 19).

Podem promover a execução o autor ou terceiro (recordemo-nos de que se trata de ação com legitimação de qualquer cidadão), o Ministério Público (art. 16) e a entidade beneficiada pela sentença, ainda que ré no processo (art. 17).

Da sentença e das decisões interlocutórias pode recorrer qualquer cidadão, além do Ministério Público (art. 19, § 2º).

A coisa julgada opera *erga omnes*, exceto no caso de insuficiência de provas (art. 18).

414

CAPÍTULO **XV** – JURISDIÇÃO E TUTELA COLETIVA

Do ponto de vista estritamente processual, destacam-se, nessa regulamentação, a determinação dos legitimados passivos para a ação (arts. 1º e 6º), dos legitimados ativos para a execução (art. 17) e a coisa julgada *erga omnes* e *secundum eventum probationis*.

Constata-se, do exame desse sistema normativo, a adequação de meio e fim, cabendo apenas a ressalva de que mais efetivo seria o processo, se atribuído apenas efeito devolutivo à apelação, tendo a sentença eficácia imediata, e não apenas para fins de sequestro e penhora.

12. AÇÃO CIVIL PÚBLICA

A teoria do processo civil foi construída à vista de conflitos entre pessoas determinadas, especialmente o de um sedizente credor em face do indigitado devedor. Impõe-se agora rever os conceitos, inclusive o de jurisdição, à luz das ações coletivas e, em particular, da ação civil pública intentada para a tutela de direitos difusos.

Trata-se de tutela outrora circunscrita à Administração Pública, salvo se o administrado, sentindo-se lesado pelo ato administrativo, recorresse ao Judiciário, hipótese que se enquadrava no esquema clássico, como conflito entre um particular e a Administração, processado e julgado, conforme o sistema de cada País, pelo Poder Judiciário (caso do Brasil) ou por órgãos do contencioso administrativo (como na França).

A novidade está em que, agora, não é a Administração que atua primariamente, mas o Judiciário, provocado pelo Ministério Público.

Qual a natureza da atividade nesses casos exercida pelo Poder Judiciário? Jurisdicional ou administrativa?

Substituição, coisa julgada, lide e imparcialidade são as principais ideias com que os juristas têm procurado caracterizar a jurisdição.

À primeira vista, parece satisfatória a ideia chiovendiana de substituição, para revestir de jurisdicionalidade a atividade desenvolvida pelo juiz para a tutela de interesses difusos. Disse Chiovenda que jurisdição "é a função do Estado que tem por escopo a atuação da vontade concreta da lei por meio da substituição, pela atividade de órgãos públicos, da atividade de particular ou de outros órgãos públicos, já no afirmar a

TEORIA GERAL DO PROCESSO

existência da vontade da lei, já no torná-la, praticamente, efetiva"[26]. Nessa linha de pensamento, o Ministério Público estaria, em nome do povo, a pedir que o juiz substituísse a Administração, assumindo o seu lugar, proibindo, por exemplo, o que ela indevidamente deixou de proibir. Ocorre que, para propor ação civil pública, o Ministério Público não precisa provar, nem sequer alegar, omissão da Administração. Mais ainda: a Administração, ainda que omissa, não é necessariamente parte na ação civil pública. O juiz não precisa condená-la. Condena diretamente o poluidor. Apresenta-se, assim, a atuação do Ministério Público (e, portanto, a do Judiciário), como atividade primária do Estado, exercida pelo juiz supletivamente (não "em substituição"). Cabível afirmar-se, pois, que se trata, na essência, de atividade tão administrativa quanto a exercida pela Administração. Por isso mesmo, juízos de conveniência e de oportunidade têm lugar nessa espécie de atividade judicial, por exemplo, mantendo-se em funcionamento fábrica poluidora, em função dos empregos que gera ou da natureza dos bens produzidos. De igual modo, não prescinde de juízos de conveniência e de oportunidade a decisão de construir-se uma escola, pouco importando que provenha de autoridade administrativa ou judicial.

A ideia de coisa julgada não serve para explicar a jurisdição, nem mesmo em face de conflitos meramente privados. Certo, a produção de coisa julgada é privativa dos atos jurisdicionais. Mas a recíproca não é verdadeira: a ausência de coisa julgada não autoriza afirmar-se a natureza administrativa da atividade exercida. Fosse assim, haveria de se dizer que o juiz atua como administrador ao receber ou deixar de receber petição inicial, ao conceder ou negar liminar, ao instruir o processo e ao proferir sentenças meramente terminativas. O juiz exerceria atividade jurisdicional apenas ao proferir sentença de mérito e, mesmo assim, não em qualquer caso, pois não produz coisa julgada, por exemplo, a sentença proferida em tutela provisória. Se uma partida de carne ou leite é in-

---

26 CHIOVENDA, Giuseppe. *Instituições de direito processual civil.* 2. ed. São Paulo: Saraiva, 1965, v. 2. p. 4-11.

CAPÍTULO XV – JURISDIÇÃO E TUTELA COLETIVA

cinerada por determinação judicial, de natureza liminar, coisa julgada não há, não obstante a forte atuação judicial no mundo dos fatos. Não há, também nessa hipótese, diferença entre a ordem judicial e a que deveria ter sido expedida pela Administração.

Tampouco se apresenta adequada a ideia carneluttiana de lide. De pretensão resistida pode-se falar se a Administração busca o Judiciário para dobrar a vontade do administrado, ou se este dele se socorre para não ser indevidamente constrangido. No caso da ação civil pública, porém, o Judiciário é chamado a atuar exatamente em função da ausência de lide entre o réu e a Administração, que deixou de exigir o que deveria ter exigido, ambos implicitamente de acordo em deixar as coisas no estado em que se encontram.

Quanto à imparcialidade, observa-se que o juiz é parte integrante desse mesmo povo que, representado pelo Ministério Público, busca a tutela de seus interesses. Assim como no processo penal, não é senão através do artifício da distinção entre Ministério Público-autor e Estado-juiz que se atribui ao julgador a condição de terceiro imparcial. Parcializa-se o Ministério Público, para que se possa ter um juiz imparcial. Mas a distinção assim posta, entre atividade jurisdicional e atividade administrativa, é meramente formal. É jurisdicional porquanto se trata de tutelar interesses públicos *mediante ação*, mas há identidade na essência, porque a tutela dos interesses públicos é também a finalidade e razão de ser da Administração.

A doutrina moderna tende a considerar jurisdicional o conjunto das atividades-fim, exercidas pelo Poder Judiciário, inclusive a jurisdição voluntária. Nesse sentido, podem-se citar as lições de Edson Prata[27], Ovídio Baptista da Silva[28] e Salvatore & Punzi[29]. Ora, ainda que afirmado o caráter jurisdicional da jurisdição voluntária, não se pode negar que se trata de administração de interesses privados. Certo, não se

---

27 PRATA, Edson. *Jurisdição voluntária*. São Paulo: Ed. Universitária de Direito, 1979. p. 75.

28 SILVA, Ovídio A. Baptista da. *Curso de processo civil*. Porto Alegre: Fabris, 1987, v. 1. p. 36.

29 SATTA, Salvatore; PUNZI, Carmine. *Diritto processuale civile*. 13. ed. Padova: CEDAM, 2000. p. 10-13.

TEORIA GERAL DO PROCESSO

trata de administração pública, do Direito Administrativo, toda ela voltada a assegurar interesses públicos, mas se trata, não obstante, de administração, ainda que de interesses privados. Exatamente por essa razão é que o juiz não está obrigado a observar critério de legalidade estrita, podendo adotar em cada caso a solução que reputar mais conveniente ou oportuna.

Assim, em uma visão geral das atividades modernamente exercidas pelo Judiciário, dizemos que a jurisdição pode ser contenciosa ou voluntária. A jurisdição voluntária visa à tutela de interesses privados. A contenciosa, à de direitos subjetivos, públicos ou privados (categoria tradicional) ou à de interesses públicos mediante ação (categoria em que se insere a ação civil pública para tutela de interesses difusos).

Quando chamado a tutelar direitos subjetivos, públicos ou privados, o Judiciário está vinculado ao princípio da legalidade estrita, não podendo negar direito existente, nem tampouco afirmar direito inexistente.

Chamado, no entanto, a tutelar interesses difusos, em ação civil pública, ou interesses privados, em procedimentos de jurisdição voluntária, o Judiciário exerce atividade que, na essência, é de administração. Daí se seguem duas consequências de enorme importância: 1) critérios de conveniência e de oportunidade podem e devem ser levados em consideração; 2) não há coisa julgada, no sentido de qualidade ou eficácia que torna imutável e indiscutível a sentença, pois aquilo que se decidiu com critérios de conveniência e de oportunidade, por razões de conveniência e de oportunidade, pode ser revisto. Assim, a "coisa julgada *erga omnes*", a que se refere o art. 16 da Lei n. 7.347/1985, há de ser interpretada como atinente à eficácia vinculativa da decisão, muito mais do que com a imutabilidade a que se refere o Código de Processo Civil. Seja como for, nas relações continuativas, a revisão é sempre possível.

Para concluir, completa-se o quadro da jurisdição, hoje, no Brasil, com uma referência à atividade paralegislativa exercida pelo Supremo Tribunal Federal, nas ações diretas de inconstitucionalidade. Temos, assim, ao lado da jurisdição em sentido clássico, a jurisdição-administração e a jurisdição-legislação.

CAPÍTULO XV – JURISDIÇÃO E TUTELA COLETIVA

13. JURISDIÇÃO E TUTELA DO MEIO AMBIENTE

Dentre as ações constitucionalmente previstas para a tutela jurisdicional do ambiente, destacam-se a ação civil pública e a ação popular.

A ação civil pública é regulada pela Lei n. 7.347/1985, que aponta como legitimados, além do Ministério Público, a Defensoria Pública; a União, os Estados, o Distrito Federal e os Municípios; a autarquia, empresa pública, fundação ou sociedade de economia mista; a associação que, concomitantemente, esteja constituída há pelo menos um ano e inclua, entre suas finalidades institucionais, a proteção do meio ambiente, ao consumidor, à ordem econômica, à livre concorrência ou ao patrimônio artístico, estético, histórico, turístico e paisagístico.

A ação popular é regulada pela Lei n. 4.717/1985.

Haveria que se mencionar, ainda, o mandado de segurança coletivo, regulado pela Lei n. 12.016/2009, de que se duvida que sirva à tutela de direitos difusos, embora não se possa extrair da Constituição essa restrição.

Um conceito de meio ambiente encontra-se na Lei n. 6.938/1981, que dispõe sobre a Política Nacional do Ambiente:

"Art. 3º Para os fins previstos nesta Lei, entende-se por:

I – meio ambiente: o conjunto de condições, leis, influências e interações de ordem física, química e biológica, que permite, abriga e rege a vida em todas as suas formas;

II – degradação da qualidade ambiental: a alteração adversa das características do meio ambiente;

III – poluição: a degradação da qualidade ambiental resultante de atividades que direta ou indireta:

a) prejudiquem a saúde, a segurança e o bem-estar da população;

b) criem condições adversas às atividades sociais e econômicas;

c) afetem desfavoravelmente a biota;

d) afetem as condições estéticas ou sanitárias do meio ambiente;

e) lancem matérias ou energia em desacordo com os padrões ambientais estabelecidos.

IV – poluidor: a pessoa física ou jurídica, de direito público ou privado, responsável, direta ou indiretamente, por atividade causadora de degradação ambiental;

V – recursos ambientais: a atmosfera, as águas interiores, superficiais e subterrâneas, os estuários, o mar territorial, o solo, o subsolo e os elementos da biosfera, a fauna e a flora".

O art. 225 da Constituição estabelece que:

"Todos têm direito ao meio ambiente ecologicamente equilibrado, bem de uso comum do povo e essencial à sadia qualidade de vida, impondo-se ao Poder Público e à coletividade o dever de defendê-lo e preservá-lo para as presentes e futuras gerações".

Trata-se de direito difuso, isto é, de direito transindividual, de natureza indivisível, de que são titulares pessoas indeterminadas, a que corresponde o dever de preservar o ambiente.

No caso dos direitos absolutos, há direito individual oponível a todos, de que é exemplo o direito de excluir, que caracteriza o direito de propriedade. De sua violação decorre ação individual.

No caso dos direitos difusos, pelo contrário, não há direito individual. Há dever *erga omnes*, e o interesse que lhe corresponde é de "todos", isto é, de pessoas indeterminadas e mesmo indetermináveis. É direito que se pode atribuir à população local, regional, nacional, internacional ou, simplesmente, à humanidade.

Da violação de norma ambiental pode decorrer dano individual e, portanto, ação individual. Mas surge a possibilidade também de ação coletiva, isto é, de ação proposta em defesa da coletividade prejudicada. Mas quem pode propor essa ação?

No caso de direitos individuais, é lógico que se outorgue legitimidade ativa ao titular do direito violado ou ameaçado.

No caso, entretanto, de direitos difusos, essa lógica não pode ser observada, por se tratar de direito de pessoas indeterminadas e mesmo indetermináveis. Assim, a afirmação de que se trata de direito difuso nada diz sobre a legitimação para a causa. Quebra-se o vínculo entre titularidade do direito e legitimação para a causa, sendo esta atribuída por lei, independentemente da titularidade do direito.

Exatamente a inexistência de lei estabelecendo normas sobre a legitimação para a causa é que impediu ações para a tutela de direitos difusos, antes da Lei n. 7.347/1985.

CAPÍTULO XV – JURISDIÇÃO E TUTELA COLETIVA

No sistema brasileiro atual, a legitimação para a causa é de qualquer cidadão, para a ação popular, e de pessoas jurídicas e órgãos indicados na lei, para a ação civil pública.

A legitimidade não pode, para o mesmo fim, ser limitada a alguns poucos indicados na lei e estendida a qualquer cidadão. Há de se compreender, portanto, que a ação civil pública e a ação popular não têm identidade de objeto. Efetivamente, esta tem objeto mais restrito. Tem por finalidade a anulação de ato do Poder Público.

Como observa Mancuso, na ação popular, o pedido imediato é de natureza desconstitutiva-condenatória, e o mediato é insubsistência do ato lesivo aos interesses difusos indicados na Lei[30].

E Artur da Fonseca Alvim observa:

"Caracteriza-se a ação popular, ao lado de outros instrumentos de natureza coletiva, como um remédio de controle da atividade pública. No conceito clássico de Hely Lopes Meirelles[31], a ação popular se constitui no 'meio constitucional posto à disposição de qualquer cidadão para obter a invalidação de atos ou contratos administrativos ou a estes equiparados – ilegais e lesivos do patrimônio federal, estadual e municipal, ou de suas autarquias, entidades paraestatais e pessoas jurídicas subvencionadas com dinheiros públicos'.

Trata-se, inegavelmente, de um instrumento de combate a atos lesivos ao patrimônio público em sentido lato. José Afonso da Silva[32] caracteriza-a como um 'remédio constitucional pelo qual qualquer cidadão fica investido de legitimidade para o exercício de um poder de natureza essencialmente política' constituindo-se, nas palavras do doutrinador, como uma manifestação direta da soberania popular consubstanciada no parágrafo único do art. 1º da Constituição Federal de 1988"[33].

---

30 MANCUSO, Rodolfo de. *Ação popular*. 3. ed. São Paulo: Revista dos Tribunais, 1998. p. 76.

31 MEIRELLES, Hely Lopes. *Mandado de segurança, ação popular, ação civil pública, mandado de injunção, "habeas data"*. São Paulo: Revista dos Tribunais, 1989. p. 85.

32 SILVA, José Afonso da. *Curso de direito constitucional positivo*. 17. ed. São Paulo: Malheiros, 2000. p. 462.

33 ALVIM, Artur da Fonseca. *Ação popular*. Disponível em: http://tex.pro.br/tex/listagem-de-artigos/223-artigos-dez-2005/5172-acao-popular. Acesso em: 16-4-2011.

TEORIA GERAL DO PROCESSO

14. JURISDIÇÃO – A REVOLUÇÃO OPERADA PELA TUTELA DE INTERESSES DIFUSOS

A ameaça de destruição do ambiente e o neoconstitucionalismo conjugaram-se na criação de uma ação civil pública, voltada à tutela de direitos difusos, que haveria de influir profundamente na função desempenhada pelo Poder Judiciário.

Até então, era este concebido como guardião dos direitos individuais. Era por isso mesmo fundamental a ideia de direito subjetivo, havido ora como um interesse juridicamente protegido, ora como um poder de vontade, ora como uma combinação de um e de outro.

Da afirmação de um direito subjetivo próprio, decorria a legitimação para a causa, tanto do autor quanto do réu, identificado este como o sujeito ao qual, segundo o demandante, incumbia praticar o ato devido.

Direito subjetivo era um direito de crédito: direito a uma prestação do devedor.

Em tudo isso, punha-se a tônica em apenas um dos polos da relação: o titular do direito de crédito. Para não se deixar na sombra o devedor, cunhou-se o conceito de relação jurídica.

Conceberam-se, mais tarde, os direitos absolutos, direitos *erga omnes*, entre os quais se destacava o direito de propriedade, a que correspondia uma prestação negativa de todos os demais: o dever de respeitá-la.

Um novo passo foi dado quando surgiu a concepção dos direitos públicos subjetivos, isto é, de direitos contra o Estado.

A própria ação processual foi concebida como um direito público subjetivo: direito de obter do Estado uma sentença, ainda que desfavorável.

Veio depois a ideia dos direitos formativos, isto é, de direitos a que não correspondia um dever do sujeito passivo da relação, mas mera sujeição à vontade do titular do direito formativo.

Chiovenda veio então a explicar o direito de ação como direito formativo: direito à aplicação da vontade da lei (isto é, do direito objetivo), mediante declaração de vontade. Uma reafirmação do individualismo, por submeter-se a aplicação da lei à vontade do autor. Se inexistente a vontade da lei, era o autor carecedor de ação.

Foi-se aos poucos dilargando o conceito de direito subjetivo, que foi assim perdendo valor científico.

422

CAPÍTULO XV – JURISDIÇÃO E TUTELA COLETIVA

Permanecia-se, porém, no campo dos direitos individuais. Deu-se um passo decisivo quando se concebeu a ideia de direitos difusos. Perguntou-se, então: de quem é o ar que se respira?

Viu-se que já não era um direito individual, mas um direito de todos, um direito da comunidade.

A ideia não era inteiramente nova, pois desde o Direito romano se conheciam os bens de uso comum do povo.

Ocorria, todavia, que a tutela desses bens não competia ao Poder Judiciário, salvo em caso de conflito entre particulares ou de conflito com a Administração.

As matérias que o Judiciário hoje examina como relativas aos direitos difusos eram reservadas à Administração. Chegavam ao Judiciário, quando muito, por ação de quem se sentisse lesado em algum direito subjetivo, por ato da Administração.

Ocorreu uma revolução, quando o Judiciário passou examinar matérias relacionadas a "direitos difusos", porque passou a atuar em lugar da Administração.

E passou a atuar em defesa não só de direitos, isto é, de interesses juridicamente protegidos, mas também de "interesses difusos", ou seja, de interesses não protegidos ou ainda não protegidos por Lei. Em outras palavras, o Judiciário passou a atuar também como legislador, impondo deveres não previstos em Lei, para o que influiu fortemente o neoconstitucionalismo, com a tese da eficácia direta da Constituição, dos princípios, até mesmo dos implícitos.

Se antes não se podia excluir da apreciação do Poder Judiciário qualquer lesão a direito, pode-se dizer que, hoje, não há matéria que por ele não possa ser apreciada. Os limites da jurisdição não são outros que o da soberania nacional. Em tese, até uma declaração de guerra pode ser desautorizada pelo Supremo Tribunal Federal.

15. LEGITIMAÇÃO PARA A CAUSA

As ações individuais visam à tutela de direitos subjetivos individuais e, por isso, na generalidade dos casos, a legitimação para a causa decorre naturalmente do direito subjetivo afirmado. Aquele que se afirma titular de um direito tem legitimação ativa para a causa, tendo legitimação passiva o apontado devedor ou sujeito passivo do alegado direito.

Esse critério não pode ser adotado nas ações coletivas: no caso de direitos individuais homogêneos, porque deve haver exatamente um legitimado que possa agir em defesa de direitos *alheios*; no caso de direito coletivo *stricto sensu*, já que é preciso determinar o representante do grupo; no caso de interesses difusos, porquanto os interessados são indeterminados. Há basicamente duas soluções para o problema: atribuir legitimidade a cada um, caso da ação popular, ou atribuí-la a determinadas pessoas, órgãos ou entidades.

No âmbito dos processos individuais, concebeu-se a ideia de substituição processual, para explicar os raros casos em que alguém pode estar em juízo, em nome próprio, para a defesa de direito alheio, casos de legitimação extraordinária, em oposição à legitimação ordinária.

Essa ideia foi transposta para os processos coletivos, com maior propriedade, no caso de ações relativas a direitos individuais homogêneos, em que o autor defende em juízo alegados direitos dos substituídos; com menor propriedade, no caso de direitos coletivos *stricto sensu* e de interesses difusos.

Podem-se referir três correntes a propósito do assunto: a da *legitimação extraordinária por substituição processual*; a da *legitimação ordinária das formações sociais*; a da *legitimação autônoma*[34]. A da substituição processual foi liderada por Barbosa Moreira[35]; a da *legitimação ordinária*, por Kazuo Watanabe, com base nas doutrinas italiana e alemã, pensando em relação às entidades civis que pretendessem defender direitos superindividuais, relacionados aos fins associativos[36]; a da *legi-*

---

34 GIDI, Antonio. *Coisa julgada e litispendência em ações coletivas...* cit., p. 41.

35 Diga-se que assim refere Barbosa Moreira em decorrência da ausência de previsão expressa em relação ao sistema brasileiro, diferentemente do sistema italiano, que exige expressa disposição (art. 81 do CPC Italiano). BARBOSA MOREIRA, José Carlos. *A ação popular do direito brasileiro como instrumento de tutela jurisdicional dos chamados interesses difusos.* Temas de direito processual civil. São Paulo: Saraiva, 1977. p. 111.

36 WATANABE, Kazuo. Tutela jurisdicional dos interesses difusos: a legitimação para agir. In: GRINOVER, Ada Pellegrini (Coord.). *A tutela dos interesses difusos.* São Paulo: Max Limonad, 1984. p. 111.

CAPÍTULO XV – JURISDIÇÃO E TUTELA COLETIVA

timidade autônoma, por Nelson Nery Junior, afirmando tratar-se de norma processual e material, atingindo, assim, os direitos individuais, coletivos e difusos[37].

Pensamos que a substituição processual explica bem a legitimidade ativa dos indicados na lei, que claramente se encontram em juízo, em nome próprio, para a tutela de direitos de pessoas determinadas ou determináveis, sendo cada um titular de direito subjetivo próprio e individual. No caso de interesses difusos, nada importa quais sejam os titulares dos ditos direitos difusos, vinculados entre si por uma situação de fato; trata-se de ações prepostas à aplicação do direito objetivo, o que é particularmente visível nas ações para a tutela do meio ambiente, motivo por que a melhor explicação é a da legitimidade autônoma. No caso de direito coletivo *stricto sensu,* tanto pode haver legitimação autônoma, como no caso de ação relativa ao meio ambiente do trabalho, proposta pelo Ministério Público, como (re)presentação pelo sindicato, como no caso de ação proposta pelo respectivo sindicato para a revisão dos salários da categoria profissional por ele representada.

No sistema norte-americano das *class actions,* em princípio, qualquer integrante do respectivo grupo pode propor ação coletiva, o que se restringe com a exigência de que ele seja um "representante adequado".

Em nosso sistema, legitimados são apenas os indicados na Lei. Vários autores, capitaneados por Antônio Gidi[38], exigem o requisito da adequada representatividade, invocando o largo princípio do devido processo legal. Barbosa Moreira[39] já em 1981 referia da necessidade, em processos coletivos, de permitir o controle da legitimidade – representa-

---

37   Crítica interessante a esta tese vem efetivada por DIDIER JR., Fredie; ZANETI JR., Hermes. *Curso de direito processual civil:* processo coletivo. 5. ed. Salvador: Juspodivm, 2010, v. 4. p. 201 e s..

38   GIDI, Antonio. A representação adequada nas ações coletivas brasileiras: uma proposta. *Revista de Processo,* São Paulo, p. 61-62, 2003.

39   BARBOSA MOREIRA, José Carlos. Notas sobre o problema da "efetividade" do processo. *Temas de direito processual.* Terceira série. São Paulo: Saraiva, 1984. p. 36.

TEORIA GERAL DO PROCESSO

ção adequada – pelo magistrado; acompanharam-no Antonio Gidi[40] e Ada Pellegrini Grinover[41].

16. COISA JULGADA

Nos processos coletivos, a coisa julgada tem regulação diferenciada, particularmente no que se refere aos seus limites subjetivos.

Nos processos individuais, a coisa julgada forma-se independentemente de seu conteúdo e é restrita às partes às quais é dada a sentença; nos processos coletivos, a coisa julgada pode depender do conteúdo da sentença (do fato, por exemplo, de haver sido por insuficiência de provas rejeitado o pedido) e pode ser *ultra partes* ou *erga omnes*.

O Código do Consumidor estabelece:

"Art. 103. Nas ações coletivas de que trata este código, a sentença fará coisa julgada:

I – *erga omnes*, exceto se o pedido for julgado improcedente por insuficiência de provas, hipótese em que qualquer legitimado poderá intentar outra ação, com idêntico fundamento valendo-se de nova prova, na hipótese do inciso I do parágrafo único do art. 81;

II – *ultra partes*, mas limitadamente ao grupo, categoria ou classe, salvo improcedência por insuficiência de provas, nos termos do inciso anterior, quando se tratar da hipótese prevista no inciso II do parágrafo único do art. 81;

III – *erga omnes*, apenas no caso de procedência do pedido, para beneficiar todas as vítimas e seus sucessores, na hipótese do inciso III do parágrafo único do art. 81".

A coisa julgada, no caso de ação relativa a interesses difusos (art. 81, parágrafo único, I, do CDC; art. 16 da Lei da Ação Civil Pública), opera *erga omnes*, porque se trata de aplicação do direito objetivo. No caso de

---

40   GIDI, Antonio. A representação adequada nas ações coletivas brasileiras: uma proposta. *Revista de Processo*, São Paulo, p. 61-70, 2003.

41   GRINOVER, Ada Pellegrini. Ações coletivas ibero-americanas: novas questões sobre a legitimação e a coisa julgada. *Revista Forense*, Rio de Janeiro, p. 6, 2002.

ação relativa a direito coletivo *stricto sensu* (art. 81, parágrafo único, do CDC), não há eficácia *ultra partes* (apesar do que diz a Lei), porquanto a coisa julgada é restrita ao respectivo grupo. Em ambos os casos, a insuficiência de provas impede a formação de coisa julgada (coisa julgada *secundum eventum probationis*).

No que diz respeito às ações relativas a direitos individuais homogêneos (art. 81, parágrafo único, III, do CDC), é preciso esclarecer, sobretudo, que, mesmo nos processos individuais, a coisa julgada abrange os substituídos, não havendo, pois, nada de novo na força de coisa julgada em favor de cada um dos titulares de direitos individuais homogêneos; de novo sim, o fato de produzir-se apenas em favor, e não contra eles (coisa julgada *secundum eventum litis*). A improcedência do pedido formulado em ação coletiva relativa a direitos individuais homogêneos não impede a propositura de ação individual, com possível acolhimento do pedido (salvo se o titular do alegado direito houver sido admitido como assistente na ação coletiva).

▶ **APROFUNDANDO**

Destaque do capítulo
Acesse também pelo *link*: https://somos.in/TGP0630

Precedente relevante
Acesse também pelo *link*: https://somos.in/TGP0629

CAPÍTULO XVI

Processos Objetivos

1. INTRODUÇÃO

Os processos propostos ao exame em tese da constitucionalidade de norma jurídica ou de preceito fundamental têm natureza jurídica peculiar[1]. São chamados "processos objetivos", porque dizem respeito ao direito em tese e não a direitos subjetivos ou a situações jurídicas subjetivas, donde a afirmação da inexistência de "partes". Referimo-nos, aqui, à ação declaratória de inconstitucionalidade (ADI), à ação de inconstitucionalidade por omissão (ADO), à ação declaratória de constitucionalidade (ADC) e à ação de descumprimento de preceito fundamental (ADPF); não ao mandado de injunção (assim como afirma o Min. Marco Aurélio)[2] e à representação interventiva (ADI), que dizem respeito a casos concretos e não ao direito em tese.

O Supremo Tribunal Federal examina a constitucionalidade de ato normativo tanto em casos concretos (controle de constitucionalidade

---

1 ABBOUD, Georges. *Jurisdição constitucional e direitos fundamentais*. São Paulo: Revista dos Tribunais, 2011. p. 96-98.

2 STF, MI 575 AgR/DF, Tribunal Pleno, rel. Min. Marco Aurélio, j. 19-10-1998.

difuso) como em tese (controle de constitucionalidade abstrato), aquele, em recurso extraordinário[3].

O controle abstrato, por via de ação, visa retirar do sistema jurídico a lei ou ato normativo em tese (em abstrato) tido por inconstitucional[4]. Ao passo que a via de exceção (controle difuso) apenas subtrai as partes dos efeitos de uma lei eivada de inconstitucionalidade, a via de ação expunge do ordenamento jurídico a lei inconstitucional[5].

Característica do controle de constitucionalidade abstrato é a inexistência de lide, presente quase sempre nos processos individuais. Não há pretensão resistida, nem contraditório típico. Trata-se, em suma, de processos objetivos[6], para controle de atos normativos e leis em abstrato[7]. Sua raiz se encontra na doutrina de Hans Kelsen.

No plano infraconstitucional, o controle abstrato de constitucionalidade é regido pelas Leis n. 9.868/1999 e n. 9.882/1999[8].

Primeiramente foi editada a Lei n. 9.868, em 10 de novembro de 1999[9], com a finalidade de regulamentar a ação direta de inconstitucionalidade (ADI), a ação declaratória de constitucionalidade (ADC) e a ação direta de inconstitucionalidade por omissão (ADO), esta última introduzida na referida Lei por meio da edição da Lei n. 12.063/2009.

---

3   PALU, Oswaldo Luiz. *Controle de constitucionalidade*: conceitos, sistemas e efeitos. 2. ed. São Paulo: Revista dos Tribunais, 2001. p. 156-157.

4   SAGUÉS, Nestor P. *Elementos de derecho constitucional*. Buenos Aires: Artraz, 1997, t. I. p. 151.

5   Nesse sentido, CARVALHO, Kildare Gonçalves. *Direito constitucional didático*. 8. ed. Belo Horizonte: Del Rey, 2002. p. 159.

6   BÉGUIN, Jean-Claude. *Le contrôle de la constitutionnalité des lois en République Fédérale d'Allemagne*. Paris: Economica, 1982. p. 62.

7   Nesse sentido, importante conferir a ADC 1-DF em questão de ordem, especialmente no voto do Min. Moreira Alves na página 20 (STF, ADC 1-DF, Tribunal Pleno, Min. Moreira Alves, j. 1º-12-1993). Também interessante conferir a manifestação do Supremo no RE 579.760 ED/RS, 2ª Turma, Min. Cezar Peluso, j. 27-10-2009.

8   Sobre a distinção entre texto normativo e norma, conferir MÜLLER, Friedrich. *Teoria estruturante do Direito*. Trad. Peter Neumann. Eurides Avance de Souza. 3. ed. rev. e atual. São Paulo: Revista dos Tribunais, 2011. p. 187-188. Afora isso, o mesmo autor continua descrevendo a temática no capítulo X, nas páginas 187 a 213.

9   LEAL, Saul Tourinho. *Controle de constitucionalidade moderno*. 2. ed. Niterói: Impetus, 2012. p. 305.

CAPÍTULO **XVI** – **Processos Objetivos**

Em seguida, foi editada a Lei n. 9.882, em 3 de dezembro de 1999[10], regulamentando a Arguição de Descumprimento de Preceito Fundamental (ADPF), com a finalidade de manter os preceitos fundamentais da Constituição firmes e respeitáveis, sendo seu objetivo evitar ou reparar a lesão a preceito fundamental, além de possibilitar levar ao Supremo leis ou atos normativos municipais, bem como o direito pré-constitucional tornando o sistema completo[11].

2. AÇÃO DIRETA DE INCONSTITUCIONALIDADE E AÇÃO DECLARATÓRIA DE CONSTITUCIONALIDADE

Na jurisdição, em sentido clássico, a sentença declara a incidência de norma jurídica sobre fato. Excepcionalmente, há declaração apenas de fato. É o caso das ações declaratórias da falsidade ou autenticidade de documento. Nas ações diretas de constitucionalidade ou de inconstitucionalidade (jurisdição constitucional), a sentença pronuncia-se apenas sobre norma.

No sentido tradicional da expressão, jurisdição é apenas a contenciosa. A jurisdição voluntária é havida como atividade administrativa (administração pública de interesses privados). Quanto à jurisdição constitucional, pode-se afirmar que ela tem natureza legislativa. Se a introdução de lei no ordenamento jurídico tem natureza legislativa, igual natureza há de ter o ato que retira do ordenamento norma jurídica havida por inconstitucional.

Temos, assim, ao lado da jurisdição em sentido clássico, a jurisdição-administração e a jurisdição-legislação.

A jurisdição constitucional, em sentido lato, compreende: a *jurisdição da liberdade* (ações constitucionais: *habeas corpus*, *habeas data*, mandado de segurança, mandado de injunção, ação popular, ação civil pública); o

---

10 LEAL, Saul Tourinho. *Controle de constitucionalidade moderno*. 2. ed. Niterói: Impetus, 2012. p. 451-479.

11 LEAL, Saul Tourinho. *Controle de constitucionalidade moderno*. 2. ed. Niterói: Impetus, 2012. p. 451.

Teoria Geral do Processo

controle constitucional difuso, exercido pelos juízes e tribunais em geral, e, em grau de recurso extraordinário, pelo Supremo Tribunal Federal; o *controle abstrato*, compreendendo a ação direta de inconstitucionalidade, ação direta de constitucionalidade e a arguição de descumprimento de preceito fundamental.

Em sentido restrito, a jurisdição constitucional compreende tão só o controle abstrato. Origina-se da Constituição da Áustria, de 1920, que seguiu as ideias e concepções de Hans Kelsen[12].

Na Europa, os Tribunais Constitucionais não integram o Poder Judiciário[13]; os juízes e tribunais ordinários não podem declarar a inconstitucionalidade de lei. Podem, apenas, suscitar o incidente de inconstitucionalidade, perante o Tribunal Constitucional. É o chamado *controle concreto* de constitucionalidade[14].

2.1 Objeto do controle abstrato

No caso da ação direta de constitucionalidade, a ação só pode ser proposta contra ato e norma federal e pelo Presidente da República, pela Mesa das duas Casas do Congresso Nacional e pelo Procurador-Geral da República[15].

Mais amplo é o possível objeto de ação direta de inconstitucionalidade.

Cabe ação direta de inconstitucionalidade contra emenda constitucional que viole cláusula pétrea, já que a Constituição estabelece que não será objeto de deliberação a proposta de emenda constitucional tendente a abolir: a forma federativa de Estado; o voto direto, secreto, universal e periódico; a separação dos Poderes; os direitos e garantias individuais (art. 60, § 4º).

---

12 VELOSO, Zeno. *Controle jurisdicional de constitucionalidade*. 3. ed. Belo Horizonte: Del Rey, 2003. p. 62.

13 VELOSO, Zeno. *Controle jurisdicional de constitucionalidade*. 3. ed. Belo Horizonte: Del Rey, 2003. p. 62.

14 VELOSO, Zeno. *Controle jurisdicional de constitucionalidade*. 3. ed. Belo Horizonte: Del Rey, 2003. p. 62.

15 MARTINS, Ives Gandra da Silva; MENDES, Gilmar Ferreira. *Controle concentrado de constitucionalidade*. São Paulo: Saraiva, 2001. p. 78-79.

CAPÍTULO **XVI** – PROCESSOS OBJETIVOS

Não cabe, todavia, contra emenda constitucional *in fieri*. Se a emenda ainda está em tramitação, o mandado de segurança é que se apresenta como via adequada.

Decidiu o Supremo Tribunal Federal:

O direito constitucional positivo brasileiro, ao longo de sua evolução histórica, jamais autorizou – como a nova Constituição promulgada em 1988 também não o admite – o sistema de controle jurisdicional preventivo de constitucionalidade, em abstrato. Inexiste, desse modo, em nosso sistema jurídico, a possibilidade de fiscalização abstrata preventiva da legitimidade constitucional de meras proposições normativas pelo Supremo Tribunal Federal. Atos normativos *in fieri*, ainda em fase da formação, com tramitação procedimental não concluída, não ensejam nem dão margem ao controle concentrado ou em tese de constitucionalidade, que supõe – ressalvadas as situações configuradoras de omissão juridicamente relevante – a existência de espécies normativas definitivas, perfeitas c acabadas. Ao contrário do ato normativo – que existe e que pode dispor de eficácia jurídica imediata, constituindo, por isso mesmo, uma realidade inovadora da ordem positiva –, a mera proposição legislativa nada mais encerra do que simples proposta de direito novo, a ser submetida à apreciação do órgão competente, para que, de sua eventual aprovação, possa derivar, então, a sua introdução formal no universo jurídico. A jurisprudência do Supremo Tribunal Federal tem refletido claramente essa posição em tema de controle normativo abstrato, exigindo, nos termos do que prescreve o próprio texto constitucional – e ressalvada a hipótese de inconstitucionalidade por omissão – que a ação direta tenha, e só possa ter, como objeto juridicamente idôneo, apenas leis e atos normativos, federais ou estaduais, já promulgados, editados e publicados (STJ, Plenário, ADIn 466-2/DF, rel. Min. Celso de Mello, j. 3-4-1991).

Nesse mesmo acórdão, porém, acenou-se para a possibilidade de proibição judicial através de mandado de segurança, invocando-se como precedente o Mandado de Segurança 20.257, Min. Moreira Alves, relator para o acórdão, julgado em 8-10-1980, assim ementado:

"Mandado de segurança contra ato da Mesa do Congresso que admitiu a deliberação de proposta de emenda constitucional que a impe-

TEORIA GERAL DO PROCESSO

tração alega ser tendente à abolição da República. Cabimento de mandado de segurança em hipótese em que a vedação constitucional se dirige ao próprio processamento da lei ou da emenda, vedando a sua apresentação ou a sua deliberação. Nesses casos, a inconstitucionalidade diz respeito ao próprio andamento do processo legislativo, e isso porque a Constituição não quer – em face da gravidade dessas deliberações, se consumadas – que sequer se chegue à deliberação, proibindo-a taxativamente. A inconstitucionalidade, se ocorrente, já existe antes de o projeto ou de a proposta se transformar em lei ou em emenda constitucional, porque o próprio processamento já desrespeita, frontalmente, a Constituição".

Vê-se, portanto, que o Supremo Tribunal considera-se competente, em tese, para proibir deliberação do Congresso Nacional, com invocação do art. 60, § 4º, da Constituição.

Cabe ação direta de inconstitucionalidade contra lei, não, todavia, contra lei de efeitos concretos, orientação criticada por Gilmar Ferreira Mendes, no que se refere a *leis* em sentido meramente formal, especialmente quando exigida lei: orçamento, instituição de empresa pública, sociedade de economia mista, autarquia e fundação pública[16].

O STF tem tratado a chamada inconstitucionalidade superveniente não como questão constitucional, mas como tema de direito intertemporal. Gilmar Ferreira Mendes critica essa orientação, com bons argumentos: constituição e lei encontram-se em níveis de diferente hierarquia; lei geral (como a Constituição) não revoga lei especial; cabe recurso extraordinário por contrariedade de lei anterior à Constituição atual.

Revogado o ato, fica prejudicada a ADI, orientação também criticada por Mendes[17].

"A revogação do ato normativo impugnado ocorrida posteriormente ao ajuizamento da ação direta, mas anteriormente ao seu julgamento,

---

16 MENDES, Gilmar Ferreira. *Jurisdição constitucional*. 3. ed. São Paulo: Saraiva, 1999. p. 161 e s.

17 MENDES, Gilmar Ferreira. *Jurisdição constitucional*. 3. ed. São Paulo: Saraiva, 1999. p. 173 e s.

CAPÍTULO **XVI** – PROCESSOS OBJETIVOS

a torna prejudicada, independentemente da verificação dos efeitos concretos que o ato haja produzido, pois eles têm relevância no plano das relações jurídicas individuais, não, porém, no do controle abstrato das normas" (ADI 737-8, rel. Min. Moreira Alves, j. 16-9-1993, PDT x art. 7º da Lei n. 8.149/1992 – valor do salário mínimo).

Cabe ação direta de inconstitucionalidade contra medida provisória. Sua conversão em lei não prejudica a ação. Contudo, havendo reedição, exige-se aditamento. A ação resta prejudicada, se ela não é aprovada, ou se aprovada com alterações (mesmo meramente formais), orientação esta criticada por Mendes[18].

Cabe ação direta de inconstitucionalidade contra decreto legislativo. Não é preventiva a ação proposta contra decreto legislativo que aprova tratado internacional[19].

Cabe ação direta de inconstitucionalidade contra decreto do Poder Executivo. Todavia, o Supremo Tribunal Federal não a admite contra decreto regulamentar, porque não haveria ofensa direta à Constituição. Mendes critica essa orientação, porquanto, se o regulamento vai além da lei, há violação do princípio da legalidade[20].

Também cabe a ação contra norma de Constituição estadual e outros atos normativos, como os editados por pessoas jurídicas de direito público, regimento interno de tribunal[21], parecer com força normativa, tais como os da Consultoria-Geral da República, aprovados pelo Presidente da República[22].

Finalmente, cabe ação direta de inconstitucionalidade contra omissão. A Constituição dispõe que, "declarada a inconstitucionalidade por

---

18 MENDES, Gilmar Ferreira. *Jurisdição constitucional.* 3. ed. São Paulo: Saraiva, 1999. p. 174 e s.

19 MENDES, Gilmar Ferreira. *Jurisdição constitucional.* 3. ed. São Paulo: Saraiva, 1999. p. 172.

20 MENDES, Gilmar Ferreira. *Jurisdição constitucional.* 3. ed. São Paulo: Saraiva, 1999. p. 180 e s.

21 Exemplo: ADI 1.662-7, rel. Min. Maurício Correa, j. 30-8-2001. Governador do Estado de São Paulo *versus* Instrução Normativa 11 do TST.

22 Exemplo: ADI 4-7, rel. Sidney Sanches, j. 7-3-1991.

omissão de medida para tornar efetiva norma constitucional, será dada ciência ao Poder competente para a adoção das providências necessárias e, em se tratando de órgão administrativo, para fazê-lo em trinta dias" (art. 103, § 2º).

Esse dispositivo traça claro limite à atuação jurisdicional, diretamente relacionado com o princípio da separação dos Poderes, na medida em que, declarada a omissão legislativa, a consequência será a mera comunicação ao Parlamento "para a adoção das providências necessárias". Assim, o Judiciário não substitui o Legislador, editando, em lugar dele, a norma reclamada pela Constituição. Tampouco poderá constranger o Legislativo, através de *astreintes* ou de outra medida coercitiva.

Todavia, chega-se a outro resultado, pela via do mandado de injunção. No Mandado de Injunção 107, relator Min. Moreira Alves, ficou assentado que a decisão, tanto no mandado de injunção quanto na ação de inconstitucionalidade por omissão, tem natureza mandamental (mandado dirigido ao legislador). A diferença está em que o primeiro destina-se à proteção de direitos subjetivos e, portanto, interesse jurídico, ao passo que a segunda pode ser proposta, independentemente de interesse jurídico específico. No mandado de injunção, é possível a suspensão de processos administrativos ou judiciais, com vistas a assegurar ao interessado a possibilidade de ser contemplado pela norma mais benéfica[23].

2.2 Parâmetro de controle

Parâmetro de controle é a Constituição vigente; não, portanto, norma constitucional revogada. Incluem-se, todavia, entre os parâmetros de controle, os princípios constitucionais, ainda que implícitos, notadamente o da razoabilidade ou o da proporcionalidade[24].

---

23 MENDES, Gilmar Ferreira. *Jurisdição constitucional*. 3. ed. São Paulo: Saraiva, 1999. p. 304-308.

24 MENDES, Gilmar Ferreira. *Jurisdição constitucional*. 3. ed. São Paulo: Saraiva, 1999. p. 186 e s.

Ofensa indireta à Constituição não autoriza ação direta de inconstitucionalidade.

A Constituição da República, em tema de ação direta, qualifica-se como o único instrumento normativo revestido de parametricidade, para efeito de fiscalização abstrata de constitucionalidade perante o Supremo Tribunal Federal. Ofensa indireta à Constituição não autoriza ação direta de inconstitucionalidade (ADI 1.347-5, rel. Min. Celso de Mello, j. 5-10-1995).

Também não constituem parâmetro de controle princípios suprapositivos, tais como normas de Direito natural.

2.3 Legitimação ativa

A ação direta de constitucionalidade pode ser proposta pelo Presidente da República, pela Mesa da Câmara dos Deputados; pela Mesa do Senado Federal; pelo Procurador-Geral da República (Lei n. 9.868/1999, art. 13).

Podem propor a ação direta de inconstitucionalidade:

"I – o Presidente da República;

II – a Mesa do Senado Federal;

III – a Mesa da Câmara dos Deputados;

IV – a Mesa de Assembleia Legislativa ou a Mesa da Câmara Legislativa do Distrito Federal;

V – o Governador de Estado ou o Governador do Distrito Federal;

VI – o Procurador-Geral da República;

VII – o Conselho Federal da Ordem dos Advogados do Brasil;

VIII – partido político com representação no Congresso Nacional;

IX – confederação sindical ou entidade de classe de âmbito nacional"
(Lei n. 9.868/1999, art. 2º).

Dentre os legitimados, alguns o são qualquer que seja a norma impugnada. São os legitimados universais. De outros, o Supremo Tribunal Federal tem exigido "relação de pertinência", entre a natureza do requerente e a da matéria debatida. São os legitimados especiais. Assim, "a Mesa da Assembleia Legislativa do Amazonas não terá direito a propor ação direta de inconstitucionalidade sobre lei que diga respeito à remuneração dos servidores do Estado de São Paulo"[25].

Quanto ao Presidente da República, legitimado universal, observa-se que a sanção da lei não impede que o chefe do Poder Executivo proponha a ação (ADI 807, rel. Min. Celso de Mello). A objeção de que, nesse caso, o Presidente da República seria, simultaneamente, autor e réu, é afastada com a consideração de que se trata de processo objetivo, sem partes, como acentua a doutrina alemã.

Do Conselho Federal da Ordem dos Advogados não se exige o requisito da pertinência temática[26].

Também não se o exige de partido político (Medida Cautelar na ADI 1.396-3, rel. Min. Marco Aurélio, j. 7-2-1996). Representado pelo Presidente de seu Diretório Nacional, pode impugnar qualquer ato normativo, independentemente de seu conteúdo material (ADI 1.096, rel. Min. Celso de Mello, j. 16-3-1995).

De Governador de Estado, o STF tem exigido relação de pertinência com a pretensão formulada (ADI 902, rel. Min. Marco Aurélio, j. 3-3-1994). Ele tem capacidade postulatória (ADI 120-5, rel. Min. Moreira Alves, j. 20-3-1996), como todos os mencionados no art. 103, I a VII, da Constituição (ADI 127 – Questão de Ordem – Medida cautelar).

Das entidades sindicais, apenas as confederações têm legitimidade ativa (ADI 505, Moreira Alves, 20-6-1990). Entende-se por "confederação" a que atende os requisitos do art. 535 da Consolidação das Leis do Trabalho.

Várias são as restrições impostas pelo Supremo Tribunal Federal, relativamente à legitimação ativa de entidades de classe: como tais, não se qualificam as que, congregando pessoas jurídicas, apresentam-se como verdadeiras associações de associações; pessoas jurídicas de direito privado, que reúnam, como membros integrantes, associações de natureza

---

25 MARTINS, Ives Gandra da Silva; MENDES, Gilmar Ferreira. *Controle concentrado de constitucionalidade*. São Paulo: Saraiva, 2001. p. 70.

26 MARTINS, Ives Gandra da Silva; MENDES, Gilmar Ferreira. *Controle concentrado de constitucionalidade*. São Paulo: Saraiva, 2001. p. 71.

CAPÍTULO **XVI** – **PROCESSOS OBJETIVOS**

civil e organismos de caráter sindical, desqualificam-se – precisamente em função do hibridismo dessa composição – como instituições de classe; reclama-se a participação, nelas, dos próprios indivíduos integrantes de determinada categoria, e não apenas das entidades privadas constituídas para representá-los; entidades internacionais, que possuam Seção brasileira no território nacional, não se qualifica como instituição de classe; composição heterogênea de associação, reunindo pessoas vinculadas a categorias radicalmente distintas, descaracteriza-se como entidade de classe; excluem-se, portanto, instituições integradas por membros vinculados a estratos sociais, profissionais ou econômicos diversificados, cujos objetivos, individualmente considerados, revelem-se contrastantes; a entidade há de ser nacional, com atuação transregional e existência de associados ou membros em pelo menos nove Estados da Federação, por aplicação analógica da Lei Orgânica dos Partidos Políticos (ADI 79, rel. Min. Celso de Mello, j. 13-4-1992).

Assim, não têm legitimidade: a União Nacional de Estudantes – UNE (ADI 894-3, rel. Min. Néri da Silveira); a Associação dos Ex-Combatentes do Brasil (ADI 1.090-5, rel. Min. Néri da Silveira); a Federação das Associações de Militares da Reserva Remunerada, de Reformados e de Pensionistas das Forças Armadas e Auxiliares (ADI 993, Celso de Melo, 23-10-1994); a Associação Brasileira de Consumidores (ADI 1.693, rel. Min. Marco Aurélio, j. 23-10-1997), esta porque todos são consumidores.

Reconhecida foi a legitimidade da Associação dos Magistrados Brasileiros – AMB – (Medida Cautelar na ADI 138, rel. Min. Sydney Sanches, j. 14-2-1990) e da Associação Nacional dos Advogados da União (ADI 2.713, Min. Ellen Gracie, j. 18-12-2002).

2.4 Procedimento

Sobre a petição inicial dispõem os arts. 3º e 14 da Lei n. 9.868/1999, para a ação de inconstitucionalidade e a de constitucionalidade, respectivamente. Destaca-se que, na ação de constitucionalidade, a inicial deve comprovar a existência de controvérsia judicial relevante sobre a aplicação do dispositivo objeto da ação. Controvérsia doutrinária não autoriza

Teoria Geral do Processo

a propositura da ação. Gilmar Mendes advoga o entendimento do cabimento da ação se os tribunais pronunciam (unanimemente) a inconstitucionalidade: "Assim, a exigência de demonstração de controvérsia judicial há de ser entendida, nesse contexto, como relativa à existência de controvérsia jurídica relevante capaz de afetar a presunção de legitimidade da lei e, por conseguinte, a eficácia da decisão legislativa"[27].

A procuração deve conter poderes específicos para atacar a norma impugnada (ADI 2.187-7, rel. Min. Octávio Gallotti, j. 15-7-2000).

O pedido é essencial para a jurisdição constitucional, uma vez que dele depende, em determinada medida, a qualificação de órgão decisório como um Tribunal. A *forma judicial* constitui característica peculiar que permite distinguir a atuação da jurisdição constitucional de outras atividades, de cunho meramente político[28].

"A despeito da necessidade legal da indicação dos fundamentos jurídicos na petição inicial, não fica o STF adstrito a eles na apreciação que faz da constitucionalidade dos dispositivos questionados."[29]

O STF tem admitido até a requisição das informações ao órgão de que emanou o ato ou a medida impugnada[30].

O aditamento é exigido com relação às medidas provisórias reeditadas ou convertidas em lei.

Petição inicial inepta, não fundamentada ou manifestamente improcedente, pode ser liminarmente indeferida pelo relator, decisão de que cabe agravo (Lei n. 9.868/1999, arts. 4º e 15).

Proposta a ação, não se admite desistência (Lei n. 9.868/1999, arts. 5º e 16).

Na ação de inconstitucionalidade, o relator pede informações aos órgãos ou às autoridades das quais emanou a lei ou o ato normativo

---

27 MARTINS, Ives Gandra da Silva; MENDES, Gilmar Ferreira. *Controle concentrado de constitucionalidade*. São Paulo: Saraiva, 2001. p. 270.

28 MENDES, Gilmar Ferreira. *Jurisdição constitucional*. 3. ed. São Paulo: Saraiva, 1999. p. 85.

29 MARTINS, Ives Gandra da Silva; MENDES, Gilmar Ferreira. *Controle concentrado de constitucionalidade*. São Paulo: Saraiva, 2001. p. 147.

30 MARTINS, Ives Gandra da Silva; MENDES, Gilmar Ferreira. *Controle concentrado de constitucionalidade*. São Paulo: Saraiva, 2001. p. 151.

CAPÍTULO **XVI** – PROCESSOS OBJETIVOS

impugnado, as quais devem ser prestadas no prazo de trinta dias (Lei n. 9.868/1999, art. 6º).

Não se admite intervenção de terceiros (Lei n. 9.868/1999, arts. 7º e 18). Contudo, nas ações de inconstitucionalidade, o relator pode, por despacho irrecorrível, admitir a manifestação de órgãos ou entidades por ele indicados (Lei n. 9.868/1999, art. 7º, § 2º).

A seguir, ouvem-se, no caso da ação de inconstitucionalidade, o Advogado-Geral da União e o Procurador-Geral da República (Lei cit., art. 8º); no caso da ação de constitucionalidade, apenas o Procurador-Geral da República é ouvido (Lei cit., art. 19).

O Advogado-Geral da União deve defender a norma (ADI 72, rel. Min. Sepúlveda Pertence).

O Procurador-Geral fala como fiscal da lei, mesmo quando haja proposto a ação (ADI 97 – Questão de Ordem, rel. Min. Moreira Alves).

No controle abstrato de normas, o Tribunal não exerce atividade jurisdicional. Trata-se de processo objetivo (Rp. 1.405, Moreira Alves). Não há réu. A Constituição determina que se cite o Advogado-Geral da União, em seu art. 103, § 3º: "Quando o Supremo Tribunal Federal apreciar a inconstitucionalidade, em tese, de norma legal ou ato normativo, citará, previamente, o Advogado-Geral da União, que defenderá o ato ou texto impugnado".

Segundo Gilmar Ferreira Mendes, "a obrigação do Advogado-Geral da União de defender, em qualquer hipótese, o ato inconstitucional não encontra apoio na Constituição e viola o princípio da fidelidade constitucional enquanto postulado constitucional imanente"[31].

A seguir, lançado o relatório, o relator pede dia para o julgamento. Em caso de necessidade de esclarecimento de matéria ou circunstância de fato ou de notória insuficiência das informações existentes nos autos, pode o relator requisitar informações adicionais, designar perito ou comissão de peritos para que emita parecer sobre a questão, ou fixar data para, em audiência pública, ouvir depoimentos de pessoas com experiência e autoridade na matéria. Pode, ainda, solicitar informações aos

---

31 MENDES, Gilmar Ferreira. *Jurisdição constitucional*. 3. ed. São Paulo: Saraiva, 1999. p. 43.

tribunais superiores, aos tribunais federais e aos tribunais estaduais acerca da aplicação da norma impugnada no âmbito de sua jurisdição (Lei n. 9.868/1999, arts. 9º e 20).

2.5 Medida cautelar

As ações diretas de inconstitucionalidade ou de constitucionalidade admitem medida cautelar (mais precisamente: antecipatória), concedida pela maioria absoluta dos membros do Supremo Tribunal Federal. No caso de inconstitucionalidade, suspende-se a vigência da lei, via de regra, com eficácia *ex nunc*. No caso de ação declaratória de constitucionalidade, expede-se ordem, suspendendo o julgamento dos processos que envolvam a aplicação da lei ou do ato normativo objeto da ação até seu julgamento definitivo (Lei n. 9.868/1999, arts. 10 e 21).

Ives Gandra Martins sustenta, a nosso ver, com inteira razão, que a liminar, concedida em ação direta de inconstitucionalidade, suspende definitivamente a aplicação da lei. Sua revogação posterior não autoriza a aplicação da lei relativamente a fatos ocorridos durante a suspensão. Argumenta com o exemplo do ICM: o contribuinte, liberado, por liminar, do recolhimento do tributo, não teria, revogada a liminar, de transferi-lo para o contribuinte de fato[32].

A liminar tem eficácia a partir da publicação ou, havendo urgência, a partir da comunicação, por telegrama, à autoridade[33].

2.6 Decisão

A decisão sobre a constitucionalidade ou a inconstitucionalidade da lei ou do ato normativo somente será tomada se presentes na sessão pelo menos oito Ministros (Lei n. 9.868/1999, art. 22).

---

32 MARTINS, Ives Gandra da Silva. *Jurisdição constitucional*. 3. ed. São Paulo: Saraiva, 1999. p. 185-189.

33 MARTINS, Ives Gandra da Silva. *Jurisdição constitucional*. 3. ed. São Paulo: Saraiva, 1999. p. 202.

CAPÍTULO **XVI** – PROCESSOS OBJETIVOS

Efetuado o julgamento, proclamar-se-á a constitucionalidade ou a inconstitucionalidade da disposição ou da norma impugnada se em um ou em outro sentido se tiverem manifestado pelo menos seis Ministros, quer se trate de ação direta de inconstitucionalidade ou de ação declaratória de constitucionalidade (Lei n. 9.868/1999, art. 23). Não sendo alcançada a maioria necessária à declaração de constitucionalidade ou de inconstitucionalidade, havendo Ministros ausentes, suspende-se o julgamento, a fim de aguardar-se o comparecimento, até que se atinja o número necessário para prolação da decisão em um ou em outro sentido (Lei n. 9.868/1999, art. 23, parágrafo único).

Proclamada a constitucionalidade, julgar-se-á improcedente a ação direta de inconstitucionalidade ou procedente a ação declaratória de constitucionalidade. Proclamada a inconstitucionalidade, julgar-se-á procedente a ação direta de inconstitucionalidade ou improcedente a ação declaratória de constitucionalidade.

A decisão é irrecorrível, não sendo, tampouco, suscetível de rescisão. Cabem embargos declaratórios (Lei n. 9.868/1999, art. 26).

São variantes da declaração de inconstitucionalidade: a declaração de nulidade total como unidade técnico-legislativa, como no caso de vício de iniciativa; a de nulidade total, em virtude de relação de dependência ou de interdependência entre as partes constitucionais e inconstitucionais do dispositivo impugnado; a de nulidade parcial, suposto que não exista dependência ou interdependência entre as partes e que, do texto recortado não resulte norma contrária à vontade do legislador, criando-se "lei nova"; a de nulidade parcial sem redução do texto, como no caso de declarar-se inconstitucional a cobrança de tributo no exercício financeiro em que foi criado (Súmula 67) ou de julgar-se improcedente a ação, desde que adota tal e não outra interpretação[34].

Não se confundem "declaração de inconstitucionalidade sem redução do texto" e "interpretação conforme a Constituição". Esta não é senão modalidade de interpretação sistemática, não exigindo, nos Tri-

---

34 MENDES, Gilmar Ferreira. *Jurisdição constitucional*. 3. ed. São Paulo: Saraiva, 1999. p. 277-278.

TEORIA GERAL DO PROCESSO

bunais locais, remessa ao Órgão Especial. Na declaração de nulidade sem redução do texto, há expressa exclusão, por inconstitucionalidade, de determinadas hipóteses de aplicação do programa normativo, sem alteração do texto legal; na interpretação conforme à Constituição, declara-se, pelo contrário, que a lei é constitucional, com a interpretação que lhe é conferida pelo órgão judicial[35].

2.7 Efeitos da decisão

É declaratória ou constitutiva negativa a sentença que julga procedente ação direta de inconstitucionalidade?

Na doutrina americana do controle difuso, acolhida no Brasil, trata-se de declaração de nulidade: *"the inconstitutional statute is not law at all"*.

Na doutrina de Kelsen, do controle concentrado, trata-se de anulabilidade, facultando-se ao Tribunal reconhecer que a lei aplicada por longo período de tempo haveria de ser considerada como fato eficaz, apto a produzir consequências.

O tema tornou-se controvertido, no Brasil, tendo em vista o disposto no art. 27 da Lei n. 9.868/1999:

"Art. 27. Ao declarar a inconstitucionalidade de lei ou ato normativo, e tendo em vista razões de segurança jurídica ou de excepcional interesse social, poderá o Supremo Tribunal Federal, por maioria de dois terços de seus membros, restringir os efeitos daquela declaração ou decidir que ela só tenha eficácia a partir de seu trânsito em julgado ou de outro momento que venha a ser fixado".

Segundo Teori Albino Zavascki, a eficácia *ex nunc* da decisão proferida em controle concentrado de constitucionalidade não infirma a tese da nulidade da lei inconstitucional. Ao manter atos com base nela praticados, o Supremo não declara sua validade, nem assume a função de "legislador positivo", mas exerce típica função jurisdicional:

"Diante de fatos consumados, irreversíveis ou de reversão possível, mas comprometedora de outros valores constitucionais, só resta ao jul-

---

35 MENDES, Gilmar Ferreira. *Jurisdição constitucional*. 3. ed. São Paulo: Saraiva, 1999. p. 286.

CAPÍTULO XVI – PROCESSOS OBJETIVOS

gador – e esse é o seu papel – ponderar os bens jurídicos em conflito e optar pela providência menos gravosa ao sistema de direito, ainda quando ela possa ter como resultado o da manutenção de uma situação originariamente ilegítima. Em casos tais, a eficácia retroativa da sentença de nulidade importaria na reversão de um estado de fato consolidado, muitas vezes, sem culpa do interessado, que sofreria prejuízo desmesurado e desproporcional"[36].

Segundo Gilmar Ferreira Mendes, a tese da anulabilidade não se compadece com o poder de qualquer juiz de declarar a inconstitucionalidade, o que supõe a nulidade. O postulado da nulidade da lei inconstitucional tem hierarquia constitucional. Isso, porém, não impede o desenvolvimento de fórmulas intermediárias (como as que se converteram em lei)[37].

Data venia, a premissa é falsa. No controle difuso, o juiz não declara a nulidade da lei, porque ela não pode ser nula para uns e para outros não. O que ele, na verdade, declara é a inaplicabilidade da lei às partes às quais é dada a sentença, o que caracteriza hipótese de ineficácia, não de nulidade.

A tese tradicional, da natureza declarativa da sentença, com eficácia necessariamente *ex tunc*, ajusta-se ao modelo de controle difuso da constitucionalidade, com eficácia restrita às partes. Nessas ações, a parte que afirma a inconstitucionalidade depende, via de regra, da eficácia *ex tunc* da sentença, para que a declaração pretendida produza, no caso, efeitos práticos.

É diversa a situação, no controle abstrato de constitucionalidade. A sentença tem, aí, natureza paralegislativa; natural, pois, que produza, de regra, efeitos *ex nunc*.

Por isso, dever-se-ia até mesmo inverter a regra e exigir maioria especial, não para atribuir à sentença efeitos *ex nunc*, mas para atribuir-lhe

---

36 ZAVASCKI, Teori Albino. *Eficácia das sentenças na jurisdição constitucional*. São Paulo: Revista dos Tribunais, 2001. p. 49-50.

37 MENDES, Gilmar Ferreira. *Jurisdição constitucional*. 3. ed. São Paulo: Saraiva, 1999. p. 264-265.

TEORIA GERAL DO PROCESSO

efeitos *ex tunc*, pois são inúmeras as situações em que se apresenta desarrazoada a eficácia retroativa da decisão.

A sentença, abstrata, não desconstitui, automaticamente, direitos adquiridos, atos jurídicos perfeitos e a coisa julgada, fundados na lei declarada inconstitucional. "Os atos não mais suscetíveis de revisão", diz Gilmar Ferreira Mendes, "não são afetados pela declaração de inconstitucionalidade, mediante a utilização das chamadas fórmulas de preclusão"[38].

Decretada a inconstitucionalidade, sem atenção às situações consolidadas no passado, os prejudicados sustentarão, em ações individuais, a teoria do fato consumado.

A inconstitucionalidade pode ter eficácia futura. É o caso da lei "ainda constitucional". Gilmar Ferreira Mendes aponta como exemplo decisões do Supremo Tribunal Federal admitindo prazo em dobro para a defensoria pública até que sua organização, nos Estados, alcance o nível da organização do respectivo Ministério Público e reconhecendo legitimidade ativa ao Ministério Público para promover a execução civil da sentença penal condenatória, onde não houver Defensoria Pública[39]. Na ADI 3.022, julgada em 2-8-2004, o Supremo Tribunal Federal declarou inconstitucional norma que atribuía à Defensoria Pública do Estado do Rio Grande do Sul a assistência judicial a servidores processados por ato praticado em razão do exercício de suas atribuições funcionais, estabelecendo, contudo, que os efeitos dessa decisão passariam a valer a partir do dia 31 de dezembro daquele ano.

A sentença proferida em ação abstrata tem eficácia contra todos e efeito vinculante.

O art. 28, parágrafo único, da Lei n. 9.868/1999 estabelece:

"A declaração de constitucionalidade ou de inconstitucionalidade, inclusive a interpretação conforme a Constituição e a declaração parcial de inconstitucionalidade sem redução de texto, têm eficácia contra to-

---

38 MENDES, Gilmar Ferreira. *Jurisdição constitucional*. 3. ed. São Paulo: Saraiva, 1999. p. 271.

39 MENDES, Gilmar Ferreira. *Jurisdição constitucional*. 3. ed. São Paulo: Saraiva, 1999. p. 295-301.

CAPÍTULO **XVI** – PROCESSOS OBJETIVOS

dos e efeito vinculante em relação aos órgãos do Poder Judiciário e à Administração Pública federal, estadual e municipal".

Segundo Mendes, o efeito vinculante, instituto desenvolvido no Direito alemão, significa mais do que força de lei ou força de coisa julgada, por implicar eficácia, não apenas à parte dispositiva da decisão, mas também aos chamados fundamentos ou motivos determinantes.

Segundo esse entendimento, a eficácia da decisão do Tribunal transcende o caso singular, de modo que os princípios dimanados da parte dispositiva e dos fundamentos determinantes sobre a interpretação da Constituição devem ser observados por todos os tribunais e autoridades nos casos futuros. Outras correntes doutrinárias sustentam que, tal como a coisa julgada, o efeito vinculante limita-se à parte dispositiva da decisão, de modo que, do prisma objetivo, não haveria distinção entre a coisa julgada e o efeito vinculante[40].

Diz mais:

"Independentemente de se considerar a eficácia *erga omnes* como simples coisa julgada com eficácia geral ou de se entender que se cuida de instituto especial que afasta a incidência da coisa julgada nesses processos especiais, é certo que se cuida de um instituto processual específico do controle abstrato de normas e, portanto, que, declarada a constitucionalidade de uma norma pelo Supremo Tribunal, ficam também os órgãos do Poder Judiciário obrigados a seguir a orientação fixada pelo próprio guardião da Constituição"[41].

A eficácia vinculante impede a edição de norma posterior idêntica (ADI 864, rel. Moreira Alves).

O efeito vinculante não vincula o próprio STF. Veja-se o art. 102, § 2º, da Constituição: "As decisões definitivas de mérito, proferidas pelo Supremo Tribunal Federal, nas ações declaratórias de constitucionalidade de lei ou ato normativo federal, produzirão eficácia contra todos e

---

40 MARTINS, Ives Gandra da Silva; MENDES, Gilmar Ferreira. *Controle concentrado de constitucionalidade*. São Paulo: Saraiva, 2001. p. 339.

41 MENDES, Gilmar Ferreira. *Jurisdição constitucional*. 3. ed. São Paulo: Saraiva, 1999. p. 293.

efeito vinculante, relativamente aos demais órgãos do Poder Judiciário e ao Poder Executivo"[42].

Em particular, é possível posterior declaração de inconstitucionalidade, pelo próprio Supremo Tribunal Federal, havendo mudança das circunstâncias fáticas ou relevante alteração das concepções jurídicas dominantes[43].

3. ARGUIÇÃO DE DESCUMPRIMENTO DO PRECEITO FUNDAMENTAL

Lê-se na Constituição: "A arguição de descumprimento de preceito fundamental, decorrente desta Constituição, será apreciada pelo Supremo Tribunal Federal, na forma da lei" (art. 101, III, parágrafo único). Daí decorre a necessária vinculação entre a Constituição e o âmbito de abrangência do conceito de preceito fundamental; a competência originária do Supremo Tribunal Federal para processar e julgar a ação; o descumprimento de preceito fundamental como causa de pedir.

Descumprimento de preceito fundamental é ato que ocorre no mundo fático, donde, como corolário, a natureza subjetiva do processo correspondente, com alegação e provas de fatos, em confronto com o sistema normativo ou, mais precisamente, em confronto com preceito fundamental do sistema normativo constitucional.

Ajusta-se a essa linha de pensamento o disposto no art. 1º, *caput*, da Lei n. 9.882/1999: "A arguição prevista no § 1º do art. 102 da Constituição Federal será proposta perante o Supremo Tribunal Federal, e terá por objeto evitar ou reparar lesão a preceito fundamental, resultante de ato do Poder Público".

Em seu conjunto, no entanto, essa mesma Lei, e a jurisprudência do Supremo Tribunal Federal vieram a construir a arguição de preceito fundamen-

---

42 Nesse sentido: MARTINS, Ives Gandra da Silva; MENDES, Gilmar Ferreira. *Controle concentrado de constitucionalidade*. São Paulo: Saraiva, 2001. p. 342.

43 MENDES, Gilmar Ferreira. *Jurisdição constitucional*. 3. ed. São Paulo: Saraiva, 1999. p. 295.

CAPÍTULO **XVI** – PROCESSOS OBJETIVOS

tal, como um terceiro processo objetivo, a somar-se às ações, direta de inconstitucionalidade e declaratória de constitucionalidade, com os mesmos legitimados, atribuindo-lhe caráter subsidiário: cabe a arguição de descumprimento de preceito fundamental quando incabível outro processo objetivo, por tratar-se de lei já revogada, ou de lei municipal, já se tendo afirmado haver fungibilidade entre essas ações, podendo uma ser admitida pela outra.

Para isso contribuiu especialmente o disposto no art. 1º, parágrafo único, da citada Lei: "Caberá também arguição de descumprimento de preceito fundamental: I – quando for relevante o fundamento da controvérsia constitucional sobre lei ou ato normativo federal, estadual ou municipal, incluídos os anteriores à Constituição".

Houve, assim, um desvio de rota, para fora do programa traçado pela Constituição, o que se evidencia sobretudo quando se constata que o prejudicado pelo descumprimento não tem legitimidade para propô-la.

Atribuiu-se à arguição de descumprimento de preceito fundamental a finalidade de suprir lacunas criadas por uma jurisprudência restritiva do Supremo Tribunal Federal. Usou-se lei ordinária para "corrigi-la".

Outro fator que terá contribuído para esse desvio terá sido o temor de não se saber como limitar o acesso direto ao Supremo Tribunal Federal, a pretexto de violação de preceito fundamental. Atribuir-se-lhe caráter subsidiário poderia ser uma solução, não fora a dificuldade de se apontar caso de inexistência, em nosso sistema processual, de outro processo subjetivo, apto a impedir ou reparar lesão a preceito fundamental.

O que fazer: permitir acesso direto e irrestrito ao Supremo Tribunal Federal ou negar legitimidade aos prejudicados?

Resolveu-se o problema com a construção da ação de descumprimento de preceito fundamental como um processo objetivo, cabível quando incabível outro processo subjetivo e com os mesmos legitimados.

449

▶ **APROFUNDANDO**

Destaque do capítulo
Acesse também pelo *link*: https://somos.in/TGP0632

Precedente relevante
Acesse também pelo *link*: https://somos.in/TGP0631

CAPÍTULO **XVII**

Novos Caminhos do Processo Contemporâneo

O processo recebe constantes influências dos demais ramos do direito, da sociologia e da filosofia.

Em uma sociedade carente de soluções céleres, efetivas e eficazes, não se pode mais ter um processo que não se preste a essas finalidades.

Foi com essa concepção que o processo se aproximou da Constituição Federal e, portanto, do direito constitucional.

Essa relação foi positiva, pois o tornou mais comprometido com a prestação efetivada e adequada da tutela jurisdicional. Não é por outra razão que hoje se busca um processo com "duração razoável".

Não temos mais um processo pensado apenas em uma estrutura civil, penal ou trabalhista, já que hoje se busca atender ao direito constitucional e aos procedimentos processuais constitucionais.

1. ATIVISMO JUDICIAL

Hodiernamente tem ganho espaço, no debate jurídico, a figura do ativismo judicial, que se caracteriza a partir da atuação ativa do magistrado, buscando, por meio de sua condução processual, realizar a jurisdição de forma efetiva e comprometida com a concretização das políticas públicas.

O ativismo judicial é caracterizado pela postura mais ativa do Poder Judiciário, que busca, diante da falta de solução legislativa adequada para determinado caso, criar soluções para a implementação, sobretudo, de políticas públicas.

Em 1803, nos Estados Unidos, "na discussão sobre o empossamento de Willian Marbury como juiz de paz, de acordo com a designação feita pelo então presidente John Adams às vésperas de deixar seu cargo, a Suprema Corte, por decisão do *Chief Justice* Marshall, afirma que, embora a nomeação de Marbury fosse irrevogável, o caso não poderia ser julgado pela Corte. É *declarada inconstitucional*, portanto, a seção 13 do *Judiciary Act* – que atribuía competência originária à Suprema Corte para tanto –, sob o fundamento de que tal disposição legislativa ampliava sua atuação para além do que havia sido previsto constitucionalmente, no *Article III*. Com isso, *por uma decisão judicial* no julgamento de um caso, surgiu o controle de constitucionalidade (*judicial review*) norte-americano. Refira-se: a Constituição não conferia expressamente este poder de revisão dos tribunais sobre a legislação do Congresso. Dá-se início, assim, às discussões sobre *ativismo judicial* em solo norte-americano"[1].

Com efeito, segundo Luís Roberto Barroso[2], o ativismo judicial veio implementado pela Suprema Corte Americana para manter a segregação racial. Para o autor, "foi na atuação proativa da Suprema Corte que os setores mais reacionários encontraram amparo para a segregação racial".

Destarte, conforme Vanice Regina Lírio do Valle[3], o termo ativismo judicial nasceu com a publicação de um artigo na revista americana *Fortune*, escrito pelo jornalista americano Arthur Schlesinger, em reportagem que observava a Suprema Corte dos Estados Unidos, traçando o perfil dos nove juízes daquele tribunal. Para a autora, desde então, vem

---

1   TASSINARI, Clarissa. *Jurisdição e ativismo judicial*: limites da atuação do judiciário. Porto Alegre: Livraria do Advogado, 2013. p. 23.

2   BARROSO, Luís Roberto. *Judicialização, ativismo judicial e legitimidade democrática*. Disponível em: http://www.plataformademocratica.org/Publicacoes/12685_Cached.pdf. Acesso em: 20-6-2016.

3   VALLE, Vanice Regina Lírio do. (Org.). *Ativismo jurisprudencial e o Supremo Tribunal Federal*. Laboratório de análise jurisprudencial do STF. Curitiba: Juruá, 2009. p. 21.

sendo utilizado o termo ativismo judicial em uma perspectiva crítica quanto à atuação do Poder Judiciário.

Importante destacar, conforme Luís Roberto Barroso, que "a ideia de ativismo judicial está associada a uma participação mais ampla e intensa do Judiciário na concretização dos valores e fins constitucionais, com maior interferência no espaço de atuação dos outros dois Poderes. A postura ativista se manifesta por meio de diferentes condutas, que incluem: (i) a aplicação direta da Constituição a situações não expressamente contempladas em seu texto e independentemente de manifestação do legislador ordinário; (ii) a declaração de inconstitucionalidade de atos normativos emanados do legislador, com base em critérios menos rígidos que os de patente e ostensiva violação da Constituição; (iii) a imposição de condutas ou de abstenções ao Poder Público"[4].

No Brasil há autores que defendem o emprego do ativismo judicial, uma vez que pode contribuir para o aprimoramento da democracia[5], "especialmente quando aplica toda a extensão dos efeitos dos direitos fundamentais aos excluídos dos seus efeitos"[6], assim como já consagrada esta tese no Supremo Tribunal Federal, em diversos julgados.

Importantes advertências foram feitas por Ronald Dworkin, ao aduzir que: "O ativismo é uma forma virulenta de pragmatismo jurídico. Um juiz ativista ignoraria o texto da Constituição, a história de sua promulgação, as decisões anteriores da Suprema Corte que buscaram interpretá-la e as duradouras tradições de nossa cultura política. O ativista ignoraria tudo isso para impor a outros poderes do Estado seu próprio ponto de vista sobre o que a justiça exige. O direito como integridade

---

4   BARROSO, Luís Roberto. *Ativismo judicial e legitimidade democrática...* cit.

5   MENDES, Gilmar Ferreira. *Revista Consultor Jurídico*, 24-4-2008. Disponível em: http://www.conjur.com.br/2008-abr-24/gilmar_rebate_criticas_ativismo_stf_materia_politica?pagina=6. Acesso em: 20-4-2008.

6   DELGADO, José Augusto. Ativismo judicial: o papel político do Poder Judiciário na sociedade contemporânea. In: JAYME, Fernando Gonzaga; FARIA, Juliana Cordeiro de; LAUAR, Maira Terra. *Processo civil*: novas tendências – homenagem ao professor Humberto Theodoro Júnior. Belo Horizonte: Del Rey, 2008. p. 322.

condena o ativismo e qualquer prática de jurisdição constitucional que lhe esteja próxima"[7].

Sabe-se que o ativismo judicial[8] tem sido estudado, e recentemente compreendido pelos juristas, de modo que ainda é inicial a produção científica sobre o tema, todavia, ao que tudo indica, em breve ter-se-á muito mais reflexão. Também se faz crítica ao tema e ao protagonismo do julgador, alertando que o critério de valor empregado nas decisões por alguns julgadores é um dos grandes malefícios do ativismo judicial.

Com efeito, fato é que, queiramos ou não, o ativismo se tem implementado por algumas razões.

A primeira, pelo fato de haver clara e evidente omissão dos demais Poderes, por exemplo, do Executivo, que deveria implementar e realizar políticas públicas. Diante da omissão de aludido Poder nesse contexto, tem-se que cada vez mais os cidadãos têm recorrido ao Judiciário na busca da solução adequada para o seu caso.

A segunda, sustenta-se que não é dado ao Judiciário simplesmente furtar-se ao julgamento de ação que a ele tenha sido submetida sob o fundamento de que não pode se imiscuir na esfera de outros Poderes. Enfim, não cabe ao Judiciário lavar as mãos, sobretudo, diante da falta de solução legislativa adequada ou de omissão do Executivo quanto à implementação de direitos fundamentais.

A terceira, em decorrência da necessidade de implementar e realizar políticas públicas que são direitos dos cidadãos que contribuem e não têm a respectiva e adequada contraprestação do Poder Público.

Não é novidade, podendo-se ver que, em algumas decisões do STF, vem sendo aplicado o ativismo judicial de forma variada, como, por exemplo, no julgamento da ADI 2.530, de 24-4-2002, que se prestou a declarar a inconstitucionalidade do § 1º do art. 8º da Lei n. 9.504/1997.

---

7   DWORKIN, Ronald. *O império do direito*. Trad. Jefferson Luiz Camargo. São Paulo: Martins Fontes, 1999. p. 451-452.

8   VALLE, Vanice Regina Lírio do. (Org.). *Ativismo jurisprudencial e o Supremo Tribunal Federal...* cit., p. 21.

Assim, segundo o Min. Celso de Mello, na ADPF 45/DF, percebe-se que "não pode demitir-se do gravíssimo encargo de tornar efetivos os direitos econômicos, sociais e culturais – que se identificam, enquanto direitos de segunda geração, com as liberdades positivas, reais ou concretas (...) –, sob pena de o Poder Público, por violação positiva ou negativa da constituição, comprometer de modo inaceitável, a integridade da própria ordem constitucional"[9].

Destaque-se que, além dos casos suprarreferidos, é perceptível a importância do ativismo judicial em algumas outras decisões proferidas pelo STF.

2. JUDICIALIZAÇÃO DA POLÍTICA

Outro ponto que merece destaque é a problemática existente em torno do conflito entre judicialização da política e ativismo judicial, por serem institutos que, para alguns, confundem-se. Tal dúvida é gerada a partir da atuação de "protagonista" institucional do STF, hodiernamente.

Defendem alguns que a judicialização é menos prejudicial, sendo ela o mecanismo de que se pode valer o STF. Para outros, o ativismo pode e é utilizado pelo STF.

Destarte, antes de debater qual dos dois institutos se realiza ante o STF, é relevante perceber que "a judicialização e o ativismo judicial são primos. Vêm, portanto, da mesma família, frequentam os mesmos lugares, mas não têm as mesmas origens. Não são gerados, a rigor, pelas mesmas causas imediatas. A judicialização, no contexto brasileiro, é um fato, uma circunstância que decorre do modelo constitucional que se adotou, e não um exercício deliberado de vontade política. Em todos os casos referidos acima, o Judiciário decidiu porque era o que lhe cabia fazer, sem alternativa. Se uma norma constitucional permite que dela se deduza uma pretensão, subjetiva ou objetiva, ao juiz cabe dela conhecer, decidindo a matéria. Já o ativismo judicial é uma atitude, a escolha de um modo específico e proativo de interpretar a Constituição, expan-

---

9   STF, AI 759.543/RJ, rel. Min. Celso de Mello, j. 28-10-2013.

dindo o seu sentido e alcance. Normalmente ele se instala em situações de retração do Poder Legislativo, de um certo descolamento entre a classe política e a sociedade civil, impedindo que as demandas sociais sejam atendidas de maneira efetiva. A ideia de ativismo judicial está associada a uma participação mais ampla e intensa do Judiciário na concretização dos valores e fins constitucionais"[10].

Ademais, segundo Lenio Luiz Streck, a "judicialização é contingencial. Num país como o Brasil, é até mesmo inexorável que aconteça essa judicialização (e até em demasia). Mas não se pode confundir aquilo que é próprio de um sistema como o nosso (Constituição analítica, falta de políticas públicas e amplo acesso à Justiça) com o que se chama de ativismo. O que é ativismo? É quando os juízes substituem os juízos do legislador e da Constituição por seus juízos próprios, subjetivos, ou, mais que subjetivos, subjetivistas (solipsistas). No Brasil esse ativismo está baseado em um catálogo interminável de 'princípios', em que cada ativista (intérprete em geral) inventa um princípio novo. Na verdade, parte considerável de nossa judicialização perde-se no emaranhado de ativismos"[11].

Portanto, "esse processo de ampliação da ação judicial pode ser analisado à luz das mais diversas perspectivas: o fenômeno da normatização de direitos, especialmente em face de sua natureza coletiva e difusa; as transições pós-autoritárias e a edição de constituições democráticas – seja em países europeus ou latino-americanos – e a consequente preocupação com o reforço das instituições de garantia do estado de direito, dentre elas a magistratura e o Ministério Público; as diversas investigações voltadas para a elucidação dos casos de corrupção a envolver a classe política, fenômeno já descrito como 'criminalização da responsabilidade política'; as discussões sobre a instituição de algum tipo de poder judicial internacional ou transnacional, a exemplo do tribunal penal in-

---

10 BARROSO, Luís Roberto. Fundamentos teóricos e filosóficos do novo direito constitucional brasileiro (pós-modernidade, teoria crítica e pós-positivismo). In: BARROSO, Luís Roberto. (Org.). *A nova interpretação constitucional*: ponderação, direitos fundamentais e relações privadas. 2. ed. Rio de Janeiro: Renovar, 2006. p. 27-28.

11 STRECK, Lenio Luiz; MORAIS, José Luis Bolzan de. *OAB in foc*, Uberlândia, ano 4, n. 20, ago.-set. 2009, p. 15.

CAPÍTULO **XVII** – NOVOS CAMINHOS DO PROCESSO CONTEMPORÂNEO

ternacional; e, finalmente, a emergência de discursos acadêmicos e doutrinários, vinculados à cultura jurídica, que defendem uma relação de compromisso entre Poder Judiciário e soberania popular"[12].

Com efeito, a crítica inicial ao ativismo judicial está consubstanciada na afirmação de que o Poder Judiciário não possui legitimidade democrática para, por meio de suas decisões, combater os atos instituídos pelos Poderes Legislativo e Executivo, pois eleitos pelo povo.

Destarte, Daniel Sarmento, criticando o ativismo, refere que "acontece que muitos juízes, deslumbrados diante dos princípios e da possibilidade de, através deles, buscarem a justiça – ou que entendem por justiça –, passaram a negligenciar no seu dever de fundamentar racionalmente os seus julgamentos. Esta 'euforia' com os princípios abriu um espaço muito maior para o decisionismo judicial. Um decisionismo travestido sob as vestes do politicamente correto, orgulhoso com seus jargões grandiloquentes e com a sua retórica inflamada, mas sempre um decisionismo. Os princípios constitucionais, neste quadro, converteram-se em verdadeiras 'varinhas de condão': com eles, o julgador de plantão consegue fazer quase tudo o que quiser. Esta prática é profundamente danosa a valores extremamente caros ao Estado Democrático de Direito. Ela é prejudicial à democracia, porque permite que juízes não eleitos imponham as suas preferências e valores aos jurisdicionados, muitas vezes passando por cima de deliberações do legislador. Ela compromete a separação dos poderes, porque dilui a fronteira entre as funções judiciais e legislativas. E ela atenta contra a segurança jurídica, porque torna o direito muito menos previsível, fazendo-o dependente das idiossincrasias do juiz de plantão, e prejudicando com isso a capacidade do cidadão de planejar a própria vida com antecedência, de acordo com o conhecimento prévio do ordenamento jurídico"[13].

---

12   CITTADINO, Gisele. Poder Judiciário, ativismo judiciário e democracia. *Revista Alceu*, n. 9, v. 5, jul.-dez. 2004, p. 105-113. Disponível em: http://revistaalceu.com.puc-rio.br/media/alceu_n9_cittadino.pdf. Acesso em: 20-6-2016.

13   SARMENTO, Daniel. Ubiquidade constitucional: os dois lados da moeda. In: SOUZA NETO, Cláudio Pereira de; SARMENTO, Daniel. (Org.). *A constitucionalização do direito*: fundamentos teóricos e aplicações específicas. Rio de Janeiro: Lumen Juris, 2007. p. 144.

Sabe-se que os críticos dessa atuação proativa, realizada pelo Judiciário, destacam que estaria ocorrendo, ademais, violação da separação dos poderes, visto que, por vezes, age o Poder Judiciário como Executivo, fazendo aquilo que caberia a este Poder. Igualmente vislumbram os críticos que o Judiciário age como verdadeiro legislador, normatizando, por meio de decisão judicial, desconsiderando a vontade do legislador.

Lenio Luiz Streck aduz que "os juízes (e a doutrina também é culpada), que agora deveriam aplicar a Constituição e fazer filtragem das leis ruins, quer dizer, aquelas inconstitucionais, passaram a achar que sabiam mais do que o constituinte. Saímos, assim, de uma estagnação para um ativismo, entendido como a substituição do Direito por juízos subjetivos do julgador. Além disso, caímos em uma espécie de pan-principiologismo, isto é, quando não concordamos com a lei ou com a Constituição, construímos um princípio. (...) Tudo se judicializa. Na ponta final, em vez de se mobilizar e buscar seus direitos por outras vias (organização, pressões políticas etc.), o cidadão vai direto ao Judiciário, que se transforma em um grande guichê de reclamações da sociedade. Ora, democracia não é apenas direito de reclamar judicialmente alguma coisa. Por isso é que cresce a necessidade de se controlar a decisão dos juízes e tribunais, para evitar que estes substituam o legislador. E nisso se inclui o STF, que não é – e não deve ser – um superpoder"[14].

Entretanto, diversamente dessas posições que criticam o ativismo, há, de outro lado, parcela da doutrina defensora do ativismo[15]. Segundo essa última corrente, o Poder Judiciário possui legitimidade para invalidar decisões daqueles que exercem mandato popular.

---

14 STRECK, Lenio Luiz. *Ativismo judicial não é bom para a democracia*. Disponível em: http://www.conjur.com.br/2009-mar-15/entrevista-lenio-streck-procurador-justicario-grande-sul. Acesso em: 20-6-2016.

15 Entre os defensores do ativismo judicial, Ana Paula Barcellos levanta os principais fundamentos para a viabilidade sistêmica do ativismo (BARCELLOS, Ana Paula de. Constitucionalização das políticas públicas em matéria de direitos fundamentais: o controle político-social e o controle jurídico no espaço democrático. In: SARLET, Ingo Wolfgang; TIMM, Luciano Benetti. (Org.). *Direitos fundamentais, orçamento e reserva do possível*. Porto Alegre: Livraria do Advogado, 2008. p. 118-128).

CAPÍTULO XVII – NOVOS CAMINHOS DO PROCESSO CONTEMPORÂNEO

Dessa forma, segundo Hart, "o conflito direto mais agudo entre a teoria jurídica deste livro e a teoria de Dworkin é suscitado pela minha afirmação de que, em qualquer sistema jurídico, haverá sempre certos casos juridicamente não regulados em que, relativamente a determinado ponto, nenhuma decisão em qualquer dos sentidos é ditada pelo direito e, nessa conformidade, o direito apresenta-se como parcialmente indeterminado ou incompleto. Se, em tais casos, o juiz tiver de proferir uma decisão, em vez de, como Bentham chegou a advogar em tempos, se declarar privado de jurisdição, ou remeter os pontos não regulados pelo direito existente para a decisão do órgão legislativo, então deve exercer o seu *poder discricionário* e *criar* direito para o caso, em vez de aplicar meramente o direito estabelecido preexistente. Assim, em tais casos juridicamente não previstos ou não regulados, o juiz cria direito novo e aplica o direito estabelecido que não só confere, mas também restringe os seus poderes de criação do direito"[16].

A legitimidade dos membros do Poder Judiciário decorreria da própria Constituição Federal, já que os juízes não atuam em nome próprio, mas, sim, em conformidade com esta.

Dessa forma, ao aplicar a Constituição e as próprias leis, os julgadores estão, na realidade, fortalecendo a vontade da maioria, ou seja, a própria vontade majoritária, sendo, assim, o ativismo judicial um instrumento promotor da democracia.

É de se destacar que defendendo o ativismo judicial, há eloquente decisão do STF, no AI 759.543/RJ, rel. Min. Celso de Mello, j. 28-10-2013:

"Reconhecida, assim, a adequação da via processual eleita, para cuja instauração o Ministério Público dispõe de plena legitimidade ativa (CF, art. 129, III), impõe-se examinar a questão central da presente causa e verificar se se revela possível ao Judiciário, sem que incorra em ofensa ao postulado da separação de poderes, determinar a adoção, pelo Município, quando injustamente omisso no adimplemento de políticas públicas constitucionalmente estabelecidas, de medidas ou providências des-

---

16   HART, Hebert L. A. *O conceito de direito*. 3. ed. São Paulo: Fundação Calouste Gulbenkian, 2001. p. 335.

Teoria Geral do Processo

tinadas a assegurar, concretamente, à coletividade em geral, o acesso e o gozo de direitos afetados pela inexecução governamental de deveres jurídico-constitucionais.

Observo, quanto a esse tema, que, ao julgar a ADPF 45/DF, rel. Min. Celso de Mello, proferi decisão assim ementada (Informativo/STF n. 345/2004):

'Arguição de descumprimento de preceito fundamental. A questão da legitimidade constitucional do controle e da intervenção do Poder Judiciário em tema de implementação de políticas públicas, quando configurada hipótese de abusividade governamental. Dimensão política da jurisdição constitucional atribuída ao Supremo Tribunal Federal. Inoponibilidade do arbítrio estatal à efetivação dos direitos sociais, econômicos e culturais. Caráter relativo da liberdade de conformação do legislador. Considerações em torno da cláusula da 'reserva do possível'. Necessidade de preservação, em favor dos indivíduos, da integridade e da intangibilidade do núcleo consubstanciador do 'mínimo existencial'. Viabilidade instrumental da arguição de descumprimento no processo de concretização das liberdades positivas (direitos constitucionais de segunda geração)'.

Salientei, então, em referida decisão, que o Supremo Tribunal Federal, considerada a dimensão política da jurisdição constitucional outorgada a esta Corte, não pode demitir-se do gravíssimo encargo de tornar efetivos os direitos econômicos, sociais e culturais que se identificam – enquanto direitos de segunda geração (ou de segunda dimensão) – com as liberdades positivas, reais ou concretas (*RTJ* 164/158-161, rel. Min. Celso de Mello – *RTJ* 199/1219-1220, rel. Min. Celso de Mello, *v.g.*).

É que, se assim não for, restarão comprometidas a integridade e a eficácia da própria Constituição, por efeito de violação negativa do estatuto constitucional, motivada por inaceitável inércia governamental no adimplemento de prestações positivas impostas ao Poder Público, consoante já advertiu, em tema de inconstitucionalidade por omissão, por mais de uma vez (*RTJ* 175/1212-1213, rel. Min. Celso de Mello), o Supremo Tribunal Federal:

'Desrespeito à Constituição. Modalidades de comportamentos inconstitucionais do Poder Público.

CAPÍTULO XVII – NOVOS CAMINHOS DO PROCESSO CONTEMPORÂNEO

– O desrespeito à Constituição tanto pode ocorrer mediante ação estatal quanto mediante inércia governamental. A situação de inconstitucionalidade pode derivar de um comportamento ativo do Poder Público, que age ou edita normas em desacordo com o que dispõe a Constituição, ofendendo-lhe, assim, os preceitos e os princípios que nela se acham consignados. Essa conduta estatal, que importa em um 'facere' (atuação positiva), gera a inconstitucionalidade por ação.

– Se o Estado deixar de adotar as medidas necessárias à realização concreta dos preceitos da Constituição, em ordem a torná-los efetivos, operantes e exequíveis, abstendo-se, em consequência, de cumprir o dever de prestação que a Constituição lhe impôs, incidirá em violação negativa do texto constitucional. Desse 'non facere' ou 'non praestare', resultará a inconstitucionalidade por omissão, que pode ser total, quando é nenhuma a providência adotada, ou parcial, quando é insuficiente a medida efetivada pelo Poder Público.

(...)

– A omissão do Estado – que deixa de cumprir, em maior ou em menor extensão, a imposição ditada pelo texto constitucional – qualifica-se como comportamento revestido da maior gravidade político-jurídica; eis que, mediante inércia, o Poder Público também desrespeita a Constituição, também ofende direitos que nela se fundam e também impede, por ausência de medidas concretizadoras, a própria aplicabilidade dos postulados e princípios da Lei Fundamental' (*RTJ* 185/794-796, rel. Min. Celso de Mello, Pleno)"[17].

Ainda no referido julgado, Celso de Mello afirma que "é certo – tal como observei no exame da ADPF 45/DF, rel. Min. Celso de Mello (Informativo/STF n. 345/2004) – que não se inclui, ordinariamente, no âmbito das funções institucionais do Poder Judiciário – e nas desta Suprema Corte, em especial – a atribuição de formular e de implementar políticas públicas (José Carlos Vieira de Andrade, 'Os Direitos Fundamentais na Constituição Portuguesa de 1976', p. 207, item n. 5, 1987, Almedina, Coimbra), pois, nesse domínio, o encargo reside, primaria-

---

17 STF, AI 759.543/RJ, rel. Min. Celso de Mello, j. 28-10-2013.

mente, nos Poderes Legislativo e Executivo. Impende assinalar, contudo, que a incumbência de fazer implementar políticas públicas fundadas na Constituição poderá atribuir-se, ainda que excepcionalmente, ao Judiciário, se e quando os órgãos estatais competentes, por descumprirem os encargos político-jurídicos que sobre eles incidem em caráter vinculante, vierem a comprometer, com tal comportamento, a eficácia e a integridade de direitos individuais e/ou coletivos impregnados de estatura constitucional, como sucede na espécie ora em exame"[18].

Assim também pensa André Ramos Tavares, aduzindo que "modernamente têm sido propostas novas classificações das funções do Estado, com bases mais científicas e tendo em vista a realidade histórica em que cada Estado se encontra. A realidade já se incumbe de desmistificar a necessidade de poderes totalmente independentes, quanto mais numa distribuição tripartite. Ademais, a tese da absoluta separação entre os poderes os tornaria perniciosos e arbitrários"[19].

Por conseguinte, "mais do que nunca, é preciso enfatizar que o dever estatal de atribuir efetividade aos direitos fundamentais, de índole social, qualifica-se como expressiva limitação à discricionariedade administrativa. Isso significa que a intervenção jurisdicional, justificada pela ocorrência de arbitrária recusa governamental em conferir significação real ao direito à saúde, tornar-se-á plenamente legítima (sem qualquer ofensa, portanto, ao postulado da separação de poderes), sempre que se impuser, nesse processo de ponderação de interesses e de valores em conflito, a necessidade de fazer prevalecer a decisão política fundamental que o legislador constituinte adotou em tema de respeito e de proteção ao direito à saúde"[20].

Nesse contexto, o Min. Celso de Mello afirma que "essa relação dilemática, que se instaura na presente causa, conduz os Juízes deste Supremo Tribunal a proferir decisão que se projeta no contexto das

---

18 STF, AI 759.543/RJ, rel. Min. Celso de Mello, j. 28-10-2013.

19 TAVARES, André Ramos. *Curso de direito constitucional*. 6. ed. rev. e atual. São Paulo: Saraiva, 2008. p. 1.027.

20 STF, AI 759.543/RJ, rel. Min. Celso de Mello, j. 28-10-2013.

denominadas 'escolhas trágicas' (Guido Calabresi e Philip Bobbitt, 'Tragic Choices', 1978, W. W. Norton & Company), que nada mais exprimem senão o estado de tensão dialética entre a necessidade estatal de tornar concretas e reais as ações e prestações de saúde em favor das pessoas, de um lado, e as dificuldades governamentais de viabilizar a alocação de recursos financeiros, sempre tão dramaticamente escassos, de outro. Mas, como precedentemente acentuado, a missão institucional desta Suprema Corte, como guardiã da superioridade da Constituição da República, impõe, aos seus Juízes, o compromisso de fazer prevalecer os direitos fundamentais da pessoa, dentre os quais avultam, por sua inegável precedência, o direito à vida e o direito à saúde"[21].

Portanto, os defensores do ativismo judicial afirmam que esse fenômeno se presta a uma verdadeira concretização dos direitos fundamentais previstos na Constituição Federal, sendo necessária a participação do Poder Judiciário como realizador e implementador das políticas públicas descumpridas.

3. JUDICIÁRIO E POLÍTICAS PÚBLICAS

Seja mais adequada a expressão judicialização da política, seja a expressão "ativismo judicial", o fato é que a implementação das políticas públicas descumpridas pelo Poder Estatal vem sendo produzida pelo Poder Judiciário. Tanto é que, com base em decisões do STF, o Judiciário brasileiro vem realizando, implementando e concretizando políticas públicas. Nesse sentido, o STF já firmou entendimento no sentido de que "não ofende o princípio da separação de poderes a determinação, pelo Poder Judiciário, em situações excepcionais, de realização de políticas públicas indispensáveis para a garantia de relevantes direitos constitucionais"[22].

---

21   STF, AI 759.543/RJ, rel. Min. Celso de Mello, j. 28-10-2013.

22   STF, RE 634.643/RJ, 2ª T., rel. Min. Joaquim Barbosa, j. 26-6-2012, *DJe*-158, Divulg. 10-8-2012, Public. 13-8-2012.

TEORIA GERAL DO PROCESSO

Em um "verdadeiro Estado Democrático de Direito, imprescindível se mostra a existência e utilização de meios que permitam que o Estado-juiz assegure efetivamente a tutela de direitos"[23].

Reconhece o STF a possibilidade de intervenção excepcional do Poder Judiciário na implementação de políticas públicas, fazendo-se aqui presente aquilo que chamamos de participação do Judiciário nas políticas públicas. Nesse sentido, confira-se a ementa do julgado do STF, *vide*: "Agravo regimental no recurso extraordinário com agravo. Administrativo e constitucional. Possibilidade de intervenção excepcional do Poder Judiciário na implementação de políticas públicas. Precedentes. Agravo regimental ao qual se nega provimento"[24].

Destarte, "o Poder Judiciário, em situações excepcionais, pode determinar que a Administração pública adote medidas assecuratórias de direitos constitucionalmente reconhecidos como essenciais, sem que isso configure violação do princípio da separação dos poderes"[25].

Com efeito, "o controle judicial das políticas públicas é vedado quando o pleito deduzido em sede de ação civil pública reveste-se de caráter genérico, inespecífico e abstrato, hipótese inocorrente na espécie. Quando, porém, da execução de determinada política pública, seja por ação ou omissão, decorre prejuízo concreto a interesses individuais homogêneos, difusos ou coletivos, nasce a pretensão ao controle judicial de tais políticas por meio de ação coletiva. O ativismo judicial, no Brasil, é fruto da ineficiência dos órgãos de execução legislativa na concretização de direitos fundamentais, especialmente nos casos em que sequer há previsão orçamentária para o atendimento de necessidades primárias da população, sem que daí se possa inferir qualquer vulneração ao princípio da Tripartição dos Poderes da República"[26].

---

23 TJSP, Ap 1336613720078260000/SP (0133661-37.2007.8.26.0000), 9ª Câm. de Direito Público, rel. Sérgio Gomes, j. 5-10-2011, Data de Publicação: 6-10-2011.

24 STF, ARE 679.616/RS, 2ª T., rel. Min. Cármen Lúcia, j. 19-11-2013, *DJe*-232, Divulg. 25-11-2013, Public. 26-11-2013.

25 STF, ARE 654.823/RS, 1ª T., rel. Min. Dias Toffoli, j. 12-11-2013, *DJe*-239, Divulg. 4-12-2013, Public. 5-12-2013.

26 TJSC, AC 20120916487/SC (2012.091648-7) (Acórdão), 3ª Câm. de Direito Público Julgado, rel. Pedro Manoel Abreu, j. 26-8-2013.

CAPÍTULO **XVII** – NOVOS CAMINHOS DO PROCESSO CONTEMPORÂNEO

Relevante destacar que o TJSP também, ao analisar a questão do elevado número de presos no cárcere, aplicou, por meio do ativismo, o controle e a implementação de políticas públicas. Veja-se: "Ação civil pública. Preliminares afastadas. Superpopulação carcerária. Pretensão de remoção de presos com condenações definitivas, transitadas em julgado, das Cadeias Públicas dos Distritos Policiais e das Delegacias de Polícia Especializadas, para estabelecimentos prisionais adequados. Possibilidade. Conselho Nacional de Justiça. 'Meta Zero'. Política pública. Ativismo judicial. Direitos fundamentais do preso. Princípio da dignidade da pessoa humana. Inteligência dos arts. 5º, XLIX e LXIII, da Constituição Federal e arts. 40, 41, 42 e 43, da Lei de Execução Penal. Precedentes do Tribunal de Justiça do Estado de São Paulo. Sentença mantida. Recurso da Fazenda não provido"[27].

Não é novidade que venha sendo aplicado o ativismo judicial na jurisprudência que tem se preocupado muito com a realização das políticas públicas, pois "é dever, não somente, mas, principalmente, do Órgão Governamental a realização de políticas públicas"[28].

4. O SUPREMO TRIBUNAL FEDERAL E O ATIVISMO JUDICIAL

Relevante pontuar que o ativismo judicial vem sendo implementado pelo próprio Supremo Tribunal Federal, principal órgão do Poder Judiciário, que, com frequência, tem utilizado seu poder para, em tese, fazer valer a realização, a implementação e, por vezes, até a criação de políticas públicas.

Confira-se, portanto, algumas situações de ocorrência de ativismo judicial.

A primeira, destacada na Súmula Vinculante 4, estatui que, "salvo nos casos previstos na Constituição, o salário mínimo não pode ser usa-

---

27 TJSP, Ap 00002623020108260444/SP (0000262-30.2010.8.26.0444), 3ª Câm. de Direito Público, rel. Marrey Uint, j. 14-5-2013, Data de publicação: 15-5-2013.

28 TJSP, Ap 90909900620088260000/SP (9090990-06.2008.8.26.0000), 5ª Câm. de Direito Público, rel. Francisco Bianco, j. 2-12-2013, Data de publicação: 7-12-2013.

TEORIA GERAL DO PROCESSO

do como indexador de base de cálculo de vantagem de servidor público ou de empregado, nem ser substituído por decisão judicial".

A segunda vem destacada na Súmula Vinculante 5, que determina que "a falta de defesa técnica por advogado no processo administrativo disciplinar não ofende a Constituição".

A terceira está disposta na Súmula Vinculante 6, dispondo que "não viola a Constituição o estabelecimento de remuneração inferior ao salário mínimo para as praças prestadoras de serviço militar inicial".

A quarta vem ligada à não autoaplicabilidade do art. 192, § 3º, da Constituição, enquanto vigorou (juros reais de 12%), assim como dispõe a Súmula Vinculante 7, referindo que "a norma do § 3º do art. 192 da Constituição, revogada pela Emenda Constitucional n. 40/2003, que limitava a taxa de juros reais a 12% ao ano, tinha sua aplicação condicionada à edição de lei complementar".

A quinta é referente à prescrição e decadência do crédito tributário, destacada na Súmula Vinculante 8, que assim é reproduzida: "São inconstitucionais o parágrafo único do art. 5º do Decreto-Lei n. 1.569/1977 e os arts. 45 e 46 da Lei n. 8.212/1991, que tratam de prescrição e decadência de crédito tributário".

A sexta diz respeito à reserva de Plenário para afastar incidência de lei ou ato normativo, presente na Súmula Vinculante 10, ao determinar que "viola a cláusula de reserva de plenário (CF, art. 97) a decisão de órgão fracionário de tribunal que, embora não declare expressamente a inconstitucionalidade de lei ou ato normativo do poder público, afasta sua incidência, no todo ou em parte".

A sétima está ligada à taxa de matrícula em universidade pública, disposta na Súmula Vinculante 12, determinando que "a cobrança de taxa de matrícula nas universidades públicas viola o disposto no art. 206, IV, da Constituição Federal".

A oitava veio na vedação do nepotismo nos três Poderes, estando descrita na Súmula Vinculante 13, determinando que "a nomeação de cônjuge, companheiro ou parente em linha reta, colateral ou por afinidade, até o terceiro grau, inclusive, da autoridade nomeante ou de servidor da mesma pessoa jurídica investido em cargo de direção, chefia ou assessoramento, para o exercício de cargo em comissão ou de confiança ou, ainda, de função gratificada na administração pública direta e indi-

CAPÍTULO **XVII** – NOVOS CAMINHOS DO PROCESSO CONTEMPORÂNEO

reta em qualquer dos Poderes da União, dos Estados, do Distrito Federal e dos Municípios, compreendido o ajuste mediante designações recíprocas, viola a Constituição Federal".

A nona vem afirmada na ADPF 54, na qual se pretendeu a interpretação, conforme a Constituição, dos artigos do Código Penal que tratam do aborto, para, então, declarar que eles não incidem na hipótese de interrupção da gestação de fetos anencefálicos. Nesse caso, o julgado foi assim ementado: "Estado. Laicidade. O Brasil é uma república laica, surgindo absolutamente neutro quanto às religiões. Considerações. Feto anencéfalo. Interrupção da gravidez. Mulher. Liberdade sexual e reprodutiva. Saúde. Dignidade. Autodeterminação. Direitos fundamentais. Crime. Inexistência. Mostra-se inconstitucional interpretação de a interrupção da gravidez de feto anencéfalo ser conduta tipificada nos arts. 124, 126 e 128, incisos I e II, do Código Penal" (STF, ADPF 54, Tribunal Pleno, rel. Min. Marco Aurélio, j 12-4-2012).

A décima resta realizada em relação à investigação da constitucionalidade das pesquisas com células-tronco embrionárias (ADI 3.510/DF, rel. Min. Ayres Britto).

A décima primeira veio no sentido de vedar o nepotismo nos três Poderes (ADC 12, rel. Min. Carlos Britto).

A décima segunda veio nos RE 349.703, rel. p/ ac. Min. Gilmar Mendes, e 466.343, rel. Min. Cezar Peluso, tratando do tema da prisão civil do depositário infiel.

A décima terceira trata da demarcação de terras indígenas na área conhecida como Raposa Serra do Sol (Pet. 3.388/RR, rel. Min. Carlos Britto).

A décima quarta cuida da inelegibilidade e vida pregressa de candidatos a cargos eletivos (ADPF 144/DF, rel. Min. Celso de Mello).

A décima quinta tratou do passe livre para deficientes no transporte coletivo (ADI 2.649/DF, rel. Min. Carmen Lúcia).

A décima sexta tratava da suspensão da Lei de Imprensa do regime militar (ADPF 130/DF, rel. Min. Carlos Britto).

A décima sétima trabalhou a questão do sigilo judicial e das Comissões Parlamentares de Inquérito (MS 27.483/DF, rel. Min. Cezar Peluso).

A décima oitava observou a questão da isenção da Cofins sobre sociedades profissionais e revogação por lei ordinária (RE 377.457/PR e 381.964/MG, Min. Gilmar Mendes).

Teoria Geral do Processo

Com efeito, esses são alguns dos casos, dentre muitos, em que se pode perceber a forma de atuação do STF, realizando ativismo judicial, com maior ou menor intensidade, dependendo do caso, mas assumindo postura que, em sua origem, não é do Poder Judiciário e muito menos do próprio STF.

Esta atuação ativista, como se pôde ver, vem sendo implementada tanto no controle de constitucionalidade abstrato quanto no difuso, pois, em ambas as vertentes de controle, o STF tem agido com a mesma forma de julgar, tornando-se, por vezes, protagonista em virtude da provocação e necessidade do caso.

Nesse contexto, de atuação ativista pelo Poder Judiciário, especialmente o STF, demonstra-se efetivamente que a jurisdição dos tempos atuais já não é aquela mesma jurisdição inerte e passiva, mas, sim, uma jurisdição que está comprometida com a concretização dos direitos humano-fundamentais e com a realização das políticas públicas.

5. TEMAS DA ATUALIDADE PROCESSUAL

5.1 Negócios jurídicos processuais

Com efeito, "os atos jurídicos praticados pelas partes que consistem em declarações de vontade objetivando consequências jurídicas determinadas são chamados *negócios jurídicos*"[29]. Destarte, *negócio processual* pode ser considerado "o fato jurídico voluntário, em cujo suporte fático confere-se ao sujeito o poder de escolher a categoria jurídica ou estabelecer, dentro dos limites fixados no próprio ordenamento jurídico, certas situações jurídicas processuais"[30-31].

O negócio jurídico tem como fundamento de sua constituição a cumulação de vontades dos envolvidos na negociação, realizando-se no mundo fático e gerando, em regra, deveres de ordem de direito material. Todavia, muitos negócios jurídicos realizados nestes moldes podem

---

29 ALVIM, Arruda. *Novo contencioso cível no CPC...* cit., p. 135.

30 DIDIER JR., Fredie. *Curso de direito processual civil...* cit., v. 1, p. 376-377.

31 Cf. CUNHA, Leonardo Carneiro da. Negócios jurídicos processuais no processo civil brasileiro. In: CABRAL, Antonio do Passo et al. (Coord.). *Negócios processuais*. 2. ed. rev., atual. e ampl. Salvador: Juspodivm, 2016. p. 54-55.

CAPÍTULO **XVII** – NOVOS CAMINHOS DO PROCESSO CONTEMPORÂNEO

determinar algumas regras que influem a relação jurídica processual dos envolvidos, como, por exemplo, a cláusula de eleição de foro.

Assim, segundo o art. *63* do CPC, as partes podem modificar a competência em razão do valor e do território, *elegendo foro* onde será proposta ação oriunda de direitos e obrigações. A eleição de foro só produz efeito quando constar de instrumento escrito e aludir expressamente a determinado negócio jurídico[32].

Nasce, assim, aquilo que se tem chamado de negócio jurídico processual[33], que realizar-se-á por meio de negociações (convenções) dos envolvidos, tanto na estrutura do processo como fora dela, mas em relação ao procedimento a ser adotado na estrutura processual[34].

Realmente, "Carnelutti admitia sem reservas a existência de negócios jurídicos processuais, dentre os quais considerava como o mais típico a propositura da demanda (*Istituzioni...*, n. 290). Chiovenda (*Instituições...*, t. III, n. 291) inclinava-se para a doutrina contrária, mostrando que os casos frequentemente indicados como correspondentes a negócios, na verdade, poderiam ser tidos como atos processuais, desde que tanto as formalidades quanto seus efeitos deveriam vir regulados pela lei processual"[35].

Uma das possíveis novidades temáticas do CPC vem a ser exatamente a positivação daquilo que já existia faz tempo, os chamados acordos pro-

---

32 Cf. STRECK, Lenio Luiz et al. (Coord.). *Comentários ao Código de Processo Civil...* cit., comentários de Ronaldo Cramer ao art. 63, item 1.

33 Com efeito, segundo o art. 19 da Lei n. 10.522/2002, alterada pela Lei n. 13.874/2019, fica a Procuradoria-Geral da Fazenda Nacional dispensada de contestar, de oferecer contrarrazões e de interpor recursos, e fica autorizada a desistir de recursos já interpostos, desde que inexista outro fundamento relevante, na hipótese em que a ação ou a decisão judicial ou administrativa versar sobre casos pontuais, nos termos da referida norma.

Ademais, os órgãos do Poder Judiciário e as unidades da Procuradoria-Geral da Fazenda Nacional poderão, de comum acordo, realizar mutirões para análise do enquadramento de processos ou de recursos nas hipóteses previstas nesse art. 19 e celebrar negócios processuais com fundamento no disposto no art. 190 da Lei n. 13.105/2015 (Código de Processo Civil) (§ 12).

Por fim, sem prejuízo do disposto no § 12 do referido artigo, a Procuradoria-Geral da Fazenda Nacional regulamentará a celebração de negócios jurídicos processuais em seu âmbito de atuação, inclusive na cobrança administrativa ou judicial da dívida ativa da União (§ 13).

34 Enunciado 114 da II Jornada de Direito Processual Civil do CJF/STJ: "Os entes despersonalizados podem celebrar negócios jurídicos processuais".

35 SILVA, Ovídio A. Baptista da. *Curso de processo civil...* cit., v. I, p. 195.

TEORIA GERAL DO PROCESSO

cessuais[36] que, de fato, são tratados como negócios processuais. Realmente, "as palavras 'acordo' ou 'convenção' expressam uma união de vontades quanto ao escopo do ato praticado, mas se opõem à noção de contrato porque não há necessidade de que os objetivos, a causa ou os interesses sejam diversos ou contrapostos. No acordo ou convenção, é possível que as vontades se encontrem para escopos comuns ou convergentes"[37].

Com efeito, "os negócios jurídicos processuais são atos que dependem de uma bilateralidade volitiva, e produzem efeitos quando trazidos ao processo, pela via e no momento procedimental adequado[38]. Tratando-se de negócio jurídico, avulta o papel da interpretação, com pertinência à vontade dos integrantes de tal negócio"[39].

O negócio jurídico processual, para Fredie Didier Jr. e Pedro Henrique Pedrosa Nogueira, "é o fato jurídico voluntário, em cujo suporte fático confere-se ao sujeito o poder de escolher a categoria jurídica ou estabelecer, dentro dos limites fixados no próprio ordenamento jurídico, certas situações jurídicas processuais"[40].

Em relação ao *momento*, os negócios processuais podem ser *pré--processuais*, ou seja, realizados por contrato antes da existência do próprio processo. Também podem ser negócios *processuais* realizados no curso do processo já instaurado.

Têm-se, pelo CPC, negócios jurídicos processuais típicos e atípicos. Podem se dizer típicos aqueles que estão taxados no CPC e atípicos aqueles que não estão taxados e descritos no Código, mas que, com base no art. 190[41], permitem a instituição de negócios processuais, desde que vinculados

---

36 Sobre o tema, conferir CADIET, Loïc. Los acuerdos procesales en derecho francés: situación actual de la contractualización del proceso y de la justicia en Francia. *Civil Procedure Review*, v. 3, n. 3, ago.-dez. 2012, p. 3.

37 CABRAL, Antonio do Passo. *Convenções processuais*. Salvador: Juspodivm, 2016. p. 56.

38 Enunciado 115 da II Jornada de Direito Processual Civil do CJF/STJ: "O negócio jurídico processual somente se submeterá à homologação quando expressamente exigido em norma jurídica, admitindo-se, em todo caso, o controle de validade da convenção".

39 ALVIM, Arruda. *Novo contencioso cível no CPC...* cit., p. 125.

40 DIDIER JR., Fredie; NOGUEIRA, Pedro Henrique Pedrosa. *Teoria dos fatos jurídicos processuais*. 2. ed. Salvador: Juspodivm, 2012. p. 59-60.

41 Tem-se dito que o art. 190 introduziu a chamada *cláusula geral de negociação processual*, viabilizando, como dito, a configuração de negócios processuais atípicos. A esse respeito: NERY JR., Nelson; NERY, Rosa Maria de Andrade. *Comentários ao Código de Processo Civil...*

à estrutura dos procedimentos. Há nesse dispositivo verdadeiro desdobramento e, especialmente, exemplo do modelo cooperativo de processo que o CPC estabelece. Compreende-se esse como uma forma de organizar o processo pela existência de uma comunidade de trabalho em que os rumos processuais são formatados de forma isonômica, com a participação imprescindível das partes, e as decisões são tomadas de maneira assimétrica, porém diretamente influenciadas pelo diálogo estabelecido previamente.

Dentre os negócios jurídicos processuais típicos, que estão taxados no CPC, pode-se encontrar, por exemplo, a *prorrogação da competência relativa*, pois, segundo o art. 65, prorrogar-se-á a competência relativa se o réu não alegar a incompetência em preliminar de contestação.

Importante destacar o negócio jurídico processual relativo ao *calendário processual*, pois, de comum acordo, o juiz e as partes podem fixar calendário para a prática dos atos processuais (art. 191)[42-43], quando for o caso, sendo este negócio vinculativo às partes e ao juiz, e os prazos nele previstos somente serão modificados em casos excepcionais, devidamente justificados. Nestas situações, dispensa-se, naturalmente em face do conhecimento e da vinculação, a intimação das partes para a prática de ato processual ou a realização de audiência cujas datas tiverem sido designadas no calendário que, inclusive, estará acostado aos autos, garantindo a todos o conhecimento do termo negociado e acordado. Tem-

---

cit., comentários ao art. 190, itens 2; MARINONI, Luiz Guilherme; ARENHART, Sérgio Cruz; MITIDIERO, Daniel. *Novo Código de Processo Civil comentado...* cit., p. 244; ALVIM, Arruda. *Novo contencioso cível no CPC...* cit., p. 136; CUNHA, Leonardo Carneiro da. Negócios jurídicos processuais no processo civil brasileiro... cit., p. 67.

42 Sobre o *calendário processual*, sugere-se a leitura de preciso artigo de Eduardo José da Fonseca Costa (Calendarização processual. In: CABRAL, Antonio do Passo. *Convenções processuais...* cit., p. 493).

43 Ainda sobre o calendário processual, resta afirmar que foi inspirado nas experiências francesa e italiana, tratando-se de um negócio processual plurilateral típico, celebrado entre juiz, autor e réu, bem como, se houver, intervenientes. CABRAL, Antonio do Passo; CRAMER, Ronaldo. (Coord.). *Comentários ao novo Código de Processo Civil...* cit., comentários ao art. 191. Ademais, cf. GAJARDONI, Fernando da Fonseca et al. *Teoria geral do processo...* cit., comentários ao art. 191; NERY JR., Nelson; NERY, Rosa Maria de Andrade. *Comentários ao Código de Processo Civil...* cit., comentários ao art. 191, item 2.

Teoria Geral do Processo

-se aqui, realmente, a prévia fixação de um cronograma para a realização de alguns atos processuais, permitindo, assim, a organização e planejamento processuais, visando a programar o tempo do processo. Na França, o *Code de Procédure Civile*[44] trata de interessante negócio processual nos casos de instrução realizada perante o juiz designado para realizar atos de instrução processual em determinados casos, devendo o juiz fixar o tempo para que se realize a investigação, levando em conta, claro, a natureza, complexidade e urgência do caso em tela.

Pode-se observar, também, como negócio jurídico processual a *renúncia a prazo*, pois a parte poderá renunciar ao prazo estabelecido exclusivamente em seu favor, desde que o faça de maneira expressa (art. 225), situação em que se terá, de outro lado, um negócio jurídico realizado de forma unilateral.

Outro importante negócio processual vem a ser a *suspensão do processo*, pois, sabidamente, suspende-se o processo pela convenção das partes (art. 313, II), caso estas busquem, por alguma razão, evitar que atos processuais tenham seguimento em determinado momento, situação que se concretiza, em verdade, por meio de petição carreada aos autos.

Pode-se realizar, ainda, o negócio jurídico processual sobre a *organização consensual do processo*, pois as partes podem apresentar ao juiz (art. 357, § 2º), para homologação, delimitação consensual das questões de fato e de direito, as quais, se homologadas, vinculam as partes e o juiz. Pretende-se, aqui, evidentemente, deixar as questões controvertidas já bem delineadas.

Situação de impossibilidade de comparecimento das partes à audiência é algo que pode ocorrer. Para esse caso, tem-se a figura do negócio jurídico processual relativo ao *adiamento negociado da audiência*, já que a audiência poderá ser adiada por convenção das partes (art. 362, I), desde que o ato audiência não seja vazio e realizado desnecessariamente, caso surja situação que impeça as partes de comparecerem ao solene evento.

---

44 Cf. *article* 764, com a redação atribuída pelo Decreto n. 1.678, de 2005, que assim determina: *"Le juge fixe, au fur et à mesure, les délais nécessaires à l'instruction de l'affaire, eu égard à la nature, à l'urgence et à la complexité de celle-ci, et après avoir provoqué l'avis des avocats"*.

CAPÍTULO **XVII** – Novos Caminhos do Processo Contemporâneo

Certamente, um dos mais relevantes negócios jurídicos processuais vem a ser o da *convenção sobre ônus da prova*. Sabidamente, o ônus da prova incumbe ao autor, quanto ao fato constitutivo de seu direito, e ao réu, quanto à existência de fato impeditivo, modificativo ou extintivo do direito do autor. Todavia, observando a teoria da carga dinâmica da prova, poderá haver distribuição diversa do ônus da prova concretizada e contratada por convenção das partes (art. 373, § 3º), salvo quando recair sobre direito indisponível da parte ou tornar excessivamente difícil a uma parte o exercício do direito. Com efeito, esta convenção sobre o ônus da prova pode ser celebrada antes (pré-processual) ou durante o processo (processual).

Um exemplo que se pode dar vem a ser o seguinte. Imagine-se que uma empresa francesa X firme contrato com outras 5 empresas (A, B, C, D e E) a entrega na França de açúcar, sendo que cada empresa tenha a sua respectiva responsabilidade definida no contrato. A empresa A colhe a cana, a B manufatura, a C ensaca o açúcar, a D transporta do local ao porto da cidade de Santos, e a empresa E transporta de Santos para Paris (negócio jurídico complexo). Neste negócio, parece-nos plenamente possível as partes convencionarem no contrato que o ônus probatório de cada uma será circunscrito à sua atividade, sendo, por exemplo, dever da empresa A provar que colhe a cana da forma adequada, pois, caso haja, por alguma razão, vício ou defeito no produto (açúcar) entregue na França, em sendo demandadas as empresas, comprometam-se efetivamente a provar nos limites do ônus da prova fixado na contratação, elidindo, com isso, elevados custos de peritagem e, ainda, potencial condenação solidária, pois aquele que não provar que bem agiu e cumpriu com seu dever contratual e processual possivelmente poderá ser condenado. Esse negócio processual, como todos, poderá sofrer controle judicial, assim como se verá seguidamente.

Outra importante situação que permite a realização de negócio processual vem a ser a *escolha consensual do perito*, pois as partes podem, de comum acordo, escolher o perito, indicando-o mediante requerimento (art. 471), desde que sejam plenamente capazes, e a causa possa ser resolvida por autocomposição. Aqui, evidentemente, podem as partes ele-

473

TEORIA GERAL DO PROCESSO

ger previamente, antes de eventual conflito, aquele que realmente seja autoridade para realizar a perícia em determinada questão, mas, em havendo conflito efetivo de interesses que ocorra antes ou durante o processo, raramente há de se realizar tal medida de acordo processual.

Ademais se pode realizar o negócio jurídico processual relativo ao *acordo de escolha do arbitramento para liquidação*, visto que, quando a sentença condenar ao pagamento de quantia ilíquida, proceder-se-á à sua liquidação, a requerimento do credor ou do devedor por arbitramento, quando determinado pela sentença, convencionado pelas partes ou exigido pela natureza do objeto da liquidação (art. 509, I).

Também entendemos ser admissível negócio processual para *dispensar caução no cumprimento provisório de sentença*, caso assim entendam os envolvidos e seja essa conduta previamente dialogada entre os implicados no negócio.

De outro lado, como referido anteriormente, existem negócios jurídicos processuais atípicos, não taxados, que não possuem um *nomen iuris*, mas que podem ser realizados. A grande estrutura deste modelo de negócio jurídico processual está disposta no art. 190 do CPC. Sabidamente, versando o processo sobre direitos que admitam autocomposição, é lícito às partes plenamente capazes estipular *mudanças no procedimento* para ajustá-lo às especificidades da causa e convencionar sobre os seus *ônus, poderes, faculdades e deveres processuais, antes* ou *durante* o processo.

Com efeito, *direitos que admitem autocomposição* são diferentes de *direitos indisponíveis*, conquanto sutil, a distinção existe. Sobre isso, é o que alerta Arruda Alvim:

Direitos que admitam autocomposição – é requisito para a validade do negócio processual que o direito material em tela esteja dentre aqueles que admitam transação. É de se notar, neste ponto, que o CPC, à semelhança do que faz a lei de arbitragem (art. 1º da Lei n. 9.307/96) recorre à natureza do direito substancial em disputa a fim de tornar admissível, ou não, a convenção a respeito de matéria processual. Diferentemente, todavia, do que se verifica na arbitragem, não é necessário que o direito material seja disponível, mas, apenas, que admita autocomposição. A ressalva

CAPÍTULO **XVII** – NOVOS CAMINHOS DO PROCESSO CONTEMPORÂNEO

é importante pelo fato de que, por mais paradoxal que possa parecer, há direitos indisponíveis suscetíveis de serem transacionados, ao menos em relação a alguns de seus aspectos. Exemplo disso é o que se verifica com o direito à pensão alimentícia que, conquanto indisponível, admite negociação concernente ao seu valor. Vale mencionar, ainda, a possibilidade de que o Ministério Público firme Termo de Ajustamento de Conduta (TAC) em ação civil pública que trate de direito difuso, por excelência indisponível. Deste modo, em todos estes casos em que esteja em jogo direito indisponível que admita transação, é possível firmar acordo processual. O que a lei veda é a realização de acordos quando estejam em disputa direitos que não admitam autocomposição, atributo de difícil definição, especialmente se dissociada do caso concreto. Com efeito, tanto no âmbito do direito material como na perspectiva das garantias processuais é matéria extremamente complexa a definição dos limites de disponibilidade. A redação do dispositivo recomenda, justamente, a necessidade de interpretação e discussão sobre a questão. De todo modo, se pode dizer ser inviável a celebração de convenção processual em ações de reconhecimento de paternidade, ou de interdição, por exemplo[45].

Evoluindo, importante observar que *os limites dos negócios jurídicos processuais*[46-47] estão destacados na compreensão daquilo que é procedimento, pois não poderá negociar sobre regras de processo, ação, jurisdição e coisa julgada, por exemplo, mas em relação a critérios ligados ao procedimento, sim, da mesma forma que se pode negociar sobre ônus, poderes, faculdades e deveres processuais, antes ou durante o processo. Outra restrição é não ser autorizado negócio processual que viole as garantias constitucionais do processo[48].

---

45   ALVIM, Arruda. *Novo contencioso cível no CPC...* cit., p. 136-137.

46   A esse respeito, ver as amplas considerações de Fredie Didier Jr. em STRECK, Lenio Luiz et al. (Coord.). *Comentários ao Código de Processo Civil...* cit., comentários ao art. 190.

47   Cf. CABRAL, Antonio do Passo; CRAMER, Ronaldo. (Coord.). *Comentários ao novo Código de Processo Civil...* cit., comentários ao art. 190.

48   Cf. YARSHELL, Flávio Luiz. Convenção das partes em matéria processual: rumo a uma nova era? In: CABRAL, Antonio do Passo et al. (Coord.). *Negócios processuais*. 2. ed. rev., atual. e ampl. Salvador: Juspodivm, 2016. p. 82.

Também nos parece que, exemplificativamente, não se possam realizar negócios processuais sobre exclusão ou restrição da intervenção do Ministério Público em situações em que a intervenção é determinada pela lei ou ainda pela Constituição. Igualmente não nos parece ser crível negócio processual visando à alteração de regras cuja não observância conduz à incompetência absoluta. Não nos parece possível, ainda, negócio processual que trate de normas de organização judiciária, assim como da dispensa das partes dos deveres à litigância proba, pois critério inerente ao processo. Igualmente não nos parece crível a criação de sanções processuais por atos atentatórios à dignidade da justiça ou por litigância de má-fé por meio de negócios processuais, assim como não se pode criar recursos não previstos em lei, sob pena de violar a legalidade e o princípio da taxatividade recursal. Ainda nos parece não ser admissível acordo para supressão da primeira instância, acordo para afastar motivos de impedimento do juiz.

Para situações que extrapolem os limites da negociação, de ofício ou a requerimento, *o juiz controlará a validade das convenções processuais*, assim como autoriza o art. 190, parágrafo único, do CPC, sendo o caso de, então, recusar aplicação somente nos casos de *nulidade* ou de *inserção abusiva em contrato de adesão* ou em que alguma parte se encontre em manifesta *situação de vulnerabilidade*. Realmente, há indício de vulnerabilidade quando a parte celebra acordo de procedimento sem assistência técnico-jurídica, pois indispensável para a realização segura de um negócio processual. Com efeito, o controle dos requisitos objetivos e subjetivos de validade da convenção de procedimento deve ser conjugado com a regra segundo a qual não há invalidade do ato sem prejuízo.

Portanto, para que o negócio processual seja válido, deverá obedecer a seus requisitos básicos, quais sejam: a) Capacidade das partes; b) Objeto com causas que permitam solução por autocomposição e que, ainda, haja licitude do objeto; c) Forma que será livre, ressalvados os casos taxados (p. ex.: eleição de foro e convenção de arbitragem); d) Respeitabilidade do princípio da boa-fé, pois aquele que de qualquer forma participa do processo deve comportar-se de acordo com a boa-fé.

CAPÍTULO XVII – Novos Caminhos do Processo Contemporâneo

Dito isto, quanto ao momento para a celebração destes negócios na estrutura do processo parece ser exatamente na audiência de saneamento, pois, segundo o art. 357, § 3º, do CPC, se a causa apresentar complexidade em matéria de fato ou de direito, deverá o juiz designar audiência para que o saneamento seja feito em cooperação com as partes, oportunidade em que o juiz, se for o caso, convidará as partes a integrar ou esclarecer suas alegações.

Caso as partes entendam ser necessário, podem distratar o negócio processual anteriormente celebrado. Caso o negócio processual realizado seja ocorrente no curso do processo, deve, de outro lado, ser homologado judicialmente.

Ademais, verifique o Enunciado 16 da I Jornada de Direito Processual Civil do CJF/STJ, determinando que "as disposições previstas nos arts. 190 e 191 do CPC poderão aplicar-se aos procedimentos previstos nas leis que tratam dos juizados especiais, desde que não ofendam os princípios e regras previstos nas Leis n. 9.099/95, 10.259/2001 e 12.153/2009"[49].

Por fim, as partes podem, no negócio processual, estabelecer outros deveres e sanções para o caso do descumprimento da convenção, pois a finalidade do negócio processual, desde que legítimo, é ser cumprido.

5.2. O impacto do Regime Jurídico Emergencial nas relações processuais (Caso: Covid-19)

Realmente é certo que toda esta situação excepcional causada pela Covid-19, justamente por impactar amplamente os fatos sociais, abalou logicamente as estruturas jurídicas e todos os órgãos e Poderes. Claramente, com o Judiciário não foi diferente, principalmente em razão da necessidade de decretação do estado de calamidade pública e a necessi-

---

49 Ainda, verificar o Enunciado 17 da I Jornada de Direito Processual Civil do CJF/STJ, dispondo que "a Fazenda Pública pode celebrar convenção processual, nos termos do art. 190 do CPC", e o Enunciado 18, especificando que "a convenção processual pode ser celebrada em pacto antenupcial ou em contrato de convivência, nos termos do art. 190 do CPC".

dade de instituição de um inédito trabalho remoto a todos os seus servidores, com a tutela e a fiscalização do Conselho Nacional de Justiça.

Assim, importante observar as principais disposições das Resoluções n. 313 e 314 de 2020, sendo possível verificar os impactos no trabalho do Poder Judiciário e, especialmente, na suspensão dos prazos processuais.

De fato, o art. 1º da referida Resolução estabeleceu o regime de Plantão Extraordinário, no âmbito do Poder Judiciário Nacional, para uniformizar o funcionamento dos serviços judiciários e garantir o acesso à justiça no período emergencial, com o objetivo de prevenir o contágio pela Covid-19, sendo que essa regra não se aplicava ao Supremo Tribunal Federal e à Justiça Eleitoral.

Com efeito, o Plantão Extraordinário, que funcionaria em idêntico horário ao do expediente forense regular, estabelecido pelo respectivo Tribunal, importaria em suspensão do trabalho presencial de magistrados, servidores, estagiários e colaboradores nas unidades judiciárias, assegurada a manutenção dos serviços essenciais em cada Tribunal.

Portanto, coube aos tribunais definirem as atividades essenciais a serem prestadas, garantindo-se, minimamente:

I – a distribuição de processos judiciais e administrativos, com prioridade aos procedimentos de urgência;

II – a manutenção de serviços destinados à expedição e à publicação de atos judiciais e administrativos;

III – o atendimento a advogados, procuradores, defensores públicos, membros do Ministério Público e da polícia judiciária, de forma prioritariamente remota e, excepcionalmente, de forma presencial;

IV – a manutenção dos serviços de pagamento, segurança institucional, comunicação, tecnologia da informação e saúde; e

V – as atividades jurisdicionais de urgência previstas nesta Resolução.

Ademais, as chefias dos serviços e das atividades essenciais deveriam organizar a metodologia de prestação de serviços, prioritariamente, em regime de trabalho remoto, exigindo-se o mínimo necessário de servidores em regime de trabalho presencial.

CAPÍTULO XVII – NOVOS CAMINHOS DO PROCESSO CONTEMPORÂNEO

Também deveriam ser excluídos da escala presencial todos os magistrados, servidores e colaboradores identificados como grupo de risco, que compreende pessoas com doenças crônicas, imunossupressoras, respiratórias e outras comorbidades preexistentes que possam conduzir a um agravamento do estado geral de saúde a partir do contágio, com especial atenção para diabetes, tuberculose, doenças renais, HIV e coinfecções, e que retornaram, nos últimos quatorze dias, de viagem em regiões com alto nível de contágio.

Segundo o art. 3º, ficou suspenso o atendimento presencial de partes, advogados e interessados, que deverá ser realizado remotamente pelos meios tecnológicos disponíveis, devendo cada unidade judiciária manter canal de atendimento remoto, a ser amplamente divulgado pelos tribunais. Destarte, não logrado atendimento, os tribunais deveriam providenciar meios para atender, presencialmente, advogados, públicos e privados, membros do Ministério Público e polícia judiciária, durante o expediente forense.

Ademais, no período de Plantão Extraordinário, ficou garantida a apreciação das seguintes matérias (art. 4º):

I – *habeas corpus* e mandado de segurança;

II – medidas liminares e de antecipação de tutela de qualquer natureza, inclusive no âmbito dos juizados especiais;

III – comunicações de prisão em flagrante, pedidos de concessão de liberdade provisória, imposição e substituição de medidas cautelares diversas da prisão, e desinternação;

IV – representação da autoridade policial ou do Ministério Público visando à decretação de prisão preventiva ou temporária;

V – pedidos de busca e apreensão de pessoas, bens ou valores, interceptações telefônicas e telemáticas, desde que objetivamente comprovada a urgência;

VI – pedidos de alvarás, pedidos de levantamento de importância em dinheiro ou valores, substituição de garantias e liberação de bens apreendidos, pagamento de precatórios, Requisições de Pequeno Valor – RPVs – e expedição de guias de depósito;

VII – pedidos de acolhimento familiar e institucional, bem como de desacolhimento;

VIII – pedidos de progressão e regressão cautelar de regime prisional, concessão de livramento condicional, indulto e comutação de penas e pedidos relacionados com as medidas previstas na Recomendação CNJ n. 62/2020;

IX – pedidos de cremação de cadáver, exumação e inumação;

X – autorização de viagem de crianças e adolescentes, observado o disposto na Resolução CNJ n. 295/2019; e

XI – processos relacionados a benefícios previdenciários por incapacidade e assistenciais de prestação continuada. (Incluído pela Resolução n. 317, de 30-4-2020)

Realmente o Plantão Extraordinário não se destinaria à reiteração de pedido já apreciado no órgão judicial de origem ou em plantões anteriores, nem à sua reconsideração ou reexame.

Com efeito, importante disposição foi aquela instituída pelo art. 5º, ficando suspensos os prazos processuais a contar da publicação desta Resolução, de início, até o dia 30 de abril de 2020. Essa suspensão, entretanto, não obstou a prática de ato processual necessário à preservação de direitos e de natureza urgente, respeitado o disposto no art. 4º da Resolução.

Importante destacar que, posteriormente, na Resolução n. 314/2020, o Conselho Nacional de Justiça atualizou a suspensão dos prazos, prorrogando até o dia 15 de maio de 2020 o prazo da Resolução n. 313/2020, determinando que os processos judiciais e administrativos em todos os graus de jurisdição, exceto aqueles em trâmite no Supremo Tribunal Federal e no âmbito da Justiça Eleitoral, que tramitem em meio eletrônico, tivessem os prazos processuais retomados, sem qualquer tipo de escalonamento, a partir do dia 4 de maio de 2020, sendo vedada a designação de atos presenciais.

Certamente os prazos processuais já iniciados serão retomados no estado em que se encontravam no momento da suspensão, sendo restituídos por tempo igual ao que faltava para sua complementação (art.

CAPÍTULO XVII – NOVOS CAMINHOS DO PROCESSO CONTEMPORÂNEO

221, CPC). Importante perceber que os atos processuais que eventualmente não pudessem ser praticados pelo meio eletrônico ou virtual, por absoluta impossibilidade técnica ou prática a ser apontada por qualquer dos envolvidos no ato, devidamente justificada nos autos, deveriam ser adiados e certificados pela serventia, após decisão fundamentada do magistrado.

Os prazos processuais para apresentação de contestação, impugnação ao cumprimento de sentença, embargos à execução, defesas preliminares de natureza cível, trabalhista e criminal, inclusive quando praticados em audiência, e outros que exigiam a coleta prévia de elementos de prova por parte dos advogados, defensores e procuradores juntamente às partes e assistidos somente ficaram suspensos; se, durante a sua fluência, a parte informar ao juízo competente a impossibilidade de prática do ato, o prazo será considerado suspenso na data do protocolo da petição com essa informação.

De fato, no período de regime diferenciado de trabalho, ficou garantida, nos processos físicos, a apreciação das matérias mínimas estabelecidas no art. 4º da Resolução CNJ n. 313/2020, em especial, dos pedidos de medidas protetivas em decorrência de violência doméstica, das questões relacionadas a atos praticados contra crianças e adolescentes ou em razão do gênero.

Ademais, sem prejuízo do disposto na Resolução CNJ n. 313/2020, os tribunais deveriam disciplinar o trabalho remoto de magistrados, servidores e colaboradores, buscando soluções de forma colaborativa com os demais órgãos do sistema de justiça, para realização de todos os atos processuais, virtualmente, bem como para o traslado de autos físicos, quando necessário, para a realização de expedientes internos, vedado o reestabelecimento do expediente presencial. Com efeito, importante frisar que eventuais impossibilidades técnicas ou de ordem prática para realização de determinados atos processuais admitiram sua suspensão mediante decisão fundamentada.

Todavia, as audiências em primeiro grau de jurisdição por meio de videoconferência tiveram de considerar as dificuldades de intimação de partes e testemunhas, realizando-se esses atos somente quando for possível a participação, vedada a atribuição de responsabilidade aos advogados e procuradores em providenciarem o comparecimento de partes e testemunhas a qualquer localidade fora de prédios oficiais do Poder Judiciário para participação em atos virtuais.

Destarte, os tribunais puderam, mediante digitalização integral ou outro meio técnico disponível, virtualizar seus processos físicos, que então passarão a tramitar na forma eletrônica.

Também merece destaque que, durante o regime diferenciado de trabalho, os servidores e magistrados em atividade deveriam observar o horário forense regular, sendo vedado ao tribunal, naquele período, dispor de modo contrário, notadamente estabelecer regime de trabalho assemelhado a recesso forense. Igualmente importante esclarecer que os tribunais deveriam adequar os atos já editados e os submeterão, no prazo máximo de cinco dias, ao Conselho Nacional de Justiça, bem como suas eventuais alterações, ficando expressamente revogados dispositivos em contrário ao disposto nesta Resolução em atos pretéritos editados pelos tribunais.

Seguindo na Resolução n. 313/2020, percebe-se que os tribunais poderão disciplinar o trabalho remoto de magistrados, servidores e colaboradores para realização de expedientes internos, como elaboração de decisões e sentenças, minutas, sessões virtuais e atividades administrativas.

Assim, nos concursos públicos em andamento, no âmbito de qualquer órgão do Poder Judiciário, ficaram vedadas as aplicações de provas, qualquer que seja a fase a que esteja relacionada, realização de sessões presenciais de escolha e reescolha de serventias, nos concursos das áreas notarial e registral, bem como outros atos que demandem comparecimento presencial de candidatos.

Ademais, já iniciando a regulamentação das medidas de retomada das atividades dentro da normalidade permitida, o CNJ editou a Resolução n. 322/2020, em 1º-6-2020, assim como as demais, também não aplicável ao Supremo Tribunal Federal e à Justiça Eleitoral.

CAPÍTULO **XVII** – NOVOS CAMINHOS DO PROCESSO CONTEMPORÂNEO

Segundo seu art. 1º, tem por escopo "Estabelecer regras mínimas para a retomada dos serviços jurisdicionais presenciais no âmbito do Poder Judiciário nacional, nos tribunais em que isso for possível". Além disso, a retomada das atividades presenciais nas unidades jurisdicionais e administrativas do Poder Judiciário deveria ocorrer de forma gradual e sistematizada, observada a implementação das medidas mínimas previstas nesta Resolução como forma de prevenção ao contágio da Covid-19 (art. 2º), o que ocorreria com a adoção de uma etapa preliminar que pode ser executada a partir de 15 de junho de 2020, se constatadas condições sanitárias e de atendimento de saúde pública que a viabilizem (art. 2º, § 1º).

Com efeito, o atendimento virtual seguiu como a providência de ordem preferencial (art. 2, § 4º), podendo os tribunais "estabelecer horários específicos para os atendimentos e prática de atos processuais presenciais" (art. 2, § 5º). Além disso, deveriam os tribunais "manter a autorização de trabalho remoto para magistrados, servidores, estagiários e colaboradores que estejam em grupos de risco, até que haja situação de controle da Covid-19 que autorize o retorno seguro ao trabalho presencial, mesmo com a retomada total das atividades presenciais".

A partir do art. 3º, os tribunais ficaram autorizados, a partir de 15 de junho de 2020, a implementar as seguintes medidas:

I – restabelecimento dos serviços jurisdicionais presenciais, com a retomada integral dos prazos processuais nos processos eletrônicos e físicos, nos termos desta Resolução;

II – manutenção da suspensão dos prazos processuais apenas dos processos físicos, caso optem pelo prosseguimento do regime especial estabelecido na Resolução CNJ n. 314/2020, pelo período que for necessário;

III – suspensão de todos os prazos processuais – em autos físicos e eletrônicos – em caso de imposição de medidas sanitárias restritivas à livre locomoção de pessoas (*lockdown*) por parte da autoridade estadual competente, mesmo quando decretadas em caráter parcial, enquanto perdurarem as restrições no âmbito da respectiva unidade federativa (Estados e Distrito Federal).

Destarte, nessa primeira etapa de retomada das atividades presenciais dos tribunais, ficaram autorizadas os seguintes atos processuais (art. 4º):

I – audiências envolvendo réus presos, inclusive a realização de sessões do júri nessas mesmas circunstâncias; adolescentes em conflito com a lei em situação de internação; crianças e adolescentes em situação de acolhimento institucional e familiar; e outras medidas, criminais e não criminais, de caráter urgente, quando declarada a inviabilidade da realização do ato de forma integralmente virtual, por decisão judicial;

II – sessões presenciais de julgamento nos tribunais e turmas recursais envolvendo os casos previstos no inciso I deste artigo, quando inviável sua realização de forma virtual, de acordo com decisão judicial;

III – cumprimento de mandados judiciais por servidores que não estejam em grupos de risco, utilizando-se de equipamentos de proteção individual a serem fornecidos pelos respectivos tribunais e desde que o cumprimento do ato não resulte em aglomeração de pessoas ou reuniões em ambientes fechados;

IV – perícias, entrevistas e avaliações, observadas as normas de distanciamento social e de redução de concentração de pessoas e adotadas as cautelas sanitárias indicadas pelos órgãos competentes.

Além disso, importante notar que a Resolução n. 322/2020 determina quais medidas devem ser observadas durante a etapa preliminar de retomada das atividades normais do Poder Judiciário (art. 5º):

I – os tribunais deverão fornecer equipamentos de proteção contra a disseminação da Covid-19, tais como máscaras, álcool gel, dentre outros, a todos os magistrados, servidores e estagiários, bem como determinar o fornecimento aos empregados pelas respectivas empresas prestadoras de serviço, exigindo e fiscalizando sua utilização durante todo o expediente forense;

II – o acesso às unidades jurisdicionais e administrativas do Poder Judiciário será restrito aos magistrados, servidores, membros do Ministério Público e da Defensoria Pública, advogados, peritos e auxiliares da Justiça, assim como às partes e interessados que demonstrarem a necessidade de atendimento presencial;

CAPÍTULO XVII – Novos Caminhos do Processo Contemporâneo

III – para acesso às unidades jurisdicionais e administrativas do Poder Judiciário, inclusive dos magistrados e servidores, será necessária a medição de temperaturas dos ingressantes, a descontaminação de mãos, com utilização de álcool 70°, e a utilização de máscaras, além de outras medidas sanitárias eventualmente necessárias;

IV – as audiências serão realizadas, sempre que possível, por videoconferência, preferencialmente pelo sistema Webex/CISCO disponibilizado por este Conselho, possibilitando-se que o ato seja efetivado de forma mista, com a presença de algumas pessoas no local e participação virtual de outras que tenham condições para tanto, observando-se o disposto no art. 18 da Resolução CNJ n. 185/2017;

V – as audiências a serem realizadas de forma presencial deverão observar distanciamento adequado e limite máximo de pessoas no mesmo ambiente de acordo com suas dimensões, preferencialmente em ambientes amplos, arejados, com janelas e portas abertas, recomendando-se a utilização de sistemas de refrigeração de ar somente quando absolutamente indispensáveis;

VI – os tribunais deverão elaborar planos de limpeza e desinfecção, realizados periodicamente, repetidas vezes ao longo do expediente, em especial nos ambientes com maior movimentação de pessoas;

VII – deverá ser mantido o sistema de trabalho remoto, podendo o tribunal estabelecer os limites quantitativos, inclusive a parcela ideal da força de trabalho de cada unidade para retorno ao serviço presencial, facultada utilização de sistema de rodízio entre servidores para alternância entre trabalho remoto e presencial;

VIII – os alvarás de levantamento de valores deverão ser expedidos e encaminhados às instituições financeiras preferencialmente de forma eletrônica e, sempre que possível, determinada a transferência entre contas em lugar do saque presencial de valores.

Ao final, portanto, de forma concentrada, o CNJ propôs manter "em sua página da internet quadros e painel eletrônico contendo dados necessários para que todos os interessados tenham conhecimento do regime em vigor em cada um dos tribunais do país durante o período da pandemia, da fluência ou suspensão dos prazos processuais, para os processos eletrônicos e físicos, do regime de atendimento e da prática de atos processuais no respectivo tribunal" (art. 9º).

▶ **APROFUNDANDO**

Destaque do capítulo
Acesse também pelo *link*: https://somos.in/TGP0634

Precedente relevante
Acesse também pelo *link*: https://somos.in/TGP0633

CAPÍTULO XVIII

Do Sistema Brasileiro de Precedentes

1. PRECEDENTES

Realmente, no Brasil sempre houve a afirmação de que somente a lei é considerada fonte primária do direito, com fundamento e influência do positivismo jurídico[1]. Dessa forma, houve o surgimento do sistema jurídico[2] conhecido como *civil law*, de origem romano-germânica, no qual a forma de aplicação do direito está estruturada no próprio direito escrito, positivado[3]. Com efeito, como derivação direta desse sistema, o art. 5º, II, da CF, apresentou o princípio da legalidade, ou seja, demonstrando a existência de um sistema jurídico essencialmente legalista ao prever que "ninguém será obrigado a fazer ou deixar de fazer alguma coisa senão em virtude de lei".

---

[1] Cf. BOBBIO, Norberto. *O positivismo jurídico*: lições de filosofia do direito. São Paulo: Ícone, 2006. p. 12. A respeito da superação do positivismo, deve ser examinado Dworkin e Hart. No Brasil, vale conferir BARROSO, Luís Roberto. *Fundamentos teóricos do novo direito constitucional brasileiro...* cit., p. 26-27.

[2] Sobre os grandes sistemas jurídicos do direito contemporâneo, *vide*: DAVID, René. *Os grandes sistemas do direito contemporâneo*. 4. ed. São Paulo: Martins Fontes, 2002. Ademais, a respeito das diferentes escolas e sistemas jurídicos, *vide*: KNIJNIK, Danilo. *O recurso especial e a revisão da questão de fato pelo Superior Tribunal de Justiça*. Rio de Janeiro: Forense, 2005. p. 14.

[3] Cf. MACÊDO, Lucas Buril de. *Precedentes judiciais e o direito processual civil*. Salvador: Juspodivm, 2015. p. 38-41.

Pode-se afirmar que se extraem do enunciado duas funções essenciais: a primeira, de proteger o indivíduo em face de eventuais abusos ou arbitrariedades do Estado, legitimando, pois, somente as imposições que respeitem as leis previamente estabelecidas no ordenamento e, em um segundo momento, também servindo como instrumento norteador da atividade jurisdicional.

No entanto, evidente que não se pode mais conceber a ideia, nos dias atuais, da consistência de um sistema puramente legalista, ou seja, tendo como fonte primária e exclusiva a Lei, assim como destacou Luiz Guilherme Marinoni, em sua obra intitulada *Precedentes obrigatórios*: "é equivocado imaginar que o *stare decisis* existe ou tem razão de ser apenas onde o juiz cria o direito"[4]. Segundo Marinoni, até mesmo em países em que o sistema jurídico predominante é do *common law*, o direito jurisprudencial puro é relativamente raro, sendo necessária a análise dos casos concretos com a forma de interpretação explicativa da própria lei[5].

Podemos afirmar que, com a entrada em vigor do CPC, houve a introdução em nosso sistema de instrumentos que possibilitam a adoção ou a aplicação, pelos julgadores, no momento de fundamentar as suas decisões judiciais, de outras decisões anteriormente proferidas em casos semelhantes e que estejam em julgamento, visando com isso uma previsibilidade e estabilidade do direito, bem como no tratamento isonômico dos jurisdicionados[6]. Dessa forma, inegavelmente, há efetivamente a existência (ou ao menos uma tentativa) de uma reaproximação entre os sistemas de *civil law* com o da *common law*[7], especial-

---

4   MARINONI, Luiz Guilherme. *Precedentes obrigatórios*. 4. ed. rev., atual., e ampl. São Paulo: Revista dos Tribunais, 2016. p. 11.

5   MACCORMICK, Neil. *Rethoric and the rule of law*: a theory of legal reasoning. New York: Oxford University Press, 2005. p. 247.

6   Nesse sistema, de modo geral, há a necessidade de observação obrigatória da aplicação dos precedentes aos casos semelhantes no momento do julgamento. TUCCI, José Rogério Cruz e. *Precedente judicial como fonte do direito*. São Paulo: Revista dos Tribunais, 2004; NUNES, Dierle; HORTA, André Frederico. Aplicação de precedentes e *distinguishing* no CPC: uma breve introdução. In: MACÊDO, Lucas Buril de. *Precedentes...* cit., p. 331-332.

7   Cf. MACÊDO, Lucas Buril de. *Precedentes...* cit., p. 74-75.

CAPÍTULO **XVIII – DO SISTEMA BRASILEIRO DE PRECEDENTES**

mente pela própria evolução da figura do juiz, transformando-se do modelo que antes era exclusivamente da aplicação pura e simples da lei ao caso concreto para a ideia de intérprete de "regras abertas", devotando, de certo modo, respeito àquilo que anteriormente foi decidido em casos similares.

A princípio, importante desmistificar o primeiro grande equívoco que sempre representou a vinculação do uso dos precedentes como forma de interpretação e, principalmente, de fundamentação das decisões judiciais, tão só e exclusivamente, aos sistemas jurídicos da *common law*, estando evidenciado, de forma inequívoca, que mesmo os países de tradição romano-germânica adotam esse sistema como necessidade de uniformização de entendimentos dos Tribunais e, acima de tudo, de trazer segurança jurídica ao próprio sistema e de estabilização do próprio direito.

Parece-nos ajustado analisar, pois, o uso dos precedentes no direito brasileiro como forma de *uniformização dos entendimentos* apresentados pelos tribunais, em especial para a estabilização do próprio direito, trazendo uma maior certeza e segurança jurídica às decisões judiciais, não somente do ponto de vista de garantia aos jurisdicionados, como também à própria atividade jurisdicional.

1.1 Conceito de precedentes

Antes de iniciar o estudo específico sobre o uso dos precedentes em nosso sistema processual civil, necessário se faz entender qual seria efetivamente o conceito de "precedentes".

Realmente, "a categoria precedente é pertencente à Teoria Geral do Direito, tratando-se de noção fundamental relativa ao próprio funcionamento dos sistemas jurídicos, relacionada também à teoria das fontes normativas. Então, havendo Direito os precedentes existirão. Todo sistema jurídico possui precedentes, na medida em que a tomada de decisões para resolução de casos concretos é o momento fundamental da experiência jurídica. Independentemente da adoção ou do reconhecimento da doutrina do *stare decisis*, os precedentes serão existentes e também

489

utilizados, diferindo, entretanto a forma e a importância que lhes é dada por cada sistema jurídico de direito positivo"[8].

O signo precedente tem relação com aquilo que está imediatamente antes, antecedente, anterior. Pode-se considerar precedente como sendo "a primeira decisão que elabora a tese jurídica ou é a decisão que definitivamente a delineia deixando-a cristalina"[9]. Ou, ainda, o "precedente é a decisão judicial tomada à luz de um caso concreto, cujo núcleo essencial pode servir como diretriz para o julgamento posterior de casos análogos"[10].

De fato, costuma-se conceituar "precedentes" como sinônimo de toda e qualquer decisão judicial que possibilite, posteriormente, a utilização de suas razões (*ratio*) para fundamentar outras decisões, no entanto, sem a realização de qualquer distinção a respeito de sua natureza, isto porque a decisão judicial consiste no pronunciamento da autoridade judiciária (ou de várias), cujo conteúdo decisório pode assumir a feição de uma decisão interlocutória, de sentença, ou, até mesmo, de acórdão. Nesse sentido, bastaria, portanto, a existência de uma decisão judicial para estarmos diante de um precedente? E mais, teria referido "precedente" efeito vinculante e de observação obrigatória?

Por regra, as decisões judiciais não possuem efeitos vinculantes para o julgamento de casos concretos futuros, a não ser para as partes integrantes da relação jurídica processual (*inter partes*). Entretanto, verifica--se que, em alguns e determinados casos, a orientação adotada no julgado terá vinculação geral e, portanto, deverá ser de obrigatória adoção por parte dos julgadores. A estes julgados reconhece-se o chamado "efeito vinculante", de ordem geral para o julgamento dos casos futuros o que se vê, seguramente, no controle de constitucionalidade abstrato.

Na verdade, todas as decisões judiciais produzem algum tipo de efeito vinculante. Tais efeitos podem ser *inter partes*, ou seja, quando obriga-

---

8   MACÊDO, Lucas Buril de. *Precedentes...* cit. p. 87.

9   MARINONI, Luiz Guilherme. *Precedentes obrigatórios...* cit., p. 216.

10   DIDIER JR., Fredie; OLIVEIRA, Rafael; BRAGA, Paula. *Curso de direito processual civil*. Salvador: Juspodivm, 2013. p. 385.

rem apenas tão somente as partes integrantes do caso concreto; ou quando a orientação firmada em um determinado julgado deverá, obrigatoriamente, ser observada nos demais casos futuros e idênticos, tratando-se, pois, da produção dos efeitos *erga omnes*. Entretanto, o termo jurídico "vinculação dos precedentes" vem sendo utilizado para referir-se apenas a esta segunda hipótese de vinculação, cujos efeitos obrigatórios ultrapassam o caso concreto e equivalem aos efeitos dos *binding precedents* do *common law*[11].

Como demonstração deste entendimento, o art. 926 do CPC nos apresenta a ideia de "jurisprudência" ou do "direito jurisprudencial"[12], determinando que "os tribunais devem uniformizar a sua jurisprudência e mantê-la estável, íntegra e coerente"[13]. Nesse sentido, Mariana Capela Lombardi Moreto ressalta o precedente como sinônimo de decisão judicial, no sentido de atribuir maior eficácia à jurisprudência pelo critério quantitativo, já que ela seria caracterizada por uma série de decisões judiciais proferidas em um mesmo e determinado sentido. Segundo ela, assim como para considerável parte da doutrina, "toda decisão judicial proferida por autoridade judiciária constitui precedente judicial"[14].

No entanto, caberia nesse momento o questionamento: seria possível, portanto, afirmar que toda decisão judicial pode ser considerada precedente pela análise do CPC?

Analisando o termo "jurisprudência", cunhado pelo art. 926 do CPC, ter-se-ia um significado um pouco diferente daquilo que efetivamente seria "precedente", na medida em que pressupõe um mínimo quantitativo de julgamentos, conferindo constância, coerência, estabilidade e, de certa forma, de uniformização aos entendimentos dos tribu-

---

11   Neste sentido, verificar: BARROSO, Luís Roberto. *O controle de constitucionalidade no direito brasileiro*. 7. ed. Rio de Janeiro: Saraiva, 2015. p. 160-161 e 235-248.

12   ZANETTI JR., Hermes. *O valor vinculante dos precedentes*: teoria dos precedentes normativos formalmente vinculantes. 2. ed. rev. atual. Salvador: Juspodivm, 2016. p. 301 e s.

13   BUENO, Cassio Scarpinella. *Manual de direito processual civil*: inteiramente estruturado à luz do novo CPC. São Paulo: Saraiva, 2015. p. 551.

14   MORETO, Mariana Capela Lombardi. *O precedente judicial no sistema processual brasileiro*. Tese (Doutorado) – Faculdade de Direito, Universidade de São Paulo, São Paulo, 2012. p. 19.

nais, que se formam a partir da existência de algumas decisões reiteradas num mesmo sentido. Parece-nos que jurisprudência é, pois, o conjunto de julgados no mesmo sentido em casos concretos análogos, sem força normativa[15].

A doutrina nos apresenta uma clara distinção entre precedentes e jurisprudência: sob o ponto de vista quantitativo, basta para a formação do precedente somente uma decisão, enquanto para a jurisprudência pressupõe uma série de decisões sobre determinado assunto; bem como quanto ao ponto de vista qualitativo, os precedentes são formados a partir dos fatos, da análise entre fatos e direito, como regras, portanto, concretas, por meio de uma análise comparativa dos fatos da causa é que se aplica o caso precedente ao caso atual, e não a partir de fórmulas abstratas do direito[16].

Luiz Fux[17] ressaltou que somente as decisões de Tribunais Superiores decididas com repercussão geral, ou oriundas de incidente de resolução de demandas repetitivas ou de recursos repetitivos, poderiam vincular juízes das instâncias inferiores, de acordo com as diretrizes apresentadas pelo CPC[18], assim, em seu entendimento, as jurisprudências de tribunais locais não teriam o sobredito efeito, mas tão somente de atribuir estabilidade e coerência aos entendimentos desses órgãos.

De modo geral, não se pode conceber, portanto, que o termo "precedente" seja sinônimo direto e absoluto de toda e qualquer decisão judicial proferida pela autoridade judiciária, tampouco de limitar às meras "teses" ou aos entendimentos impostos pelos tribunais superiores (*v. g.*, art. 1.035, § 11, do CPC).

---

15   Cf. MACÊDO, Lucas Buril de. *Precedentes...* cit., p. 108.

16   Nesse sentido, conferir: TARUFFO, Michele. *Precedente e giurisprudenza*. Napoli: Editoriale Scientifica, 2007. p. 11-20.

17   A declaração foi dada pelo Ministro, no dia 17-4-2015, em evento sobre a nova lei processual na Universidade Presbiteriana Mackenzie, em São Paulo (RODAS, Sérgio. Juiz só deve seguir jurisprudência pacificada de tribunais superiores, diz Fux. Disponível em: http://www.conjur.com.br/2015-abr-17/fux-juiz-seguir-jurisprudencia-cortes-superiores. Acesso em: 10-11-2016).

18   RODAS, Sérgio. Juiz só deve seguir jurisprudência pacificada de tribunais superiores, diz Fux. Disponível em: http://www.conjur.com.br/2015-abr-17/fux-juiz-seguir-jurisprudencia-cortes-superiores. Acesso em: 10-11-2016

CAPÍTULO **XVIII** – **DO SISTEMA BRASILEIRO DE PRECEDENTES**

Em verdade, não há no Brasil um sistema puro de precedentes, mas, sim, um *sistema brasileiro de precedentes* que, de fato, estrutura-se para a uniformização de posições jurisprudenciais. Têm-se, assim, duas saídas: uma, a de afastar o sistema brasileiro de precedentes, pelo fato de realmente não se adequar teórica e tecnicamente ao que, de fato, é um precedente, e, outra, a de aproveitar aquilo que o CPC trouxe, visivelmente pretendendo reduzir o elevado número de processos e o caos "judiciário" que vivemos em dias hodiernos.

Com essas premissas, preferimos, em vez de afastar o sistema por eventuais inconstitucionalidades, aproveitá-lo para tentar tirar dele o melhor possível até pelo fato de que o art. 926 do CPC determina que os tribunais devem *uniformizar sua jurisprudência* e *mantê-la estável, íntegra e coerente*, o que em nada nos parece inconstitucional, pois a eventual vinculação da decisão há de ser observada no caso.

De fato, na forma estabelecida e segundo os pressupostos fixados no regimento interno, os tribunais editarão enunciados de súmula correspondentes a sua jurisprudência dominante e, ao fazê-lo, os tribunais devem ater-se às circunstâncias fáticas dos precedentes que motivaram sua criação.

Assim, segundo nos parece, em um primeiro momento, a decisão, para ser considerada efetivamente precedente, deve, obrigatoriamente, observar as decisões proferidas pelos Tribunais (superiores ou locais, inclusive, a depender da situação), em julgamento realizado em controle concentrado de constitucionalidade, ou de enunciado de súmula vinculante, as decisões proferidas em sistema de demandas repetitivas, com repercussão geral, ou em assunção de competência, bem como as orientações do plenário ou órgão especial aos quais vinculados.

Da mesma forma, em um segundo momento, a decisão judicial deve possuir o efeito vinculante geral, cuja aplicação não ocorra de forma direta e indiscriminada, por mero silogismo, mas, sim, dependente da análise das circunstâncias de fato que embasam a controvérsia individual, ou seja, o caso concreto, bem como da própria consolidação das teses normativas decididas naquela decisão (*ratio decidendi*).

1.2 O Código de Processo Civil e o sistema dos precedentes à brasileira

O dispositivo do art. 927 do CPC determina que os juízes e os tribunais deverão observar, por ocasião do julgamento dos casos concretos: "I – as decisões do Supremo Tribunal Federal em controle concentrado de constitucionalidade; II – os enunciados de súmula vinculante; III – os acórdãos em incidente de assunção de competência ou de resolução de demandas repetitivas e em julgamento de recursos extraordinário e especial repetitivos; IV – os enunciados das súmulas do Supremo Tribunal Federal em matéria constitucional e do Superior Tribunal de Justiça em matéria infraconstitucional; V – a orientação do plenário ou do órgão especial aos quais estiverem vinculados".

O CPC evidenciou a necessidade de diferenciar a ideia do que seriam as decisões judiciais com efeitos vinculantes daquelas identificadas como decisões judiciais em geral, incapazes de gerar efeitos jurídicos sobre as demais. Dessa forma, o próprio art. 927 conferiu a algumas decisões considerável carga ou eficácia normativa justamente por refletirem seus efeitos (pressupostos de fato e de direito) a outras decisões judiciais, no entanto, deixando de mencionar aquilo que seria mais relevante ao estudo dos precedentes, quais sejam os fundamentos determinantes da decisão ou a *ratio decidendi*.

Isso porque, analisando a dimensão objetiva dos precedentes, verifica-se que a única parte vinculante na decisão de um caso pretérito é, efetivamente, a sua *ratio decidendi* (ou *holding*[19]), assim entendida como as razões determinantes de questões jurídicas debatidas e decididas no processo, ainda que não sejam suficientes e necessárias para determinar

---

19 No direito estadunidense, o *holding* é o que foi discutido, arguido e efetivamente decidido no caso anterior, enquanto o *dictum* é o que se afirma na decisão, mas que não é decisivo (necessário) para o deslinde da questão. Apenas o holding pode ser vinculante (*binding*) para os casos futuros, pois ele representa o que foi realmente estabelecido. O *dictum* é o que é tido meramente circunstância em um dado caso. Cf.: RAMIRES, Maurício. *Crítica à aplicação de precedentes no direito brasileiro.* Porto Alegre: Livraria do Advogado, 2010. p. 68-69. No mesmo sentido: MACÊDO, Lucas Buril de. *Precedentes...* cit., p. 309.

CAPÍTULO **XVIII** – Do Sistema Brasileiro de Precedentes

a decisão[20]. Em contrapartida, realizando uma conceituação negativa, tudo aquilo que não constituir a *ratio decidendi* será considerado *obter dictum*[21] e, portanto, de força não vinculante. Assim, nos termos do Enunciado 59 da I Jornada de Direito Processual Civil do CJF/STJ: "Não é exigível identidade absoluta entre casos para a aplicação de um precedente, seja ele vinculante ou não, bastando que ambos possam compartilhar os mesmos fundamentos determinantes".

Assim, levando em consideração a importância, o alcance e a eficácia normativa dessas decisões judiciais, confirma-se tal linha de raciocínio pelas disposições constantes dos parágrafos do art. 927 do CPC, nos quais os juízes e os tribunais, quando decidirem com fundamento neste artigo, observarão o contraditório (questões efetivamente discutidas no processo) e a necessidade de fundamentação de suas decisões, conforme dispostos nos arts. 10 e 489, § 1º, ambos do CPC.

Por outro lado, caso ocorra a alteração de tese jurídica adotada em enunciado de súmula ou em julgamento de casos repetitivos, poderá ser precedida de audiências públicas e da participação de pessoas, órgãos ou entidades que possam contribuir para a rediscussão da tese. Ainda, na hipótese de alteração de jurisprudência dominante do Supremo Tribunal Federal e dos Tribunais Superiores, ou daquela oriunda de julgamento de casos repetitivos, o julgador poderá efetuar a modulação dos efeitos da alteração no interesse social e no da segurança jurídica.

E, por fim, a modificação de enunciado de súmula, de jurisprudência pacificada ou de tese adotada em julgamento de casos repetitivos

---

20   Nesse sentido, o entendimento de Otávio Verdi Motta, considerando as soluções apresentadas por Luiz Guilherme Marinoni, que, por sua vez, desenvolvendo as de MacCormick, ao acrescentar à decisão de questão jurídica suficiente e necessária para a justificação da decisão no caso, a necessidade de vinculação ao caso concreto e debatido no processo. Cf.: MOTTA, Otávio Verdi. *Justificação da decisão judicial*: a elaboração da motivação e a formação de precedente. São Paulo: Revista dos Tribunais, 2015. p. 182 e s.

21   Para Teresa Arruda Alvim Wambier, *obiter dictum* ou *dicta* significa que "a expressão vem de 'dito para morrer', ou seja, trata-se de coisas ditas na decisão, mas que não têm efeito vinculante em relação às decisões posteriores, só persuasivo". A autora expõe a tradução em um microglossário que introduz a obra: ANDREWS, Neil. *O moderno processo civil brasileiro*: formas judiciais e alternativas de resolução de conflitos na Inglaterra. Orientação e revisão da tradução de Teresa Arruda Alvim Wambier. São Paulo: Revista dos Tribunais, 2009. p. 19.

TEORIA GERAL DO PROCESSO

observará a necessidade de fundamentação adequada e específica, considerando os princípios da segurança jurídica, da proteção da confiança e da isonomia.

Se, por um lado, entender-se que precedentes é sinônimo de decisão judicial, gera ao julgador a necessidade de realizar a exata similitude e coincidência de todos os casos concretos, de forma irrestrita, com todas as decisões anteriormente proferidas. O que, salienta-se, seria de impossível efetivação. Na verdade, a principal imposição para a utilização dos precedentes passa, exclusivamente, pelos julgadores, no sentido de realizar o exato cotejo fático entre o caso concreto em análise e o julgamento paradigma, extraindo dele a norma geral (*ratio decidendi*) que poderá ou não incidir na situação concreta.

1.2.1 *A fundamentação e estrutura dos precedentes*

Ainda, importante analisar as disposições constantes do art. 489, § 1º, V e VI, do CPC, informando que não serão consideradas fundamentadas as decisões judiciais que se limitarem a invocar precedente ou enunciado de súmula, sem identificar seus fundamentos determinantes, nem demonstrar que o caso sob julgamento se ajusta àquelas razões de fundamentos; bem como deixar de seguir enunciado de súmula, jurisprudência ou precedente invocado pela parte, sem demonstrar a existência de distinção no caso em julgamento ou a superação do entendimento.

Destarte, por certo que a decisão judicial que se limitar à mera reprodução, indicação ou, ainda que seja, a parafrasear precedentes ou dispositivo legal, sem fazer a subsunção entre o fato analisado no caso concreto e o efetivo ato normativo, ou *ratio decidendi* analisado no julgamento paradigma, não pode ser considerada fundamentada e nem se presta para resolver a lide[22].

Assim, de acordo com o dispositivo em análise, não se mostra suficiente que o julgador invoque o precedente ou a súmula em seu julgado

---

22 Cf. ALVIM, Arruda. *Novo contencioso cível no CPC*. São Paulo: Revista dos Tribunais, 2016. p. 293-294.

CAPÍTULO **XVIII** – DO SISTEMA BRASILEIRO DE PRECEDENTES

sem a correta identificação dos fundamentos determinantes que o levaram a seguir o precedente, ou seja, cabe ao magistrado, ao fundamentar sua decisão, explicitar os motivos pelos quais está aplicando a orientação consolidada ao caso concreto[23].

Certamente não pode uma decisão judicial se lastrear em outro julgado se este não guardar qualquer similitude fática e jurídica suficiente para tanto e, mesmo que a similitude exista, é dever do magistrado demonstrar tal existência, e não do jurisdicionado exercer profundo processo interpretativo para concatenar o seu caso concreto com o da decisão paradigma.

Da mesma forma, consoante a redação do inciso VI, se o juiz deixar de seguir enunciado de súmula, jurisprudência ou precedente invocado pela parte, deverá demonstrar que há distinção entre o precedente e a situação concretamente apresentada ou que o paradigma invocado já foi superado[24].

Nesse sentido, importante afirmar que o supracitado inciso vem na mesma linha do inciso anterior, tratando-se, contudo, de situação diametralmente oposta. Nesse caso, ao jurisdicionado cabe a responsabilidade pela indicação (invocação) a respeito da existência de entendimentos judiciais para embasar seu fundamento e o respectivo direito, sendo que ao magistrado, por outro lado, cumpre a análise da questão em sua decisão, efetuando, se for o caso, a distinção ou a superação do entendimento apresentado.

Não se pode ignorar, contudo, que, ao inverso da ausência de fundamentação, muitas vezes aporta no processo uma multiplicidade de teses nem sempre tão aderentes ao caso e, às vezes, nem sempre tão cuidadosas ou responsavelmente levantadas pelo litigante, especialmente nos casos de ações repetitivas.

Para a boa aplicação desse dispositivo, o que de fato se reclama é o necessário aperfeiçoamento profissional, seja do advogado, seja do

---

23 Cf. CABRAL, Antonio do Passo; CRAMER, Ronaldo. (Coord.). *Comentários ao novo Código de Processo Civil*. Rio de Janeiro: Forense, 2015. Comentários ao art. 489.

24 Cf. STRECK, Lenio Luiz et al. (Coord.). *Comentários ao Código de Processo Civil*. São Paulo: Saraiva, 2016. Comentários ao art. 489.

TEORIA GERAL DO PROCESSO

magistrado, abortando a generalização exagerada de teses e versões no mais das vezes impertinentes à solução do caso, cumprindo aos profissionais do direito resgatar a postulação e o seu enfrentamento de forma mais objetiva e precisa. Que a virtualização do processo se limite aos mecanismos de sua documentação, não à postulação ou à decisão. Em sede de processo subjetivo, ainda são os fatos que se submetem a julgamento.

O que surge de importante, em ambos os dispositivos, é o estudo de dois relevantes fenômenos que deverão ser observados pelos julgadores no momento de decidir, o da "distinção" (*distinguishing*) e o da "superação" do precedente (*overruling* ou *overriding*).

Por intermédio do *distinguishing*[25], surge ao julgador a necessidade de efetuar a devida distinção entre o caso concreto e o julgamento paradigma, seja porque inexiste similitude entre os fatos fundamentais discutidos e aqueles que serviram de base às teses jurídicas (*ratio decidendi*) constantes do precedente, isso porque, a despeito da existência de algumas questões que possam "assemelhá-los", alguma peculiaridade fundamental no caso afasta a sua imediata aplicação[26].

Nota-se que, por certo, o magistrado, percebendo a distinção entre os casos, poderá restringir a sua incidência, dando interpretação restritiva às teses discutidas no precedente (*restrictive distinguishing*) ou, ainda, de forma contrária, analisando a existência de peculiaridades no caso concreto em relação aos casos anteriores, poderá conferir, ao caso *sub judice*, a mesma solução atribuída aos casos anteriores, estendendo o entendimento ao referido caso (*ampliative distinguishing*).

No instituto do *overruling*, por seu turno, ocorre uma revisão e superação total do precedente[27], ou seja, quando o tribunal resolve, expressa-

---

25 Sobre o instituto da distinção ou *distinguishing*, conferir: TUCCI, José Rogério Cruz e. *Precedente judicial como fonte do direito*. São Paulo: Revista dos Tribunais, 2004. p. 174; MACÊDO, Lucas Buril de. *Precedentes...* cit., p. 351-352.

26 DIDIER JR., Fredie. *Curso de direito processual civil*. 6. ed. Salvador: Juspodivm, 2011, v. II. p. 402-403.

27 Cf. MACÊDO, Lucas Buril de. *Precedentes...* cit., p. 388-389.

CAPÍTULO **XVIII** – **Do Sistema Brasileiro de Precedentes**

mente, adotar solução diversa a determinada tese jurídica, abandonando aquele entendimento anterior, conciliando, por certo, a boa-fé, a estabilidade, a segurança[28] e a confiança anteriormente depositada naquele precedente e a sua eficácia retroativa[29] (art. 927, § 3º, do CPC).

O fenômeno do *overriding* ocorre quando o tribunal, de forma parcial, resolve limitar o âmbito de incidência do precedente, seja de posicionamento (entendimento) jurídico, seja em função da superveniência de norma, regra ou princípio legal posteriores, que levaram à necessária reinterpretação do caso gerador do julgamento paradigma[30].

Fato é que, independentemente da forma em que o julgador entenderá incidente (ou não) o precedente, quebra-se a ideia de que o magistrado, diante de um sistema de precedente, estaria "engessado"[31], tão somente aplicando o entendimento do caso paradigma aos demais colocados sob a sua jurisdição, mas, pelo contrário, necessita, efetiva e fundamentadamente, justificar a não aplicação ao caso concreto da solução adotada por outro órgão jurisdicional ou o porquê de sua incidência e correspondência ao precedente invocado.

O certo é que a fundamentação é dever daquele que, na condição de julgador, decide o litígio, e sua ausência é elemento gerador de nulidade constitucionalmente prevista. O legislador deu real atenção ao tema e arrolou as hipóteses nas quais a falta de fundamentação irá gerar a nulidade da decisão.

---

28   Nesse sentido: ARAÚJO, Valter Shuenquener. *O princípio da proteção e da confiança*: uma nova forma de tutela do cidadão diante do Estado. Rio de Janeiro: Impetus, 2009. p. 247.

29   Segundo Marinoni, "é evidente que a razão de ser da limitação dos efeitos retroativos, tratando-se de decisão de inconstitucionalidade não é a mesma que está à base da limitação dos efeitos da decisão revogatória de precedente – ainda que de natureza constitucional. Aqui não são preservadas as situações que derivam de lei inconstitucional, mas aquelas que decorrem de precedente" (MARINONI, Luiz Guilherme. *O STJ enquanto Corte de precedentes*. 2. ed. São Paulo: Revista dos Tribunais, 2014. p. 263).

30   Cf. MACÊDO, Lucas Buril de. *Precedentes...* cit., p. 408.

31   Cf. WAMBIER, Teresa Arruda Alvim. A vinculatividade dos precedentes e o ativismo judicial – paradoxo apenas aparente. In: MACÊDO, Lucas Buril de. *Precedentes...* cit., p. 265-266.

TEORIA GERAL DO PROCESSO

1.2.2 A força dos precedentes e o fortalecimento institucional do Judiciário

Evidente que quando se fala no crescimento do sistema de precedentes em qualquer ordenamento jurídico, seja de origem da *common law* ou da *civil law*, inevitável falar no fortalecimento institucional do Poder Judiciário, no sentido de trazer racionalidade às decisões judiciais, bem como segurança e estabilidade do direito e ao próprio sistema. Isso porque, de fato, há uma independência constitucional pelas funções exercidas por cada um dos órgãos componentes da estrutura do Poder Judiciário, com autoridade e liberdade para o julgamento dos casos concretos[32].

No entanto, como "uma das consequências da teoria da interpretação é a indeterminabilidade, menor ou maior, dos resultados extraíveis dos textos legais. Decorre daí a conclusão de que, num sistema em que todos os juízes interpretam as leis e controlam a sua constitucionalidade, cabe às Cortes Supremas a função de definir o sentido da lei, assim como a sua validade. Depois do pronunciamento da Corte Suprema, por consequência lógica, nenhum juiz ou tribunal, nem mesmo a própria Corte, poderá resolver caso ou decidir em desatenção a esse precedente"[33], ressalvadas as situações que permitem a revisão e superação do precedente pela própria Corte.

Na verdade, para garantir segurança e coerência ao próprio sistema, juízes, Tribunais Superiores e Cortes Supremas, muito embora tenham funções distintas, buscam unificar entendimentos para a racional solução de conflito, o que é indispensável para a segurança e a estabilidade jurídica e social, já que viver sobre a incerteza e a vontade interior de cada julgador é algo que, realmente, já não se pode mais aceitar, muito menos o "decido conforme minha consciência"[34]. E somente com a ins-

---

32 Cf. CARVALHO E MARINHO, Hugo Chacra. A independência funcional dos juízes e os precedentes vinculantes. In: MACÊDO, Lucas Buril de. *Precedentes...* cit., p. 96.

33 MARINONI, Luiz Guilherme. *A ética dos precedentes*. São Paulo: Revista dos Tribunais, 2015. p. 102.

34 Crítica apurada foi obrada por Lenio Streck referindo que a justiça não advém da cons-

CAPÍTULO **XVIII** – Do Sistema Brasileiro de Precedentes

tituição de um sistema de precedentes dotado de autoridade (força) vinculante teria esta almejada consolidação, sem, no entanto, afastar a independência funcional alhures referida.

A utilização de um sistema de precedentes possibilita ao próprio ordenamento jurídico o desenvolvimento do direito, por meio de um entendimento apresentado pelas Cortes Supremas, responsáveis diretas em definir o real sentido da lei e do direito, evitando uma imprevisibilidade do direito e falta de segurança das decisões judiciais, algo que já não guarda mais sentido em tempos hipermodernos[35], pois as relações não podem ser sujeitas ao que "acha" subjetivamente determinado julgador ou a um possível "jogo de tarô". Precisa-se de certeza no direito, na vida e na sociedade, sob pena de voltar-se à terrível crise que poderá, de fato, enfraquecer a microevolução social e jurídica. Nesse sentido, Eduardo Cambi, apresentando o fenômeno da "jurisprudência lotérica", afirma que "a ideia da jurisprudência lotérica se insere justamente nesse contexto; isto é, quando a mesma questão jurídica é julgada por duas ou mais maneiras diferentes. Assim, se a parte tiver a sorte de a causa ser distribuída a determinado Juiz, que tenha entendimento favorável da matéria jurídica envolvida, obtém a tutela jurisdicional; caso contrário, a decisão não lhe reconhece o direito pleiteado"[36].

Portanto, a principal relação que se apresenta é a de que, de fato, a instituição de um sistema de precedentes acarreta na efetiva estabilidade do direito no ordenamento jurídico[37], cabendo aos juízes e tribunais a

---

ciência do julgador, repudiando o chamado "decido conforme minha consciência", *vide:* STRECK, Lenio Luiz. *O que é isto – decido conforme minha consciência?* Porto Alegre: Livraria do Advogado, 2010. p. 24. Contrariamente a essa postura coerente, *vide:* no Superior Tribunal de Justiça, o AgReg em EREsp 279.889/AL.

35 Para alguns autores, o que se tem na atualidade é uma hipermodernidade. Nesse sentido, conferir LIPOVETSKY, Gilles. *Os tempos hipermodernos.* Trad. Mário Vilela. São Paulo: Barcarolla, 2004. p. 51 e s.

36 CAMBI, Eduardo. Jurisprudência lotérica. *Revista dos Tribunais*, São Paulo, ano 90, v. 786, p. 108-128, abr. 2001.

37 WAMBIER, Teresa Arruda Alvim. Estabilidade e adaptabilidade como objetivos do direito civil: *civil law* e *common law, RePro*, n. 172; TUCCI, José Rogério Cruz e. *Precedente judicial como fonte do direito...* cit.

observância das matérias decididas, não lhes sendo cabível conferir, aos casos submetidos à sua análise, interpretações distintas ao direito discutido do que aquelas atribuídas pelas Cortes Superiores, sendo que estas, sim, como anteriormente apresentado, possuem o dever de acompanhar a evolução social, podendo, inclusive, modificar o entendimento e revogar o precedente, se diante de uma nova realidade do direito e dos fatos analisados, *pois a sociedade não é e jamais poderá ser estanque, é, todavia, evolutiva e jamais retrógrada ou inerte, mas, sim, desenvolvida e em constante desenvolvimento.*

Assim, a necessidade de respeito a esta unicidade de entendimento, de coerência do sistema, de previsibilidade do julgamento e das decisões judiciais, apresentados pelo *sistema de precedentes, com força vinculante, colaboram para o fortalecimento institucional do próprio Poder Judiciário, do direito, da lógica e da sociedade que considera o que é racional e não o que é místico.*

1.2.2.1 Os precedentes e a inconstitucionalidade

Muito debate há na doutrina, até então, sobre a (in)constitucionalidade do sistema brasileiro de precedentes e, por isso, algumas ponderações, ainda que breves, devemos apresentar, mesmo levando em conta o objetivo desta obra.

Adotamos a posição no sentido de que, enquanto não houver declaração de inconstitucionalidade sobre o referido sistema brasileiro de precedentes e seus dispositivos[38], há de ser o tema estudado e considerado constitucional. Ademais, a uniformização das posições jurisprudenciais em nada nos parece inconstitucional e muito menos a forma como foi tratada pelo CPC. Afirme-se, ainda, que, se o problema está na chamada vinculação[39], é importante destacar que "o precedente não dura para sempre", pois pode ser revisto, superado e inclusive

---

38   Cf. NEVES, Daniel Amorim Assumpção. *Manual de direito processual civil.* 8. ed. Salvador: Juspodivm, 2016. p. 563.

39   Nelson Nery Jr. e Rosa Nery estão entre os defensores da inconstitucionalidade do art. 927 do CPC, *vide*: NERY JR., Nelson; NERY, Rosa Maria de Andrade. *Comentários ao Código de Processo Civil...* cit., comentários ao art. 927.

CAPÍTULO XVIII – DO SISTEMA BRASILEIRO DE PRECEDENTES

extirpado da estrutura normativo-jurisprudencial atual. Portanto, a tal vinculação não nos parece ser um grande impeditivo para "taxar" de inconstitucional que tem uma finalidade simples, qual seja a continuidade da função jurisdicional ou a sua falência efetiva em face da absurda avalanche de processos idênticos e que, infelizmente, são decididos de forma diversa[40].

Sabemos que "os fins não justificam os meios", pois muita coisa inadequada já se fez desconstruindo essa noção, mas a questão aqui não nos parece tão grave. Ou optamos por rechaçar o sistema brasileiro de precedentes, que acabou de chegar e sequer teve tempo de demonstrar seus eventuais benefícios, ou por acolhê-lo com suas particularidades – não diria imperfeições – tendo de ajustá-lo a algo real. Caso a opção seja afastá-lo, permaneceremos com um número diminuto de juízes, desembargadores e ministros para mais de 100 milhões de processos de um país que só descumpre regras e que, certamente, será cada vez maior. De outro lado, caso optemos por acolher o referido modelo, ao nosso modo (à brasileira, assim como são nossas pizzas, por exemplo) poderemos tentar colocar em prática uma potencial redução de processos, resolvendo questões iguais e idênticas de forma igual, sem precisar para isso "jogar dados ou loteria" para saber qual será o resultado.

De fato, em nosso país, infelizmente "parcela significativa dos juízes de primeiro grau de jurisdição e dos Tribunais de Justiça e Regionais Federais não respeitam os precedentes do STJ. Na verdade, esses juízes e tribunais sequer argumentam para deixar de aplicar uma decisão da Suprema Corte. O próprio STJ tem entendimentos diferentes a respeito de casos iguais. Isso ocorre não só quando uma Turma diverge da outra. Uma mesma Turma, não raras vezes, não mantém estável determinada decisão"[41].

Pois bem, vejamos que atualmente temos um assoberbamento do Poder Judiciário, inicie-se pelo STF que tem 11 ministros e o STJ que

---

40 Pela constitucionalidade, NEVES, Daniel Amorim Assumpção. *Manual de direito processual civil...* cit., p. 563.

41 MARINONI, Luiz Guilherme. *A ética dos precedentes...* cit., p. 69.

tem 33, como julgar os milhares/milhões de recursos e demais processos que chegaram? Sejamos realistas, nosso sistema não comporta mais a quantidade de processos que temos. Veja-se que o número de juízes que temos é de aproximadamente 1 juiz para cada 13.000 habitantes, enquanto em Portugal, 1 juiz para cada 6.600 habitantes, e na Alemanha, 1 juiz para cada 5.000 habitantes.

A tudo isso, evidentemente, agrega-se o acesso mais facilitado às Cortes Superiores advindo da CF/88, sem falar que a criação do STJ não foi suficiente para solucionar, nem de perto, o problema, assim como com o advento da EC n. 45/2004, criando a repercussão geral (Lei n. 11.418/2006), revolvendo a antiga arguição de relevância, também não foi capaz de resolver o problema, muito embora tenha aliviado, o que poderia ter sido melhor aproveitado se estendido esse filtro para o STJ.

Um primeiro bom exemplo da potencial superação das problemáticas aqui levantadas, fora a incongruência decisória espalhada pelo país inteiro, veio com a criação da Súmula Vinculante (Lei n. 11.417/2006), derivada da EC n. 45/2004. Nesse passo reduziu-se, realmente, número de recursos para o STF, além de pôr em prática o tratamento igualitário entre jurisdicionados que, agora, sabem qual será a decisão a ser tomada para casos que se encaixem no que fora determinado pela Súmula Vinculante.

De fato, a diversidade de interpretações abala a certeza do direito[42], a segurança e evidentemente a sociedade, pois quanto mais variadas forem as teses, correntes de pensamento e decisões judiciais a respeito de uma mesma lei, mais incerta restará a tão almejada certeza da referida norma, instalando-se a insegurança.

Assim, resta ao intérprete escolher os teóricos debates que, por infelicidade, não se encerram nunca, sem chegar a qualquer "lugar", ou se escolhe olhar para a caótica realidade tentando para ela encontrar saída. Essa será a nossa opção, sabedores das consequências, visando dotar o direito, o processo e a atividade jurisdicional de certeza, segurança e es-

---

42 Cf. ALVIM, Arruda. *Novo contencioso cível no CPC*. São Paulo: Revista dos Tribunais, 2016. p. 522.

CAPÍTULO **XVIII** – **Do Sistema Brasileiro de Precedentes**

tabilidade, considerando válido o sistema brasileiro de precedentes (sistema de uniformização jurisprudencial) até que seja considerado pela Corte competente (STF) como inconstitucional. Enquanto esse dia não chegar, se é que vai chegar, consideraremos, para este trabalho, constitucional o sistema escolhido pelo legislador.

1.2.3 *Os precedentes à brasileira e os formadores de precedentes*

Chegando enfim a importante ponto deste estudo, focado nos objetivos desta obra, pois resta agora entender quais são os precedentes brasileiros e seus respectivos órgãos formados. Tendo presente que os tribunais devem uniformizar sua jurisprudência e mantê-la estável, íntegra e coerente, levando em consideração a forma estabelecida e segundo os pressupostos fixados no regimento interno, os tribunais, então, editarão enunciados de súmula correspondentes a sua jurisprudência dominante, devendo, para tanto, ater-se às circunstâncias fáticas dos precedentes que motivaram sua criação.

O rol está no art. 927 do CPC, segundo o qual os juízes e os tribunais observarão (i) as decisões do Supremo Tribunal Federal em controle concentrado de constitucionalidade; (ii) os enunciados de súmula vinculante; (iii) os acórdãos em incidente de assunção de competência ou de resolução de demandas repetitivas e em julgamento de recursos extraordinário e especial repetitivos; (iv) os enunciados das súmulas do Supremo Tribunal Federal em matéria constitucional e do Superior Tribunal de Justiça em matéria infraconstitucional; (v) a orientação do plenário ou do órgão especial aos quais estiverem vinculados.

Na primeira situação considerada precedente, com força de decisão vinculante, está a decisão do Supremo Tribunal Federal em controle concentrado (abstrato) de constitucionalidade. Nessa modalidade de decisão e de controle, o efeito vinculante é uma das marcantes características, razão por que dificuldade com a vinculação não pode haver, visto que no controle concentrado a vinculação é natural e não artificial. Nesse caso, esse tipo de precedentes será forjado pelo STF, o guardião da Constituição no Brasil, responsável por formar os precedentes direcionados a interpretar, de forma definitiva, a constituição. Evidente que, para estas situações, a vinculação é geral, atingindo todos os demais tribunais[43].

A segunda situação que permite a formação de precedente, segundo o CPC, está direcionada aos enunciados de súmula vinculante. Compreenda-se que o Supremo Tribunal Federal poderá, de ofício ou por provocação, mediante decisão de dois terços dos seus membros, após reiteradas decisões sobre matéria constitucional, aprovar súmula que, a partir de sua publicação na imprensa oficial, terá efeito vinculante em relação aos demais órgãos do Poder Judiciário e à administração pública direta e indireta, nas esferas federal, estadual e municipal, bem como proceder à sua revisão ou cancelamento, na forma estabelecida em lei (art. 103-A da CF/88).

Com efeito, a súmula terá por objetivo a validade, a interpretação e a eficácia de normas determinadas, acerca das quais haja controvérsia atual entre órgãos judiciários ou entre esses e a administração pública que acarrete grave insegurança jurídica e relevante multiplicação de processos sobre questão idêntica[44]. Mesmo assim, sem prejuízo do que vier a ser estabelecido em lei, a aprovação a revisão ou o cancelamento de súmula poderão ser provocados por aqueles que podem propor a ação direta de inconstitucionalidade, pois agentes legitimados para tal provocação. Ademais, restará cabível a reclamação, ao STF, contra ato administrativo ou decisão judicial que contrariar a súmula aplicável ou que indevidamente aplicá-la. Caso o Supremo julgue procedente a reclamação, anulará o ato administrativo ou cassará a decisão judicial reclamada, e determinará que outra seja proferida com ou sem a aplicação da súmula, conforme o caso.

Tendo presente isso, pode-se considerar para o sistema brasileiro de precedentes a Súmula Vinculante, levando-se em conta que o seu emissor será, nesse caso, como vimos, o STF. Nesse caso, evidentemente, a

---

43 WAMBIER, Teresa Arruda Alvim et al. *Primeiros comentários ao novo Código de Processo Civil...* cit., p. 1459; STRECK, Lenio Luiz et al. (Coord.). *Comentários ao Código de Processo Civil...* cit., comentários ao art. 927.

44 Cf. DIDIER JR., Fredie. *Curso de direito processual civil...* cit., v. 1, p. 509.

CAPÍTULO **XVIII** – Do Sistema Brasileiro de Precedentes

vinculação é geral, pois todos os demais tribunais estão sujeitos ao que definir o STF como Corte interpretativa suprema[45].

Ademais, pelo rol anunciado, têm-se como precedentes os acórdãos em incidente de assunção de competência ou de resolução de demandas repetitivas e em julgamento de recursos extraordinário e especial repetitivos. Cada um desses mecanismos será devidamente estudado seguidamente. Mas, para agora, importa referir que se tem aqui abertura importante para considerar que partes destes precedentes só poderão ser formadas pelas Cortes Superiores, mas parte por todo e qualquer tribunal local[46]. Entenda-se como cada situação há de se implementar. Pois bem, os acórdãos em incidente de assunção de competência ou de resolução de demandas repetitivas poderão ser formados por qualquer tribunal (Cortes Superiores ou tribunais inferiores), visto que instrumentos de definição e uniformização que podem ser apresentados perante qualquer tribunal. Para essas situações, deve-se observar quem emitiu o precedente, pois se um tribunal local, certamente, por lógico, a vinculação será local, ou seja, os julgadores sujeitos à jurisdição do respectivo tribunal local que emitiu o precedente devem observá-lo. Caso emitido por uma Corte Superior, ter-se-á a vinculação geral.

De outro lado, todavia, os precedentes formados em julgamento de recursos extraordinário e especial repetitivos são forjados nas Cortes Superiores (STF e STJ), caso em que a vinculação deve ser geral, pois todos os demais tribunais estão sujeitos aos precedentes das Cortes Superiores.

A quarta situação a considerar vem a ser, exatamente, a formação de precedentes a partir dos enunciados das súmulas do Supremo Tribunal Federal em matéria constitucional e do Superior Tribunal de Justiça em matéria infraconstitucional, as ditas súmulas persuasivas que, agora, terão, para o CPC, força e calibre de precedente que orienta as decisões

---

45 Cf. DIDIER JR., Fredie. *Curso de direito processual civil...* cit., v. 1, p. 508; CABRAL, Antonio do Passo; CRAMER, Ronaldo. (Coord.). *Comentários ao novo Código de Processo Civil...* cit., comentários ao art. 927.

46 WAMBIER, Teresa Arruda Alvim et al. *Primeiros comentários ao novo Código de Processo Civil.* 2. ed. rev., atual. e ampl. São Paulo: Revista dos Tribunais, 2016. p. 1.460.

dos demais julgadores, o que já acontece, faz tempo, no mundo da realidade, visto que hoje, em qualquer peça forense que se considere, antes mesmo de observar a doutrina, consultam-se as súmulas das Cortes Superiores, não restando novidade nisto também, pois prática corriqueira e efetiva de todos os operadores do direito de modo geral. Nesse caso, por natural, a vinculação é geral, pois todos os demais tribunais estão sujeitos aos precedentes das Cortes Superiores[47].

Por fim, considera-se precedente a orientação do plenário ou do órgão especial aos quais estiverem vinculados, recordando-se que todos os tribunais (sejam as Cortes Superiores ou os tribunais inferiores) possuem orientações decisórias emitidas por suas cúpulas mais elevadas hierarquicamente, podendo ser o plenário ou órgão especial[48].

1.2.4 *Influência, efeitos e superação dos precedentes*

De fato, não pode ser esquecido que o sistema brasileiro de precedentes é, sem dúvida, de grande influência para as futuras decisões a serem tomadas, pois, se caso de aplicação do precedente, certamente deverá ser considerada tal situação para que se implemente no caso o precedente, mantendo a coerência jurisprudencial, ressalvados os casos de realização da distinção (*distinguishing*), situações que autorizarão ao julgador, quando da fundamentação de sua decisão, distinguir o caso concreto que está sendo julgado no referido precedente.

Certamente, a vinculação derivada do precedente está em exigir dos julgadores, quando fundamentarem suas decisões, que levem em consideração o precedente, seja para seguir ou afastar sua aplicação, desde que motivadamente[49].

Com efeito, "a regra geral é que questões idênticas devem receber tratamento idêntico. No caso, então, da adoção de uma decisão

---

47   Cf. DONIZETTI, Elpídio. *Curso didático de direito processual civil*. 19. ed. rev. e completamente reformulada conforme o novo CPC. São Paulo: Atlas, 2016, parte V. Item 2.3.3.

48   Cf. CABRAL, Antonio do Passo; CRAMER, Ronaldo (Coord.). *Comentários ao novo Código de Processo Civil*. Rio de Janeiro: Forense, 2015. Comentários ao art. 927.

49   ALVIM, Arruda. *Novo contencioso cível no CPC*. São Paulo: Revista dos Tribunais, 2016. p. 527.

CAPÍTULO **XVIII** – Do Sistema Brasileiro de Precedentes

com efeito vinculativo, o juiz deve demonstrar essa identicidade. Quer dizer, cabe à fundamentação da decisão deixar claro que o precedente invocado tem força normativa sobre aquela situação concreta, por ser com ela condizente. Dessa forma, o art. 489, § 1º, V do CPC diz que não é fundamentada a decisão que invoca um precedente ou enunciado de súmula e não identifica seus fundamentos determinantes, nem demonstra que o caso sob julgamento se ajusta àqueles fundamentos. O trabalho do julgador é duplo: em primeiro lugar, delimitará sobre o que se trata o precedente invocado (= quais as questões decididas, e por quais motivos foram decididas daquela forma). Em seguida, demonstrará que no caso concreto o que precisa ser decidido se amolda à decisão-paradigma. O que dá legitimidade à decisão que se curva a um precedente, portanto, é o fato de que a fundamentação evidencia a igualdade entre o caso sob julgamento e o caso invocado com força vinculante. A ideia é evitar as decisões, infelizmente muito comuns, que se limitam a transcrever ementas ou trechos de julgados em cotejá-los analiticamente. Por outro lado, a não aplicação de um precedente conduz a uma argumentação igualmente vinculada, de acordo com o art. 489, § 1º, VI, do CPC. Para distanciar-se dos parâmetros vinculativos jurisprudenciais, o juiz tem duas opções: demonstra uma distinção ou indica a necessidade de superação da tese. O cerne destas técnicas de não aplicação são conceitos anglo-saxões de *distinguishing* e de *overruling*, utilizados no *common law*"[50].

A superação deve ser vista e compreendida com moderação, pois o precedente é constituído para durar o tempo que necessário e possível for, considerando, de outro lado, a constante evolução social e as mudanças sociais que, por evidente, atingem o direito. Deve-se considerar que a alteração de tese jurídica adotada em enunciado de súmula ou em julgamento de casos repetitivos poderá ser precedida de audiências públicas e da participação de pessoas, órgãos ou entidades que possam

---

50   ALVIM, Arruda. *Novo contencioso cível no CPC*. São Paulo: Revista dos Tribunais, 2016. p. 528.

TEORIA GERAL DO PROCESSO

contribuir para a rediscussão da tese[51]. Fora isso, por evidente, o precedente não pode ser observado como sendo algo imutável[52], pois, assim como a sociedade muda e evolui, assim também será, naturalmente, com o precedente.

Imprescindível que as teses firmadas, nos precedentes, passem por um controle de atualidade (contemporaneidade) para saber se aquele precedente ainda se amolda à realidade atual, evitando-se, assim, que petrifique. Caso a tese firmada no precedente já não mais se conforme à contemporaneidade, tem-se uma motivação para a superação do precedente, desde que, por conseguinte, aquele órgão judiciário que emitiu o precedente o supere. Não pode outro órgão do Poder Judiciário, que não o emissor do precedente, superar o referido precedente[53]. Nesse caso, o mesmo órgão emissor do precedente poderá rever a tese firmada e, sendo o caso, superá-la.

Não é à toa que, na hipótese de alteração de jurisprudência dominante do Supremo Tribunal Federal e dos tribunais superiores ou daquela oriunda de julgamento de casos repetitivos, possa haver modulação dos efeitos da alteração no interesse social e no da segurança jurídica. A modificação de enunciado de súmula, de jurisprudência pacificada ou de tese adotada em julgamento de casos repetitivos observará a necessidade de fundamentação adequada e específica, considerando os princípios da segurança jurídica, da proteção da confiança e da isonomia[54].

Portanto, "apenas o órgão que formou o precedente pode superá-lo. A técnica de alerta serve – ou deve servir – para que, gradualmente, o órgão fixador da tese reveja seu posicionamento. É de se esperar que, ao

---

51 Cf. STRECK, Lenio Luiz et al. (Coord.). *Comentários ao Código de Processo Civil*. São Paulo: Saraiva, 2016. Comentários ao art. 927.

52 Cf. MARINONI, Luiz Guilherme; ARENHART, Sérgio Cruz; MITIDIERO, Daniel. *Novo Código de Processo Civil comentado...* cit., p. 875.

53 Cf. ALVIM, Arruda. *Novo contencioso cível no CPC...* cit., p. 529.

54 Cf. STRECK, Lenio Luiz et al. (Coord.). *Comentários ao Código de Processo Civil...* cit., comentários ao art. 927.

CAPÍTULO **XVIII** – **Do Sistema Brasileiro de Precedentes**

longo do tempo, uma série de decisões que alertem ou sinalizem a necessidade de mudança façam com que a questão chegue, novamente, a ser decidida pelo órgão que prolatou a decisão-paradigma. Trata-se de uma dinâmica própria do direito, que apenas responde aos fenômenos sociais e deles se origina. Quando, então, a corte alterar sua tese, é preciso ter cuidado pois será alterada a pauta de conduta que até então servia de parâmetro decisório. As expectativas jurídicas criadas até então serão modificadas, o que requer novamente do tribunal uma consciência e responsabilidade grandes"[55].

Evidentemente, dando legitimidade à alteração da tese, abre-se a faculdade de convocação de audiências públicas, bem como se possibilita a ouvida de *amici curiae* que possam trazer contribuição para a rediscussão do tema (art. 927, § 2º, do CPC), democratizando, ainda mais, o processo.

Assim, por exemplo, caso o precedente seja emitido pelo STJ, impossível será a um juiz de base ou a tribunal inferior pretender superar o precedente, pois não lhe é dada tal autorização, mas somente o próprio STJ é que poderia superá-lo.

1.2.5 *Conflito entre precedentes*

Pode ser que haja determinado precedente sobre respectivo tema que foi firmado por tribunal inferior, por exemplo. Caso um dos tribunais superiores venha a firmar precedente sobre a mesma temática de modo diverso do que foi firmado pelo tribunal inferior, parece-nos caso de aplicar-se, por evidente, o precedente da corte superior, pois no eventual conflito de precedentes sobre a mesma questão, parece-nos dever ceder o do tribunal inferior em detrimento do que fora firmado pela Corte Superior, pois natural que assim seja, sendo, inclusive, esse acontecimento motivador da superação do precedente pelo próprio tribunal inferior que, revendo sua posição e tese, deverá observar e respeitar o precedente emitido pela Corte Superior.

---

55 ALVIM, Arruda. *Novo contencioso cível no CPC...* cit., p. 529.

511

▶ **APROFUNDANDO**

Destaque do capítulo
Acesse também pelo *link*: https://somos.in/TGP0636

Precedente relevante
Acesse também pelo *link*: https://somos.in/TGP0635

Bibliografia

ABBOUD, Georges. *Jurisdição constitucional e direitos fundamentais*. São Paulo: Revista dos Tribunais, 2011.

AIRES, Mariella Carvalho de Farias. Direito de greve ambiental no ordenamento jurídico brasileiro. *Revista de Direito do Trabalho*, v. 129.

AISENBERG, Victor. As ações coletivas à luz do acesso à justiça e da legitimidade. *De Jure*: Revista Jurídica do Ministério Público do Estado de Minas Gerais, Belo Horizonte, n. 8, p. 471-486, jan. 2007.

ALEXY, Robert. *Teoria dos direitos fundamentais*. Trad. Virgilio Afonso da Silva. São Paulo: Malheiros, 2008.

_____. *Teoría de los derechos fundamentales*. Madrid: Centro de Estudios Políticos y Constitucionales, 2001.

ALLORIO, Enrico. *Problemi di diritto*. Milano: Giuffrè, 1957, v. 2.

ALMEIDA, Gregório Assagra de. *Direito processual coletivo brasileiro*: um novo ramo do direito processual. São Paulo: Saraiva, 2003.

ALMEIDA JÚNIOR, João Mendes de. *Direito judiciário brasileiro*. Rio de Janeiro: Freitas Bastos, 1954.

AMARAL, Guilherme Rizzo. *Comentários às alterações do novo CPC*. São Paulo: Revista dos Tribunais, 2015.

ARAGÃO, E. D. Moniz de. Preclusão. In: OLIVEIRA et al. *Saneamento do processo*. Estudos em homenagem ao Prof. Galeno Lacerda. Porto Alegre: Sérgio A. Fabris Editor, 1989.

TEORIA GERAL DO PROCESSO

_____. *Comentários ao Código de Processo Civil*. 9. ed. Rio de Janeiro: Forense, 1998, v. II.

_____. *Sentença e coisa julgada*. Rio de Janeiro: Aide, 1992

ARIETA, Giovanni; SANTIS, Francesco de; MONTESANO, Luigi. *Corso base di diritto processuale civile*. 5. ed. Padova: CEDAM, 2013.

ALVIM, Eduardo Arruda. *Direito processual civil*. 5. ed. rev., atual. e ampl. São Paulo: Revista dos Tribunais, 2013.

_____; THAMAY, Rennan Faria Krüger; GRANADO, Daniel Willian. *Processo constitucional*. São Paulo: Revista dos Tribunais, 2014.

ASHBY, W. Ross. *Uma introdução à cibernética*. São Paulo: Perspectiva, 1970.

ASSIS, Araken de. Breve contribuição ao estudo da coisa julgada nas ações de alimentos. *Ajuris*, Porto Alegre, v. 46, p. 77-96, jul. 1989.

_____. *Processo civil brasileiro*. São Paulo: Revista dos Tribunais, 2015, v. I.

_____. *Manual da execução*. 10. ed. rev., atual. e ampl. São Paulo: Revista dos Tribunais, 2006.

_____; MOLINARO, Carlos Alberto; GOMES JUNIOR, Luiz Manoel; MILHORANZA, Mariângela Guerreiro. *Processo coletivo e outros temas de direito processual* – homenagem: 50 anos de docência do Professor José Maria Rosa Tesheiner e 30 anos de docência do Professor Sérgio Gilberto Porto. São Paulo: Livraria do Advogado, 2012.

ÁVILA, Humberto. *Teoria dos princípios*: da definição à aplicação dos princípios jurídicos. São Paulo: Malheiros, 2003.

BAHIA, Alexandre Gustavo Melo Franco. *Recursos extraordinários no STF e no STJ*: conflito entre interesse público e privado. Curitiba: Juruá, 2009.

BALEEIRO, Aliomar. *O Supremo Tribunal Federal, esse outro desconhecido*. Rio de Janeiro: Forense, 1968.

BARBI, Celso Agrícola. *A ação declaratória no processo civil brasileiro*. Belo Horizonte: B. Álvares, 1962.

BARBOSA, Ruy. *Nulidade e rescisão de sentenças*. Rio de Janeiro: Typ. do Jornal do Comércio, 1911.

_____. *Comentários ao Código de Processo Civil*. Rio de Janeiro: Forense, 1975, v. 1, t. 1.

BARBOSA MOREIRA, José Carlos. *Comentários ao Código de Processo Civil*. Rio de Janeiro: Forense, 1974, v. 5.

_____. Conteúdo e efeitos da sentença. *Ajuris*, Porto Alegre, v. 135, p. 204-208, nov. 1985.

_____. Eficácia da sentença e autoridade de coisa julgada. *Ajuris*, Porto Alegre, v. 28, p. 15-31.

_____. *Temas de direito processual*. Quarta série. São Paulo: Saraiva, 1989.

_____. *Temas de direito processual civil*. Primeira série. 2. ed. São Paulo: Saraiva, 1988.

_____. Os poderes do juiz na direção e na instrução do processo. *Temas de direito processual*. Quarta Série. São Paulo: Saraiva, 1989.

_____. *Comentários ao Código de Processo Civil*. 17. ed. Rio de Janeiro: Forense, 2013.

_____. Citação de pessoa já falecida. *Ajuris*, Porto Alegre, v. 58, p. 85-94, jul. 1993.

_____. *Ação popular do direito brasileiro como instrumento de tutela jurisdicional dos chamados interesses difusos*. Temas de direito processual. São Paulo: Saraiva, 1977.

_____. Notas sobre o problema da "efetividade" do processo. *Temas de direito processual*. Terceira série. São Paulo: Saraiva, 1984

BARCELLOS, Ana Paula de. Constitucionalização das políticas públicas em matéria de direitos fundamentais: o controle político-social e o controle jurídico no espaço democrático. In: SARLET, Ingo Wolfgang; TIMM, Luciano Benetti. (Org.). *Direitos fundamentais, orçamento e reserva do possível*. Porto Alegre: Livraria do Advogado, 2008.

BARROS, Wellington Pacheco. O direito por Kelsen e Ehrlich. *Zero Hora*, Porto Alegre, 7 ago. 1990.

BARROSO, Luís Roberto. Fundamentos teóricos e filosóficos do novo direito constitucional brasileiro (pós-modernidade, teoria crítica e pós-positivismo). In: BARROSO, Luís Roberto. (Org.). *A nova interpretação constitucional*: ponderação, direitos fundamentais e relações privadas. 2. ed. Rio de Janeiro: Renovar, 2006.

_____. *O controle de constitucionalidade no direito brasileiro*. 7. ed. São Paulo: Saraiva, 2015.

_____. *O controle de constitucionalidade no direito brasileiro*. 2. ed. São Paulo: Saraiva, 2006.

_____. *Fundamentos teóricos do novo direito constitucional brasileiro*. A nova interpretação constitucional. Rio de Janeiro: Renovar, 2003.

_____. *Judicialização, ativismo judicial e legitimidade democrática*. Disponível em: http://www.plataformademocratica.org/Publicacoes/12685_Cached.pdf. Acesso em: 20-6-2016.

BASTOS, Celso Ribeiro. *Curso de direito constitucional*. 21. ed. São Paulo: Saraiva, 2000.

BAUMAN, Zygmunt. *O mal-estar da pós-modernidade*. Trad. Mauro Gama, Cláudia Martinelli Gama. Rio de Janeiro: Jorge Zahar, 1998.

_____. *La sociedad sitiada*. Trad. Mirta Rosenberg. Buenos Aires: Fondo de Cultura Económica, 2006.

_____. *Vida líquida*. Trad. Albino Santos Mosquera. 1. ed., 4. reimp. Buenos Aires: Paidós, 2009.

BEDAQUE, José Roberto dos Santos. *Efetividade do processo e técnica processual*. 2. ed. São Paulo: Malheiros, 2007.

BÉGUIN, Jean-Claude. *Le contrôle de la constitutionnalitè des lois en République Fédérale d'Allemagne*. Paris: Economica, 1982.

BERCOVICI, Gilberto. As possibilidades de uma teoria do Estado. *Revista da História das ideias*, v. 26, 2005.

BERIZONCE, Roberto Omar. *Derecho procesal civil actual*. La Plata: LEP, 1999.

_____. *Aportes para una justicia más transparente*. La Plata: LEP, 2009.

_____; TESHEINER, José Maria Rosa; THAMAY, Rennan Faria Krüger. *Los procesos colectivos*: Argentina y Brasil. Buenos Aires: Cathedra Jurídica, 2012.

BERNAL, Francisco Chamorro. *La tutela judicial efectiva*. Barcelona: Bosch, 1994.

BIDART, Adolfo Gelsi. *De las nulidades en los actos procesales*. Montevideo: Ediciones Jurídicas Amalio M. Fernandez, 1981.

BOBBIO, Norberto. *Teoria da norma jurídica*. Trad. Fernando Pavan Batista e Ariani Bueno Sudatti. Bauru: EDIPRO, 2001.

_____. Principi generali di diritto. In: AZARA, Antonio; EULA, Ernesto. *Novissimo Digesto Italiano*. Turim: Unione Tipografico-Editrice Torinese, 1957, v. 13.

_____. *El futuro de la democracia*. Trad. José F. Fernández Santillán. México: Fondo de Cultura Económica, 1999.

BOMFIM JÚNIOR, Carlos Henrique de Moraes et al. *O ciclo teórico da coisa julgada*: de Chiovenda a Fazzalari. Coord. Rosemiro Pereira Leal. Belo Horizonte: Del Rey, 2007.

BONAVIDES, Paulo. *Curso de direito constitucional*. 19. ed. São Paulo: Malheiros, 2006.

BUENO, Cassio Scarpinella. *Curso sistematizado de direito processual civil*: teoria geral do direito processual civil. São Paulo: Saraiva, 2007, v. 1.

_____. *Curso sistematizado de direito processual civil*: teoria geral do direito processual civil. 8. ed. São Paulo: Saraiva, 2014, v. 1.

BÜLLOW, Oskar von. *La teoría de las excepciones procesales y 10s presupuestos procesales*. Trad. da ed. alemã de 1868. Buenos Aires: Europa-América, 1964.

BUZAID, Alfredo. *Do agravo de petição no tema do Código de Processo Civil*. São Paulo: Saraiva, 1956.

CABRAL, Antonio do Passo. *Nulidades no processo moderno*: contraditório, proteção da confiança e validade *prima facie* dos atos processuais. Rio de Janeiro: Forense, 2010.

CALAMANDREI, Piero. *Estudios sobre el proceso civil*. Buenos Aires: Ed. Bibliográfica Argentina, 1961.

_____. *Estudios sobre el proceso civil*. Trad. Santiago Sentís Melendo. Buenos Aires: Ediciones jurídicas Europa-America, 1973.

_____. *Introduzione allo studio sistematico dei provvedimenti cautelari*. Padova: CEDAM, 1936.

_____. *Proceso y democracia*. Buenos Aires: Ediciones Jurídicas Europa--America, 1960.

CÂMARA, Alexandre Freitas. *Lições de direito processual civil*. 25. ed. São Paulo: Atlas, 2014, v. 1.

CAMBI, Eduardo. Jurisprudência lotérica. *Revista dos Tribunais*, São Paulo, ano 90, v. 786.

CAMUSSO, Jorge. *Nulidades procesales*. Buenos Aires: Ediar, 1976.

CANOTILHO, José Joaquim Gomes. *Estudos sobre direitos fundamentais*. 2. ed. Portugal: Coimbra Ed., 2008.

_____. *Direito constitucional e teoria da Constituição*. 7. ed. Coimbra: Almedina, 2003.

CAPPELLETTI, Mauro; GARTH, Bryant. *Acesso à Justiça*. Trad. Ellen Graice Northfleet. Porto Alegre: SaFe, 1988.

_____. *O controle judicial de constitucionalidade das leis no direito comparado*. Trad. Aroldo Plínio Gonçalves. Porto Alegre: Sergio Antonio Fabris, 1984.

CARNEIRO, Athos Gusmão. Anotações sobre o recurso especial. *Ajuris*, Porto Alegre, v. 48, p. 179-92, mar. 1990.

CARNEIRO, Paulo Cezar Pinheiro. *Acesso à Justiça*: Juizados Especiais Cíveis e ação civil pública. Uma nova sistematização da teoria geral do processo. 2. ed. Rio de Janeiro: Forense, 2000.

CARNELUTTI, Francesco. *Diritto e processo*. Napoli: Morano, 1958.

_____. *Lezione di diritto processuale civile*. Padova: CEDAM, 1931, v. 1.

_____. *Principi del processo pende*. Napoli: Morano, 1960.

_____. *Sistema de derecho procesal civil*. Buenos Aires: UTEHA, 1944.

_____. *Teoria geral do direito*. Trad. Rodrigues Queiró. São Paulo: Saraiva, 1942.

CARVALHO, Kildare Gonçalves. *Direito constitucional didático*. 8. ed. Belo Horizonte: Del Rey, 2002.

CASTRO, Carlos Roberto de Siqueira. *O devido processo legal e a razoabilidade das leis na nova Constituição do Brasil*. Rio de Janeiro: Forense, 1989.

CAVANI, Renzo. *La nulidad en el proceso civil*. Lima: Palestra Editores, 2014.

CHEVALLIER, Jacques. *O Estado pós-moderno*. Trad. Marçal Justen Filho. Belo Horizonte: Fórum, 2009.

CHIOVENDA, Giuseppe. *Ensayos de derecho procesal civil*. Trad. Santiago Sentís Melendo. Buenos Aires: EJEA, 1949, v. 1.

_____. *Instituições de direito processual civil*. Trad. J. G. Menegale. 2. ed. São Paulo: Saraiva, 1965, v. 1.

_____. *Instituições de direito processual civil*. 2. ed. São Paulo: Saraiva, 1965, v. 2.

_____. *Principi di diritto processuale civile*. Napoli: Casa Editrice E. Jovene, 1980.

_____. *Instituições de direito processual civil*. 2. ed. São Paulo: Bookseller, 2002, v. 1.

CINTRA, Antônio Carlos Araújo; GRINOVER, Ada Pellegrini; DINAMARCO, Cândido Rangel. *Teoria geral do processo*. São Paulo: Revista dos Tribunais, 1976.

_____. *Teoria geral do processo*. 21 ed. rev. São Paulo: Malheiros, 2004.

CITTADINO, Gisele. Poder Judiciário, ativismo judiciário e democracia. *Revista Alceu*, n. 9, v. 5, jul.-dez. 2004, p. 105-113. Disponível em: http://revistaalceu.com.puc-rio.br/media/alceu_n9_cittadino.pdf.

CLÈVE, Clèmerson Merlin. *A fiscalização abstrata da constitucionalidade no Direito brasileiro*. 2. ed. São Paulo: Revista dos Tribunais, 2000.

CORONADO, Mariano. *Elementos de derecho constitucional mexicano*. 2. ed. Guadalajara: Escuela de artes e ofícios del Estado, 1899.

CORRÊA, Fábio Peixinho Gomes. *Direito processual civil europeu contemporâneo*. In: TUCCI, José Rogério Cruz e. (Coord.). São Paulo: Lex Editora S.A., 2010.

COSTA, Alfredo de Araújo Lopes da. *Direito processual civil brasileiro*. 2. ed. Rio de Janeiro: Forense, 1959, v. 1.

COSTA, Edgar. *Os grandes julgamentos do Supremo Tribunal Federal*. Rio de Janeiro: Civilização Brasileira, 1964, v. 3.

COSTA, J. A. Galdino da. As condições da ação. *Revista Brasileira de Direito Processual*, v. 49.

COUTURE, Eduardo J. *Introdução ao estudo do processo civil*. Rio de Janeiro: Ed. José Konfino, 1951.

_____. *Fundamentos do direito processual civil*. Trad. Benedicto Giaccobini. Campinas: RED Livros, 1999.

CRISAFULLI, Vezio. *Lezioni di Diritto Costituzionale*. Padova: CEDAM, 1984, v. 2, t. 2..

DALL'AGNOL, Jorge Luís. *Pressupostos processuais*. Porto Alegre: Le Jur, 1988.

DALL'AGNOL JR., Antônio. *Invalidades processuais*. Porto Alegre: Le Jur, 1989.

DAVID, René. *Os grandes sistemas do direito contemporâneo*. 4. ed. São Paulo: Martins Fontes, 2002.

DELGADO, José Augusto. Substituição processual. *Revista de Processo*, jul. 1987, v. 47.

DIAS, Jorge Figueiredo. *Direito processual penal*. Coimbra: Coimbra, 1984.

DIDIER JR., Fredie; ZANETI JR., Hermes. *Curso de direito processual civil*: processo coletivo. 5. ed. Salvador: Juspodivm, 2010, v. 4.

_____; OLIVEIRA, Rafael; BRAGA, Paula. *Curso de direito processual civil*. Salvador: Juspodivm, 2013.

_____. O princípio da cooperação: uma apresentação. *Revista de Processo*, São Paulo, v. 127, 2005.

_____. Os três modelos de direito processual: inquisitivo, dispositivo e cooperativo. *Revista de Processo*, São Paulo, v. 198, 2011.

DINAMARCO, Cândido. *Litisconsórcio*. São Paulo: Revista dos Tribunais, 1984.

_____. *Instituições de direito processual civil*. 7. ed. São Paulo: Malheiros, 2013, v. 1.

_____. *Instituições de direito processual civil*. 6. ed. São Paulo: Malheiros, 2009, v. 2

DUGUIT, Léon. *Traité de droit constitutionnel*. Paris: Ancienne Librairie Fontemoing & Gie, Editeurs, 1921, t. I.

DWORKIN, Ronald. *Levando os direitos a sério*. Trad. Nelson Boeira. São Paulo: Martins Fontes, 2002.

_____. *O império do direito*. Trad. Jefferson Luiz Camargo. São Paulo: Martins Fontes, 1999.

FABRÍCIO, Adroaldo Furtado. *A ação declaratória incidental*. Rio de Janeiro: Forense, 1976.

_____. A coisa julgada nas ações de alimentos. *Ajuris*, Porto Alegre, v. 52, p. 525-533, jul. 1991.

_____. *Doutrina e prática do procedimento sumaríssimo*. Porto Alegre: Ed. Ajuris, 1977.

_____. Extinção do processo e mérito da causa. In: OLIVEIRA, Nelson de. *Saneamento do processo*. Estudos em homenagem ao Prof. Galeno Lacerda. Porto Alegre: Sérgio A. Fabris Editor, 1989.

_____. Réu revel não citado, *"Querela nullitatis"* e ação rescisória. *Ajuris*, Porto Alegre, v. 48, p. 427-432, mar. 1988.

FAZZALARI, Elio. *Istituzioni di diritto processuale*. Padova: CEDAM, 1975.

FERRAJOLI, Luigi. *A soberania no mundo moderno*. Trad. Carlos Coccioli e Márcio Lauria. São Paulo: Martins Fontes, 2002.

FERREIRA FILHO, Manoel Caetano. *A preclusão no direito processual civil*. Curitiba: Juruá, 1991.

FUMO, Carlo. *Contributo alla teoria della prova legale*. Padova: CEDAM, 1940.

GADAMER, Hans-Georg. *Verdade e método II*. Trad. Flávio Paulo Meurer. Petrópolis: Vozes, 1997.

GANDHI, Mahatma. *O pensamento vivo*. Lima: Los libros más pequeños del mundo, 2007.

GARCÍA-PELAYO, Manuel. *As transformações do estado contemporâneo*. Trad. Agassiz Almeida Filho. Rio de Janeiro: Forense, 2009.

GAULIA, Cristina Tereza. *Juizados Especiais Cíveis*: o espaço do cidadão no Poder Judiciário. Rio de Janeiro: Renovar, 2005.

GÉLIO, Aulo. *Noches áticas*. Buenos Aires: Europa-América, 1959.

GIRONS, A. Saint. *Manuel de droit constitutionnel*. Paris: L. Larose et Forgel Libraires-Editeurs, 1885.

GOLDSCHMIDT, James. *Derecho procesal civil*. Trad. Leonardo Prieto Castro. Barcelona: Labor, 1936.

GONÇALVES, Aroldo Plínio. *Nulidades no processo*. Rio de Janeiro: Aide, 1993.

GONÇALVES, Viviane Saud Sallum. Formas de garantir o acesso à justiça e sua efetividade. *Revista Jurídica Unijus*, Uberaba, v. 11, n. 14, p. 231-250, maio 2008.

GRINOVER, Ada Pellegrini. *As condições da ação penal*. São Paulo: Bushatski, 1977.

_____. Da coisa julgada no Código de Defesa do Consumidor. *Revista Jurídica*, Porto Alegre, v. 162, p. 9-21, abr. 1991.

_____. O controle do raciocínio judicial pelos tribunais superiores brasileiros. *Ajuris*, Porto Alegre, p. 505-520, nov. 1990.

_____. O controle de políticas públicas pelo Poder Judiciário. *Revista de Direito Bancário e do Mercado de Capitais*, v. 42, out. 2008.

_____. Ações coletivas ibero-americanas: novas questões sobre a legitimação e a coisa julgada. *Revista Forense*, Rio de Janeiro, 2002.

HART, Hebert L. A. *O conceito de direito*. 3. ed. São Paulo: Fundação Calouste Gulbenkian, 2001.

HARVEY, David. *Condição pós-moderna*. São Paulo: Loyola, 1992.

JAYME, Erik. Cours général de droit internacional privé. *Recueil des cours, Académie de droit internacional*, t. 251, 1997.

KAUFMANN, Arthur. *La filosofia del derecho en la posmodernidad*. Trad. Luis Villar Borda. Santa Fe de Bogotá: Temis, 1992.

KELSEN, Hans. *Teoria pura do Direito*. Trad. João Baptista Machado. São Paulo: Martins Fontes, 2000.

KOMATSU, Roque. *Da invalidade no processo civil*. São Paulo: Revista dos Tribunais, 1991.

KUMAR, Krishan. *Da sociedade pós-industrial à pós-moderna*. Rio de Janeiro: Jorge Zahar Editor, 1997.

LACERDA, Galeno. *Comentários ao Código de Processo Civil*. Rio de Janeiro: Forense, 1980, t. 1, v. 8.

_____. *Despacho saneador*. Porto Alegre: La Salle, 1953.

_____. *Despacho saneador*. Porto Alegre: Sérgio Antonio Fabris, 1985.

LAZZARINI, Alexandre Alves. *A causa petendi nas ações de separação judicial e de dissolução da união estável.* São Paulo: Revista dos Tribunais, 1999.

LEAL, Saul Tourinho. *Controle de constitucionalidade moderno.* 2. ed. Niterói: Impetus, 2012.

LEITE, Carlos Henrique. Tendências do direito processual do trabalho e a tutela dos interesses metaindividuais. *Revista de Direito do Trabalho,* v. 105.

LENZA, Pedro. *Direito constitucional esquematizado.* 8. ed. São Paulo: Método, 2005.

_____. *Teoria geral da ação civil pública.* 2. ed. São Paulo: Revista dos Tribunais, 2005.

_____. Efetividade do processo coletivo – o código-modelo de processos coletivos para Ibero-América e o Direito Brasileiro. *Revista Jurídica Logos,* São Paulo, n. 3, 2007.

LIEBMAN, Enrico Tullio. *Manuale di diritto processuale civile.* 2. ed. Milano: Giuffrè, 1957, v. 1.

_____. *Manual de direito processual civil.* 3. ed. Trad. Candido Rangel Dinamarco. São Paulo: Malheiros, 2005, v. 1.

_____. *Problemi del processo civile.* Milano: Morano, 1962.

_____. *Eficácia e autoridade da sentença.* Trad. Alfredo Buzaid e Benvindo Aires. Rio de Janeiro: Forense, 1945.

LIMA, Alcides de Mendonça. *Comentários ao Código de Processo Civil.* São Paulo: Revista dos Tribunais, 1982.

LIMA, Ruy Cyrne. *Princípios de direito administrativo.* Porto Alegre: Ed. Suba, 1964.

LIPOVETSKY, Gilles. *Os tempos hipermodernos.* Trad. Mário Vilela. São Paulo: Barcarolla, 2004.

LOPES, Miguel Maria de Serpa. *Exceções substanciais*: exceção de contrato não cumprido. Rio de Janeiro: Freitas Bastos, 1959.

LORENZETTI, Ricardo Luis. *Justicia colectiva.* Santa Fé: Rubinzal-Culzoni, 2010.

LUGO, Andrea. *Manuale di diritto processo civile.* Milano: Giuffrè, 1967.

LUHMANN, Niklas. *Sitemi sociali*: fondamenti di una teoria generale. Bolonha: Il Mulino, 1990.

LUCON, Paulo Henrique dos Santos. *Relação entre demandas*. 1. ed. Brasília: Gazeta Jurídica, 2016.

LUZ, Rolando da; ALMEIDA, Dulce Calmon de Bittencourt Pinto de. Efetividade do processo: um elemento valorativo do princípio de acesso à justiça. *Revista Forense*, Rio de Janeiro, v. 393, p. 499-511, set. 2007.

LYOTARD, Jean-François. *O pós-moderno*. Rio de Janeiro: Olympio Editora, 1986.

MACCORMICK, Neil. *Rethoric and the rule of law*: a theory of legal reasoning. New York: Oxford University Press, 2005.

MACEDO, Elaine Harzheim. Repercussão geral das questões constitucionais: nova técnica de filtragem do recurso extraordinário. *Revista Direito e Democracia*, Canoas, Ulbra, v. 6, n. 1, p. 79-110, 2005.

MADRID, Daniela Martins. Assistência judiciária: ausência de efetividade ao acesso à justiça. *Revista Nacional de Direito e Jurisprudência*, Ribeirão Preto, v. 9, n. 103, p. 54-62, jul. 2008.

MARINONI, Luiz Guilherme. *A ética dos precedentes*. São Paulo: Revista dos Tribunais, 2015.

_____. *Novas linhas do processo civil*. 4. ed. São Paulo: Malheiros, 2000.

_____. *Precedentes obrigatórios*. 4. ed. rev., atual., e ampl. São Paulo: Revista dos Tribunais, 2016.

_____. *Teoria geral do processo*. São Paulo: Revista dos Tribunais, 2006.

_____; MITIDIERO, Daniel. *Repercussão geral do recurso extraordinário*. São Paulo: Revista dos Tribunais, 2007.

_____; ARENHART, Sérgio Cruz; MITIDIERO, Daniel. *Novo Código de Processo Civil comentado*. São Paulo: Revista dos Tribunais, 2015.

_____; ARENHART, Sérgio Cruz; MITIDIERO, Daniel. *O novo processo civil*. São Paulo: Revista dos Tribunais, 2015.

MARQUES, José Frederico. *Ensaio sobre a jurisdição voluntária*. 2. ed. São Paulo: Saraiva, 1959.

_____. *Instituições de direito processual civil*. 2. ed. Rio de Janeiro: Forense, 1962.

MARTINS, Ives Gandra da Silva; MENDES, Gilmar Ferreira. *Controle concentrado de constitucionalidade*. São Paulo: Saraiva, 2001.

MARTINS, Sérgio Pinto. *Direito do trabalho*. 21. ed. São Paulo: Atlas, 2005.

MAURINO, Alberto Luis. *Nulidades procesales*. Buenos Aires: Editorial Astrea, 1982.

MAZZILLI, Hugo Nigro. Acordos celebrados perante o Ministério Público. *Justitia*, São Paulo, v. 130, p. 44-7, jul.-set. 1985.

MELO FILHO, Álvaro. *Desporto na nova Constituição*. Porto Alegre: Sergio A. Fabris Editor, 1990.

MEDINA, José Miguel Garcia. *Novo Código de Processo Civil Comentado*: com remissões e notas comparativas ao CPC/1973. 3. ed. São Paulo: Revista dos Tribunais, 2015.

MELLO, Marcos Bernardes. *Teoria do fato jurídico*. 8. ed. São Paulo: Saraiva, 1998.

MENDES, Gilmar Ferreira. *Jurisdição constitucional*. 3. ed. São Paulo: Saraiva, 1999.

_____. *Jurisdição constitucional*: o controle abstrato de normas no Brasil e na Alemanha. 5. ed. São Paulo: Saraiva, 2005.

MERRYMAN, John Henry. *La tradición jurídica romano-canónica*. Trad. Eduardo L. Suárez. Ciudad de México: Fondo de Cultura Económica, 1997.

MESQUITA, José Ignácio Botelho de. *Da ação civil*. São Paulo: Revista dos Tribunais, 1975.

_____. *A causa petendi* nas ações reivindicatórios. *Ajuris*, Porto Alegre, v. 20, p. 166-180 , nov. 1980.

MILARÉ, Édis. *Direito do ambiente* – a gestão ambiental em foco. 7. ed. São Paulo: Revista dos Tribunais, 2011.

MIRABETE, Júlio Fabbrini. *Manual de direito penal*: parte especial. 4. ed. São Paulo: Atlas, 1989.

MIRANDA, Jorge. *Contributo para uma teoria da inconstitucionalidade*. 1. ed., reimpressão. Coimbra: Coimbra Editora, 2007.

MIRRA, Avaro Luiz Valery. Um estudo sobre a legitimação para agir no direito processual civil. *Revista dos Tribunais*, São Paulo, v. 618.

MITIDIERO, Daniel. *Colaboração no processo civil*: pressupostos sociais, lógicos e éticos. São Paulo: Revista dos Tribunais, 2009.

MOMSEN, Théodore. *Le droit pénal romain*. Paris: [s.n.], 1907, t. 2.

MONTEIRO, João. *Curso de processo civil*. 2. ed. São Paulo: Duprat, 1905, v. 1.

MONTESANO, Luigi. *Corso base di diritto processuale civile*. 5. ed. Padova: CEDAM, 2013.

MORAES, Alexandre de. *Jurisdição constitucional e tribunais constitucionais*. São Paulo: Atlas, 2000.

MORAIS, Jose Luis Bolzan de. *Do direito social aos interesses transindividuais*: o Estado e o direito na ordem contemporânea. Porto Alegre: Livraria do Advogado, 1996.

MORELLO, Augusto Mario. *El proceso justo*: del garantismo formal a la tutela efectiva de los derechos. La Plata: Platense, 1994.

_____ et al. (Org.). *La justicia entre dos épocas*. La Plata: LEP, 1983.

MORETO, Mariana Capela Lombardi. *O precedente judicial no sistema processual brasileiro*. Tese (Doutorado) – Faculdade de Direito, Universidade de São Paulo, São Paulo, 2012.

MOSCONE, Cesare. Verbete "Sostituzione Processuale". *Enciclopedia Forense*. Milão: Casa Editrice Dr. Francesco Vallardi, 1962.

NEIVA FENOLL, Jordi. *La cosa juzgada*: el fin de un mito. Problemas actuales del proceso iberoamericano. Málaga: Centro de Ediciones de la Diputación Provincial, 2006.

NERY JUNIOR, Nelson. *Princípios do processo civil na Constituição Federal*. 7. ed. rev. e atual. São Paulo: Revista dos Tribunais, 2002.

NEVES, Celso. *Coisa julgada civil*. São Paulo: Revista dos Tribunais,1971.

_____. *Contribuição ao estudo da coisa julgada civil*. São Paulo: Revista dos Tribunais, 1970.

OLIVEIRA, Juarez de. *Comentários ao Código de Proteção ao Consumidor*. São Paulo: Saraiva, 1991.

OLIVEIRA, Carlos Alberto Álvaro de. *Do formalismo no processo civil*. 2. ed. rev. e ampl. São Paulo: Saraiva, 2003.

_____. Notas sobre o conceito e a função normativa da nulidade. In: _____. *Saneamento do processo*. Porto Alegre: Sergio Antonio Fabris Ed., 1989.

OTEIZA, Eduardo. (Coord.). *Procesos colectivos*. Santa Fé: Rubinzal-Culzoni, 2006.

PALU, Oswaldo Luiz. *Controle de constitucionalidade*: conceitos, sistemas e efeitos. 2. ed. São Paulo: Revista dos Tribunais, 2001.

PASSARELLI, F. Santoro. *Teoria geral do direito civil*. Trad. Manuel de Alarcão. Coimbra: Atlântida Ed., 1967.

PASSOS, José Joaquim Calmon de. *Comentários ao Código de Processo Civil*. 9. ed. Rio de Janeiro: Forense, 2004.

_____. *Esboço de uma teoria das nulidades aplicada às nulidades processuais*. Rio de Janeiro: Forense, 2002.

_____. Especificidade das ações coletivas e das decisões de mérito nelas proferidas. *Revista de Direito do Trabalho*, v. 123, jul. 2006.

PELICIOLI, Angela Cristina. *A sentença normativa na jurisdição constitucional*: o Supremo Tribunal Federal como legislador positivo. São Paulo: LTr, 2008.

PERELMAN, Ch. *Logique juridique*. Nouvelle rhetorique. Paris: I Dalloz, 1979.

PÉREZ ROYO, Javier. *Corso de derecho constitucional*. Madrid – Barcelona: Marcial Pons, 1998.

PISANI, Andrea Proto. *La trascrizione delle domande giudiziali*. Napoli: Jovene, 1968.

PONTES DE MIRANDA, Francisco Cavalcanti. *Comentários ao Código de Processo Civil*. Rio de Janeiro: Borsoi, 1953, t. 2.

_____. *Comentários ao Código de Processo Civil*. Rio de Janeiro: Forense, 1974, t. 5.

_____. *Comentários ao Código de Processo Civil*. 2. ed. Rio de Janeiro: Forense, 1959, t. 8 e 9.

_____. *Tratado de direito privado*. Rio de Janeiro: Borsoi, 1954, t. 3.

_____. *Tratado da ação rescisória*. Atual. por Vilson Rodrigues Alves. Campinas: Bookseller, 1998.

_____. *Comentários à Constituição de 1946*. 2. ed. São Paulo: Max Limonad, 1953, v. 4.

PORTO, Sérgio Gilberto. *Lições de direitos fundamentais no processo civil – O conteúdo processual da Constituição Federal*. Porto Alegre: Livraria do Advogado, 2009.

_____. *A coisa julgada civil*. 4. ed. rev., atual. e ampl. com notas do Projeto de Lei do Novo CPC. São Paulo: Revista dos Tribunais, 2011.

POTHIER, Robert Joseph. *Traité dês obligations, selon les règles, tant du for de la conscience, que du for extérieur*. Paris: Letellier, 1813.

PRATA, Edson. *Jurisdição voluntária*. São Paulo: Ed. Universitária de Direito, 1979.

RAFFIN, Marcelo. *La experiencia del horror*: subjetividad y derechos humanos en las dictaduras y posdictaduras del cono sur. Buenos Aires: Del Puerto, 2006.

REALE, Miguel. *Lições preliminares de direito*. 9. ed. São Paulo: Saraiva, 1981

_____. *Lições preliminares de direito*. 25. ed. São Paulo: Saraiva, 2000.

_____. *Crise do capitalismo e crise do Estado*. São Paulo: Senac, 2000.

RESK, Lloveras de. *Tratado teórico-práctico de las nulidades*. Buenos Aires: Depalma, 1985.

REZENDE FILHO, Gabriel José de. *Curso de direito processual civil*. São Paulo: Saraiva, 1965, v. 1.

RIBEIRO, Darci Guimarães. *La pretensión procesal y la tutela judicial efectiva*. Barcelona: J. M. Bosch editor, 2004.

RIGAUX, François. *A lei dos juízes*. Trad. Edmir Missio. São Paulo: Martins Fontes, 2000.

_____. *Da tutela jurisdicional às formas de tutela*. Porto Alegre: Livraria do Advogado, 2010.

ROBLOT, René. *La justice criminelle en France sous ia terreur*. Paris: LGDJ, 1938.

ROCCO, Alfredo. *La sentenza civile*. Milano: Giuffrè, 1972.

_____. *Trattato di diritto processuale civile*. Torino: Utet, 1957, v. II.

_____. *L'autoritá della cosa giudicata e i suoi limiti soggettivi*. Roma: Athaeneum, 1917, t. I.

ROCHA, Álvaro Felipe Oxley da. *Sociologia do direito*: a magistratura no espelho. São Leopoldo: Editora Unisinos, 2002.

ROCHA, José de Albuquerque. *Teoria geral do processo*. São Paulo: Saraiva, 1986.

_____. *Teoria do Supremo Tribunal Federal*. Rio de Janeiro: [s.n.], 1965, v. 1.

RODRIGUES, Leda Boechat. *História do Supremo Tribunal Federal*. Rio de Janeiro: Civilização Brasileira, 1965, v. 1.

RODRIGUES, Sílvio. *Direito Civil*: Parte Geral. 34. ed. São Paulo: Saraiva, 2007, v. I.

ROSENBERG, Leo. *Tratado de derecho procesal civil*. Trad. Angela Romera Vera. Buenos Aires: Ediciones Jurídicas Europa-América, 1955, v. I.

ROUSSEAU, Jean-Jacques. *O contrato social*. Trad. Paulo Neves. Porto Alegre: L&PM, 2009.

SAGUÉS, Nestor P. *Elementos de derecho constitucional*. Buenos Aires: Artraz, 1997, t. I.

SANTORO-PASSARELLI, F. *Teoria geral do direito civil*. Trad. Manuel de Alarcão. Coimbra: Atlântida Ed., 1967.

SANTOS, Boaventura de Souza. *Para uma revolução democrática da justiça*. 2. ed. São Paulo: Cortez, 2008.

_____. *Pela mão de Alice*: o social e o político na pós-modernidade. São Paulo: Cortez, 1997.

SANTOS, Emane Fidélis dos. *Introdução ao direito processual civil brasileiro*. Rio de Janeiro: Forense, 1978.

SANTOS, Moacyr Amaral. *Primeiras linhas de direito processual civil*. 3. ed. São Paulo: Saraiva, 1977, v. 2.

_____. *Comentários ao Código de Processo Civil*. Rio de Janeiro: Forense, 1976.

SANTOS, Alfeu Gomes dos. Aspectos peculiares da substituição processual no direito do trabalho. *Âmbito Jurídico*, Rio Grande, n. 79, ago. 2010. Disponível em: http://www.ambito-juridico.com.br/site/index.php?n_link=revista_artigos_leitura&artigo_id=8174. Acesso em: 1-2-2012.

SARLET, Ingo Wolfgang. *A eficácia dos direitos fundamentais*. 4. ed. rev. e atual. Porto Alegre: Livraria do Advogado, 2004.

SARMENTO, Daniel. Ubiquidade constitucional: os dois lados da moeda. In: SOUZA NETO, Cláudio Pereira de; SARMENTO, Daniel.

(Org.). *A constitucionalização do direito*: fundamentos teóricos e aplicações específicas. Rio de Janeiro: Lumen Juris, 2007.

SAUSSURE, Ferdinand de. *Curso de linguística geral*. Trad. Antônio Chelini. 4. ed. São Paulo: Cultrix, 1972.

SAVIGNY, Friedrich Carl von. *System des heutigen römischen rechts*. Berlin: Veit & Comp, 1840.

SCHMITZ, Leonard Ziesemer. *Fundamentação das decisões judiciais*: a crise na construção de respostas no processo civil. São Paulo: Revista dos Tribunais, 2015.

SCHOPENHAUER, Arthur. *Como vencer um debate sem precisar ter razão*: em 38 estratagemas. Trad. Daniela Caldas e Olavo de Carvalho. Rio de Janeiro: Topbooks, 1997.

SCHUTZ, Vanessa Casarin. *O princípio da isonomia e o conflito entre sentenças coletivas e individuais*. Porto Alegre: Livraria do Advogado, 2009.

SILVA, Almiro do Couto e. Atos jurídicos de direito administrativo praticados por particulares e direitos formativos. *RSTJRS*, v. 9, p. 19-37, 1968.

SILVA, Ovídio A. Baptista da. *Comentários ao Código de Processo Civil*. Porto Alegre: Le Jur, 1985, v. 11.

_____. *Comentários ao Código de Processo Civil*. São Paulo: Revista dos Tribunais, 2000, v. 1.

_____. *Epistemologia das ciências culturais*. Porto Alegre: Verbo Jurídico, 2009.

_____. *Curso de processo civil*. Porto Alegre: Sérgio A. Fabris Editor, 1987.

_____. *Sentença e coisa julgada*. 2. ed. Porto Alegre: Sérgio A. Fabris Editor, 1988.

STRECK, Lenio Luiz. Ativismo judicial não é bom para a democracia. Disponível em: http://www.conjur.com.br/2009-mar-15/entrevista-lenio-streck-procurador-justica-rio-grande-sul.

_____; MORAIS, José Luis Bolzan de. *OAB in foc*, Uberlândia, ano 4, n. 20, ago.-set. 2009.

_____. *Jurisdição constitucional e hermenêutica*: uma nova crítica do direito. Porto Alegre: Livraria do Advogado, 2002.

BIBLIOGRAFIA

_____. *Hermenêutica jurídica e(em) crise*: uma exploração hermenêutica da construção do direito. 5. ed. rev. e atual. Porto Alegre: Livraria do Advogado, 2004.

TARUFFO, Michele. *Precedente e giurisprudenza*. Napoli: Editoriale Scientifica, 2007.

TAVARES, André Ramos. Apontamentos acerca do princípio constitucional do acesso à justiça. *Boletim Científico*, Escola Superior do Ministério Público da União, Brasília, ESMPU, v. 2, p. 9-36, 2003.

_____. *Curso de direito constitucional*. 6. ed. rev. e atual. São Paulo: Saraiva, 2008.

_____. Apontamentos acerca do princípio constitucional do acesso à justiça. *Boletim Científico*, Escola Superior do Ministério Público da União, Brasília, ESMPU, v. 2, n. 6, 2003.

TEIXEIRA, Sálvio de Figueiredo. O recurso especial e o Superior Tribunal de Justiça. *Ajuris*, Porto Alegre, n. 48, p. 5-19, mar. 1990.

TESHEINER, José Maria Rosa. Estados jurídicos fundamentais. Ônus e direito. *Consultoria-Geral do Estado*, Porto Alegre, p. 1.441-1.480, dez. 1971.

_____. *Jurisdição voluntária*. Rio de Janeiro: Aide, 1992.

_____. *Medidas cautelares*. São Paulo: Saraiva, 1974.

_____. *Elementos para uma teoria geral do processo*. São Paulo: Saraiva, 1993.

_____. *Temas de direito e processos coletivos*. Porto Alegre: HS Editora, 2010.

_____; THAMAY, Rennan Faria Krüger. *Teoria geral do processo*: em conformidade com o Novo CPC. Rio de Janeiro: Forense, 2015.

THAMAY, Rennan Faria Krüger. *A relativização da coisa julgada pelo Supremo Tribunal Federal*: o caso das ações declaratórias de (in)constitucionalidade e arguição de descumprimento de preceito fundamental. Porto Alegre: Livraria do Advogado, 2013.

_____. Processo civil coletivo: legitimidade e coisa julgada. *Revista de Processo*, ano 39, v. 230, abr. 2014

_____. *Los procesos colectivos*: Argentina y Brasil. Buenos Aires: Cathedra Jurídica, 2012.

_____. *A coisa julgada no controle de constitucionalidade abstrato*: em conformidade com o Novo CPC. São Paulo: Atlas, 2015

THEODORO JÚNIOR, Humberto. Condições da ação. *RF*, Rio de Janeiro, v. 259.

_____. *Curso de Direito Processual Civil* – Teoria geral do direito processual civil e processo de conhecimento. Rio de Janeiro: Forense, 2014, v. 1.

_____. *Curso de direito processual civil*. 56. ed., rev., atual. e ampl. Rio de Janeiro: Forense, 2015, v. I.

_____. Nulidade, inexistência e rescindibilidade da sentença. *Ajuris*, Porto Alegre, v. 25, p. 161-79, jul. 1982.

_____. *Processo cautelar*. 5. ed. São Paulo: Ed. Universitária de Direito, 1983.

_____. *Processo de execução*. 4. ed. São Paulo: Ed. Universitária de Direito, 1978.

_____. Princípios gerais do direito processual civil. *Ajuris*, Porto Alegre, v. 34, p. 161-84, jul. 1985.

THÓT, Ladislao. *Histona & Las antiguas instituciones & derecho*. Buenos Aires: Rosso, 1927.

_____. *Historia de las antiguas instituciones de derecho penal*. Buenos Aires: Rosso, 1927.

TOVO, Paulo Cláudio. Limitações ao princípio da verdade real no processo penal pátrio. *Ajuris*, Porto Alegre, v. 19, p. 57-60.

VALLE, Vanice Regina Lírio do. (Org.). *Ativismo jurisprudencial e o Supremo Tribunal Federal*. Laboratório de análise jurisprudencial do STF. Curitiba: Juruá, 2009.

VALVERDE, José Zafra. *Sentencia constitutiva y sentencia dispositiva*. Madrid: Rialp, 1962.

VATTIMO, Gianni. *O fim da modernidade*: niilismo e hermenêutica na cultura pós-moderna. Lisboa: Presença, 1987.

VELOSO, Zeno. *Controle jurisdicional de constitucionalidade*. 3. ed. Belo Horizonte: Del Rey, 2003.

VENTURI, Elton. *Processo civil coletivo*. São Paulo: Malheiros, 2007.

WACH, Adolf. *La pretensión de declaración*. Trad. da ed. de 1889. Buenos Aires: Europa-América, 1962.

_____. *Manual de derecho procesal civil*. Trad. Tomáz A. Banzhaf. Buenos Aires: Ediciones jurídicas Europa-America, 1974, v. I.

WAMBIER, Teresa Arruda Alvim. Estabilidade e adaptabilidade como objetivos do direito civil: *civil law* e *common law. RePro*, n. 172.

_____ et al. *Primeiros comentários ao Novo Código de Processo Civil*. São Paulo: Revista dos Tribunais, 2015.

WATANABE, Kazuo. Finalidade maior dos Juizados Especiais Cíveis. *Revista Cidadania e Justiça* (publicação AMB), ano III, n. 7, 2º Semestre 1999, p. 32 e s.

_____. Tutela jurisdicional dos interesses difusos: a legitimação para agir. In: GRINOVER, Ada Pellegrini. (Coord.). *A tutela dos interesses difusos*. São Paulo: Max Limonad, 1984.

WEBER, Max. *La ética protestante y el espíritu del capitalismo*. Buenos Aires: Ediciones Libertador, 2007.

ZANETTI JR., Hermes. *O valor vinculante dos precedentes*: teoria dos precedentes normativos formalmente vinculantes. 2. ed. rev. e atual. Salvador: Juspodivm, 2016.

ZAVASCKI, Teori Albino. *Processo coletivo*. Tutela de direitos coletivos e tutela coletiva de direitos. São Paulo: Revista dos Tribunais, 2006.

_____. *Eficácia das sentenças na jurisdição constitucional*. São Paulo: Revista dos Tribunais, 2001.